本书系香港特别行政区政府
"人文学及社会科学杰出学者计划"项目(项目编号:34000322)研究成果

本书获江西财经大学重大人才专项经费
和浙江金道律师事务所"鲲鹏计划"资助

内幕交易法律制度研究
国际比较与本土实证

RESEARCH ON THE LEGAL REGIME FOR INSIDER TRADING
INTERNATIONAL COMPARISON AND CHINESE EXPERIENCES

黄　辉　赵青航　李海龙 ○ 著

图书在版编目（CIP）数据

内幕交易法律制度研究：国际比较与本土实证 / 黄辉，赵青航，李海龙著. — 北京：北京大学出版社，2024.6.— ISBN 978-7-301-35141-3

Ⅰ.D922.287.4

中国国家版本馆 CIP 数据核字第 202491X17Q 号

书　　　名	内幕交易法律制度研究：国际比较与本土实证 NEIMU JIAOYI FALÜ ZHIDU YANJIU： GUOJI BIJIAO YU BENTU SHIZHENG
著作责任者	黄　辉　赵青航　李海龙　著
责 任 编 辑	任翔宇　方尔埼
标 准 书 号	ISBN 978-7-301-35141-3
出 版 发 行	北京大学出版社
地　　　址	北京市海淀区成府路 205 号　100871
网　　　址	http://www.pup.cn　http://www.yandayuanzhao.com
电 子 邮 箱	编辑部 yandayuanzhao@pup.cn　总编室 zpup@pup.cn
新 浪 微 博	@北京大学出版社　@北大出版社燕大元照法律图书
电　　　话	邮购部 010-62752015　发行部 010-62750672 编辑部 010-62117788
印 　刷 　者	大厂回族自治县彩虹印刷有限公司
经 　销 　者	新华书店
	650 毫米×980 毫米　16 开本　26.25 印张　439 千字 2024 年 6 月第 1 版　2024 年 6 月第 1 次印刷
定　　　价	89.00 元

未经许可，不得以任何方式复制或抄袭本书之部分或全部内容。
版权所有，侵权必究
举报电话：010-62752024　电子邮箱：fd@pup.cn
图书如有印装质量问题，请与出版部联系，电话：010-62756370

序

一、本书的缘起

内幕交易是证券市场的发展和监管中一个非常重要的问题,也是我当年出国攻读博士学位的研究课题,二十多年来一以贯之,兴趣不减,是我最爱的研究领域之一。我在英文世界里应该是最早专门研究中国证券内幕交易法律制度的学者,相关著述也是最多的,迄今已经出版了 1 本专著、2 篇书章和 5 篇期刊论文。① 因此,在涉及中国证券内幕交易规管问题的英文文献中,应该会经常看到我的名字。

需要指出的是,虽然我在内地已经出版多部中文著作,也发表过不少期刊论文,然而,除最近在《法学评论》发表的一篇论文外,②我一直没有以中文形式写过这方面的内容,可谓造化弄人,令人莞尔。因此,很多内地朋友都不知道内幕交易问题是我的重点研究领域之一。

本书作者之一赵青航副教授是我在香港任教时的学生,他学习非常努力,上课发言积极,在 2014 年以优异成绩获得法学硕士学位。他上过

---

① 专著是 Robin Hui Huang, *International Securities Markets: Insider Trading Law in China* (Kluwer Law International, 2006); 书的章节是 Robin Hui Huang, "The Regulation of Insider Trading in China: Law and Enforcement" in Stephen M. Bainbridge (ed), Research Handbook on Insider Trading (Edward Elgar Publishing Ltd, 2013), Chapter 16; Robin Hui Huang, "The Chinese Insider Trading Regulation: Current Issues and Suggested Reforms" in C. Vidya (ed), *Insider Trading: Regulatory Perspectives* (ICFAI University Press, 2007) 185-232;期刊论文是 Robin Hui Huang, "Enforcement of Chinese Insider Trading Law: An Empirical and Comparative Perspective" (2020) 68(3) *American Journal of Comparative Law* 517-575; Robin Hui Huang, "Insider Trading and the Regulation on China's Securities Market: Where Are We Now and Where Do We Go from Here?" (2012) 5 *Journal of Business Law* 379-403; Robin Hui Huang, "Compensation for Insider Trading: Who Should be Eligible Claimants?" (2006) 20(1) *Australian Journal of Corporate Law* 84-115; Robin Hui Huang, "The Insider Trading 'Possession Versus Use' Debate: An International Analysis" (2006) 33(2) *Securities Regulation Law Journal* 130-151; Robin Hui Huang, "The Regulation of Insider Trading in China: A Critical Review and Proposals for Reform," (2005) 17(3) *Australian Journal of Corporate Law* 281-322。

② 参见黄辉:《我国证券内幕交易的执法强度及其影响因素:实证研究与完善建议》,载《法学评论》2023 年第 6 期。

多门我开设的课,包括"中国证券法"课程,其中有一堂课专门讲内幕交易规管,我的英文专著 International Securities Markets: Insider Trading Law in China 被列为参考书目,他在认真阅读后非常喜欢此书。当他发现此书是基于我的博士论文修改后出版时,便深夜发邮件给我,提出很想把此书翻译出来。后来在一次上完课后,他一直陪着我坐地铁从香港中文大学在港岛的金钟校区到新界沙田的香港中文大学本部,③路上他跟我详细说了他的想法:一是他觉得此书写得很好,在研究内容和方法上具有原创性,虽然出版于 2006 年,但其中很多理论分析和立法建议直到今天仍有重大价值,应该将其介绍给内地读者;二是此书呈现了海外博士论文的研究水平和风格,特别是实证研究方法,④对于内地的博士研究生有直接的借鉴意义。

经过慎重考虑后,我大致接受了青航的建议,但觉得还是有必要进行适当修订。一是因为彼时距出版时间已有八年,其间我国证券市场和证券法律都有不少新发展,应当适当地予以反映,特别是增加了最近的案例实证研究发现;二是由于读者对象不同,需要在写作上有所调整。一方面,有些在英文语境中众所周知的内容可能需要向内地读者多解释一下。比如,对于本书运用的法经济学和实证研究方法,补充了一些解释性文字,既包括方法运用的讨论,也包括一些重要术语的阐释,以帮助中国读者更好地了解这些研究方法;另一方面,一些内地读者熟知但需要向外国读者介绍的内容可以适当删减或简化,比如涉及中国国情的背景知识。因此,虽然最终呈现给大家的是这本书的一个修订版,但兼顾了青航的建议"初心",基本上完整保留了原书结构(新的案例实证研究作为续章单独列出),理论分析的内容也尽量保持原貌(特别是第五章、第六章和第七章)。

需要说明的是,非特别指出,本书所称《证券法》为 2005 年修订的《证券法》。本书原则上以 2005 年《证券法》为版本,原因在于,除续章外,书中所涉案例均发生于 2005 年《证券法》生效的背景之下,我们不能用 2019 年《证券法》分析过去的案件与材料。并且,现行的 2019 年《证券法》对

---

③ 我的课都安排在晚上,通常九点半才结束,到大学本部要十点半,因此,青航之后再回到港岛住处应该要接近午夜了。他曾多次这样在下课后陪着我在地铁上讨论问题,提出了很多有意思的想法。

④ 令我欣慰的是,青航在之后的博士求学和如今的科研工作中一直在学习实证研究方法,并产出了一些佳作。

于内幕交易的规定变化不大,使用2005年《证券法》对于阐释内幕交易的原理、梳理中国内幕交易规管的现状等并无太大影响。但出于便利读者阅读的目的,本书在2005年《证券法》条文之后均列明了2019年《证券法》对应的条文序号,并制作了条文序号对照表列于本书末尾。

二、本书的内容

中国的内幕交易法律制度既受到国际经验的影响,又有本土国情的特色,而且现实问题突出,非常有研究价值。目前我国对于证券违法行为的研究主要集中在虚假陈述问题,对于内幕交易等其他违法类型的探讨仍然不多,特别是对于民事责任问题等,本书对于内幕交易的基础理论和民事责任都有详细论述,在此刻出版正当其时。

从法学部门的分类看,内幕交易问题经常被归为证券法研究范畴,但其实际上是一个公司法和证券法的交叉领域。以证券法的发源地美国为例,很多公司法的著作都包括了内幕交易问题,并将其单列一章,包括哈佛大学法学院前院长Clark教授的经典教材⑤,Easterbrook法官和Fischel教授合作的经典专著⑥。其中一个重要原因是,内幕交易与董事的信义义务紧密相关。在公司法上,董事进行内幕交易就是违反了不得盗用包括信息在内的公司财产的忠实义务,美国现行的内幕交易法律制度就是建基于信义义务之上的。当然,证券法通过成文法的形式对内幕交易的规管进行了扩展,很多国家和地区更是冲破了信义义务的传统范畴,以市场公平和效率作为监管的理论基础。因此,在讨论内幕交易制度时,需要同时关注公司法和证券法。在英美法系,公司法上的董事信义义务主要体现在判例法中,这就需要既关注证券法上的特定条文,也要关注普通法上的相关判例,而且,内幕交易诉讼既可根据证券法提起,也可根据公司法提起。我们在进行比较法研究时要注意内幕交易法律渊源的多样性,否则就会失之片面。

于我而言,相较虚假陈述和市场操纵等其他证券违法类型,内幕交易的研究有着独特魅力。首先,如上所述,内幕交易跨越证券法和公司法,非常契合我对这两个法律领域的热爱。我当年在清华大学学习期间有幸遇到这方面的良师益友,产生了相关兴趣,因此出国留学后就以内幕

---

⑤ See Robert C. Clark, *Corporate Law* (Boston: Little, Brown and Company, 1986) Chapter 8.

⑥ See Frank H. Easterbrook and Daniel R. Fischel, *The Economic Structure of Corporate Law* (Harvard University Press, 1996) Chapter 10.

交易作为研究课题。其次,攻读博士学位后发现,从比较法上看,与虚假陈述和市场操纵相比,内幕交易可能是各国法律规定差异最大的一个证券违法类型,也是争议最大的一个领域,不但在法学上对于如何规管的技术性问题存在分歧,而且在经济学上对于内幕交易是否应当规管的基础性问题也尚无共识,这就提供了巨大的跨学科研究空间。最后,内幕交易在本质上是一种隐秘的违法行为,现实中很多内幕交易都无从觉察,更遑论被监控,而虚假陈述和市场操纵几乎都是明面上的违法行为,通常都有迹可循,因此,对内幕交易的研究不能只停留在法教义学上,而需要通过实证方法去研究内幕交易的现实情况及其背后的原因等,这进一步激发了我的研究兴趣、扩展了我的研究范围。从这个意义上讲,本书不但开启了我的学术生涯,也奠定了我的研究风格。

本书首先通过实证方法揭示了中国内幕交易违法行为的高发态势,⑦其次采用成本收益分析的法经济学方法分析了其发生的社会、政治和法律等多方面原因,并对内幕交易经济效果的理论争议和民众感知进行了研究。在中国,人们普遍认为内幕交易行为危害性极大,这个民意基础使得中国在建立证券市场之初就立即顺应了规管内幕交易的国际趋势,在行政法规中明确规定内幕交易问题,并随后体现在 1998 年的首部《证券法》中。

然而,这可能只是个随大流的从众行为,我国立法者当时似乎并没有全面和准确地理解内幕交易问题的理论基础和境外经验,给我国现行的内幕交易法律制度带来了很多先天缺陷。比如,我国立法在规定内幕人员的范围时,既有"内幕信息知情人",又有"非法获取内幕信息的人",而从文义上看,前者是完全可以涵括后者的。后来为了自圆其说,最高人民法院和中国证监会对后者又作出了更加令人困惑的解释,反而导致了更多问题。本书认为,这是因为当年立法者没有理解美国内幕交易法律制度的演变过程,将其在不同时期采用的理论和做法全部"打包"移植到我国,而不知美国对内幕交易问题一直在摸索前进,不断调整和改变方

---

⑦ 本书采用的实证研究方法既有定性的访谈调查,也有定量的案例统计,但当时相关案例很少,因此第二章的案件统计属于比较简单的百分比计算。本书的续章《中国内幕交易规管三十年(1990—2020):检讨与完善》是最新的实证研究成果,实证分析截至 2020 年 3 月 1 日,即 2019 年《证券法》施行之日。鉴于近年来案例数量大为上升,因而采用了更复杂一些的回归统计分析。两相结合和对比,可以看到中国内幕交易执法情况的历史发展过程,能够清晰展现不同阶段的时代特点。

向,因此,"兼容并蓄"其不同时期的不同理论和做法自然就会导致"消化不良"和内部冲突。

另外,本书也回应了我国内幕交易法律制度直到今天尚未解决的其他重要问题。比如,内幕信息的重大性判断标准应当是影响投资者决策的主观标准,还是影响股价的客观标准?内幕信息的非公开性在概念上似乎很简单,但在信息科技高度发达的今天,在判断非公开性时,到底以谁为准?以何时为准?借助高科技手段才能获取的信息是否具有公开性?内幕交易的主观性要件包括知悉信息的内容与知悉信息的性质,知悉的标准应当如何规定?其中的举证责任又该如何处理?除了知悉信息,是否还需要利用信息?最后,长期以来,我国一直高度依赖行政责任和刑事责任来规管内幕交易,而民事责任运用不彰,主要原因是原告范围、因果关系和损失计算等技术性问题尚未解决。我在近二十年前就已经系统地研究了这些问题,并提出了相关建议,希望本书的出版能够对我国内幕交易法律制度的完善有所裨益。

本书综合采取了多种研究方法,比如,运用法教义学方法对相关法条进行了分析,运用法经济学方法对内幕交易行为的发生机制和经济效果进行了研究,但本书在书名中突出"比较"和"实证",原因在于:一方面,如上所述,立法者对境外经验的理解不足造成我国内幕交易法律制度的先天缺陷,必须予以强调和反思;另一方面,在正确理解境外经验的基础上对其进行借鉴吸收时,还必须充分了解和考虑我国国情,这就需要充分运用实证方法,既有定性的访谈调查,也有定量的案例统计。我在当年出国读博时就进行了相关的学习和训练,而今天我国学界在这方面仍有欠缺,故亦有强调之必要。

关于研究方法,需要指出三点:第一,每种研究方法都有自己的长处和短处,没有哪个方法一定优于其他方法,而是不同方法适合研究不同的问题;第二,在运用各种研究方法时,可以单个运用,也可以综合运用,通常而言,多种方法能够从多个角度进行分析,提供更有力的论据支撑或更全面的论证逻辑,因而最终结论和建议会更具合理性,当然,研究方法也不是越多越好,而是要兼顾必要性和可行性;第三,在运用研究方法时,应当从法律问题出发,再回到法律问题,其目标是解决法律问题,所以对方法的选择和设计需要根据具体问题而定。

最后,本书对一些名词表达做了创新处理。比如,本书尝试采用内幕交易"规管"的表达,而非"监管",原因有三:第一,虽然内地经常用"监管"一词,但也用"规制"一词,将二者结合就是"规管";第二,严格地讲,"监管"是指证监会的行政监管行为,似乎不能涵盖法院对于刑事案件和民事案件的司法行为,更不能涵盖公司内部的相关合规工作,故"规管"的含义似乎更为全面;第三,香港特区就是采用"规管"一词。再如,大型金融和市场机构都需要采取相关措施防止各部门之间的信息流动及其导致的利益冲突和内幕交易问题,这些措施在英文中称为"Chinese Wall",因而本书采用"中国墙"的表述,而内地经常用的表达"防火墙"实际上对应的英文是"firewall",相较而言,"中国墙"的表达更符合英文术语的背景和逻辑。⑧ 当然,这些名词表达的差异也许并不太大,更多是个人偏好,本书也只是尝试改变而已,有时也互换使用。

三、其他

如前所述,青航早在2014年就向我建议在内地出版此书,虽然当时决定启动此项目,但后来由于各种原因,进展一直很慢,历时多年才终于完成。首先,中文作品在我所任教的香港中文大学法学院里不算是主流学术成果,加上当时有其他研究课题,因此出于现实的考虑,该项目在我的研究日程上排名靠后。青航在毕业后一开始从事律师职业,也非常繁忙,在几年间一路晋升为浙江金道律师事务所高级合伙人。可喜的是,他仍心向学术,不仅获得了法学博士学位,而且在去年成为浙江理工大学法学院特聘副教授、硕士生导师,因此有更多的精力与我一道研究。其次,我们当时对于该书的定位尚存分歧,即青航倾向翻译,以原汁原味地展现当时的研究水平和法律状况,而我认为有必要进行适当修订,因而导致项目一度停滞。后来浙江财经大学法学院的李海龙教授访问我院,得知此项目后加入团队,赞同我的修订建议,我最终决定选择修订版的方向,项目才开始提速。最后,由于在内地出书需要有经费支持,当时多方寻找未果,导致该书出版前景不明,也影响了项目的推进。

新冠疫情开始后,大家都"宅"在家里,有了更多空闲时间,反而让本项目"因祸得福",项目进度大大加快,终于在2023年的春天完成初稿,之后几个月进行复核和润色,最终在2023年8月初完成。2023年8月12日,我、青航和海龙三人时隔多年在风景如画的杭州西子湖畔再次相

---

⑧ 参见黄辉:《大型金融和市场机构中的中国墙制度——英美法系的经验与教训》,载《清华法学》2007年第1期。

聚，共同庆祝本书完稿，实乃学人之乐事！

江西财经大学法学院提供了出版经费，北京大学出版社给予了出版支持，让此书最终得以顺利面世。在此向他们的大力支持表示诚挚感谢！

在本书的修订过程中，我的博士研究生沈橦也付出了很多努力。

由于各方面限制，本书难免存在不足和缺憾，敬请读者谅解，欢迎批评指正。

黄辉

香港中文大学法学院 讲席教授

2023 年 8 月 18 日于香港

目　录

第一章　引　论	001
第二章　内幕交易在中国：发生情况与规管框架	006
2.1　证券市场概述	006
2.2　内幕交易的规管	013
2.3　内幕交易的发生	020
第三章　内幕交易缘何猖獗：成本与收益的分析视角	045
3.1　导　言	045
3.2　收　益	046
3.3　成　本	056
3.4　结　论	076
第四章　内幕交易的经济效果：利弊分析	077
4.1　导　言	077
4.2　内幕交易经济效果的理论争议	079
4.3　内幕交易经济效果的访谈发现	099
4.4　结　论	107
第五章　内幕交易规管理论：比较法的分析	110
5.1　导　言	110
5.2　中国的内幕交易规管：理论及其问题	110
5.3　内幕交易规管理论：美国经验	114

5.4 对中国的建议：信息机会平等理论抑或以信义义务
    为基础的理论？ ……………………………………… 135
5.5 结　论 …………………………………………………… 168

第六章　内幕交易的基本构成要件 ……………………………… 170
6.1 引　言 …………………………………………………… 170
6.2 中国规管内幕交易的法律体系 …………………………… 170
6.3 内幕人员 ………………………………………………… 178
6.4 内幕信息 ………………………………………………… 187
6.5 主观要件 ………………………………………………… 203
6.6 规管的证券类型 ………………………………………… 234

第七章　内幕交易的民事责任 …………………………………… 236
7.1 导　论 …………………………………………………… 236
7.2 中国内幕交易的私法救济 ……………………………… 237
7.3 证券欺诈行为损害赔偿金的计算方式 ………………… 238
7.4 适格的原告 ……………………………………………… 259
7.5 结　论 …………………………………………………… 293

第八章　结论与展望 ……………………………………………… 295

续章：中国内幕交易规管三十年（1990—2020）：检讨与完善 ………… 299
　一、导言 ………………………………………………………… 299
　二、研究背景和问题 …………………………………………… 300
　三、内幕交易执法的特征：描述统计 ………………………… 305
　四、内幕交易执法的强度：比较法角度 ……………………… 315
　五、内幕交易执法的强度及其影响因素：多元回归 ………… 327
　六、实证结果分析与建议 ……………………………………… 335

附录1:实证研究方法 ……………………………………………………… 347

附录2:中国内幕交易案件统计表(截至2003年) …………………… 351

参考文献 …………………………………………………………………… 353

案　例 ……………………………………………………………………… 383

重要法律术语中英对照表 ………………………………………………… 393

2005年《证券法》和2019年《证券法》条文序号对照表 ……………… 399

后　记 ……………………………………………………………………… 401

第一章 引 论

随着世界经济全球化步伐的加快,各国竞相培育具有竞争力的证券市场,这已成为一个明显的发展趋势。通过禁止利用非公开信息进行交易,即所谓的"内幕交易",从而提振投资者信心并提升市场形象,是赢得这场竞赛的制胜法宝。传统上,"内幕交易"这一专业术语是指知悉相关重大未披露信息的内幕人员从事非法证券交易的情形。然而,时至今日,严格地讲,这一术语并不周延,因为内幕交易的规管对象并不局限于诸如董事以及其他高级管理人员在内的公司内幕人员。总体而言,该术语已经扩展到传统内部人之外的其他人利用相关的重大未披露信息进行交易的情形。[①] 需要指出,不同国家和地区在进行扩展时选择了不同路径,导致内幕交易法律在规管范围和要件方面存在很大分歧。作为与全球经济一体化联系密切的法律领域,公司法和金融法中的很多规则都已经实现或正在进行一体化,但内幕交易显然是个例外。

实际上,与证券市场几百年的发展相比,内幕交易规则的历史非常短,直到 20 世纪 60 年代,美国才首次规管内幕交易。[②] 此后,其他国家和地区才开始考虑规管内幕交易。但有意思的是,与其他很多领域唯美国"马首是瞻"不同,他们在内幕交易领域的跟进速度很慢,颇为犹豫,而且也没有照搬美国的规管方法,甚至差别很大。譬如,澳大利亚是在 20 世纪 70 年代才禁止内幕交易,英国直到 20 世纪 80 年代才通过刑法规管内幕交易,日本则在 1988 年才立法禁止内幕交易。在中国香港,虽然内幕交易可能会引发行政和民事责任,但直到 2002 年内幕交易才被明文规定

[①] 参见 Donald C. Langevoort, *Insider Trading: Regulation, Enforcement, and Prevention* (West Group) (loose leaf) s1.01, pp.1-6(书中提到"内幕交易"这一术语涵盖任何获知内幕信息的主体);还可参见 William K. S Wang and Marc I. Steinberg, *Insider Trading* (Aspen Publishers,1996), pp.1-2; Louis Loss and Joel Seligman, *Securities Regulation* (Boston: Little, Brown and Company, 3rd ed.,1991), vol. VII, pp.3448-3449; Henning, "Between Chiarella and Congress: A Guide to the Private Cause of Action for Insider Trading Under the Federal Securities Laws"(1990) 39 *University of Kansas Law Review* 1, 1。

[②] 对于美国内幕交易规管的详细讨论,参见第 5 章。

为刑事犯罪。

出现上述情况的一个主要原因是,与其他的证券违法行为不同,我们对于内幕交易的经济效果并不完全清楚。20 世纪 60 年代美国开始规管内幕交易时,美国很多学者,特别是法经济学学者,就提出了反对意见,认为内幕交易具有一些有益的经济功能,而且没有明显的受害者,故不应该进行强制性的禁止,而应根据不同情况作出不同处理,让公司自己决定。③ 显然,如果我们对于一个行为的社会效果都不清楚,进行法律规管就会有很大分歧。

不管怎样,内幕交易已经逐渐成为一个全世界所关注的话题。20 世纪 90 年代之后,禁止内幕交易的国家和地区数量大幅增长。1990 年之前,全球仅有 34 个国家和地区制定了内幕交易法律。十年之后,截至 2000 年,这一数字飙升至 87 个。④ 从统计上看,20 世纪 90 年代初设有证券市场的大多数国家和地区并没有禁止内幕交易行为,但当时间的车轮转到 2000 年,设有证券市场的绝大多数国家已制定了禁止内幕交易的法律。具体而言,1990 年之前,只有超过一半的发达证券市场和 39% 的新兴市场禁止内幕交易;但到了 2000 年,几乎所有的发达市场以及 80% 的新兴市场均已禁止内幕交易。⑤

需要指出,这种数据的变化并不是因为大家已经彻底认清了内幕交易的经济本质和效果。实际上,自从上文提到的美国学者提出反对意见以来,至今这场辩论仍没有结束。更可能的原因是,自从内幕交易首次在美国被禁止后,基于美国的"领头羊"效应,加上社会媒体的渲染等,内幕交易已经被彻底污名化,几乎变成不证自明、理所当然的公理,使得证券市场是否禁止内幕交易成为判断其投资者保护水平的国际标准。由此,其他国家不能多想,必须跟进,甚至"亦步亦趋",至少要做好纸面上的功夫,否则就显得另类和不合时宜。

中国也顺应了这一国际发展趋势,在证券市场刚刚建立之时就毫不犹豫地明文禁止内幕交易。受益于改革开放政策,中国经济迅速腾飞。

---

③ 关于这些观点的详细讨论,参见第 4 章。

④ See Utpal Bhattacharya and Hazem Daouk, "The World Price of Insider Trading", available at http://papers.ssrn.com/sol3/papers.cfm? abstract_id200914 , at 3.

⑤ See Franklin A. Gevurtz, "The Globalization of Insider trading Prohibitions"(2002) 15 Transnational Lawyer 63,pp.65-66; Utpal Bhattacharya & Hazem Daouk, "The World Price of Insider Trading", available at http://papers.ssrn.com/sol3/papers.cfm? abstract_id200914, at 10.

如今已发展成为全球第二大经济体,同时也是世界经济发展的重要推动力。同时,中国的资本市场也迎来了大发展。在中国经济的持续、高速发展的大背景下,中国越发成为吸引投资的热土,而证券市场是国外投资中国的一个重要渠道。⑥ 法金融学的研究成果已经表明,金融市场的发展与投资者保护的水平紧密相关,⑦因此,作为证券市场发展的重要条件,中国必须建立一个与全球规则保持一致的规管机制,包括对于内幕交易的规管,从而让投资者对中国市场有信心。

从历史上看,证券市场是中国经济改革的必然产物。1949年中华人民共和国成立之后,随着高度计划经济的施行,之前存在的金融机构几乎全部被解散。⑧ 证券市场在意识形态上是不受欢迎的,这一做法长达三十年之久。直到20世纪70年代末开始进行经济改革,证券市场才在"有中国特色的社会主义"理念的指引下逐步重建,以更加有效地配置资本,促进市场经济的发展。

在启动经济改革之后的时间里,中国证券市场的发展取得了长足进步,发挥着越来越重要的作用。20世纪80年代,证券逐渐回到大众的视野,20世纪90年代初上海证券交易所与深圳证券交易所相继设立,其在中国证券市场的发展历程中具有里程碑的意义。中国资本市场发展速度很快,比如,在此后的第一个十年里,截至2001年,两个市场的公司市值已达43522.1亿人民币,是1992年市值的42倍;市值与GDP间的比率从1992年的3.92%快速增长至2001年的45.37%。⑨ 截至2020年底,已有4100余家公司在上海证券交易所、深圳证券交易所上市交易,总市值达90.13万亿人民币,中国已经成为全球第二大资本市场。⑩

然而,中国证券市场仍旧存在诸多亟待解决的问题,规管也面临着巨大的挑战。中国市场和监管者需要快速学习和建立在世界其他主要证券

---

⑥ See Stephen C. Thomas and Chen Ji, "Privatizing China: The Stock Markets and Their Role in Corporate Reform", (2004) 31(4) *China Business Review* 58.

⑦ 著名的LLSV组合(包括Rafael La Porta, Florencio Lopez-de-Silanes, Andrei Shleifer and Robert Vishny)在一系列研究中探讨了法律与资本市场发展的关系,认为投资者保护法律制度是决定资本市场发展的主要因素。参见 LLSV, "Legal Determinants of External Finance" (1997) 52 *Journal of Finance* 1131; LLSV, "Law and Finance" (1998) 103 *The Journal of Political Economy* 1113。

⑧ 参见第二章第2.1.1节。

⑨ 参见中国证券监督管理委员会编:《中国证券期货统计年鉴(2003)》,百家出版社2003年版,第18页。

⑩ 参见徐军:《股票市场的"底层"逻辑》,载《企业家信息》2021年第12期。

市场早已运作几十年甚至上百年的机制和规则,而且需要根据中国国情进行调整和改进。

内幕交易是中国证券监管者必须面对的一个典型的困难问题。多年来,内幕交易一直被认为是中国证券市场中的一大顽疾。[11] 总体而言,中国充分借鉴海外经验,在相对较短的时间里逐步构建起了内幕交易规管制度。最初通过行政法规、部门规章和交易所规则等规管内幕交易,规管体制比较散乱。1998年《证券法》[12]的颁布标志着以全国性基本法律为基础、统一规管新时代的到来。[13]

尽管中国在规管内幕交易方面取得了明显进步,但笔者认为仍不尽如人意。原因有很多,其中一个主要原因在于,尽管中国已从境外引入了相关理念和规则,但并没有将其很好地消化并融入本土环境中,甚至还对引入的境外经验存有诸多误解之处,从而影响了中国内幕交易规管制度的理论自洽性和执行有效性。[14]

鉴于此,本书旨在探讨如何在中国国情下应对内幕交易问题,对于中国内幕交易规管制度进行批判性考察,并在此基础上提出具有科学性和可操作性的完善建议。在研究方法上,本书一方面采用了法经济学和比较法分析等方法来揭示中国内幕交易违法行为的经济原因、中国内幕交易规管制度的发展轨迹和逻辑架构等问题。另一方面,除了分析"纸面上的法条",本书还注重研究"实践中的法条"的执行情况,通过定性和定量的实证研究方法(比如访谈、描述统计和回归分析等)对相关法律的执行情况和效果进行全面、深入的评估,从而为今后的改革提供坚实的学理支持。

本书由八章组成。第一章引入主题,并阐释研究的目标。第二章阐述中国规管内幕交易的背景,包括中国证券市场概况、中国规管内幕交易的历史沿革以及中国当前内幕交易的状况。第三章借助"成本—收益"方法分析中国内幕交易产生的原因,并在中国背景下探讨内幕交易问题。第四章从理论与实证两个层面考察内幕交易的影响,在此基础上,回答在

---

[11] 参见第二章第2.3节。

[12] 为行文方便,本书中涉及的我国法律规范的名称均省略"中华人民共和国"字样,如《中华人民共和国证券法》表述为《证券法》。

[13] 参见第二章第2.2.1节。

[14] See Hui Huang, "The Regulation of Insider Trading in China: A Critical Review and Proposals for Reform" (2005) 17(3) *Australian Journal of Corporate Law* 281.

中国是否需要对内幕交易予以规管这一问题。

接下来的第五章、第六章、第七章探讨中国如何更加有效地规管内幕交易问题。其中,第五章陈述中国禁止内幕交易的基本理论,其为规管内幕交易法律制度的设计提供了具有创新性的蓝本。第六章详细论述规管内幕交易的基本要素,包括内幕人员的概念、内幕信息的范围、主观因素以及所涉交易。第七章阐述内幕交易民事责任的一些重要问题,包括损害赔偿以及法定要件的确定。第八章总结全书,得出结论。续章对前八章的理论分析和实证研究作了进一步补充和深化。以2019年《证券法》修订为背景,该章全面审视了中国内幕交易规管三十年的发展历程,运用统计和回归分析等方法,对中国内幕交易的执法特点、执法强度及其背后的影响因素进行了细致评估,并据此提出了针对性的法律完善建议。

第二章 内幕交易在中国：
发生情况与规管框架

2.1 证券市场概述

2.1.1 证券市场的发展

从历史角度看，直到 1840 年鸦片战争，中国才开始真正引入西方的股权制度。① 在中华人民共和国成立之前，尽管存在政治上的混乱以及接二连三的政府更迭，然而股权制度一直在不断发展。

譬如，1927 年中国就有大约四十家股份公司。② 与此相应，当时已设立了多家证券交易所，第一家叫作外商上海中野公所，由上海的外国人于 1891 年设立。③ 1918 年，由中国人自己创办的第一家证券交易所（即北京证券交易所）投入运营。随后，其他城市也相继成立了由中国人创办的证券交易所。在上海，由华人投资设立的证券交易所（即上海华商证券交易所）于 1921 年设立，1934 年该交易所成为远东最大的证券交易所。④ 二战后的 1948 年，在天津又成立了一家证券交易所。

中华人民共和国成立之初，为了维持经济稳定，国家允许北京证券交易所与天津证券交易所继续运营，但这一状态并没有持续很久。当中国开始进行社会主义改造运动时，这两家证券交易所于 1952 年被关停。在高度计划经济和公有制背景下，股份公司和证券市场在政治上被视作不受欢迎的事物。因此，在接下来将近三十年的时间里，证券销声匿迹了，更遑论证券交易，这一境况直到 1978 年召开的十一届三中全会针对

---

① 参见郑振龙等：《中国证券发展简史》，经济科学出版社 2000 年版，第 114 页。
② 参见上海市档案馆编著：《旧中国的股份制（一八六八年——一九四九年）》，中国档案出版社 1996 年版，第 247 页。
③ 参见郑振龙等：《中国证券发展简史》，经济科学出版社 2000 年版，第 126 页。
④ 参见朱斯煌：《民国经济史》，河南人民出版社 2016 年版，第 145—153 页。

极度凋敝的经济提出改革政策后才开始发生变化。

1978年之后,中国经济体制开始从集中的计划经济向社会主义市场经济转变。在这一背景下,股权机制在中国再次出现,中国现代金融市场也得以发展。经济改革推动了资源的配置,为金融市场的发展提供了坚实的基础。但要指出的是,市场经济首先是在农村而不是城市迅速发展起来。当然,这主要归于中国经济改革试验从农村开始这一政治原因。

1978年之前,通常一个农村的所有村民会组成一个小组,即所谓的"生产队",其是农村生产力的基础单位。一个小组的所有成员集体劳作,产品也进行集体分配。实行经济改革之后,这一类型的生产组织逐渐被"抛弃",村民可单独地完成生产任务,自担风险、自负盈亏。这一类似私有化的改革激发了农民劳作的极大热情,促进了农村生产效率的快速提升。

这反过来又导致农村大量剩余劳动力的出现,为乡镇企业的发展提供了条件。20世纪80年代是乡镇企业发展的繁盛期,为整个国家经济的发展做出了不可磨灭的贡献。但在那个时代,这些企业却很难从银行那里借贷到所需的资金,因为银行都是国家所有,其主要向国有企业提供资金。因此,乡镇企业不得不通过向参加成员那里获得一定比例资金的方式进行筹措,这被视作中国现代股份公司的雏形。⑤

需要指出,中国债券市场的发展要早于证券市场,因为从意识形态的角度讲,在经济改革之初,前者更容易接受。1981年债券市场开始建立,政府大量发行国库券,标志着现代意义上的证券市场的诞生。然而,债券市场只能满足政府的资金需求,却无法解决企业,尤其是私营企业对资金的渴求。国家认识到私营企业和国有企业所共同面临的融资困难问题,于是着手证券市场的建设。

与此同时,农村经济改革试验的成功极大地激励着国家将改革推向城市。在城市中,国有企业绩效低下且严重亏损的问题普遍存在,已经成为政府无法承受之重。因此,1984年10月通过的《中共中央关于经济体制改革的决定》正式对选定的大中型国有企业进行经济改革。

在城市的经济改革中,一个重大举措是国有企业的股份制改革。成立于1984年的北京天桥百货商场是改革开放以来第一家股份公司。然而,从严格意义上讲,这家公司又不属于股份公司,因为其所发行的股份可以在三年之后赎回。同年,一家真正意义上的股份公司(即上海飞乐音

---

⑤ 参见郑振龙等:《中国证券发展简史》,经济科学出版社2000年版,第172页。

响股份公司)在上海成立。此后,股份公司在全国范围内遍地开花,截至1998年,全国共设立8000余家股份公司。

证券的发行促生了证券交易的需求,证券市场应运而生。起初,中国境内并没有高度组织化的证券交易所,所有证券均通过柜台市场进行交易。1986年9月,第一家柜台交易经纪商(即上海信托投资公司静安营业部)经批准在上海设立,此后,柜台交易经纪商数量迅速增加,一年之内在上海成立的就达到9家。⑥ 但柜台交易存在诸多问题,更为重要的是,柜台市场无法满足快速增长的交易量需求。

作为回应,两家全国性的证券交易所相继设立,上海证券交易所于1990年12月设立,随即深圳证券交易所在1991年7月成立。这两家证券交易所的设立标志着中国证券市场发展现代化阶段的到来。尽管这两家机构名义上属于非营利自律性的会员制机构,而事实上二者获取了丰厚的利润,同时也极大推动了当地经济的发展。因此,其他省份也纷纷设立区域性的证券交易中心。

由于区域性证券交易中心存在诸多严重的问题,例如缺乏规管,存在猖獗的违法行为等,1998年国家决定对证券市场予以清理。此后,所有区域性证券交易中心均被关停,上海与深圳设立的两家证券交易所作为证券交易的法定场所,成为全国性的证券市场。

简言之,与西方相比,彼时中国的现代证券市场还很稚嫩,它是在改革开放政策指引下为满足经济发展需求于20世纪80年代设立的。不可否认,尽管中国证券市场存续的时间不长,却取得了斐然的成绩,对中国经济发展起着举足轻重的作用。

2.1.2 证券市场的特征:股票的种类

中国经济从高度集中的计划经济转入市场经济之后,其证券市场也反映了这个转型过程的若干特征。在可预见的未来,尽管随着改革的推进会发生某种程度上的弱化,但这些已深深嵌入到政治与社会大背景之中的特征将会长期存在。因此,在探讨中国法律问题时,如果忽略了这些特征,注定无法得出切合实际的结论,在借鉴境外经验进行法律改革时也会出现"南橘北枳"的问题。在此,笔者聚焦于与本书研究目的直接相关

---

⑥ 参见北京天则经济研究所编:《中国制度变迁的案例研究:第一集》,上海人民出版社1996年版,第34页。

的中国证券市场的特征,即股票的种类。

需要注意,中国证券市场的股权结构与西方国家存在较大差异。基于不同的划分标准,中国公司发行了不同种类的股票。除了国际上常见的普通股与优先股这一分类外,还有一些独具中国特色的种类。随着中国证券市场的发展,这些分类也在经历着变化。

2.1.2.1 A 股和 B 股

根据适格投资者以及股票标明价格的货币的不同,中国的股票通常分为两大类,即 A 股和 B 股。A 股只限于内地投资者,分为国家股、法人股和个人股,股本及股息均用人民币标明价格。相反,B 股系境外投资者购买的股票,包括中国台湾、香港及澳门地区在内的境外投资者主要通过购买 B 股的方式投资中国境内证券市场。尽管 B 股是以人民币标明价格,但是其认购和交易则是以美元、港币等外币在交易时的汇率进行的。正因如此,B 股又被称作人民币特种股票。总体而言,A 股是中国证券市场的主体,B 股对中国证券市场产生的影响是极为有限的,但后者曾为推动中国证券市场的发展发挥了重要作用,因为它为境外资金进入中国证券市场提供了一条重要渠道。

需要指出,同一家上市公司的 A 股与 B 股的价格常常是不同的,有时还存在较大差异。通常而言,同一公司的 A 股价格要远高于 B 股价格,有时还会高出数倍。乍一看,这似乎很奇怪,因为 A 股与 B 股之间存在诸多共性。例如,它们都是由中国公司在国内发行的股票,而且都是在国内证券交易所上市交易。更为重要的是,二者附有同样的投票权及其他诸如分红权等相关权益。

其实,对于这种价格上的巨大差异无须惊讶,因为在 A 股市场与 B 股市场之间存在着人为的市场分割。实际上这两个市场之间是相互独立的:国内投资者不能交易 B 股,同时境外投资者也无法购买 A 股。相对于 A 股市场,B 股市场并没有那么活跃,因为一些境外投资者认为中国上市公司的公司治理普遍存在问题,而且中国政府对证券市场的规管效果有限,因此在一定程度上对中国证券市场缺乏信心。

A 股与 B 股的分类具有典型的中国特色,其主要原因之一是人民币不能自由兑换和资本账户管制的货币政策。一旦人民币实现自由兑换和国际化,A 股与 B 股分类的意义也将彻底消失。在可预见的未来,A 股与 B 股分立的状况还会长期存在。

2.1.2.2 流通股与非流通股

更为重要的是,根据持股人性质的不同,A股又可细分为三个类别,即国家股、法人股以及社会公众股。除了社会公众股可以在证券市场自由流通外,其他类型的股票不能在交易所自由流通。在绝大多数上市公司中,这些非流通股占据了股份的绝大部分,这些非流通股通常只能通过私人收购协议在场外交易。造成中国证券市场这一独特现象的原因很多,既有政治方面的,也有经济方面的。前者是防止国有资产落入私人之手,后者是实现国有资产保值增值,防止国有资产流失。⑦

从政治上看,在中国,绝大多数上市公司的前身都是国有企业,它们是社会主义经济的基础和标志。当这些企业首次公开募集股份并上市时,它们原有的国有资产就变成了上市公司的国有股。因此,国有股就是国有资产,代表了国家的所有权。在中国,国家所有权被视作所有权的最高形态。在1999年《宪法》修正之前,私营经济的地位更低,仅被视作社会主义公有制经济的补充。在这一社会和政治环境下,国有股体现了国家所有权形态,受到法律的特别保护。从理论上讲,假如允许国有股自由转让给私人,社会主义经济可能将失去根基。因此,当时的普遍观点是,禁止国有股的自由转让旨在确保中国经济以及整个国家的社会主义性质不发生变动。

从经济上看,如果国有股可自由转让,因股市天然蕴含的风险,可能会出现交易损失,当政府对股市规管不力时会出现恶意贱卖、中饱私囊的问题,所以需要限制国有股的自由转让。而且,国有资产名义上由全体中国公民共同所有,但实际上每个个体公民都无法行使所有权,因此人们并没有足够的激励和责任去保护国有资产,从而出现所谓的最终所有者缺位问题。⑧ 事实上,在从集中的计划经济向市场经济转型的国家中,这是一个普遍存在的问题,俄罗斯私有化进程就充分说明了这一点。⑨

中国领导人清楚意识到了上述问题,最开始只是把证券市场视为一个试验,强调风险可控和循序渐进。1992年早春,邓小平在南方视察时发表了旨在解放思想和深化改革的重要讲话。对于证券市场问题,他指出:"证券、股市,这些东西究竟好不好,有没有危险,是不是资本主义独有的东西,社会

---

⑦ 参见程合红等:《国有股权研究》,江平审订,中国政法大学出版社2000年版,第324页。
⑧ 作为对这一问题的回应,2003年,中国设立了国务院国有资产监督管理委员会。
⑨ See Anna Tarassova, Bernard S. Black and Reinier H. Kraakman, "Russian Privatization and Corporate Governance: What Went Wrong?" (2000) 52 *Stanford Law Review* 1731.

主义能不能用？允许看,但要坚决地试。看对了,搞一两年对了,放开;错了,纠正,关了就是了。"⑩正因如此,在这场试验中,中国在国有股这一重大问题上持谨慎态度,没有一次性放开去冒险。同时,证券市场设立的初衷是为国有企业融资,帮助国有企业解困,彼时的工作重点是一级市场的股票发行,而二级市场的国有股转让问题可以暂时搁置,留待以后解决。

随着中国经济与政治改革的稳步推进,国家对国有股转让的担心日益减弱。在上海和深圳证券交易所建立之后的十年里,它们最初的试验色彩渐趋褪去,市场关门的可能性已经不存在,虽然仍有不少问题,但市场逐步进入正常发展轨道,对中国经济的发展发挥着越来越重要的作用。因此,中国政府觉得时机成熟,开始进行长远发展规划,包括解决国有股流通问题。

现实中,由于证券市场中的绝大多数股票是无法自由流通的,从而变相地割裂了市场,导致了很多问题,譬如,国有股的一股独大造成了严重的中小股东保护问题。另外,高比例的非流通股妨碍了公司的要约收购,特别是具有重要公司治理和资源配置功能的敌意要约收购。⑪ 后来,由于证券市场逐渐步入正轨,国有资产的管理机制日渐完善,国家开始认识到通过国家股的公开交易流通,可以有效地实现保值和增值,同时为政府运作提供资金。

由此,2001年,中国政府开始积极推行国有股减持计划。但由于各方在售出价格问题上存在不同意见,市场波动剧烈,国务院于2002年6月暂时叫停这一行动。这一僵局的出现主要是因为同一家公司的流通股价格通常高于非流通股的价格,有时差距还非常大。当公司首次公开募集股份时,社会公众股的价格往往比国有股的价格高得多,因此,流通股持有者强烈反对政府以市场价格出售国有股的方案。鉴此,2005年4月29日,中国证监会推出了股权分置改革,摒弃以市场价格出售国有股的"一刀切"做法,让每家公司的股东进行协商,各自决定非流通股变成流通股的条件,特别是非流通股的流通时间表和向其他股东需要支付的补偿金额等。由于此次改革采用了符合市场规律的做法,充分考虑了市场各方的利益诉求,因此总体上非常成功,将中国证券市场的发展带入了一个新阶段。

---

⑩ Deng Xiaoping, *Selected Works of Deng Xiaoping* (The Bureau for Compilation and Translation of works of Marx, Engels, Lenin and Stalin under the Central Committee of the Communist Party of China Trans.) (1994), p361.

⑪ See Hui Huang, "China's Takeover Law: A Comparative Analysis and Proposals for Reform" (2005) 30 *Delaware Journal of Corporate Law* 145, 159.

2.1.2.3 股票的其他类别

除了 A 股与 B 股、流通股与非流通股这些类别之外,依据股票交易地点的不同,还包括诸如 H 股、N 股等类别。举例来说,H 股与 N 股都是根据股票上市交易场所命名的。具体而言,H 股系指在香港证券交易所交易的中国上市公司的股票,而 N 股是指在纽约证券交易所交易的中国上市公司的股票。这些股票的交易主要受上市地而非中国内地法律的调整,故不属于本书的主要讨论范围。

2.1.3 证券市场规管机制

如上所述,中国证券市场是逐步发展起来的,因此,其规管机制也相应地不断演变,从分散的区域规管逐渐发展成为集中的国家规管。整个发展历程可大致划分为如下三个阶段。

2.1.3.1 1992 年之前:分散化的规管机制

1992 年 10 月之前,中国证券市场的规管机制是高度分散的。因此,第一阶段可称为"分散化的规管机制"。这一规管机制的主体主要是省级政府所设立的监管机构。

起初,为应对新设的证券市场所出现的问题,省级政府设立了区域性的监管机构。这些机构相互之间独立运作,主要对各自的地方政府负责。在国家层面,诸如中国人民银行、国家经济体制改革委员会等也在一定程度上对证券市场发挥着规管职能。可见,这一规管机制是中央政府监管与地方政府监管的混合体。在这一时期,各地政府竞相发展证券市场,各地的监管机构也相互竞争,出现了不少恶性竞争、监管混乱和套利的问题。[12]

2.1.3.2 1992 年至 1997 年:过渡时期

1992 年至 1999 年是中国证券规管机制发展的第二阶段,即过渡阶段。随着证券市场的发展,通过优化规管机制进而提高规管效率成为一个迫切的需求。1992 年 10 月,国务院成立国务院证券委员会和中国证券监督管理委员会,这标志着国家证券规管体制开始走向统一。在这一体制下,国务院证券委员会被赋予证券市场规管的职权,中国证监会作为国务院证券委员会的执行机构,对全国证券市场进行监督管理。

需要指出,在这次改革中,区域性的管理机构被保留了下来,继续履

---

[12] 参见包景轩:《论我国证券监管与自律体制及其完善》,载《法商研究》1999 年第 3 期。

行其规管职责。而且,其他国家机关也在证券市场规管中发挥重要作用。例如,中国人民银行负责证券公司成立的审批;国家发展和改革委员会有权遴选国有企业进行股份制改革并在证券交易所上市;财政部负责监管证券市场中的会计行业等。此外,上海证券交易所与深圳证券交易所在当地政府以及中国证监会的监督下进行自律管理。

在这一阶段,证券规管机制基本上覆盖全国,中国证监会处于规管框架的核心地位,并集中行使职权。可以说,国家的证券规管职权得到了强化,其规管效能也得以提高。但这一阶段中国的证券规管机制仍没有彻底实现集中和统一。地方证券监管机构并不隶属于中国证监会,而是继续受当地政府的管理。同时,中央层面的其他诸多机关仍旧享有很多监管职权。因此,不同监管主体之间职权摩擦、混乱的状态继续存在。

2.1.3.3 1997年之后:集中化的规管机制

1997年之后,中国证券规管机制逐渐趋于高度集中化。中央政府反思了1997年出现一系列证券欺诈丑闻的原因,深刻认识到规管问题的严重性,决定进一步改革规管机制。1997年8月,国务院决定由中国证监会直接监管上海证券交易所与深圳证券交易所。不久之后的11月,地方证券监管机构也划归中国证监会进行垂直领导。1998年4月,鉴于中国证监会在证券规管领域日益强大的影响力,国务院决定将国务院证券委员会并入中国证监会,以消弭二者之间存在的职权冲突。

在中央政府的领导下,中国证监会的职权与功能得到进一步强化。与此同时,中央层面的其他国家机关也将其相关的证券监管职权移交给中国证监会。例如,中国证监会从中国人民银行处承继了管理证券公司的职权。经过这次改革,集中化的证券规管机制最终形成,中国证监会成为中国证券市场的专门规管机构,集中行使规管职权。

2.2 内幕交易的规管

2.2.1 内幕交易规管机制的历史演变

2.2.1.1 1999年之前:政府规管

中国对内幕交易的规管可追溯至1990年,那时证券市场成立还不久。"内幕交易"这一术语最早出现在彼时作为证券市场监管者的中国人民银行于1990年内颁行的《证券公司管理暂行办法》之中。该办法第17条规定:"证券公司不得从事操纵市场价格、内部交易、欺诈和其他以影响市场行情从中渔利的行为和交易。"但由于该办法没有设立规管内幕交易的可操作性条款,所以在很大程度上,其只具有象征性价值。

在20世纪90年代初,从上海证券交易所与深圳证券交易所成立,到国务院证券委员会与中国证监会设立的这段时间里,上海与深圳地方政府被赋予了分别管理这两家证券交易所的职权。两个地方政府也出台了诸多涉及证券市场监管的规范性文件。与内幕交易有关的是1990年制定的《上海市证券交易管理办法》(已失效)第39条、第40条,以及1991年制定的《深圳市股票发行与交易管理暂行办法》第43条。此外,1992年制定的《深圳市上市公司监管暂行办法》(已失效)第93条、第103条也涉及了内幕交易问题。随着立法的不断成熟,与中国人民银行1990年制定的规章相比,这些地方性的规范文件更为先进,后者对内幕人员以及相应的行政责任有着具体规定。

然而,这些地方性规范文件的成效还是不够理想。内幕信息作为内幕交易的核心问题在这些文件中并未涉及。而且,一些条款的设计也不合理。例如,根据一些文件的规定,政府官员以及在部队工作的人员一律不得从事证券交易活动。实际上,在1993年牛市中大量出现的欺诈性非法行为足以反证上述规范性文件的低效。[13] 作为回应,包括《公司法》在内的一系列有关证券市场的重要法律规范于1993年相继出台。

1993年4月,国务院出台了严厉的《股票发行与交易管理暂行条例》,该条例包含若干有关内幕交易的条款。其中第38条明确规定短线交易行为系非法行为。[14] 第72条规定了更为具体的行政责任。值得提及的是,该条例第77条、第78条首次规定了内幕交易的民事责任与刑事责任,但其仅是原则性的规定,也缺乏可操作性。此外,该条例对内幕人员以及内幕信息的法律内涵并没有做出明确的规定。

不久之后的1993年9月,国务院证券委员会发布了《禁止证券欺诈行为暂行办法》(已失效,以下简称《办法》)。该办法旨在应对证券市场中出

---

[13] 参见吴弘主编:《中国证券市场发展的法律调控》,法律出版社2001年版,第11页。
[14] 该条款赋予了证券发行人收回公司董事、高级管理人员以及大股东所获收益的权利。该条第1款规定:股份有限公司的董事、监事、高级管理人员和持有公司百分之五以上有表决权股份的法人股东,将其所持有的公司股票在买入后六个月内卖出或者在卖出后六个月内买入,由此获得的利润归公司所有。"所获收益"称之为"短线交易所获收益"。该条款借鉴美国1934年《证券交易法》第16(b)条的做法。

现的包括内幕交易在内的各类非法的欺诈行为,内含一系列针对内幕交易的明晰、详尽的法律条款。譬如,该《办法》第 4 条列举了内幕交易行为的形态;第 5 条将内幕信息界定为内幕人员所知悉的、尚未公开的和可能影响证券市场价格的重大信息,同时列举了二十六种属于内幕信息的情形;该办法第 6 条列举了五种类型的内幕人员,包括公司高级管理人员、政府官员以及其他可能获知信息的人员;该办法第 13 条、第 14 条规定了内幕交易的行政责任,这些条款与《股票发行与交易管理暂行条例》第 72 条的规定大致相同。遗憾的是,该办法没有涉及相关的民事责任与刑事责任问题。

如前所述,彼时所有的法律规范都没有对内幕交易的刑事责任作出规定。这是因为在中国,有关刑事责任的规定只能由最高权力机关(即全国人民代表大会)作出。1997 年 3 月,全国人民代表大会对《刑法》作出修改,将内幕交易纳入其中。自此,在中国从事内幕交易有可能触犯刑法。

根据《刑法》第 180 条的规定,情节严重的,对实施犯罪的人处五年以下有期徒刑或者拘役,并处或者单处违法所得一倍以上五倍以下罚金;情节特别严重的,处五年以上十年以下有期徒刑,并处违法所得一倍以上五倍以下罚金。需要说明的是,《刑法》并没有明确界定内幕交易,而是根据有关内幕交易的其他法律或行政法规确定。《刑法》第 180 条第 3 款、第 4 款明确规定了内幕信息的范围以及内幕人员(即知情人员)的范围依照法律、行政法规的规定予以确定。

2.2.1.2　1999 年之后:全国人大常委会立法

在 1999 年之前,中国没有规管证券市场的全国性法律,而是主要依靠行政法规和规章等。然而,由于行政法规和规章在法律体系中的位阶不高,因此其实施效果并不理想。1996 年至 1998 年的证券市场出现了大量证券欺诈行为,包括虚假陈述、操纵市场、内幕交易以及证券公司挪用客户资金等行为。1997 年发生的亚洲金融危机也同样促进了中国证券立法的进程。[15]

1999 年 7 月,期待已久的《证券法》生效,该法旨在"规范证券发行和交易行为,保护投资者的合法权益,维护社会经济秩序和社会公共利益,促进社会主义市场经济的发展"。这部法律是中国证券规管的重要里

---

[15] See Roman Tomasic and Dr. Jian Fu, "The Securities Law of the People's Republic of China: An Overview" (1999) 10 *Australian Journal of Corporate Law* 268, 269. 然而,也有学者认为,1997 年金融危机的爆发使中国政府更加警觉,从而对于证券市场的发展更加小心翼翼,因此阻滞了立法进程。参见吴弘主编:《中国证券市场发展的法律调控》,法律出版社 2001 年版,第 18 页。

程碑。中国证券市场首次有了一部全国性法律。与行政法规相比,《证券法》具有更高的位阶,有效地消除了存在于行政法规之间的冲突,为中国证券市场的快速发展提供了更好的统一规管依据。

1999 年生效的《证券法》对内幕交易极为关注,涉及该问题的条款共五条:第 42 条禁止了短线交易;第 67 条是确定内幕交易非法性的一般条款(2019 年《证券法》第 50 条);第 68 条通过列举各种内幕人员的方式确定了内幕人员的范围(2019 年《证券法》第 51 条);第 69 条规定了内幕信息的内涵,并列举了其所包含的类型(2019 年《证券法》第 52 条、第 80 条第 2 款、第 81 条第 2 款);第 70 条禁止泄露信息行为(2019 年《证券法》第 53 条)。本书后面的章节将会对这些条款予以详尽地、批判性地考察。另外,该法第 183 条(2019 年《证券法》第 191 条)规定了内幕交易的行政责任。《证券法》极大地增强了对内幕交易的规管。尽管相关条款存在着一定的问题,但该法第一次以全国性法律的方式为内幕交易的规管奠定了法治基础。

最后需要指出,《刑法》第 180 条以及 1999 年《证券法》第 183 条(2019 年《证券法》第 191 条)分别对内幕交易的刑事责任与行政责任作出了规定,然而,《证券法》并没有对于内幕交易的民事责任进行详细的规定,这在很大程度上导致该法的现实可操作性有所欠缺。内幕交易民事责任条款的缺失是中国内幕交易规管机制中的重大缺憾之一。

2.2.2 中国内幕交易法律制度的特点

如前所述,中国一直在努力构建有效的内幕交易规管机制,旨在通过遏制内幕交易达到实现证券市场公正的目的。尽管中国证券立法的历史很短,但其在构设内幕交易规管机制方面已经取得了显著的成就。因此,有必要提及中国内幕交易规管法律的几个重要特点。

2.2.2.1 内幕交易的积极规管

中国内幕交易规管法律的第一个明显特征是政府对于规管内幕交易的态度很明确。在中国,对内幕交易行为的规管几乎与证券市场的设立同步,对于内幕交易进行规管的必要性没有争议。相比而言,前一章提到,很多国家和地区对于这个问题一直比较犹豫,比如,在 1988 年修改其证券交易法之前,日本并没有有关内幕交易的相关规定;[16]在英国,尽管证

---

[16] See Tomoko Akashi, Note, "Regulation of Insider Trading in Japan", (1989) 89 *Columbia Law Review* 1296, 1298−1299.该文认为监管部门缺乏规管内幕交易的热情;Franklin A. Gevurtz, "The Globalization of Insider trading Prohibitions" (2002) 15 *Transnational Lawyer* 63, 85.该文认为日本政府"并不确定在多大程度上需要制定一部禁止内幕交易的法律"。

券交易所早在17世纪末就已经出现,但直到1980年才规定了内幕交易的刑事责任。⑰

针对如上现象,可以从以下两个方面进行解释。一方面,20世纪90年代中国重建证券市场之时,包括美国在内的主要发达国家都已经禁止了内幕交易。⑱ 换言之,在国际上,规管内幕交易已经是主流做法和大势所趋,甚至成为判断市场规管质量的一个重要标准。因此,彼时证券市场才得以新生的中国无须太多犹豫,必须明确地规管内幕交易,以适应世界发展潮流。另一方面,正如本书第四章第一部分将要详细阐述的内容那样,国外学界从法经济学角度对于内幕交易的利弊效果和规管模式进行了多年的深入研究和激烈争论,中国对于这一基础性理论问题并没有太多关注,而是聚焦规管内幕交易的实际问题,充分发挥了后发优势,迅速借鉴国际经验建立起了内幕交易规管体系。当然,可能正因缺乏对上述基础性理论问题的研究,中国很多人理所当然地认为内幕交易具有显然的弊端而几乎没有任何益处,必须通过国家强制性统一禁止而不能交由公司根据情况自行决定。确实,正如本书第四章第三部分的实证研究所揭示的那样,内幕交易在中国被普遍认为是有百害而无一利,几乎毫无疑问地应当严厉禁止。

随着证券市场的不断发展,越来越多的中国人开始持有证券,并与市场有效、公正运作存在着金融利害关系。与此同时,越来越多的企业通过证券市场进行资本募集,需要市场通过禁止内幕交易等行为吸引投资者。因此,中国政府迅速建立起内幕交易规管体系既有境外经验的支撑,也符合国情的需求。⑲

内幕交易法律责任的扩充同样反映出中国规管内幕交易的意愿。一方面,早期的规管仅规定行政责任,1997年《刑法》对内幕交易的刑事责任作出规定,进一步增强了威慑力。之后,中国着力构建内幕交易的民事责任制度。另一方面,内幕交易的行政责任不断在强化。例如,1993年

---

⑰ See Gil Brazier, *Insider Dealing: Law and Regulation* (Cavendish Publishing Limited, 1996), pp.90-95.

⑱ See Franklin A. Gevurtz, "The Globalization of Insider trading Prohibitions" (2002) 15 *Transnational Lawyer* 63, 67.文章认为,世界各国在20世纪80年代至90年代都纷纷选择禁止内幕交易,一个主要原因可能是当时美国在文化与经济方面的主导地位,以及由此带来的一种直接的模范效应。

⑲ 一位美国学者从理论上认为是利益相关者影响。参见 Brian Daly, "Of Shares, Securities, and Stakes: The Chinese Insider Trading Law and the Stakeholder Theory of Legal Analysis" (1996) 11 *American University Journal of International Law and Policy* 971, 973.文章认为,中国内幕交易规管法律的发展表明"利益相关者"在法律体系中的重要性。

发布的《禁止证券欺诈行为暂行办法》(已失效)规定每一案件罚金的幅度范围为 5 万元至 50 万元。这一幅度过于僵化,无法适应千变万化的案件,因为不同案件所涉及的非法收益大相径庭。毋庸置疑,50 万元的罚金对于一个获取巨额收益的内幕人员而言并不具有震慑力。1999 年施行的《证券法》借鉴了美国的相关经验来应对这一问题,以内幕交易的非法所得为基础计算罚金,显然更具有合理性。[20]

而且,内幕交易规管的法律位阶越来越高。如前所述,规管内幕交易的规定肇始于上海和深圳地方政府,这些地方性的规范文件只能在本区域内适用。国务院出台的《股票发行与交易管理暂行条例》则适用于全国范围。然而,由于该条例是由中央政府而非国家立法机关制定,在中国立法体系中属于行政法规,法律效力有限。例如,它只能规定行政性的罚款,其震慑力也就大打折扣。最终,全国人民代表大会以行使最高立法权的方式加入到应对内幕交易的任务中来。在《刑法》中加入了内幕交易刑事责任的条款。更为重要的是,全国人民代表大会颁布的《证券法》是中国首部全面规管证券市场行为的全国性立法。

2.2.2.2 国外经验的引入

中国内幕交易法律制度的另一重要特征是对国外(尤其是美国)经验的借鉴。事实上,《证券法》的制定也得到了美国专家的直接帮助。[21] 国外先进经验为中国制定证券法提供了一个较高的起点。学习国外的经验可使中国大大节省立法成本,快速建立起内幕交易法律制度,体现后发优势。借助国外的有益经验,中国自 1990 年禁止内幕交易开始,规管内幕交易的法律制度渐趋具体化,也更具可操作性。

在美国,对内幕交易的规管主要是基于著名的 10b-5 条款衍生出来的判例形成的。[22] 美国国会在通过 1984 年《内幕交易制裁法》和 1988 年的《内幕交易和证券欺诈执行法》时曾两次拒绝通过成文法为内幕交易进行定义的建议。美国规管内幕交易的法律基本上是通过判例法的方式发

---

[20] 在美国,1943 年《证券交易法》第 21A(a)(2)条规定民事罚款不高于所获收益或避免损失的三倍。See H.R. Rep. No. 100-910 to accompany H.R. 5133, 100th Cong., 2d Sess. at 20 n. 16.

[21] See Ming Kang Gu and Robert C. Art, "Securitization of State Ownership: Chinese Securities Law"(1996) 18 *Michigan Journal of International Law* 115, 117.

[22] See Louis Loss and Joel Seligman, *Securities Regulation* (Boston: Little, Brown and Company, 3rd ed., 1991), vol. VII, pp. 3485-3490.

展起来的,这就为法官应对诸如内幕交易这样的复杂问题提供了最大程度上的灵活性。

然而,判例法并不适合中国。首先,中国的法律体系基本上属于大陆法系。在中国,判例并不像英美法系那样具有明确的约束力,也不能直接援引作为判决的主要依据。更为重要的是,该方式需要以高素质的法官团队为基础,这恐是中国目前所欠缺的。中国法官还很难肩负通过判例法的方式去创造性地发展内幕交易法律制度的任务,中国法院还是习惯于按图索骥式地执行相关法律条文。因此,中国需要通过成文法的方式吸收国外经验,而且,为了便于理解和适用,中国法律对于内幕交易的规定需要尽可能具体。例如,就内幕人员和内幕信息这两个概念而言,《股票发行与交易管理暂行条例》和《证券法》均列举了很多的具体情形。这些具体化的条款有助于人们掌握内幕交易的构成和边界。然而,这种详尽列举的立法技术也存在问题,即列举无法穷尽所有情形,往往会留下漏洞,尤其是在诸如内幕交易这样复杂多变的领域更是如此。为解决这一问题,法律需增加涵盖其他无法明确列举但可能在未来出现的兜底条款。[23] 这为规管内幕交易提供了灵活性,但同时也带来了不确定性,应当谨慎使用。

2.2.3 中国内幕交易法律制度的问题

尽管中国在内幕交易法律制度建设方面取得了长足的进步,但也存在不少问题。虽然中国引入了很多境外经验,但在某些方面似乎只是把它们简单地"堆积"到一起,认为这样就能做到兼容并蓄,却没有真正理解它们之间的关系(有些做法甚至是相互冲突的),更遑论系统性地消化它们,并结合本土国情进行有机融合。[24]

正因如此,中国内幕交易法律制度的实践效果并不是很理想。现实中,被查处的内幕交易案件数量很少。[25] 总体而言,中国内幕交易规管有以下两个

---

[23] 比如1998年《证券法》第68条第7项"国务院证券监督管理机构规定的其他人员"的规定和第69条第2款第8项"国务院证券监督管理机构认定的对证券交易价格有显著影响的其他重要信息"的规定。

[24] See Hui Huang, "The Regulation of Insider Trading in China: A Critical Review and Proposals for Reform" (2005) 17(3) *Australian Journal of Corporate Law* 281, 297.

[25] 诚然,造成这种局面的原因是多方面的,但是内幕交易条款作为规管内幕交易行为的制度基础,发挥着不容忽视的作用。实际上,规管内幕交易制度的低效源于多方面的原因,例如监管内幕交易的内在困难、人员配备不足以及缺乏相应的协助机构。See Bernard S. Black, "The Legal and Institutional Preconditions for Strong Securities Markets" (2001) 48 *UCLA Law Review* 781.

方面的问题,先简述如下,后面各章将结合具体的法律规定进行详细阐述。

第一,内幕交易的规则体系尚不健全,还存在诸多漏洞。这一方面涉及内幕交易的构成要素,如内幕人员的范围、内幕信息的含义以及内幕人员的心理状态等;另一方面,《证券法》对内幕交易的民事责任制度只作出了原则性规定,没有提供可操作性的条款。

第二,有些法律条文在内容上相互重叠甚至彼此冲突。主要原因可能是中国在移植境外相关立法经验时没有准确理解它们的历史发展和相互关系,而是把各种经验简单地"照单全收",以至于叠床架屋,引发冲突。另外,为了尽快建立规范制度和应对实践问题,中国在移植相关法律规则时比较仓促,基本照搬境外经验,未根据本土国情作出批判性的借鉴和细致的调整。

2.3 内幕交易的发生

2.3.1 内幕交易案件

鉴于本书第一作者完成本部书稿的时间是2005年,所以本节涉及的内幕交易案件统计至2004年6月,非特别指出,本书所称《证券法》为2005年修订的《证券法》。截至当时,中国共查处内幕交易案件11起。其中,9起是由中国证监会依法处理,属于行政处罚案件。虽然中国在1997年就规定了内幕交易的刑事责任,但直到2003年3月,中国才出现第一例因内幕交易而承担刑事责任的案例。

2.3.1.1 行政处罚案件

《证券法》第184条第2款(2019年《证券法》第174条第2款)规定:"国务院证券监督管理机构依据调查结果,对证券违法行为作出的处罚决定,应当公开。"为此,中国证监会公开了所有其处理的案件。截至2004年6月,中国证监会一共发布了9个内幕交易案件。以下将按照时间顺序对这些案例进行探讨。

案例1:襄樊上证案[26]

该案是中国第一起内幕交易案。1993年,中国证监会对中国农业银

---

[26] 参见《中国证券监督管理委员会关于对中国农业银行襄樊市信托投资公司上海证券业务部违反证券法规行为的处罚决定》(1994年1月)。

行襄樊市信托投资公司上海证券营业部(以下简称"襄樊上证")的股票交易情况进行了调查。调查发现,1993年9月16日晚,襄樊上证与深圳华阳保健用品公司双方业务人员洽谈业务时谈及深圳华阳将大量购入延中股票的内容,襄樊上证在得知这一内幕信息后,即于9月17日至27日分三次自营购入延中股票62.78万股,并于10月7日高价抛出,获利约1600万元。

中国证监会依据《禁止证券欺诈行为暂行办法》的相关规定,认定襄樊上证从事内幕交易活动,对其作出了包括没收违法所得、罚款以及暂停襄樊上证的自营业务两个月的行政处罚。

案例2:宝安上海、宝安华阳与深圳宝灵案[27]

本案是中国查处的第一例短线交易案。本案中交易的股票是上海延中实业股份有限公司(以下简称"上海延中")所发行的股票。本案涉及三个被告,即深圳宝安(集团)上海公司(以下简称"宝安上海")、宝安华阳保健品公司(以下简称"宝安华阳")以及深圳龙岗宝灵电子灯饰公司(以下简称"深圳宝灵")。如上三个被告系关联公司。

截至1993年9月29日,上述三家公司合计持有上海延中约10%的股份,已超过法定报告义务要求的比例。在未履行法定公告义务的情况下,宝安上海于1993年9月30日再次购买延中股票,致使三家公司合计持有延中股票增加到17.07%。在宝安上海大量买入延中股票过程中,宝安华阳和深圳宝灵于1993年9月30日将其分别持有的共114.77万股延中股票通过上海证券交易所交易系统卖给了宝安上海,24.60万股卖给了其他股民。

经过调查,中国证监会认为,在上述交易中,三家公司违反了《股票发行与交易管理暂行条例》第38条关于禁止短线交易的规定。根据该规定,股份有限公司的董事、监事、高级管理人员和持有公司5%以上有表决权股份的法人股东,将其所持有的公司股票在买入后六个月内卖出或者在卖出后六个月内买入,由此获得的利润归公司所有。前款规定适用于持有公司5%以上有表决权股份的法人股东的董事、监事和高级管理人员。中国证监会据此认为宝安华阳与深圳宝灵构成短线交易,其所获得的利润应当归上海延中所有。

---

[27] 参见《中国证券监督管理委员会关于对深圳宝安(集团)上海公司、宝安华阳保健用品公司、深圳龙岗宝灵电子灯饰公司违反证券法规行为的处罚决定》(1993年10月)。

案例3:张家界旅游公司案㉘

1997年,中国证监会宣布张家界旅游开发股份有限公司(以下简称"张家界旅游公司")存在内幕交易行为。1996年9月2日至11月18日,张家界旅游公司利用其长沙分公司开设的15个账户,先后买入本公司股票总计2128883股,总计动用资金4150万元,并在公司公布董事会送股决议日(1996年11月22日)前的11月18日、20日、21日抛出公司股票143.2万股,获利1180.5万元。

中国证监会认为除诸如非法回购公司股份之外,根据《禁止证券欺诈行为暂行办法》第3条关于"禁止任何单位或者个人以获取利益或者减少损失为目的,利用内幕信息进行证券发行、交易活动"的规定,张家界旅游公司构成了内幕交易。

案例4:南方证券与北大车行案㉙

1996年10月,南方证券有限公司(以下简称"南方证券")副总裁到北大车行股份有限公司(以下简称"北大车行")进行访问交流。期间,北大车行告知了南方证券副总裁一些内幕信息,包括预计收益、新的投资项目以及新股发行计划等。同时,两家公司达成了利用内幕信息进行内幕交易和操纵市场的协议。在1996年10月至1997年4月间,南方证券大量买入北大车行的股票。这一买入行为使北大车行股票价格翻了一番。最后,南方证券卖出了其持有的北大车行全部股票,获利7700余万元,并将其中85万元划归北大车行名下。

中国证监会认为南方证券违反了《禁止证券欺诈行为暂行办法》第3条、第4条第1项及第3项的规定构成内幕交易,同时,北大车行违反了该办法第3条及第4条第2项的规定。

案例5:轻骑集团案㉚

在这一案件中,中国轻骑集团有限公司(以下简称"轻骑集团")涉及

㉘ 参见《中国证券监督管理委员会关于对张家界旅游开发股份有限公司、湖南证券交易中心违反证券法规行为的处罚决定》(1997年3月)。

㉙ 参见《中国证券监督管理委员会关于南方证券有限公司、北大车行股份有限公司等机构和个人违反证券法规行为的处罚决定》(1999年10月)。

㉚ 参见《中国证券监督管理委员会关于中国轻骑集团有限公司等机构和个人违反证券法规行为的处罚决定》(1999年9月)。

包括内幕交易在内的多个问题。轻骑集团证券事务部工作人员被判利用其工作关系和职位获取内幕信息。

在1996年11月至1997年1月期间,轻骑集团证券事务部不间断持有子公司济南轻骑摩托车股份有限公司(以下简称"济南轻骑")的股票,最终持有量高达580万元。1997年2月,济南轻骑在年报中披露了其收入与利润的利好信息,导致公司股价上扬。轻骑集团证券事务部遂售出持有的全部股票,从中获利2542万元。

1997年8月,轻骑集团决定收购另一家上市公司琼海药股份公司(以下简称"琼海药")。轻骑集团证券事务部获知该内幕信息,随后大量购入琼海药公司股票。收购完成后,琼海药公司股价大幅上涨,轻骑集团证券事务部售出全部股票后获利263万元。

中国证监会作出的处罚包括没收非法所得、罚款以及对该内幕交易负责的相关人员作出市场禁入等。

案例6:戴礼辉案[31]

戴礼辉时任四川托普计算机设备厂法定代表人及四川托普科技发展公司(以下简称"四川托普")总裁,其利用四川托普与四川长征机床股份有限公司(以下简称"四川长征")进行资产重组、四川长征主营业务将发生重大变化这一内幕信息,于1997年11月27日至11月29日,共计买入四川长征股票57.26万股,得益于重组计划,待股价飙升之后卖出,共获利67.57万元。

中国证监会根据《股票发行与交易管理暂行条例》第72条以及《禁止证券欺诈行为暂行办法》第3条、第13条的规定,没收戴礼辉非法所得,并处以15万元的罚款。

案例7:王川案[32]

本案中的内幕交易人王川时任北大方正集团有限公司(以下简称"北大方正")的副总裁,同时兼任北京北大科学技术开发公司(以下简称"北大科技")的总经理。1998年2月,北大方正曾就协议受让上海延中流通股一事请求中国证监会豁免,但未能得到中国证监会的同意。同年3月,北京

---

[31] 参见《中国证券监督管理委员会关于戴礼辉违反证券法规行为的处罚决定》(1999年5月)。

[32] 参见《中国证券监督管理委员会关于王川违反证券法规行为的处罚决定》(1998年10月)。

大学校办产业办公室(以下简称"北大校产办")在北大方正协议受让延中实业流通股未果的情况下,决定由北京大学下属校办企业通过二级市场参股上海延中。截至1998年5月11日,北大校产办所属四家企业共计持有上海延中5.077%的股份,其中,北大科技购入3417674股,占3.2964%。

因为王川系北大方正副总裁兼北大科技总经理,他知悉收购计划的内幕信息。基于该信息,他于1998年2月10日买入延中股票6.8万股,并于4月15日全部卖出,获利61万元。

根据《股票发行与交易管理暂行条例》第72条以及《禁止证券欺诈行为暂行办法》第3条的规定,中国证监会对王川作出没收非法所得并处以10万元罚款的行政处罚。

案例 8:俞梦文案㉝

俞梦文原系攀枝花钢铁(集团)公司科技管理处副处长。1998年3月至4月,俞梦文利用集团公司控股的上市公司攀钢集团板材股份有限公司(以下简称"攀钢板材")资产重组这一内幕信息,共买进攀钢板材股票3万股,并于1998年5月将上述股票全部卖出,共获利8万元。

中国证监会根据《禁止证券欺诈行为暂行办法》第3条、第13条的规定,对俞梦文作出没收非法所得并处以5万元罚款的行政处罚。

案例 9:高法山案㉞

高法山原系天津利达集团有限责任公司董事长。1999年6月20日,利达集团董事会通过转让天津国际商场股份有限责任公司(以下简称"天津国商")股权的决议,高法山参加了本次会议。1999年6月22日,他买入天津国商股票2000股。

中国证监会根据《禁止证券欺诈行为暂行办法》第72条的规定认定该交易行为构成内幕交易,要求高法山售出其非法持有的股票,所获收益收归国库。

2.3.1.2 刑事案件

1997年修订的《刑法》在第180条明确规定内幕交易系犯罪行为,该

㉝ 参见《中国证券监督管理委员会关于俞梦文违反证券法规行为的处罚决定》(1999年6月)。

㉞ 参见《中国证券监督管理委员会关于高法山违反证券法规行为的处罚决定》(2000年2月)。

条刑事责任的规定如下:"证券、期货交易内幕信息的知情人员或者非法获取证券、期货交易内幕信息的人员,在涉及证券的发行,证券、期货交易或者其他对证券、期货交易价格有重大影响的信息尚未公开前,买入或者卖出该证券,或者从事与该内幕信息有关的期货交易,或者泄露该信息,或者明示、暗示他人从事上述活动,情节严重的,处五年以下有期徒刑或者拘役,并处或者单处违法所得一倍以上五倍以下罚金;情节特别严重的,处五年以上十年以下有期徒刑,并处违法所得一倍以上五倍以下罚金。"

但在实践中,刑事责任却很少被用到。如下所述,首例涉嫌刑事犯罪的内幕交易案件出现在 2003 年 3 月,这已是《刑法》修订七年之后的事情了。截至 2004 年 6 月,这类案件只有两起。可能主要有两个方面的原因:第一,刑事案件在证据和其他程序方面要求较高,对于内幕交易而言,证据问题尤为困难。相对而言,中国证监会采取行政处罚更为方便。第二,在 2001 年 4 月最高人民检察院和公安部联合制定的《关于经济犯罪案件追诉标准的规定》(公发〔2001〕11 号,已失效)出台之前,处理经济犯罪没有关于合理司法标准的指南。根据该规定第 29 条,符合下列条件之一的内幕交易人员应当被追诉:(1)内幕交易数额在二十万元以上的;(2)多次进行内幕交易、泄露内幕信息的;(3)致使交易价格和交易量异常波动的;(4)造成恶劣影响的。

案例 1:深深房案㉟

本案是中国首例涉及刑事责任的内幕交易案件。涉案人员叶环保原系深深房股份公司(以下简称"深深房")董事长,顾健原系赛格数码广场有限公司(以下简称"赛格数码")董事长。2000 年 5 月,顾健从叶环保处借款 100 万元,并于 2000 年 5 月 15 日至 19 日期间购入深深房的股票。两个月之后,深深房披露其对赛格数码重大投资完成的信息,顾健售出其购入的股票,获利约 78 万元。

2002 年 11 月,叶环保和顾健被指控涉嫌内幕交易,该案在深圳市罗湖区人民法院开庭审理。公诉人提出两方面的证据:第一,顾健在深深房披露信息之前购入股票,并在信息披露之后卖出。该信息属于重大信

㉟ 参见谷元:《利用内幕消息炒股,深深房前董事长被判九年》,载《证券日报》2003 年 6 月 30 日。

息,且作为深深房董事长的叶环保知悉这一内幕信息。第二,叶环保帮助顾健开立股票交易账户,而且他个人借给顾健100万元用于购买股票。在公诉人看来,这一事实表明叶环保与顾健之间存在非同寻常的关系,由此推断叶环保将这一内幕信息告知了顾健。

叶环保的律师辩称,尽管叶环保协助顾健开立证券账户,并借给他资金,但并没有将内幕信息告知顾健。最终,法院判定叶环保和顾健构成内幕交易罪。

案例2:长江控股案㊱

刘邦成原系多家上市公司的法定代表人。2000年5月,刘邦成被邀请对长期亏损的长江包装控股股份公司(以下简称"长江控股")进行重组。为此,刘邦成设立了几家新公司。2000年11月,刘邦成以长江控股与上述几家新公司换股的形式控制了长江控股。

借助对长江控股欺诈式的重组,刘邦成将该公司变成了一个从会计账簿上看似乎是盈利的公司。基于虚假的"利好"消息,刘邦成在内幕信息披露之前大量购入该公司股票,卖出全部股票获利高达96万元。

2003年10月24日,成都市中级人民法院判决刘邦成构成内幕交易罪,判处其三年有期徒刑。2003年11月26日,四川省高级人民法院维持了原判决。

案例3:关维国案㊲

该案明显涉及内幕交易,但并非由法院处理,而且也是基于其他事由对关维国提起公诉。尽管关维国没有被指控内幕交易罪,但很多评论人士认为该案属于内幕交易。因此,虽然此案在严格意义上不属于内幕交易案件,但其中涉及的内幕交易行为能够揭示中国内幕交易的典型特征,故在此一并讨论。

本案涉及的关维国原系沈阳市体改委副主任、沈阳市证券委员会副主任、沈阳市证券监督委员会主任。1993年2月至1993年8月,关维国接受多家股份公司现金或股份的贿赂。而且,他以其家人的名义从事证

㊱ 参见王璐:《*ST长控原重组方被判诈骗罪》,载《上海证券报》2003年10月28日。
㊲ 参见中国共产党中央纪律检查委员会研究室:《党反腐败工作和纪检案例信息数据库》,中国检察出版社1996年版,第1389页。

券交易,以规避证券监管机构工作人员禁止从事证券交易的规定。㊳ 1993年,关维国在北京参加某一会议时得知一家公司即将上市的重大信息,随后买入该公司股票,并在股票价格上涨后卖出,共获利约77万元。

1994年9月21日,沈阳市中级人民法院以受贿罪判处关维国有期徒刑6年,并没收非法所得。由于当时的《刑法》并没有规定内幕交易罪,因此,法院并没有处理其内幕交易问题。

2.3.1.3 总结

截至2004年6月,中国共查处上述11起内幕交易案件,与其他成熟市场相比,尤其是与美国相比,㊴中国的内幕交易案件数目显然很少。然而,考虑到中国内幕交易规管体系的建立时间不长,能够查处11起案件也是一个不小的成绩,例如,在《股票发行与交易管理暂行条例》颁行一年左右的时间就查处了中国第一起内幕交易案。对此,一向标准严苛的英国《经济学人》杂志在1994年这样评论道:"中国第一起内幕交易案件的成功查处使中国领先于诸多成熟的资本市场。瑞士和意大利也仅依法查处一起这样的案件。自1989年禁止内幕交易以来,日本也只对一人作出过刑事判罚。"㊵

事实上,除了英国和美国,大多数建立了内幕交易法律制度的国家查处的内幕交易案件多是寥寥无几。譬如,尽管澳大利亚早在1970年就已禁止内幕交易,但在1999年之前的约30年时间里,只有3起作出有罪判决的案例。㊶

诚然这些被查处的为数很少的内幕交易案件并不能完全显示现实中

㊳ 2019年《证券法》第40条第1款规定:"证券交易所、证券公司和证券登记结算机构的从业人员,证券监督管理机构的工作人员以及法律、行政法规规定禁止参与股票交易的其他人员,在任期或者法定限期内,不得直接或者以化名、借他人名义持有、买卖股票或者其他具有股权性质的证券,也不得收受他人赠送的股票或者其他具有股权性质的证券。"

㊴ 参见 J Naylor, "The Use of Criminal Sanctions by UK and US Authorities for Insider trading"(1990) 11 *The Company Lawyer* 53。该文提到在1994年至1997年期间,美国司法部提起77起刑事案件诉讼,SEC提起189起民事案件诉讼。

㊵ "Turfing Insider-traders out", *Economist* 16 July 1994, at 67; Brian Daly, "Of Shares, Securities, and Stakes: The Chinese Insider Trading Law and the Stakeholder Theory of Legal Analysis"(1996) 11 *American University Journal of International Law and Policy* 971, 1026.该文认为中国《证券法》在规管内幕交易方面取得了长足进步。

㊶ See Lori Semaan, Mark A. Freeman and Michael A. Adams, "Is Insider Trading a Necessary Evil for Efficient Markets? An International Comparative Analysis"(1999) 17 *Company and Securities Law Journal* 220, 243.

内幕交易的发生情况和严重程度,它们很可能只是冰山一角而已,但这些案件具有一定的代表性,其揭示了中国内幕交易的发生及其典型特征,例如内幕人员的范围、内幕信息的类型以及容易滋生内幕交易的场合等。为了方便分析和阅读,本书将这些案件的核心要素以表格方式列出(详见附录2:中国内幕交易案)。

2.3.2 内幕交易的现实发生情况

如上所述,公开查处的内幕交易案件并不能完全反映现实中内幕交易的发生情况和严重程度。毋庸置疑,实际发生的内幕交易行为绝不限于如上曝出的案件。为了探究中国内幕交易的现实发生情况,我们还需要进行更多的实证研究。

2.3.2.1 定性分析的实证研究结论

关于中国内幕交易发生情况的专门研究可谓凤毛麟角。造成这一现象的原因主要有两个:第一,很多人理所当然地认为中国证券市场中的内幕交易问题已经很严重了,更重要的问题应是如何应对它。[42] 第二,即使有人认为需要对中国内幕交易的发生情况进行深入调研,却被方法论的问题阻碍了前行的脚步。由于内幕交易的隐蔽性和复杂性,运用传统的定量统计方法去研究内幕交易的发生情况的确是一种路径,但未必是最好的。在金融学和会计学的计量研究中,主要是以异常的股价变动或交易行为作为内幕交易的代理参数。但在法律上,并非所有的股价或交易异动都是内幕交易,而且,即使没有股价或交易的异动,也不能排除内幕交易的存在。因此,通过访谈进行定性的实证研究有其独特优势,具有开放性和灵活性。然而,访谈也有其困难之处,需要妥善设计访谈问题,并获得访谈对象的配合,而且无论是在时间上还是在金钱上都需要付出很大的成本。

在新南威尔士大学法学院的资助下,本书通过访谈对于中国内幕交易问题进行了全面的研究,包括这部分涉及的中国内幕交易的发生情况,以及下一章对于内幕交易发生原因的调查。需要指出,定性研究也有其局限之处,例如访谈结果是当事人的叙述,多为一些个人经验,包括主观的看法和印象,不一定准确和可信。但是,这一方法的重要性不容低

---

[42] 参见夏俊:《信息不对称:股票市场内幕交易规制优化实施》,载《中国管理科学》2001年第2期。

估,至少可以作为定量研究的有益补充,对于内幕交易而言尤其如此,因为内幕交易是一种非常隐蔽的非法行为,很难通过传统的定量统计方法获得可靠的数据。[43]

访谈主要在中国境内的三个城市展开,涉及多个行业领域。所有的受访者均被详细地问及了中国内幕交易的发生情况。下文总结了访谈的主要发现。关于访谈方法的更多内容,参见附录1:实证研究方法。

接受访谈的监管机构工作人员皆认为内幕交易已受到沉重打击,但问题仍然非常严重,需要投入更多监管资源,加强监管能力建设。有位工作人员这样说道:"内幕交易很严重,几乎每天都在发生。"在另一位官员看来,内幕交易之所以猖獗,是因为"内幕交易带来的利润是任何人都难以抗拒的"。

一位经验丰富的稽查人员承认:"对内幕交易进行侦查和起诉是非常困难的。"他认为,"在办案中很少能幸运地获得当事人进行内幕交易的直接证据,通常都需要借助间接证据,甚至很多案件最终无法处理"。同时,另一位受访者指出:"内幕交易可能并不是数量最多的违法行为,操纵市场和虚假陈述才是。"但他又指出:"内幕交易很隐蔽,现实中很多内幕交易行为都难以发现。"

大多数证券业界人士都认为"内幕交易是普遍存在的",而且"已经成了一个公开的秘密"。有一位基金经理这样反问道:"假如你有内幕信息,你难道不会想内幕交易吗?这是人性。"他还说道:"如果你有机会而不做,就会在残酷的竞争中被甩开甚至淘汰,原因很简单,其他人有机会就会做。"另一位业内人士也同意这一观点,说道:"内幕交易并非一个禁忌的话题。在资本市场中,假如不干点内幕交易的事情,很难立足并脱颖而出。在这样一种环境中,其实我们别无选择。"

有一位证券经纪人说道:"对某些公司来说,内幕交易实际上是其获益的主要手段。当然,前提是不要被抓获,这是需要一些技巧的。"然而,也有业内人士认为内幕交易没有操纵市场和虚假陈述那样严重。

针对内幕交易的法律风险问题,一位证券经纪人说道:"只要小心一点,被抓的可能性就很低。"另一位经纪人这样说:"内幕交易的收益很大,也比较容易做,有时还是值得冒险的。"当问到是否会对内幕交易行为

---

[43] 这一方法在澳大利亚内幕交易研究中得到了成功运用。See Roman Tomasic, *Casino Capitalism? Insider Trading in Australia* (National Gallery of Australia, 1991).

感到可耻时,几乎所有人都觉得这不是个真正的问题。正如一位基金经理指出的那样:"假如有机会,几乎任何人都会内幕交易,关键是别被抓了,假如不幸被抓了,只能自认倒霉了。"

来自上海证券交易所的工作人员均不否认内幕交易的存在,但对于其发生的范围问题存在不同的看法。有人说道:"内幕交易的确存在,但认为其普遍存在的说法是有问题的。在我看来,这是媒体炒作造成的。"另一位工作人员说道:"我们的监控系统很发达,而且经常更新换代,能监控到任何的异常交易。在很多情况下,股价的异动并不一定意味着内幕交易。"然而,这一乐观的观点遭到了他同事的反对,后者指出:"内幕交易是普遍存在的,因为它来钱又多又快,很难阻止内幕交易。我们的实时监控系统可能监控到数额巨大的内幕交易,但很难监控到数额较小的内幕交易。在实践中,绝大多数的内幕交易金额并不大。"

受访的几位普通投资者也都认为"内幕交易是普遍存在的"。上海的一位投资者说道:"内幕交易非常普遍,这是明摆着的。"同时又戏谑道:"老实说,我认为这个问题没必要问。"一位来自北京的投资者也表达了类似观点:"我们别无选择。中国只有一个证券市场,我知道有内幕交易,但也得硬着头皮上。"广州的一位投资者说:"内幕交易太多了,我们也习惯了。坦白地讲,假如我有内幕信息,我可能也会加以利用。"

一位颇有名气的证券记者说道:"内幕交易是很普遍的。每当一些重要信息披露之时,你都会发现,在此之前的一天或两天中经常有异常交易的情形。它们极有可能是由内幕交易引发的。"他还说道:"包括我的朋友在内的许多人经常问我,在我的报道工作中是否能得到内幕信息。内幕交易是违法的,但很讽刺的是,很多人都希望有机会内幕交易一下。甚至有人炫耀自己有内幕信息和小道消息什么的。"

学者也认为内幕交易普遍存在,需要认真地予以对待。有一位教授认为:"内幕交易太严重了,已经影响到证券市场的安危。在重大信息披露之前都经常发生异常交易,尤其是在并购领域,恐怕很多都与内幕交易有关系。"另一位教授也谈到信息披露之前的异常交易现象,并认为:"这通常是重大信息披露之前的征兆。这在中国证券市场已经是众所周知的。"还有一位教授将内幕交易比喻成"证券市场肌体中最大的肿瘤"。

一位教授说:"内幕交易的确存在,而且可能还不是一点点的问题,但我不知道现实中究竟有多少。严谨地讲,并没有确凿的证据表明内幕交易是普遍存在的。从理论上讲,内幕交易可能很广泛,但在被查处的案件中,虚假陈述排在第一位。"这一观点得到了另一位教授的认同,在他看来,"内幕交易常常与操纵市场关联在一起,而后者可能是最严重的违法行为,因为内幕交易往往是隐蔽的,而市场操纵却是明目张胆的,前者像偷,后者像抢"。

一位受访的法官说:"我们受理的证券民事案件大都涉及虚假陈述,而不是内幕交易。内幕交易民事案件的审理目前还没有司法解释,很多问题都不清楚。"另一位法官提到:"内幕交易是很严重的问题,但在我们的审判工作中,虚假陈述案件是最多的。"

接受访谈的一位律师认为:"市场中的内幕交易应当有很大的数量,但具体有多少就很难说了。"另一位律师则认为:"内幕交易是存在的,但并没有证据表明其是普遍存在的。根据我的办案经验,虚假陈述案件最多。"

2.3.2.2 对实证结果的分析

2.3.2.2.1 内幕交易的猖獗

访谈结果表明,绝大多数受访者认为内幕交易在中国是普遍存在的。普通投资者认为他们是内幕交易的受害者,也坚定地认为内幕交易很猖獗,从而感到失望和气愤。政府监管者也同意内幕交易严重的观点。证券交易所工作人员对此持谨慎态度,认为应当避免过分夸大内幕交易的发生范围。其他受访者(包括学者、法官和律师等)亦认为内幕交易普遍存在。

需要指出,证券业人士对内幕交易发生问题的坦率态度让人称奇。在访谈开始时,本以为作为内幕交易高发人员的证券业人士对内幕交易会避而不谈,或者至少比较保守。然而,包括证券经纪人、基金经理等在内的大多数证券业人士对此却直言不讳。

绝大多数证券实务人士均认为内幕交易普遍存在,以至于司空见惯。正如一位证券经纪人所说的那样:"证券业这个圈子如同一个大染缸,很难做到洁身自好。否则,早晚有一天会被市场淘汰。"因此,即使觉得内幕交易不光彩,但是却很少有一种职业羞耻感。事实上,虽然证券实务人士有更多机会进行内幕交易,但他们似乎对此并不满意,而是希望看到一个规管得力的健康的证券市场,因为他们早已对这样一种通过内幕交易进行恶性竞争的行业状态感到身心俱疲。

这一结论也得到了其他关于中国内幕交易问题的实证研究的支持。早在1994年,四川省社会科学院法学所的学者针对四川省证券违法行为的调研表明,内幕交易普遍存在,而且多数是由证券实务界人士所为。[44]有的学者(尤其是经济学家)基于诸如重大信息披露前后的股价变化等指标展开了实证研究。

其中一篇综合性研究论文选取了2000年至2001年在上海证券交易所挂牌交易的上市公司作为样本,考察了四种重大信息披露类型的效果,包括重大投资计划、发行新股、公司控制权转让、年度报告中收益的显著增加。研究发现,累计超额收益率(CAR)在信息披露之前的20天内大幅增加,随后则快速下降。就换手率而言,也存在同样的情况:在信息披露之前为1.125%,披露之后则变为0.334%。另一个重要参数(即股价涨跌幅)也经历了同样的变化。文章认为,假如信息在正式披露之前泄露出去,大量的内幕交易将会发生,从而导致金融市场各种指标的异常变化。[45]

其他针对某一种类型重大信息的实证研究同样支持这一结论。1996年,学者随机选取了在上海证券交易所挂牌交易的100家上市公司作为分析样本,分析了1990年至1995年期间这些公司在分红前后股价的变化。研究发现,在信息披露之前股价显著上扬,信息披露之后则出现了股价大幅下滑的情况;市场涨跌幅和累计超额收益率两个指标发生了同样的变化。基于此,他们认为是内幕交易的发生引发了这些反常现象。[46]

更多的学者将研究聚焦于控制权转让这一信息类型上,探究信息披露前后股价以及交易量的变化。一份研究报告选取了1990年1月两家证券交易所设立至2002年6月该研究启动这一期间所有报道过的公司控制权转让的上市公司作为样本。研究认为,内幕交易大概率在并购领域发生,并导致市场异常情况的出现,因为内幕人员在信息披露之前购入股票,随后卖出以获取巨额利润。[47]另一份研究成果将1998年发生的53起并购案作为研究对象,认为可能存在内幕交易,因为信息披露之前存在股票价格明显变化的现象。[48]更近的一份成果选取了1999年至2000年

---

[44] 参见周友苏等:《四川省违反公司证券法律法规的犯罪情况及对策思考》,载《现代法学》1995年第2期。

[45] 参见王春峰等:《中国股市的内幕交易及监管——国际经验与中国的对策》,载《国际金融研究》2003年第3期。

[46] 参见刘波主编:《中国证券市场实证分析》,学林出版社1997年版,第74—76页。

[47] 参见中国证券研究有限公司:《中国证券市场并购中内幕交易与操纵市场研究》(未出版工作报告,作者存档)。

[48] 参见孙艺林、何学杰:《上市公司资产重组绩效分析》,中华工商联合出版社2001年版,第68—72页。

间公司控制权转移的 103 家上市公司作为分析样本,同样发现在并购过程中可能存在内幕交易,尤其是在信息披露之前的一个月或半个月。㊾

因此,实证研究清晰地表明在并购领域存在内幕交易,而且内幕交易是十分猖獗的。诸多海外的实证研究成果同样发现内幕交易与并购之间存在明显的关联。㊿ 然而,美国证券市场上信息披露之前出现的股价异常上涨要比中国迟,后者至少在信息披露之前的 20 天就会发生。譬如,美国学者的一项实证研究发现,在纽约证券交易所交易的股票价格仅在信息披露之前的一周会发生波动,绝大多数股票的累计超额收益率则是在信息披露的当天发生变化。[51] 据报道,在某一案件中,并购信息披露之前的一周出现股价异动,美国证券交易委员会(以下简称 SEC)就迅速对其启动调查。[52] 这些数据表明,中国内幕交易可能要比发达国家严重得多。

综上,研究表明中国的内幕交易问题很严重,但很难界定其明确的范围。一位中国学者曾指出:"在中国证券市场中,80% 的证券案件都与内幕交易有关,所有证券案件涉及金额的 80% 与内幕交易有关。"[53]但必须谨慎对待这些数字的准确性,因为该学者并没有提及这些数据的来源以及如何得出上述结论。尽管这些数字的准确性存疑,却反映了学者认为中国内幕交易普遍存在的观点。因此,从定性而非定量的角度看,中国内幕交易问题普遍存在的结论是有坚实依据的。

㊾ 参见施东晖、傅浩:《证券市场内幕交易监管:基于法和金融的研究》,载《上证研究》2002 年第 3 期。然而,学者指出造成异常情况的出现并非只因内幕交易,内幕交易往往与市场操纵结合在一起,同时,内幕交易人往往在信息披露之前而不是之后抛售其所购买的股票。

㊿ 参见 Keown and Pinkerton, " Merger Announcements and Insider Trading Activity: An Empirical Investigation" (1981) 36 *Journal of Finance* 855。实证研究表明在并购计划首次公布前,目标公司的股价会大幅上涨;William G. Schwert, "Markup Pricing in Mergers and Acquisitions"(1996) 41 *Journal of Financial Economics* 153,文章认为内幕交易给并购方带来了额外的成本;The Epidemic of Insider Trading, Business Week, April 29, 1985, at 79-80,对时间跨度为两年的合并、兼并以及杠杆式收购前股票变化的分析表明内幕交易行为的存在;Use of Inside Data in the Takeover Game Is Pervasive and Can Lead to Huge Profit, *Wall Street Journal*, March 2, 1984, at 8, col.1,"现如今的并购依赖……对内幕信息有目的的使用……"; Holland and Hodgkinson, " The Pre-Announcement Share Price Behaviour of UK Takeover Targets" (1994) 21 *Journal of Business Finance and Accounting;* Calvet and Lefoll, "Information Asymmetry and Wealth Effects of Canadian Corporate Acquisitions" (1987) 22 *The Financial Review*。

[51] See Robert Jennings, "Intraday Changes in Target Firm's Share Price and Bid-Ask Quotes around Takeover Announcements" (1994) 17 *The Journal of Financial Research* 255。

[52] See The Epidemic of Insider Trading, Business Week, April 29, 1985, at 79。

[53] 郑顺炎:《证券市场不当行为的法律实证》,中国政法大学出版社 2000 年版。

一个很有意思的问题是:既然内幕交易问题在中国如此严重,为什么还有这么多中国人投资于证券市场？这是一个很复杂的问题,个中缘由很多,在此提供几个可能的解释。首先,中国证券市场成长迅速,尽管有时需要面对内幕交易的风险,但证券投资获得的回报可能比其他投资更丰厚。换言之,只要投资得当,风险调整后的证券投资收益可能还是不错的。其次,第三章的访谈结果将显示,绝大多数中国投资者是愿意冒险的,甚至乐此不疲,无惧于市场中存在诸如内幕交易等问题的风险。根据新近的行为金融学理论,投资者可能是非理性的,比如过度相信自己能够避开风险,不会受到内幕交易的伤害或成为击鼓传花的最后"接盘侠"等。再次,不少人寄希望于自救,即减少内幕交易风险的有效方法就是努力让自己也变成内幕交易者。在中国特殊的人际关系网络和社会文化背景下,人们公开谈论内幕交易并积极寻求内幕信息的现象已司空见惯,甚至有人以能够获取和传播内幕消息为乐、为荣。这种情况让很多"韭菜"们产生了自己也有机会进行内幕交易的幻觉,从而愿意为之赌一把。最后,中国投资者的投资途径有限,而且证券市场之外的其他投资渠道也非净土,因此,明知山有虎,也只能偏向虎山行。有受访的投资者说:"假如市场更健康的话,肯定会投入更多的资金。"因此,很多人仍然投资证券市场不是因为他们不在意内幕交易问题,相反,对于内幕交易的担忧已深深影响到了投资者的行为。

2.3.2.2.2　内幕交易与其他类型的违法行为

尽管大家赞同内幕交易普遍存在的观点,然而,一些受访者认为操纵市场和虚假陈述等违法问题可能更严重。这在很大程度上可能是基于已曝出的各种案件数量的直观对比。实践中,操纵市场和虚假陈述占到了被发现且曝出的证券案件的绝大部分。根据一项实证研究,1993年至1999年,中国证监会共曝光60起案件,其中操纵市场案占到30%,内幕交易案占比不到10%。㊴ 这一统计结果得到后来一项实证研究的支持,该研究分析了2001年12月之前由中国证监会处理的所有案件,内幕交易案仅占2.6%。㊵ 由于被曝出的案件更多与操纵市场或虚假陈述相关,人们很自然地会感觉这些违法行为更加严重。

然而,我们应当以谨慎的态度看待这些基于曝出的案件所作的实证

㊴　参见白建军:《证监会60个处罚决定的实证评析》,载《法学》1999年第11期。
㊵　参见游士兵、吴圣涛:《中国证券违法犯罪的实证研究》,载《证券市场导报》2001年第6期。

研究，原因包括以下两个方面：首先，被曝出的这些案件可能并没有反映出实际所发生的情况。与内幕交易相比，操纵市场或虚假陈述更容易被查处。内幕交易通常都是比较隐蔽的，监测和证据收集都非常困难，而操纵市场和虚假陈述往往在明处，对市场的影响更容易被察觉。比如，市场操纵需要人为拉高或压低股价，或制造繁荣交易假象。顾名思义，虚假陈述是向市场公开做出了一个陈述，后来又被证伪。因此，二者都是有迹可循的，相关证据也容易收集。因此，被曝出的内幕交易案件比例较低并不必然意味着在现实中内幕交易发生的比例也低或是规管很有效。相反，恰恰表明了内幕交易查处很难，曝光的案件只是冰山一角，需要加大规管力度。

其次，被查处案件的违法行为分类可能存在问题。证券案件通常较为复杂，有些类型的违法行为（尤其是内幕交易与操纵市场）经常在同一案件中被同时采用，以提高整个违法行为的收益。这导致有时很难进行准确的案件定性，有些案件既像内幕交易，也像市场操纵。中国证监会在工作中有时也会在无意中出错，将内幕交易归入操纵市场之中。另外，出于规管策略的考虑，中国证监会可能会有意选择操纵市场的理由去处理那些内幕交易与操纵市场共存的案件，因为与内幕交易相比，操纵市场或其他主张更易于证明。

尽管从曝光案件的数量而言，内幕交易也许不是市场中最严重的问题，但由此认为它在规管工作中不需要优先关注的想法是危险的。如前所述，内幕交易在现实中普遍存在，而且存在方式更为隐蔽，从而也更危险。来自上海证券交易所的一位工作人员指出："针对所涉金额，有两种不同水准的内幕交易。就低层次的这一类别而言，内幕交易是由个人，尤其是职位较低的证券业职员和散户所为引发。这种类别的内幕交易数量很大，也难以查处。尽管每一案件所涉金额不大，但其加总之后的数额则可能很大。更棘手的是高层次的内幕交易，包括知名经纪人以及其他机构投资者等大玩家。这一类别的单案所涉金额往往都很大。一些被曝出的案件显示，内幕交易可带来巨额利润，其诱惑确实难以抵挡。"通过访谈得知，单位实施的内幕交易所获平均收益大约为 100 万元，在一些大案中，所涉收益会超过 1000 万元。在 20 世纪 90 年代的中国，这些金额都是很大的。而且鉴于当时中国证券市场规模不大及流动性较差等现实因素，这些案件对于中国市场的影响可能超过美国市场中出现的涉案金额超过1000万美元的诸如Boskey案件之类的大案。⑯

就内幕交易的发生范围问题而言,有必要提及笔者在访谈过程中得到的一个强烈感受,即对于很多人来说,内幕交易的定义并不清晰。访谈中,很多人(甚至是来自中国证监会的工作人员)对内幕信息的理解都是错误的。当然,细想之下笔者觉得这也不难理解。根据《证券法》第75条(2019年《证券法》第52条)的规定,传闻、道听途说、猜测以及其他类似情形都不属于内幕信息的范围。然而,诸多受访者都将传闻视作内幕信息。在中国,官方报道之前通常都有传闻,很多传闻后来都被证明是真的,所谓"路边社"的消息往往具有很高的可信度,这也从侧面反映了中国内幕交易问题的严重性。另外,内幕交易与其他类型的违法行为(尤其是与操纵市场关联在一起的现象)进一步混淆了人们对内幕交易的理解。这一因素可能对受访者理解中国内幕交易的发生情况造成一定的影响,但这也同时表明,中国证券市场的法治水平还有待提高,需要提高对《证券法》(尤其是对内幕交易规管法律)的理解和认识。

2.3.3 中国内幕交易行为的特征

尽管这些曝出的内幕交易案件不能准确反映中国内幕交易发生情况的完整图景,但为分析中国内幕交易行为的特征提供了一个很好的起点。中国内幕交易行为具有很多重要特征,只有深入了解这些特征,才能对症下药,有助于在中国语境下寻找规管内幕交易的有效方法。

2.3.3.1 可能的内幕人员

上文所述的11起内幕交易案件中,内幕人员既包括单位,也包括自然人。从数量上看,公司内幕人员的案件占比将近一半,这是一个很有中国特色的现象。在这11起案件中,5起涉及公司内幕人员,包括襄樊上证案、宝安上海、宝安华阳与深圳宝灵案、张家界旅游公司案、南方证券与北大车行案以及轻骑集团案。这些公司内幕人员的另一特征是均为国有企业。这与西方国家的内幕交易截然不同,后者通常是自然人所为。公司实施内幕交易的事实意味着中国内幕交易不仅涉及个人犯罪,而且带有了单位犯罪的特点。这反过来也反映出中国内幕交易的严重性,以及需要加强规管的迫切性。

就自然人内幕人员来说,他们中的大多数是国有企业的董事、高级管

---

⑯ See 18 Sec. Reg. & L. Rep. (BNA) 1669 (S.D.N.Y., 14 November 1986).

理人员。例如戴礼辉时任四川托普计算机制备厂法定代表人、四川托普科技发展公司总裁;王川时任北京方正集团有限公司副总裁,同时兼任北京北大科学技术开发公司的总经理;俞梦文原系攀枝花钢铁集团公司科技管理处副处长;高法山原系天津利达集团有限责任公司董事长。

除商界人员之外,政府官员以及证券监管部门的工作人员也牵扯其中。例如关维国原系沈阳体改委副主任、沈阳市证券委员会副主任、沈阳市证券监督委员会主任。该案表明政府官员从事内幕交易的可能性很高,需要引起重视,毕竟政府官员能够借助职权之便接触到内幕信息。

最后,越来越多的案件涉及自然人内幕人员,这是一个明显的趋势。相对而言,公司实施的内幕交易更容易侦破,因为其牵扯的人员更多,动作更大。内幕交易逐渐转由自然人实施的趋势表明,内幕交易越发隐蔽,查处困难越大。

2.3.3.2 内幕交易的类别

在由自然人实施的大多数内幕交易案中,均是由传统的内幕人员通过传统的方式完成,即公司高管人员利用其职权获取内幕信息进行交易。王川案、戴礼辉案、俞梦文案、高法山案、长江控股案皆是如此。

然而,中国证券市场中还有其他类型的内幕交易。例如宝安上海、宝安华阳与深圳宝灵案属于短线交易案。另外也有推定内幕人员的案例。例如在襄樊上证案中,一家金融中介机构从与客户的一次商务会议上获知了内幕信息。最后,也有泄露信息的案件,例如深深房案,但这类案件数量并不多,因为查实并证明完整的信息交流链条并不容易。因此,在应对更加复杂的内幕交易种类方面还有很多工作要做。

这些被曝出的案件还有一个有趣的特征,就是所有被用来交易的信息都是利好消息。在这些案件中,内幕交易人都是基于利好信息先购入股票,在信息披露之后再卖出。然而,这并不意味着在中国内幕交易的发生仅限于利好信息。内幕交易主要基于利好消息可能是出于以下两个主要原因:首先,与利空消息相比,基于利好消息的内幕交易可能更容易被查处。因为基于利好消息的内幕交易存在两笔交易,即买入与随后的卖出,然而基于利空消息的内幕交易只需要一个交易,即在信息披露之前卖出。其次,两种类型的内幕交易的证据获取难度不同。在信息披露前卖出要比买入证券更容易找到合理的理由支撑。例如内幕交易嫌疑人可主张其之所以卖出股票是回笼资金以支付按揭贷款、支付孩子的学费以及其他理由等,而且对于这些貌似合理的理由通常很难予以反驳。

就实施内幕交易的方式而言,所有曝出的案件似乎都事实清楚,以至于中国证监会在处理这些案件时并没有遇到太多的法律障碍。实际上,所有案件的处罚书都很短,被告没有太多辩解之词。这一点也不奇怪,因为案件事实清楚,证据确凿,亦无重大法律争议,所以几乎没有抗辩理由。从法律上看,这些案件中的内幕交易基本都是传统的类型,且有明确的法律规定。因此,中国证监会在进行处罚时无须面对太大的法律问题,例如所涉信息是否为公众知悉且重大,行为人是否属于内幕人员以及是否符合内幕交易的其他要件等。

值得注意的是,就像自然界的进化现象一样,为了逃避日益严格的内幕交易规管和法律制度,内幕交易的实施方式也日趋隐蔽和复杂。首先,内幕人员的类别开始从单位转向个人。其次,当公司实施内幕交易时,它们开始用其他人的名义代替自己进行交易,从而降低被查处的风险。例如,在早期的案例中,襄樊上证和宝安上海等公司均是以自己的名义实施内幕交易,但后来的张家界旅游公司和轻骑集团不再使用自己的账户,转而借用其他主体和个人账户实施内幕交易。面对内幕交易的这些发展新趋势,应当以变应变,不断提升规管水平。

2.3.3.3 违法严重但处罚轻微

曝出的案件表明了中国内幕交易的严重性。就这些案件涉及的金额而言,有些案件与包括美国在内的西方国家发生的大案亦可比肩。[57] 例如,南方证券与北大车行案涉案金额高达 7700 余万元;襄樊上证在短短的一个月内获利逾 1600 万元;张家界旅游公司直接获利也高达 1180 余万元。值得提及的是,轻骑集团中内幕人员在四个月内共获利 2542 万元,这相当于轻骑集团旗下的济南轻骑一年的净利润。

就个人内幕人员而言,戴礼辉获利约 67 万元,王川获利约 61 万元,关维国获利约 77 万元,俞梦文获利 8 万元,这在 20 世纪 90 年代的中国是很大金额了。然而,这些案件都仅有行政处罚,如没收非法所得、数额不大的罚款以及短期的停业整顿等。与海外对内幕交易案件的处罚相比,这些处罚似乎过轻。

---

[57] 在著名的 Boesky 案中,违法者因内幕交易获益约 1 亿美元。See Robert D. Rosenbaum and Stephen M. Bainbridge, "The Corporate Takeover Game and Recent Legislative Attempts to Define Insider Trading", (1988) 26 *American Criminal Law Review* 229; Donald C. Langevoort, *Insider Trading: Regulation, Enforcement, and Prevention* (West Group) (looseleaf), 1991 § 1.01, p.3.

Regina v. Rivkin 是 2003 年澳大利亚的一个内幕交易案件，其与上述的中国案件基本属于同期，因此可以进行对比分析。[58] 2003 年 4 月，曾是澳大利亚非常有名的证券经纪人 Rivkin 被新南威尔士州最高法院判处内幕交易罪。法院认为，他利用一起未来并购案的信息购买了 5 万股澳洲航空公司的股票，并于 2001 年 5 月 1 日售出。在一周的时间里，获利 2600 元澳币。[59] 尽管这一案件涉及金额不大，但 2003 年 5 月 29 日，Rivkin 被判 9 个月监禁，并处 3 万澳元的罚金。[60]

　　法院认为，此案的判罚应该对 Rivkin 以及这个行业的其他人产生威慑效果。尽管法官 Whealy 承认"这一案件并不是最恶劣甚至都不是很严重的内幕交易案件"，但他强调，"不判罚监禁不足以平民愤"[61]。作为澳大利亚证券市场的规管者，澳大利亚证券与投资委员会（ASIC）对此作出回应，认为 Rivkin 罪有应得。[62] 如果说对 Rivkin 施以监禁的处罚是恰当的话，那么，假如上述中国案件发生在澳大利亚，由于它们的涉案金额远远超过 Rivkin 案件，情节也更为恶劣，涉案人员无疑将遭受澳大利亚法院更加严厉的惩处。

　　值得庆幸的是，中国已发现行政处罚威慑性不足的问题，并且启用刑事处罚。如前所述，2003 年发生的深深房案是中国首起因内幕交易被处以刑罚的案例，有学者曾这样评价："这对中国规管内幕交易将产生深远的影响。"[63] 事实上，该案件标志着中国规管内幕交易新时代的到来，因为自 1997 年内幕交易入刑以来，这一条款并没有得到适用。首次依法对这类案件提起公诉，尽管还有些不尽完善之处，但具有重大的意义，标志着

---

[58]　See *Regina v. Rivkin*, 45 ACSR 366 (2003).

[59]　See Anne Lampe, "Rivkin Guilty but Vows Fightback" *Sydney Morning Herald* 1 May 2003.

[60]　See "Rivkin Fined, Gets Periodic Detention" *Australian Financial Review* 29 May 2003.

[61]　Kate Askew, "Cell, Cell, Cell: Rivkin Goes Inside" *Sydney Morning Herald* 30 May 2003.

[62]　See "Rivkin Deserves Jail: ASIC" *Illawarra Mercury* 2 June 2003. 需要指出，对于这一审判结果的解读并非没有争议。参见 "Rivkin: Witch-hunt or Justice Overdue" *Australian Financial Review* 11 June 2003。该文认为，这一判决发挥的效果有限，因为 Rivkin 获得重判是由于其个人特殊性，比如他极其富有、奢华，而且在审判过程中，正如法官所描述的那样，他表现出了十足的"轻蔑式的傲慢"，因此他成了 ASIC 和法院"杀鸡儆猴"的一个靶子。这种怀疑并非毫无根据，连 ASIC 主席 David Knott 都承认："Rivkin 到底是政治迫害的受害者还是罪有应得，我也无法确定。"毫无疑问，即使承认 Rivkin 受到的刑事惩罚似乎有过苛之嫌，但相比之下，中国证监会对内幕交易的行政惩罚力度实在太轻。

[63]　于颖：《首位竞争上岗的国有上市公司董事长涉嫌内幕交易》，载《证券市场周刊》2003 年第 6 期。

中国未来将开始对此类案件提起更多的公诉,通过刑罚来增强对于内幕交易的威慑效果。因此,深深房案有助于强化中国内幕交易法律的震慑效果,降低中国证券市场的融资成本。[64]

另外,中国将会通过引入内幕交易的民事赔偿责任制度进一步强化威慑效果。尽管《证券法》第 232 条(2019 年《证券法》第 220 条)对内幕交易民事责任作出了原则性的规定,但由于缺乏具体的条款,截至目前法院并不受理内幕交易民事责任案件。然而,中国目前正在积极考虑引入内幕交易民事责任的建议。

2.3.3.4　内幕交易发生的可能情形

基于如上曝出的案例,市场环境因素在内幕交易的发生中发挥着极为重要的作用。实际上,市场境况深刻地影响着内幕交易的实施机会。详言之,内幕交易常常发生在市场交易活跃的时期,如牛市及并购。这一点也不奇怪,因为市场的波动水平是实施内幕交易的重要因素。

首先,在市场交易活跃的牛市中,内幕交易更容易发生。在曝出的 11 起案件中,有 8 起是发生在 1993 年、1996 年、1999 年以及 2000 年的牛市,再加上关维国案,共计 9 起案件。在政府利好政策支持下,1993 年证券市场迎来了快速发展。最早的两起案件,即襄樊上证案、宝安上海、宝安华阳与深圳宝灵案,都发生在这一年。关维国案也发生在 1993 年。1996 年,牛市再次出现,1996 年底政府不得不应对过热的证券市场。这一年一共发生了 3 起内幕交易案,即张家界旅游公司案、南方证券与北大车行案以及轻骑集团案。1999 年 5 月 19 日之后,中国再次迎来牛市。高法山案、深深房案以及长江控股案均发生在这一时期。

造成这一情况的因素有两方面:一方面,牛市为内幕交易的发生提供了"温床"。牛市出现后,股价易波动,投资活动增多。市场的变化无常为诸如内幕交易谋取收益的投机行为提供了机会。另一方面,在牛市中实施内幕交易相对安全,因为此时被察觉的概率降低。因此,交投活跃和股价变动在很大程度上刺激了内幕交易的发生。

其次,曝出的案件揭示了并购活动与内幕交易之间存在较强的关联

---

[64]　See Utpal Bhattacharya & Hazem Daouk,"The World Price of Insider Trading", available at http://papers.ssrn.com/sol3/papers.cfm? abstract_id=200914, at 4.该文认为一个国家设立规管内幕交易的法律之后,其融资的成本并没有变化;但是在对内幕交易案件首次提起公诉之后,融资成本则会降低。

性。如上11起案例中有7起是发生在并购与重组领域,它们分别是襄樊上证案、轻骑集团案、王川案、戴礼辉案、俞梦文案、高法山案以及宝安上海、宝安华阳与深圳宝灵案。

可以从两个方面对这一现象做出解释:一方面,并购往往带来股价的大幅上扬,从而为内幕交易营造了有利的环境。在并购领域,内幕交易人通常在并购信息披露之前购入股票,随后抛售而获益。另一方面,并购活动的参与人员众多,相关信息容易被泄露,从而加大了内幕交易发生的概率。

中国独特的并购环境为内幕交易的发生提供了更肥沃的土壤。根据《证券法》第85条(2019年《证券法》第62条)的规定,中国主要有两种类型的收购,即要约收购与协议收购。[65] 上文已述,中国证券市场中股票主要分为两类,即流通股与非流通股。前者主要是指个人股,可通过要约收购的方式购买;后者主要由国家股与法人股构成,只能通过协议收购的方式转让。由于中国的上市公司通常具有所有权高度集中的特点,即国家是大股东,国有股属于非流通股。通常而言,要想成功取得公司的控制权,必须通过协议收购的方式获取非流通股。正因如此,在很长一段时间里,协议收购成为中国上市公司惯用的并购手段,而通过要约的方式收购的案例则很少。[66]

协议收购占据主导的局面更容易导致内幕交易,因为对其规管要远远宽松于对要约收购的规管。中国对于后者建立了很多严格的规则,尤其是确保平等与公正的信息披露。[67] 相比之下,协议收购通过私下谈判的方式完成,更具私密性。从条文数量上看,《证券法》关于协议收购的条款

---

[65] 中国的要约收购与美国"八要素"标准所确定的并购相类似。See *Wellman v. Dickinson*, 475 F. Supp. 783 (S.D.N.Y.1979).对中国并购法律详细的论述,参见 Hui Huang, "China's Takeover Law: A Comparative Analysis and Proposals for Reform" (2005) 30 *Delaware Journal of Corporate Law* 145。

[66] 在2003年之前,从严格意义上来讲,中国并没有要约收购的案例。参见黄俊峰:《沪深股市爆出首例要约收购》,载《中国证券报》2003年4月9日。

[67] 例如,《证券法》第86条第1款(2019年《证券法》第63条第1款)规定了大股东信息披露的义务。当投资者持有上市公司5%的股份,应当披露这一情况。在其他国家,关于要约收购也有严格的信息披露制度。例如,根据美国《威廉姆斯法案》的规定,在要约收购中,应当充分披露信息,以保护投资者的权益,参见 S. Rep. No. 550, 90th Cong., 1st Sess. 2 (1967).澳大利亚也有同样的规则要求充分披露相关信息,从而使投资者在并购案中作出明知的判断,参见 Corporations Act 2001 (Australia), s 671B。

只有三条,而有关要约收购的条款共六条。⑱ 此外,中国证监会还制定了规管要约收购的一系列规章制度。⑲

另外,协议收购也在其他方面为内幕交易提供了滋生的环境。首先,当上市公司通过协议收购的方式被收购时,收购方在私下谈判完成之前没有披露信息的义务。而且,除当事双方外,在协议收购中,其他人在收购中也发挥着一定的作用。换言之,与要约收购相比,协议收购涉及的人员通常更多。《证券法》第 101 条第 1 款(2019 年《证券法》已删除该条款)规定,收购上市公司中由国家授权投资的机构持有的股份,应当按照国务院的规定,经有关主管部门批准。毋庸置疑,并购涉及的人员越多,内幕交易也就越容易发生。

2.3.3.5　与其他市场不当行为缠绕在一起

中国内幕交易往往与其他市场不当行为缠绕在一起。在从事内幕交易时,内幕人经常也会触犯其他法律规定,使得内幕交易与其他市场不当行为杂糅在一起,从而造成更为严重的后果。

首先,证券公司实施内幕交易时,需要大量的资金投入,此时,证券公司往往会挪用客户交易结算资金,而这是《证券法》第 139 条(2019 年《证券法》第 131 条)明确禁止的行为。襄樊上证案充分阐释了这一点。在该案中,大部分资金是挪用客户交易清算资金。这是极其危险的事情,因为其将会损害众多普通投资者的权益,进而危及市场稳定。

其次,上市公司往往通过交易自己股票的方式从事内幕交易,如张家界旅游公司案。实际上,根据《公司法》第 162 条的规定,除了特定情形,公司回购自己发行在外的股份是受到严格限制的。值得提及的是,为了避免违反该条之规定,上市公司通常与其他公司(往往是证券公司)串通,让后者利用内幕信息进行交易。南方证券与北大车行案就是适例。

最后,内幕交易往往与操纵市场联系在一起。⑳ 操纵市场与内幕交易的联合增加了获取收益的金额和胜算,从而以一种更具破坏性的方式对

---

⑱　《证券法》第四章对收购作出了规定。其中,第 94 条、第 95 条、第 96 条(2019 年《证券法》第 71 条、第 72 条、第 73 条)规定的是协议收购的内容;第 88 条至第 93 条(2019 年《证券法》第 65 条至第 70 条)规定的是要约收购的内容。

⑲　例如《上市公司收购管理办法》,中国证券监督管理委员会令第 10 号(已被修改);《上市公司股东持股变动信息披露管理办法》,中国证券监督管理委员会令第 11 号(已废止)。

⑳　这一特征也发生在西方国家证券市场中。See Barry A. K. Rider, *Insider Trading* (Jordan & Sons Ltd, 1983), p.53.

市场造成损害。内幕交易与操纵市场的结合使得相关规定无法分清,变得难以适用。面对内幕交易和操纵市场结合在一起的案件时,必须厘清这两种不同类型行为的各自性质以及它们之间的关系。多年来,中国证监会对待这一问题的认识和态度是不断变化的。

根据《证券法》第 77 条(2019 年《证券法》第 55 条)的规定,操纵市场的手段之一是通过单独或者合谋,集中资金优势、持股优势或利用信息优势联合或者连续买卖,人为操纵证券交易价格的行为。这一类型的操纵行为在西方国家通常被称作"联合操纵"。[71]

如前所述,中国股市中的操纵市场问题被认为比内幕交易更严重。鉴于中国证券市场的特殊性,操纵市场行为的猖獗并不令人诧异。理论上讲,试图操纵一个流动性很强的市场几乎是不可能成功的,或者需要付出的成本太高而得不偿失。[72] 事实上,尽管卖出证券可能会对该证券的价格带来下行压力,而买入能够带来上涨的推力,但对在纽约证券交易所挂牌交易的股票研究表明,除非是巨量的联合交易,投资者个体通常进行的买卖不可能对市场流动性很好的股票价格造成重大影响。[73] 然而,通过比较发现,在上海证券交易所与深圳证券交易所交易的股票无论是从整体上来说,还是就个股而言,其流动性都较差。因此,在流动性较差的中国资本市场上,操纵市场行为是相对容易实施的。

在操纵市场时,为了增加胜算和收益,除了资金与持股优势,不法分子往往还会利用内幕信息。一方面,如果常规的操纵行为没有将股价设定在理想的水平,他们就可以借助重大信息披露带来的股价变动浑水摸鱼,从中获取收益。此时,内幕信息及其带来的股价波动为市场操纵创造了有利条件,使得本来可能无法成功的市场操纵也能成功。另一方面,如

---

[71] 例如在澳大利亚,"联合操纵"这一术语早已存在。参见 Senate Select Committee on Securities and Exchange, "Australian Securities Market and their Regulation", 1974, paras.8.1–8.2;还可参见 Ashley Black, "Regulating Market Manipulation: Sections 997–999 of the Corporations Law" (1996) 70 *The Australian Law Journal* 987, 994; Meyer, "Fraud and Manipulation in Securities Markets: A Critical Analysis of Section 123 to 127 of the Securities Industry Code" (1986) 4 *C&SLJ* 92, 95。2001 年之后,澳大利亚公司法第 1041B(1)条禁止从事联合操纵。在美国,相应的规定出现在 1934 年《证券交易法》第 9(a)(1)条。

[72] See Daniel R. Fischel and David J. Ross, "Should the Law Prohibit manipulation in Financial Markets" (1991) 105 *Harvard Law Review* 503, 509.

[73] See Alan Kraus and Hans K. Stoll, "Price Impacts of Block Trading on New York Stock Exchange" (1972) 27 *Journal of Finance*.569; Marcel Kahan, "Securities Laws and the Social Costs of 'Inaccurate' Stock Prices" (1992) 41 *Duke Law Journal* 986.

果常规的操纵行为已成功地将股价拉至获利水平时,不法分子可以利用内幕信息继续推动股价,以获得更大的收益。此时,内幕信息就是操纵市场行为的"增强剂"。

　　这一现象在南方证券与北大车行案中得到很好的诠释。在该案中,南方证券除了被指控内幕交易之外,也被指控操纵市场。南方证券与其客户北大车行串通,从后者那里获知内幕信息之后,通过一系列的交易买入了北大车行的大量股票。这些交易行为,再加上信息披露的助力,导致股票价格翻了一番,随后南方证券售出了其所持有的全部股票,获得巨大收益。最后,南方证券被查实从事了内幕交易与操纵市场等行为。

　　实际上,有些更早的案例和上述的南方证券与北大车行案很相似,也存在内幕交易与操纵市场的结合,但中国证监会只以操纵市场为由进行了处罚。比如1998年,中国证监会认定琼民源案存在操纵市场行为,没有提及内幕交易。这一决定和南方证券与北大车行案形成鲜明对比。这反映出,当内幕交易与操纵市场混杂在一起时,将增加法律定性的难度,而现实中监管机关对此的认识也在不断变化。由于琼民源案的处理较早,南方证券与北大车行案可能代表了中国证监会的现行做法。

第三章　内幕交易缘何猖獗：
成本与收益的分析视角

3.1　导　言

正如前面的章节所述，内幕交易在中国普遍存在，猖獗肆虐，已然成为一个严重的问题。本章重点论述内幕交易在中国猖獗的原因，并借此回答如何有效地规管内幕交易这一问题。

坦率地讲，内幕交易的发生是由包括文化、经济、政治以及法律等因素共同促成的。因此，本章将全面考察历史发展和时代背景下的各种因素，并运用成本与收益的法经济学分析方法，解释中国内幕交易的发生问题。实际上，一个理性人在实施某种行为之前会进行成本与收益的比较，内幕交易也不例外。只有当他"觉得"内幕交易会带来净收益时（即从内幕交易中获得的收益超过成本），他才可能会决定实施内幕交易。

正如上文"觉得"这一主观性术语所指的那样，在某种程度上，投资者的判断会受道德或其他非金钱因素的影响，因为人类并非完全根据经济理性来决定自己的行为。因此，本章所说的收益并不仅指金钱上的利益，还包括其他非金钱的价值，成本亦是如此。简言之，本章采用一个广义的成本收益方法，试图全面考量各种可能的影响因素，包括文化、经济、政治及法律等。

本章将结合中国情况讨论内幕交易的收益与成本。本章第二部分与第三部分将分别探讨内幕交易的收益与成本问题，最终表明在很多情况下内幕交易的收益超过其成本，从而解释为什么内幕交易在中国会普遍发生。这将从总体上为内幕交易规管制度的完善指明方向：一方面尽力增加内幕交易的成本，另一方面则设法降低其收益。

3.2 收 益

3.2.1 直接的金钱收益

内幕交易的收益包括直接的金钱收益与其他非金钱收益。很显然,金钱收益是人们实施内幕交易的最直接动机。在证券市场中,预期收益往往是投资的直接驱动力。然而,投资回报常伴随着相应的风险。因此,投资者会竭力争取可能的最高收益,同时降低风险。

内幕交易是实现上述目标颇具吸引力的方式。现实中,证券价格主要取决于公开的相关信息。各种信息(特别是非公开信息)在交易中发挥着举足轻重的作用。[1] 因此,投资者一旦获取非公开的重大信息就能轻而易举地跑赢市场,赚取原本很难获得的丰厚收益。很显然,投资者通常难以抵挡这一赚"快钱"方式的诱惑。

在诸多被曝出的内幕交易案件中,收益情况都被详细地报道过。如第二章所述,南方证券与北大车行案涉及金额高达 7700 余万元。在襄樊上证案中,当事人在短短一个月内获利约 1600 万元。轻骑集团在短短一个月内获利 2542 万元,这相当于轻骑集团子公司济南轻骑一年的纯利润。就自然人实施内幕交易的情况来说,戴礼辉获利 67.57 万元,王川获利 61 万元,关维国获利 77 万元,俞梦文获利 8 万元。

因此,借助内幕交易赚取高额"快钱"是人们从事内幕交易的强大驱动力。鉴于中国证券市场的特殊情况,这一驱动力更为强大,下文将对此进行阐述。

3.2.1.1 市场浓厚的投机色彩

在中国证券市场发展的初期阶段,投机氛围浓厚。有学者写道:"中国股市的整体风险近年来已经与海外成熟市场相当,但系统风险所占比重大……影响中国股市稳定性的真正问题在于波动的相对稳定性差,波动率缺乏相对稳定的分层。这意味着沪深股票市场还没有真正具备通过市场交易评价上市公司价值的能力,还都是炒作性比较强的市场,也还没

---

[1] See Ronald J. Gilson and Reinier H. Kraakman, "The Mechanisms of Market Efficiency" (1984) 70 *Virginia Law Review* 549.

有真正形成一批蓝筹股股票。"②

在这样的市场中,对投资者而言,进行长期投资而获利的做法并不可行,而只能选择投机的做法。这种市场为内幕交易提供了肥沃的生存土壤,因为它在本质上就是一种投机性的经济活动,从而契合了投资者的需求。

相较于海外成熟的资本市场,中国市场的市盈率过高。在成熟的资本市场中,市盈率通常为 15—20,但在中国通常高达 45—55。③ 如此高的市盈率表明股价过高,很大程度上已与上市公司的价值基本面相背离。换言之,股票的内在价值与其市场价格相背离,市场的定价功能已失效。现实中很多亏损公司的股价不降反升。很显然,这严重削弱了市场配置资源的效率。如此高的市盈率通常表明市场充斥着大量本应剔除的投机行为。

中国很多上市公司不分配股利或分配股利过低使得针对长期投资模式的"寒蝉效应"进一步恶化。现实中,很多上市公司选择向股东"送股"而不是派发现金红利。因此,投资者试图借助分红的方式获得投资回报的期待成为泡影。此时,投资者为了获得收益只能卖出所持股票。

根据相关实证研究,不实施现金分红的上市公司的比例从 1994 年的 9.28% 上升至 1998 年的 50.13%。就那些实施现金分红的上市公司而言,税前现金分红与股价比率低至 1.87%,显著低于银行同期 3 个月的存款利率 2.88%。在那些没有实施现金分红的公司中,其实很多公司是有利润的,甚至还不低,然而,他们并没有真正解释为什么拒绝进行现金分红这一问题,相反仅简单地回应说:"为公司与股东的长远利益着想而不进行现金分红。"④

21 世纪初的一项研究表明,这一情形并未得到根本性改变,甚至在某种程度上还趋于恶化。⑤ 造成这一情况的一个主要原因是,中国证券市场的高度投机性以及上市公司只想通过锁定资金的方式盘剥投资者。对此,有学者曾做出这样的判断:"由于上市公司并不进行现金分红,投资者

---

② 宋逢明、江婕:《中国股票市场波动性特性的实证研究》,载《金融研究》2003 年第 4 期。

③ 2000 年到 2001 年,这一数字是 58,个别超过 60,这引起了诸多经济学家的关注。参见张炜:《市盈率偏高是事实》,载《中国经济时报》2001 年 2 月 13 日。

④ 魏刚:《我国上市公司股利分配的实证研究》,载《经济研究》1998 年第 6 期。

⑤ 参见刘淑莲、胡燕鸿:《中国上市公司现金分红实证分析》,载《会计研究》2003 年第 4 期。

通常通过在市场中交易股票的方式获取收益。"[6]

此外,作为转型经济中出现的新兴市场,中国证券市场具有一个典型的"政策市"特征:政府经常借助行政手段和政策直接干预市场。这使得市场极易受到政策的影响,从而被称作"政策市"。实际上,中国股市的波动大都由政策变动引起。很多情况下,公司股价与其业绩的关联度不大,而深受政府政策的影响。一项研究发现,1991年到1997年市场主要的涨跌与经济因素无关,而与政府重大政策相关联。[7]

B股市场就是适例。2001年,在中国证监会决定向内地投资者开放B股市场后,B股股票价格猛涨:B股指数自2001年2月19日决定公布之日从83.20点飙涨到2001年6月的231.89点。在短短4个月的时间里,该指数上涨179%,而同期A股指数仅增长10.9%。[8]

在中国,政府紧密关注并频繁介入证券市场的发展。在《人民日报》上,政府经常借助社论的方式影响股票市场。例如,针对1996年市场过热的情况,《人民日报》严厉批评股票交易的狂热现象,并指出市场中充斥大量违规者和投机行为。[9] 结果,股市连续三天狂跌。反过来,在经历两年熊市后的1999年6月,《人民日报》发表另一则社论试图救市。[10] 相较于法律,政策变动更频繁,缺乏预期。为了满足市场快速发展的需求,政府不得不对其政策做出相应的调整。有学者发现,在2000年之前,政府直接干预市场的事件至少有13起,其中7起旨在拉升和刺激市场,其余的则是为了给市场降温。[11] 进入21世纪后,中国的情况依旧如此。

既如此,面对经常变化且不具预测性的政策,投资者对长期投资缺乏信心,只好选择短期的投机行为。对此,有学者指出:"中国证券市场与赌场无异,因为任何人在提前得知政府政策时都可借助内幕交易这样的投机行为轻而易举地赚取利润。"[12]

---

[6] 周春生、杨云红:《中国股市的理性泡沫》,载《经济研究》2002年第7期。

[7] 参见杨亮:《内幕交易论》,北京大学出版社2001年版,第71页。

[8] 参见吴文锋等:《B股向境内居民开放对A、B股市场分割的影响》,载《经济研究》2002年第12期。

[9] 参见《人民日报》特约评论员:《正确认识当前股票市场》,载《人民日报》1996年12月16日。

[10] 参见《人民日报》特约评论员:《坚定信心 规范发展》,载《人民日报》1999年6月15日。

[11] 参见李志林:《解读中国股市:兼与吴敬琏等商榷》,上海三联书店2002年版,第3页。

[12] 袁东:《中国证券市场论:兼论中国资本社会化的实践》,东方出版社1997年版,第105页。

因此,中国内地证券市场的换手率畸高。表1对上海证券交易所与世界上其他主要证券交易所于1993年至1998年间(表内的数据是挂牌股票每年换手的百分比)的换手率进行了对比。[13]

表1 股票换手率(单位 %)

年份(年)	上海	纽约	东京	香港	伦敦
1993	341	53	26	61	81
1994	787	53	25	40	77
1995	519	59	27	37	78
1996	760	52	27	44	58
1997	535	66	33	91	44
1998	355	70	34	62	47

1998年之后,高换手率的情况依旧持续。1999年与2000年,换手率分别达到499%、504%,这意味着持股的平均时间大约为2个月。[14] 如此高的换手率反映出中国投资者喜欢短线操作以及市场高投机性的事实。在为本书写作进行的访谈中,中国证监会一位受访的工作人员这样解释此现象:"市场中值得进行长期投资的上市公司并不多,因此投资者常以投机的心态进入股市,并且高频率交易股票。"

实证研究同样得出中国股市存在严重投机性的结论。研究表明,中国投资者的交易行为极不稳定,他们对政策极为敏感。[15] 另一个实证研究发现,大多数投资者喜欢交易那些价格波动较大的股票,因为其中存在投机的机会。[16] 另外,中国股市充斥着大量短期交易行为,投资者似乎对于通过频繁交易跑赢大市的能力过于自信。

还有一项实证研究表明,除了投资者的短期交易行为,上市公司同样热衷于该种行为,借助各种合法或非法的方式竭力提高公司业绩。[17] 正如

---

[13] 参见郑顺炎:《证券内幕交易规制的本土化研究》,北京大学出版社2002年版,第97页。
[14] 参见章融、金雪军:《证券市场中投资者短期行为分析》,载《数量经济技术经济研究》2003年第1期。
[15] 参见李心丹等:《中国个体证券投资者交易行为的实证研究》,载《经济研究》2002年第11期。
[16] 参见贾权、陈章武:《中国股市有效性的实证分析》,载《金融研究》2003年第7期。
[17] 参见章融、金雪军:《证券市场中投资者短期行为分析》,载《数量经济技术经济研究》2003年第1期。

第二章所述,中国的内幕交易存在一个很有意思的特征,即上市公司自己也参与了内幕交易,且相关案件占比还相当高。这一特征与经济学者的实证研究是一致的。

综上,由于受高市盈率、低分红率以及"政策市"等因素的影响,投资者不愿进行长期投资,而是选择短期交易和投机行为。在某种程度上,这种投机性是根植于社会与市场的大环境之中的,投资者在未来一段时期内依然会延续这一做法。在这种投机性的氛围面前,投资者选择实施诸如内幕交易等投机行为的情况就不难理解了。

3.2.1.2 访谈:内幕交易是市场竞争的"制胜法宝"

为了更好地理解人们为什么选择从事内幕交易,笔者通过访谈了解到内幕交易对于在中国证券市场竞争中获胜的重要性。

在对证券业界人士进行的访谈中,绝大多数人认为,不借助诸如内幕交易和市场操纵这样的违法行为而想在市场竞争中胜出,即使有可能,也是很困难的事情。上海一位证券经纪人感叹道:"假如不做点内幕交易等违法行为,在激烈的市场竞争中很难获胜。"这一观点得到了另一位经纪人的呼应:"市场中的违法行为极为普遍,你不做,别人也会做,得顺应大势,否则将被踢出局。"

一位基金经理从专业角度评论说:"市场中充斥着投机行为。股价与公司业绩几乎无关。换句话说,基本面分析常常无用武之地。"一位北京的经纪人更为直接:"我们的市场远未成熟,通过公司业绩增长而获取投资利润几乎是不可行的。假如想跑赢大市,有时需要铤而走险。"无独有偶,另一位受访者指出:"在这个市场中进行长期投资是不太明智的做法,需要做点短期交易和波段,甚至走走捷径,比如内幕交易等。"访谈中,只有一位经纪人不赞同内幕交易对获胜的重要性观点,但他也承认这样做可增加投资收益。

中国证监会的工作人员在面对这一问题时极为谨慎。他们认为,内幕交易并非在市场竞争中胜出的决定因素,但同时也承认内幕交易有时会让某些人获得不公平的竞争优势。一位工作人员说道:"不依靠内幕交易而获得成功是完全有可能的。就长期投资而言,业绩是基础。"同样,还有观点认为:"良好的市场调研和投资水平才是制胜法宝。"然而,也有一位官员指出:"坦白地讲,在某种程度上,当下内幕交易和市场操纵等违法行为让有些人在市场上获得了竞争优势。很多人都想通过走捷径的方法跑赢大市。"

同样,证券交易所工作人员的观点也不尽一致。有人认为:"从事内幕交易可以轻松获取收益,是一条赚钱的捷径,但不能完全依赖它。"另一位工作人员对此表示赞同:"内幕交易对跑赢大市有帮助,但这并不意味着没有内幕交易就不能取得成功。"不过,也有人认为:"我们的市场有不少投机行为,如果从事内幕交易没被抓获,收益还是很大的,从而导致竞争中可能出现劣币驱逐良币的情况。"

绝大多数受访的普通投资者认为很难通过长期投资获得收益,内幕交易对于获取投资收益来说很重要。一位广东的投资者将诸如内幕交易、操纵市场这样的违法行为视作"在市场中获胜的必要手段"。该观点得到了另一位投资者的认同:"在这个市场中不搞点内幕交易等事情就赚不到钱。"有的受访者还描述了自己见过或听说过的一些疑似内幕交易的案例。

笔者也访谈了几位财经类的记者,他们也认为内幕交易对于在市场中获利非常重要。上海的一位记者说道:"很多投资者,尤其是那些大的投资者,往往通过内幕交易和操纵市场等行为来打败竞争对手。"

受访的几位学者也持类似观点。一位教授认为:"公司业绩对长期投资而言非常重要,但我们的市场更适合进行短期投资甚至投机。绝大多数投资者也都具有投机性,要是有内幕交易的机会通常都会用。他们也不是非常了解这个行为的违法性。"这一观点得到了另一位教授的认同:"至少目前而言,我们的市场还不太规范,内幕交易带来的收益高于正常的投资活动,很多人也寄希望于走捷径,不过,长远来说,要想在市场竞争中获胜,完全依赖内幕交易还是不行的。"

几位证券律师认为,内幕交易在投资活动中确实很常见,也是一些投资者获取收益的重要手段。一位律师认为:"要想在市场中生存下来,就需要具备赚钱的能力,而内幕交易就能带来无风险收益,当然,法律风险另说。"另一位律师说得更直接:"对投资者,尤其是那些大的投资者来说,不借助内幕交易等捷径而想在市场竞争中胜出甚至生存下来都是很难的。现实中有很多这方面的疑似案件,但只有很少一部分最后被查处了。"

综上,受访者普遍认为,内幕交易是中国证券市场中为了从竞争中胜出而经常采用的一种重要手段。这意味着,在中国,从事内幕交易不仅源于贪婪之心,而且是出于市场生存的压力。这在一定程度上解释了为什么半数以上的证券公司(都是知名的证券公司)均有因诸如内幕交易等各种违法行为被中国证监会查处的事实。⑱

值得指出的是,有两位证券从业人员详细地解释了实践中内幕交易是如何实施的。一位来自北京的证券从业人员揭开了这方面的一些"内幕"情况:"内幕交易方案往往由证券公司首先策划出来。在中国,证券公司是上市公司的证券承销商,本身也经常是公司的前十大股东之一。通过发行上市,以及随后的配股、送股等,很多证券公司持有上市公司相当高的份额,甚至高达30%,在出现市场不景气等情况时,证券公司还不得不持有更多的份额。为了以好价格卖出手里的股票,证券公司会与相关上市公司接触,看看是否有内幕信息,并试探上市公司是否愿意合作实施内幕交易。在实践中,上市公司也愿意合作,甚至会借钱给证券公司实施内幕交易。接下来,证券公司就会具体实施内幕交易了。上市公司通常会分享内幕交易的收益,但有时上市公司并不直接获取金钱收益,而是通过其他方式,比如内幕交易导致的股价拉升,从而防止公司被敌意收购,降低资金成本,改善公司融资环境,并增加公司高管人员的晋升机会。"

另一位上海的证券公司分析师也提供了对于现实中内幕交易发生原因和过程的看法:"在中国,政府控制着公司上市的指标,因此上市资格是稀缺资源。历经千辛万苦上市后,公司就会利用上市地位套现,通过各种方式圈钱。在圈到钱之后,上市公司常常发现其实并没有很好的投资机会。显然,它们不会把钱存入银行,而是选择短线炒股。实际上,有时上市公司圈钱的初衷就是炒股,特别是通过内幕交易或操纵市场等方式赚钱。上市公司既有内幕信息,也有资金,但它们自己通常并不会直接从事内幕交易。首先,根据《公司法》的规定,除了几种特定情形,公司回购股份是被严格禁止的。其次,内幕交易和操纵市场也是一个技术活,上市公司自己基本没这个能力。因此,上市公司通常会找跟它们有联系的证券公司一起合作。证券公司当然也乐于合作。剩下的事就简单了,上市公司提供内幕信息,有时也提供资金,而证券公司负责具体实施内幕交易。它们最后分享内幕交易的收益。"

以上两位业内人士对于内幕交易发生过程的描述并不完全一致。在第一种情形下,内幕交易的想法起源于证券公司,然后其与上市公司联系并最终合作实施内幕交易;在第二种情形下,由上市公司挑头,然后联系

---

⑱ 参见郑顺炎:《证券内幕交易规制的本土化研究》,北京大学出版社2002年版,第131页。

证券公司进行合作。尽管有所区别,但二者都揭示了上市公司和证券公司通过相互合作实施内幕交易的路径和原因。

3.2.1.3 公司高管的薪酬过低

另一个与内幕交易的发生密切关联的重要因素是,中国上市公司高管人员的薪酬往往过低。一项实证研究以 45 家上市公司为分析样本,根据 1998 年年报所披露的公司董事及高级管理人员的薪金情况发现,少于 3 万元/年的占 47%,在 3 万—5 万元/年之间的占 29%,在 5 万—10 万元/年之间的占 13%,多于 10 万元/年的占 11%。[19] 如此低廉的薪金与公司董事及高级管理人员所从事的实际工作并不匹配。例如,中国轻骑集团有限公司董事长 1998 年的年薪为 4 万元,然而公司当年卖出的车辆达到 150 万辆。同样,另一公司的董事长侯建 1998 年的年薪为 3.9 万元,但当年公司销售额达到 82 亿元。

此外,尽管近年来一些新型的管理者薪酬形式被引入,但是薪酬低廉的状况并没有很大的改观。股票期权就是适例。在美国,股票期权很早就被用于向公司管理者支付报酬,在向公司管理者支付的总酬金中,其占比很高。[20] 相比之下,在中国,直到 1999 年股票期权才开始被使用,时至今日使用这一方式的中国公司仍寥寥无几。截至 2003 年 4 月,有超过一半的美国公司使用股票期权计划,而在中国 1200 家上市公司中,使用股票期权的不超过 100 家。[21]

造成股票期权在中国未被广泛使用的局面有以下两个方面的重要原因:第一,2005 年修改之前的《公司法》存在不少问题,严重削弱了股票期权的可适用性,例如禁止授权资本制[22];除了几种特定情形,禁止公司回购股份[23];禁止公司董事及高级管理人员在任期内转让其所持股份等[24]。第二,目前中国缺乏适当的管理业绩评估系统,因而很难准确厘定薪酬数

---

[19] 参见周汉民:《良心不是最可靠的——国企经营者价值透视》,载《改革先声(新视点)》1999 年第 6 期。

[20] See David Yermack, "Do Corporations Award CEO Stock Options Effectively"? (1995) 39 *Journal of Financial Economics* 237-238.

[21] 参见尤旭东:《股票期权的难圆之梦》,载《国际金融报》2003 年 4 月 28 日。

[22] 参见《公司法》(2004 年修正)第 73 条。尽管修订之后,这一禁止性条款仍然存在。参见《公司法》(2005 年修订)第 77 条。

[23] 参见《公司法》(2004 年修正)第 149 条。

[24] 参见《公司法》(2004 年修正)第 147 条。2005 年修订之后,这一限制条件有所缓解,但并未完全取消。参见《公司法》(2005 年修订)第 142 条。

额。实际上,这一问题在不同程度上也困扰着美国,之前美国发生的安然案件就显示了期权计划被滥用的现象。㉕

因此,中国的薪酬制度无法有效反映公司董事及高级管理人员的工作业绩,从而无法为公司管理人员提供足够的激励。由于公司董事及高级管理人员的薪酬普遍较低,他们就更有动力通过利用其职权以及内幕信息获利。如前所述,在被曝光的个人实施的内幕交易案件中,几乎所有的违法人员或是公司董事,或是高级管理人员。例如,戴礼辉是四川托普的总裁,王川是北大方正的副总裁,高法山是天津利达集团有限责任公司董事长。内幕交易带来的巨额收益对他们而言是一个巨大诱惑,尤其是当他们感到薪酬过低而想找机会进行"补偿"之时更是如此。

3.2.2 其他利益

除了直接的经济收益,其他的间接收益或非金钱收益也是当事人决定实施内幕交易时的重要考量因素。这些非金钱收益的类别与中国文化和社会背景密切相关。

3.2.2.1 公司实施内幕交易中的个人间接收益

在那些公司实施内幕交易的案件中,公司负责人(通常是高级管理人员)实施内幕交易似乎是为了公司利益而非自身利益。正因如此,有学者认为,在某种程度上,这一类型的内幕交易从道德上看是具有一定正当性的。㉖ 然而,这一观点值得商榷。

尽管公司从内幕交易中可以直接获利,但实际上个人也有间接获益。具言之,公司管理人员借助内幕交易赚取利润来提升公司业绩,他们不仅能通过奖金等形式间接获得经济收益,而且还能赢得个人荣誉,从而为公司高级管理人员代表其公司实施内幕交易提供了强大的激励。这也在一定程度上解释了之前所阐释的在中国有相当比例的内幕交易是由公司实施的这一现象。

一方面,公司业绩提升后,公司高级管理人员会获得更多的现金奖励或提涨工资。当然,如前所述,这一类型的现金收益通常是有限的,可能

㉕ 在中国,对权证计划的优劣问题有很多的讨论。参见周建波、孙菊生:《经营者股权激励的治理效应研究——来自中国上市公司的经验证据》,载《经济研究》2003年第5期。

㉖ 参见郑顺炎:《证券内幕交易规制的本土化研究》,北京大学出版社2002年版,第99—101页;杨亮:《内幕交易论》,北京大学出版社2001年版,第53—54页。

并不足以让其铤而走险去实施内幕交易。毫无疑问,公司董事及高级管理人员通过自己实施内幕交易的方式会获得更多的金钱收益。

另一方面,也是更为重要的,公司管理者可提升其名誉,因此增加晋升的机会,或者至少能保住其现有的职位。换言之,高管人员在劳动力市场中将更具竞争力,有助于其职业生涯的发展。因此,通过内幕交易让公司获利表面上是出于公心,但实际上可能是出于私利的考虑。

在中国,对公司管理者而言,还有另一个借助内幕交易以提升公司业绩的强大动力:中国大多数上市公司的前身都是国有企业,保留了诸多国有企业的特征。在实践中,公司高级管理人员,尤其是董事长及总经理,均具有双重身份:一方面他们在公司工作,属于商业人士;另一方面他们又具有公职身份,甚至保留着相关的行政级别。对于大部分有公职背景的公司管理者来说,政治前途和职务升迁似乎更为重要。根据一项实证研究,公司管理者将政治升迁作为首要考虑的因素。很少人愿意在公司里终其一生,更多的公司管理者只是将公司职位视作获取更好政府职位的"跳板"。[27] 因此,为了获得升迁的机会,他们具有更大的动力去借助内幕交易等手段以提升公司业绩,从而在激烈的政治竞争中胜出。

3.2.2.2 做人情和扩人脉

鉴于内幕信息的重要性,分享内幕消息可以用来做顺水人情和扩大人脉关系。众所周知,中国是一个讲究人情关系的社会,人情练达即文章。人际关系就是资源,虽然人们在西方社会也需要社交,但人际关系在中国社会的重要性远大于西方。[28] 正如一位学者所讲的那样:"中国人的人格及个人尊严并非建立在人性之上的内在属性,而是基于特定的社会关系产生、变更以及消灭。另外,人格边界具有扩张性,经常超出生物个体的范畴。因此,中国文化下的人际关系在个人之间常缺乏清晰的边界。"[29]

人际关系的重要性深深嵌入了中国独特的文化之中。对人际关系的

---

[27] 参见王珺:《双重博弈中的激励与行为——对转轨时期国有企业经理激励不足的一种新解释》,载《经济研究》2001年第8期。

[28] See Carol A. G. Jones, "Capitalism, Globalization and Rule of law: an Alternative Trajectory of Legal Change in China" (1994) 3 *Social & Legal Studies* 195。文章认为中国的商业实践更多地依赖所谓的"关系"。

[29] Janet E. Ainsworth, "Categories and Culture: On the 'Rectification of Names' in Comparative Law" (1996) 82 *Cornell Law Review* 19.

重视导致在道德义务上要求人们之间相互分享资源。中国有句谚语，"一人得道，鸡犬升天"，是指假如一个人飞黄腾达，身边人也会从中受益。这反映出，在中国文化中，个人可以合理期待从成功的家族成员或朋友那里分享资源。而反过来，后者负有与前者分享资源的道德义务，有时这种道德义务甚至高于法律义务。具体到内幕交易的场景中，就是对于内幕信息的分享。

因此，假如某人拥有了特殊职权，他们便肩负着一种利用该职位向亲朋好友分享收益的道德义务，否则他们可能会因为没有履行道德上的义务而遭受负面评价，比如被视为自私自利，甚至忘恩负义等。当然，这种道德义务是相互的，具有交换性质。假如某人不愿与他人分享其资源，那么，他也别期望其他人在将来会与其分享资源。因此，在中国，人们需要竭力去维持良好的人际关系。

在某种程度上，中国文化的特性在一定程度上造成诸多腐败行为及权力滥用行为的出现。在内幕交易方面，这种文化也在一定程度上导致了严重后果，因为信息泄露的行为极难察觉，同时获利又很容易且数额可观。如前所述，中国市场投机气氛浓厚，很多投资者都寄希望于通过内幕交易等途径赚"快钱"，因此孜孜不倦地寻求内幕信息，甚至觉得心安理得。在访谈中，一位证券从业人员抱怨称："很多朋友经常向我打探内幕信息，说也不是，不说也不是，有时真是疲于应对。"

总之，中国传统文化中的人际关系问题在一定程度上助长了泄露内幕信息的现象，所以在分析内幕交易的发生和规管时需要考虑到这一因素。

3.3　成　本

内幕交易的成本通常包括运作成本和违法成本，违法成本又由被查获的风险以及惩罚的力度等决定。以下对这三个问题依次展开论述。

3.3.1　运作成本

运作成本涵盖实施内幕交易的成本，但不包括被查获及惩处的成本。换言之，这些成本是指在法律没有禁止规定的情况下，影响内幕交易发生可能性的成本。除了正常的资金成本和交易费用等，运作成本主要包括获取内幕信息的成本以及内幕交易可能失败的相关成本。

3.3.1.1 信息成本

内幕信息是内幕交易的核心要素。在中国,获取内幕信息相对容易,因此这方面的运作成本也相应较低。

3.3.1.1.1 不充分的信息披露

有效的信息披露制度能阻止内幕交易,因为股票价格的有效调整能够排除通过内幕交易获利的机会。一个有效的信息披露制度通常具备几个要素,包括披露的及时性以及获得内幕信息的均等性。

假如公司及时披露不为公众所知晓的重大信息,内幕交易的发生率将会下降,因为"将价格敏感信息更加及时地披露会降低该信息的套利价值,从而减少内幕交易的机会与范围"㉚。因此,及时进行信息披露能够减少内幕人获取信息优势的机会,从而达到阻止内幕交易的目的。

《证券法》第67条(2019年《证券法》第80条)要求公司应立即向国务院证券监督管理机构以及证券交易所提交关于未公开重大信息的临时报告。然而,"立即"的内涵并不清晰。实践中,概念的模糊性与"重大"标准认定的困难相伴而行,导致持续性信息披露的问题不断出现。㉛ 根据实证研究,临时报告对于市场的影响并不显著,因为它们没有及时、有效地披露信息,其所披露的信息实际上早就已经泄露,并不是真的"新闻"了。㉜ 因此,当信息披露制度在及时性要求方面存在操作空间时,内幕交易者就可通过延迟披露信息的方式利用该信息进行交易了。

另外,选择性信息披露也是产生内幕交易机会的一个重要因素。现实中,以公司调研为名,证券分析师和基金经理经常能够获得上市公司的选择性信息披露,这些信息要么本身就构成价格敏感信息,要么通过与已有信息的拼接和比对就能够形成新的价格敏感信息。在访谈中,一位证券分析师说道:"我们与上市公司的交流往往会涉及一些敏感信息,这是个灰色地带,通常也不需要说得太直接,给点暗示大家就能明白。说实话,我们去调研还是想获得一些重要信息的,而且很多上市公司也愿意给我们透露这些信息,一方面算是维持我们的关系,另一方面也是想通过我

㉚ Roman Tomasic and Brendan Pentony, *Casino Capitalism? Insider Trading in Australia* (National Gallery of Australia, 1991), p. 8.

㉛ See Jian Fu, "Information Disclosure and Corporate Governance in Listed Companies in China: from Yinguangxia to Enron" (2004) 17(1) *Australian Journal of Corporate Law* 48.

㉜ 参见周勤业等:《上市公司信息披露与投资者信息获取的成本效益问卷调查分析》,载《会计研究》2003年第5期。

们向市场传递相关信息。当然,有时候也存在吹嘘成分,因为他们希望提升股价。"

由上可见,上市公司向证券分析师提供敏感信息可能是为了抬高股价,而证券分析师也从中获益,因此在绝大多数案件中,选择性信息披露符合上市公司与证券分析师的共同利益。当然,如前所述,有时上市公司与证券公司还会共谋内幕交易,那就不属于灰色地带的选择性信息披露问题,而是直接的泄露内幕信息了。比如,在南方证券与北大车行案中,北大车行就是选择性地向南方证券泄露内幕信息,以便合作实施内幕交易。

3.3.1.1.2 公司治理的不完善

目前中国绝大多数上市公司的治理结构存在问题,其中的一个关键问题就是缺乏对公司管理层的有效监督和制衡。在制衡机制不足时,公司管理者更可能实施内幕交易等违法行为。

理论上讲,中国存在几种监督公司管理层的方式,但在实践中的效果并不理想。第一,根据《公司法》的相关规定,股东有权监督公司管理层。然而,如第二章所述,在中国证券市场上,国有股占据了大部分,国家是大多数上市公司的最大股东。2003年的一项实证研究表明,国家控股了84%的上市公司。[33] 这带来了"最终所有者缺位"的问题,即国家是一个抽象集体,表面上全民所有,但又不能直接所有,所以需要在中间设立诸如国资委等机构来代表全民行使所有权,这就产生了更长的代理链条,再加上官僚体系本身的层级特征和腐败问题,导致代理成本大增,作为大股东的国家对公司管理层缺乏有效的监督。[34] 另外,虽然上市的国企中也有其他股东,但他们很难对公司管理层形成有效的制衡。值得指出,股东派生诉讼制度是小股东制约管理层的一个有力工具,但直到2005年《公司法》修订时才将其引入。[35]

第二,中国采用了双层的公司治理结构,设置了监督公司董事及高管的监事会。然而,在实践中,由于种种原因,监事会沦为摆设,并不能有效

---

[33] 参见刘芍佳等:《终极产权论、股权结构及公司绩效》,载《经济研究》2003年第4期。
[34] 参见程合红等:《国有股权研究》,江平审订,中国政法大学出版社2000年版,第247—248页。
[35] 参见黄辉:《股东派生诉讼制度研究》,载王保树主编:《商事法论集》(第7卷),法律出版社2002年版;黄辉:《中国股东派生诉讼制度:实证研究及完善建议》,载《人大法律评论》2014年第1期。

地履行其职责。在很多公司中,重要岗位并没有分开,从而造成权力过分集中、监督低效的局面。例如,一个人同时担任多个领导职务,既包括董事长,也包括总经理,甚至可能还担任公司党委书记等。因此,很多公司存在"一言堂"的情况,所谓的"一把手"拥有其他人难以制约的绝对权力。

近年来,中国引入了独立董事制度,但效果并不令人满意。该制度来源于英美法系,是公司治理中的一个重要机制。㊱ 然而,这个制度在中国似乎水土不服,目前在实践中存在很多问题,并没有起到应有的作用。

3.3.1.1.3 "中国墙"制度的漏洞

在中国,业务多元化的证券公司需要设立所谓的"中国墙"(Chinese Wall),将不同业务部门隔离开来,以保护价格敏感信息不会在各个部门之间被泄露。㊲ 该制度并非中国独有,而是国际通行做法,但即使在国外,其现实效果也不理想。

显然,"中国墙"这一术语是一个比喻,借用了中国的"长城",用以描述大型金融机构为了避免内部各个部门之间发生信息流通而设立的一套内部规则和程序(有时也包括监督这些规则和程序运行情况的程序)。㊳ "中国墙"制度得到了包括美国、英国、澳大利亚等在内的西方国家的普遍认可。㊴ 美国于1984年颁布《内幕交易制裁法》(Insider Trading Sanctions Act of 1984,简称 ITSA),从立法上确认了"中国墙"制度。1988年制定的《内幕交易及证券欺诈执行法》(Insider Trading and Securities Fraud Enforcement Act of 1988,简称 ITSFEA)进一步将诸如"中国墙"等程序作为规管内幕交易的重要机制。㊵ 该法明确要求大型的、具有综合业务的证券

㊱ 参见黄辉:《独立董事的法律义务与责任追究:国际经验与中国方案》,载《中外法学》2023年第1期;Cindy A. Schipani and Junhai Liu, "Corporate Governance in China: Then and Now" (2002) 1 *Columbia Business Law Review* 46。

㊲ 关于"中国墙"的详细讨论,可参见黄辉:《大型金融和市场机构中的中国墙制度——英美法系的经验与教训》,载《清华法学》2007年第1期。

㊳ See Norman S. Poser, *International Securities Regulation* (Boston: Little, Brown and Company, 1991), p. 189.

㊴ See Norman S. Poser, "Chinese Wall or Emperor's New Clothes? Regulating Conflicts of Interest of Securities Firms in the U.S. and the U.K." (1988) 9 *Michigan Journal of International Law* 91; Roman Tomasic, "Chinese Walls, Legal Principle and Commercial Reality in Multi-service Professional Firms" (1991) 14(1) *UNSW Law Journal* 46; Louis Loss and Joel Seligman, *Securities Regulation* (Boston: Little, Brown and Company, 3rd ed., 1991),vol. VIII, pp. 3618-3630; William K.S. Wang and Marc I. Steinberg, *Insider Trading* (Aspen Publishers, 1996) § 13.5.

㊵ See Norman S. Poser, *International Securities Regulation* (Boston: Little, Brown and Company, 1991), pp.209-216.

公司建立"中国墙"制度,以阻止内幕交易行为。㊵

《证券法》第 136 条(2019 年《证券法》第 128 条)对"中国墙"制度有明确的要求。另外,中国证监会制定了部门规章,要求证券公司使用"中国墙"制度强化公司内控并阻却违反《证券法》的特定行为。㊷ 实践中,综合类证券公司通常将承销部门与公司其他部门进行物理上的隔离,比如安置在不同的楼层,甚至不在同一栋楼内,以避免在承销业务过程中获得的内幕信息传播到其他部门(特别是自营部门)。正如本书第二章所述,在中国发生的不少内幕交易行为就是证券机构自己实施的。从理论上讲,"中国墙"制度可以在阻却内幕交易方面发挥积极作用。

然而,很早就有人质疑"中国墙"的可靠性及其在实践中的作用。㊸美国有学者指出,虽然"中国墙"制度被广泛运用,但没有证据表明其在隔离重大信息方面达到了期望的效果。㊹ 实际上,美国发生的诸多案件均显示了这一制度的弱点。㊺ 有学者这样指出:"现有证据表明,虽然'中国墙'听上去固若金汤,但实际上并非坚不可摧……从常识及对人性的认知出发,是有理由对'中国墙'的实际效果进行质疑的。'中国墙'制度基本上依靠自律,它的有效性完全依赖于当事人的道德水准。在重大利益和诱惑面前,很多人的自我道德约束很有可能不起作用。"㊻

的确,美国学者针对"中国墙"制度效果的上述批评在中国完全适用。事实上,与西方国家相比,这一制度在中国的现实效果似乎更差。在中国,"中国墙"制度的效果取决于证券公司自己,而鉴于目前中国证券行业的道德规范及职业伦理水平普遍较低,期待"中国墙"发挥重大作用可能不太现实。在利益诱惑和市场压力面前,这堵"墙"很容易被冲垮。而且

㊵ 参见美国 1934 年《证券交易法》(US) §15(f), 15 U.S.C. §78o(f)。

㊷ 参见《中国证券监督管理委员会关于加强证券公司营业部内部控制若干措施的意见》,证监机构字〔2003〕261 号,已失效。

㊸ See Norman S. Poser, "Chinese Wall or Emperor's New Clothes? Regulating Conflicts of Interest of Securities Firms in the US and the UK" (1988) 9 *Michigan Yearbook International Legal Studies* 91; Louis Loss and Joel Seligman, *Securities Regulation* (Boston: Little, Brown and Company, 3rd ed., 1991), vol. Ⅷ, pp.3623-3631.

㊹ See Norman S. Poser, *International Securities Regulation* (Boston: Little, Brown and Company, 1991), pp.227.

㊺ See *Slade v. Shearson, Hammill & Co.*, 517 F.2d 398 (2d Cir. 1974); *Securities Exchange Commission v. The First Boston Corp.*, Fed. Sec. L. Rep. (CCH) para. 92,712 at 93,465 (SDNY 1986).

㊻ Norman S. Poser, *International Securities Regulation* (Boston: Little, Brown and Company, 1991), pp.227-228.

如前所述,中国的公司治理结构存在很多问题,因此公司内部人员能够轻而易举地跨过这堵"墙"去获取重大信息。此外,中国证监会对"中国墙"的规定也不甚清晰,存在很多模糊之处。

上述观点得到了实证研究的支持。笔者在访谈中发现,这是受访者看法最一致的问题,他们基本认为"中国墙"徒有其表、华而不实。一位证券从业人员说道:"构设'中国墙'以满足中国证监会的要求不难,实际上就是形式主义而已。"一位投资者说得更直接:"'中国墙'就是个自欺欺人的东西。"中国证监会的一位工作人员也承认:"'中国墙'没有预期中那样有效,但有总比没有强。"中国证监会的另一位工作人员说:"当下的'中国墙'制度确实不是很令人满意,但我们会通过制定更加详细、严格的规则去完善它。"

3.3.1.1.4 捉摸不定的政策

如前所述,中国证券市场被广泛视为"政策市",因为政府的政策在市场发展和规管中发挥着重要作用。政府的各种政策严重影响着股价,投资者对其极为敏感。这些政策本身可能就是内幕信息,经常被政府官员及其亲近人士违法利用。

实践中,在政府政策披露之前往往会透露风声。譬如,2001年2月19日晚,中国证监会公布向内地投资者开放B股的重大信息。交易记录显示,市场从早上便出现了巨量交易的异常现象。中国证监会自己都怀疑信息在披露之前早已泄露,于是在当天下午就中止了交易。㊼ 这表明政府政策为内幕交易提供了大量可乘之机。

在中国,政府对于市场的干预早已有之。在计划经济时代,政府直接控制并管理国家经济。即使中国经济开始向市场经济转型,在很大程度上,如上做法仍旧存在。如第二章所述,中国股市本来就是政府孕育并催生的,非自然发展而来,初衷是为当时濒于崩溃的国有企业提供融资渠道。自此开始,政府便以"家长式"的态度关注着这一市场。简言之,中国证券市场是政府政策的产物,而不同于西方国家那样是经济发展的自然产物。

公平而论,在证券市场发展的初期阶段,政府的适当干预是必要的,但目前政府干预的力度明显超过了必要的程度。这一做法影响了市场的健康发展,且压制了投资者的投资热情。由于政府对于市场的"父

㊼ 参见梅声扬:《股民质疑:谁走漏了B股开放消息》,载《中国青年报》2001年2月21日。

爱"主义干预,在众多投资者心目中,政府对市场发展负有全责,从而导致投资者往往忽视市场风险,极具投机性,认为当其遇有麻烦时,政府定会想办法帮助他们。因此,有时政府不得不进行干预以救市。以下案例就说明了这一点。[48]

海南现代农业发展股份有限公司(以下简称"琼民源")是中国股市1996年最耀眼的"大黑马"之一,股价全年涨幅高达1059%。1998年4月,中国证监会在公布的琼民源案调查结果中共提出三项重大违规问题:虚报利润、虚增资本公积金、操纵市场。琼民源最终停业,约有10万名投资者受到牵连。这些投资者认为自己是无辜受害者,他们的维权行动给政府施加了很大的压力。为了维持社会稳定,政府最终介入其中,主导实施了"琼民源"重组计划,才最终安抚了那些投资者。

尽管政府保护投资者权益的目标是值得赞同的,但其采取的措施未必都恰当。该案与美国安然事件的处理形成鲜明对比,美国政府并没有直接介入并借助行政力量阻拦该公司进入破产程序,而是按照法治原则,该处罚的处罚,该赔偿的赔偿,投资者也需要承担正常的投资风险和损失。在中国,政府对市场的家长式态度往往会阻碍投资者走向成熟的步伐。中国投资者过度依赖政府,难以树立自主判断、审慎决策的科学理性投资意识。因此,尽管政府干预确有必要,但关键在于力度和方式,中国在这方面还需要继续努力探索。

3.3.1.1.5 人际关系

如前所述,在中国,人际关系极为重要,从中分享资源和获益亦是合理的期待。在此大背景下,鉴于政策信息的频繁程度和重要性,其中蕴含的内幕交易机会可想而知,信息传递成本也相对较低,从而降低了内幕交易的运作成本。

3.3.1.2 高成功率

在不考虑法律风险的情况下,与操纵市场和虚假陈述等行为相比,内幕交易的成功率通常更高。换言之,纯粹从市场运作的角度看,内幕交易的商业风险较低,更容易实施和成功获利。

对于伪造财务报表的虚假陈述而言,分析师和投资者可能会质疑其真实性,因为从历史数据和同行比较等角度也许能发现可疑之处。就操纵市场来说,有学者认为其前提条件很难满足,因此成功率很低:"要成功

---

[48] 参见文江、海生:《震惊国内的"琼民源"重组事件》,载《国际融资》2003年第8期。

进行市场操纵须具备两个条件:第一,交易必须使相关证券价格大幅上涨;第二,操纵者必须在比其买入证券价格更高的点位卖出证券,而且差价要大于相关的交易成本……现实中,同时满足这两个条件并非易事。在很多情况下,匿名的普通交易并不能引起股价的大幅波动,也就无法满足第一个条件。为满足该条件,操纵者需要让其他交易者确信他们拥有非公开的重大信息,或者投入巨额资金进行交易。然而,即使相关证券的价格大幅上涨,但不会一直上涨,在操纵者开始卖出证券后股价应该会下跌,与当初上涨效应相抵消,从而无法满足第二个条件。"[49]

相比之下,内幕交易更容易实施并获得成功。具言之,在信息披露之前,内幕人员购入股票,然后在信息披露之后股价上涨的高点卖出。这不需要像虚假陈述那样去发布一个精心策划的让市场相信的谎言,也不需要像市场操纵那样去准备巨量资金以推动股价,而是一个所有人都能玩的"游戏",有多少钱就买多少股票,跟平常买卖股票一样,没有额外的技术门槛。另外,由于内幕信息对股价有重要影响,因此股价的上涨通常远远超过诸如资金成本和交易佣金等交易成本,获利空间很大。

3.3.2 隐蔽性强,查处率低

在所有的证券市场违法行为中,内幕交易可能是最难被发现和监控的。顾名思义,内幕交易是发生在暗处的,操作得好的内幕交易行为不会引起市场的大幅波动,经常无迹可寻,因此被发现的难度较大,更遑论满足法律上的举证要求。[50] 现实中,由于内幕交易的私密特性以及相应的举证困难,内幕人员往往能成功地逃避查处。相比之下,除了极少数的例外情况,虚假陈述早晚会暴露出来,因为一个谎言可能需要十个谎言来掩盖,谎言越来越多、越来越大,泡沫破灭只是时间问题。而且,谎言一旦暴露,举证和检控也相对容易,因为之前公开披露的虚假陈述都是白纸黑字的确凿证据。

---

[49] Daniel R. Fischel and David J. Ross, "Should the Law Prohibit 'Manipulation' in Financial Market?" (1991) 105 *Harvard Law Review* 503, 512-513; 然而,Steve Thel, " $ 850,000 in Six Minutes - The Mechanics of Securities Manipulation" (1994) 79 *Cornell Law Review* 219,文章明确反对 Fischel 和 Ross 两位教授在前文提出的观点,在作者看来,"操纵者在交易中有时可控制价格,并借此获利"。

[50] See Roman Tomasic and Brendan Pentony, "Crime and Opportunity in the Securities Markets: The Case of Insider Trading in Australia" (1989) 7 *Company and Securities Law Journal* 186.

如前所述,访谈结果显示中国内幕交易极为普遍,然而目前被查处的内幕交易案件数量很少。这表明,尽管内幕交易不是没有被抓的风险,但这种风险很低,因此值得铤而走险。正如一位受访的证券从业人员所说的那样:"只要小心点,别太过分,也别留下记录或其他证据,被抓的概率是不大的。坦率地讲,在目前形势下,不必过于担心被抓的风险。"

在实践中,内幕交易行为被发现并被提起公诉的风险确实不高,且案件数量很少,其主要原因就是内幕交易的隐蔽性造成线索少、举证难等问题。

3.3.2.1 借用他人账户进行交易

证券市场电子监控系统是查获内幕交易线索的主要来源。根据访谈,上海和深圳的证券交易所都安装了先进的监控系统,而且中国证监会也有自己的证券监控系统。

据上海证券交易所的一位工作人员所言,为了提升一线监控能力,上海证券交易所已安装了世界领先的自动化实时交易监控系统,能有效监控各种异常交易,从而进一步追查市场操纵和内幕交易等违法行为。另外,《上海证券交易所股票上市规则》(2001年修订,已失效)第3.5.1条也做出了相应的要求。然而,内幕交易者可能通过狡猾的交易方式去严重削弱监控系统的效能。在监控到异常交易之后,上海证券交易所及中国证监会还需要进一步确定交易背后的真正交易者,这个工作并不轻松。为了逃避监管,那些内幕交易人员往往会借用或盗用他人的账户。在中国,这种交易伎俩早已普遍存在,即用他人的身份证开立证券账户或让他人开立账户后再转由其控制。例如,曾出现过一位来自偏远农村且已过世的农民与某宗市场操纵案件有关系的奇闻。该人生前为了借款将身份证质押在了别人那里,后者便用前者的身份证开立了证券账户。这一交易伎俩在前文讨论的张家界旅游公司案、轻骑集团案等案件中也出现过。

内幕人员利用多个账户进行交易,且每个账户的交易量都不大,能够降低被查处的风险,同时又能积少成多,获取不菲的收益。这种"少吃多餐"的花招能够有效降低交易对市场的影响,避免触发监控系统的警报。而且,即使警报被触发,监管者也很难发现这些交易的相互联系以及背后的真正交易者。由于监管者只知道用于实施内幕交易的账户,而账户所有人未必就是真正的交易人,这样就增加了监管难度,同时降低了违法者被查处的风险。

3.3.2.2 缺乏举报机制

发现并查处内幕交易的另一个重要工具是举报机制。如前所述,电子监控系统的作用恐怕没有想象中那么有效,而且监控成本高昂,借助监控系统发现内幕交易犹如大海捞针。在监控系统发现某些可疑交易后,中国证监会仍需投入大量资源做进一步的筛查和确认,很多疑似案件可能最终被排除,或者因无法确认而功亏一篑。一位受访的中国证监会工作人员谈道:"上海证券交易所每年向中国证监会上报 30 起至 50 起内幕交易疑似案件,中国证监会通常会对半数案件启动正式调查。但最终被证实是内幕交易并被处罚的案件比例极低,大部分调查都是无功而返。"当然,如果有人提供线索举报内幕交易,中国证监会的工作就会有效得多,能够有的放矢。若举报人能够直接提供证据,对于案件查处就更有帮助了。

遗憾的是,目前举报机制尚不完善,中国证监会很少获得举报者的帮助。在访谈中,中国证监会的一位官员说道:"绝大多数的内幕交易线索均来源于监控系统,只有极个别是来自举报者的。"造成这一情况的原因主要包括如下三个方面:

首先,如第二章所述,中国社会对内幕交易的容忍度是很高的。假如某人从他人处获知价格敏感的信息,他们极有可能利用该信息进行交易,而不是揭发告知他们信息的人。此外,那些知道客户实施内幕交易的市场中介由于担心丧失客户的信任,往往也不愿意当举报者或者证人。

其次,投资者通常也不清楚内幕交易是否直接损害了其权益,因此不会积极地对此提出诉讼。这主要源于中国缺乏内幕交易的民事责任制度。本书第七章将要阐述,《证券法》虽然提到了证券违法行为要承担民事责任,但对于内幕交易的民事责任并没有给出具体的可操作性规则,从而造成实践中内幕交易民事赔偿责任的缺位。这反过来导致无人愿意提供内幕交易的线索或证据。因此,无论是从金钱赔偿的经济角度还是从不愿得罪人的伦理角度出发,投资者对于民事赔偿诉讼没有太大积极性,更不会去提供相关证据,从而降低了内幕交易法律的执行力度。

最后,中国缺乏完善的"吹哨人"(whistleblower)举报机制,导致人们举报内幕交易的积极性不高。美国法律明确规定,假如举报信息使得内幕交易案件得以破获,举报者将获得奖励。[51] 在中国,尽管《禁止证券欺诈行为暂行办法》(已失效)第 27 条规定了对举报者予以奖励,然而现实

---

[51] 参见美国 1934 年《证券交易法》S21A(e)。

中获得奖励的举报者可谓凤毛麟角。相反，中国证监会有时还不遵守保护举报者隐私的基本准则。“鲁抗医药”就是典型的例子，该案涉及两名被怀疑向中国证监会举报公司违法行为的内部员工。2002年12月12日，公司的吴某与艾某分别向中国证监会举报该公司，称其为发行新股对会计报告进行虚假记载。他们提供了包括多达200多页详细、真实的会计数据在内的大量证据，以证明公司存在虚假陈述。作为回应，中国证监会暂停了“鲁抗医药”的新股发行，并对此事展开调查。然而，不久后的2003年1月15日，检察机关对吴某进行讯问，公司的纪检部门将其安排到宾馆，不允许其外出。最终，检察机关以涉嫌贿赂罪和挪用公款罪批准对其予以逮捕，后来他的妻子为其申请了取保候审。吴某的案件由于缺乏证据而被搁置。同样，艾某收到了很多匿名威胁电话，警告他不要做傻事。由于担心遭到攻击，他不得不经常更换住所。很多人认为吴某是被诬陷的，因为中国证监会泄露了举报者的身份信息，“鲁抗医药”公司的董事长从而知悉了吴某就是举报者。(52) 这使中国证监会陷入了莫大的窘境。

3.3.2.3 举证困难

即使监管者掌握了线索，例如异常的价格波动或者举报者提供了信息，他们在进一步调查或证实这些线索时仍然面临巨大困难。监管者需要将可疑的市场波动与内幕交易联系起来，而建立这种联系不仅需耗费大量时间，并且举证困难。为了证明内幕交易的发生，监管者必须证实多个微妙的节点，例如信息是否属于价格敏感信息，内幕人员是否知悉该信息并且知道其属于价格敏感信息，最后将该信息实际用于交易等。

如前所述，内幕交易具有高度的隐蔽性，现实中很难获得直接证据，通常只能依靠一些间接证据。在很多情况下，行为人都能找到一些貌似合理的理由去解释交易行为，并且否认其交易行为是基于内幕信息而做出的。另外，如上所述，人们通常不愿提供证据或作为证人，使得证据问题变得更加突出。对此，访谈中一位中国证监会的官员坦言道：“在收集证据时很难找到证人，因为生意人讲究和气生财，不太愿意相互揭发。”

3.3.2.4 监管机构的低效

现实中内幕交易非常普遍，但被查处的案件却很少，这在一定程度上表明中国证监会对内幕交易的监管还不到位。在访谈中，诸多受访者强

---

(52) 参见李启华：《举报人直闯证监会 称“鲁抗医药”业绩造假》，载《财经时报》2003年2月15日。

烈批评中国证监会的低效,但也认为中国证监会受制于包括人力、财力等在内的资源不足,而且更为重要的是缺乏有力的监管职权及必要的独立性。

实际上,资源的缺乏一直是中国证监会有效行使职能的一大掣肘。从表面上看,中国证监会与其他同级别的行政机关相比享有更多的经费及人员方面的资源。而且同级别的中国证监会官员可以获得更高的薪金。在中国证监会内部,对职位的竞争是极为激烈的,很多工作人员都拥有高学历,甚至海外教育或工作背景。例如,中国证监会原副主席高西庆先生获得美国杜克大学法律博士学位,并在华尔街从事过律师工作。中国证监会原副主席史美伦获得美国加州圣达嘉娜大学法学博士学位,曾在美国加州和美国联邦法院工作。中国证监会前首席顾问梁定邦先生毕业于英国伦敦大学法律系,系香港执业资深大律师,曾任香港证券及期货事务监察委员会主席、国际证监会组织技术委员会主席。

尽管如此,中国证监会在财力与人力方面仍存在严重短缺问题。监管资源受限是各国监管机构所面临的一个普遍问题,美国证券交易委员会(SEC)、澳大利亚证券与投资委员会(ASIC)皆如此。[53] 然而,中国证监会的这一问题尤其严重。例如,澳大利亚的总人口为2000万,2002年至2003年ASIC的财政拨款为1.628亿澳元,同期全职职员为1396人。[54] 相比之下,2002年12月底,中国的投资者人数为6800万,[55]但一位受访的中国证监会工作人员介绍彼时的工作人员只有1465人。此外,中国证监会也很难留住人才。现实中,中国证监会似乎成了很多人走向未来证券职业的培训场。中国证监会的一位官员说道:"不少同事都是在证监会获得工作经验或者人脉资源,有利于未来在市场中的职业发展。"

而且在中国证监会的工作排序上,内幕交易似乎被排在了很后面。造成这一现象的首要原因是其他违法行为也很多,与内幕交易相比,诸如操纵市场、证券虚假陈述等行为似乎更严重,危害性也更大,因此监管需求更为迫切。其次,内幕交易的查处需耗费大量资源,而且由于举证难等

---

[53] See Donald C. Langevoort, *Insider Trading: Regulation, Enforcement, and Prevention* (West Group) (loose leaf) §1.04, pp.1-24.

[54] See Australian Securities and Investments Commission, 2002-03 Annual Report, official website of ASIC(June 20, 2004), https://download.asic.gov.au/media/vnufvnon/annual_report2002-03-redacted-14-09-2021.pdf.

[55] 参见中国证券监督管理委员会编:《中国证券期货统计年鉴(2003)》,百家出版社2003年版,第286页。

问题,最终还可能没有结果。因此,就规管内幕交易而言,中国证监会的积极性恐怕并不高,而是会选择将其有限的资源优先用于监管其他违法行为,从而导致规管内幕交易的资源处于供给不足的状态。

中国证监会的监管职权也不足,尤其是调查权与证据收集权。1998年《证券法》第167条、第168条赋予了中国证监会一系列的监管与调查职权。然而在实践中,中国证监会的职权无法满足其监管需要。对此,时任中国证监会首席顾问的梁定邦先生曾说道:“香港证监会比中国证监会权力大得多,主要是调查的权力大得多。比如说香港的证监会可以到法院申请搜查令,搜查嫌疑人和非嫌疑人,还可以到银行查户头,中国证监会现在这方面权力非常窄,监管力度打了折扣。”(56)

虽然1998年《证券法》第168条规定中国证监会有权“查阅、复制当事人和与被调查事件有关的单位和个人的证券交易记录、登记过户记录、财务会计资料及其他相关文件和资料;对可能被转移或者隐匿的文件和资料,可以予以封存”,并有权“查询当事人和与被调查事件有关的单位和个人的资金帐户、证券帐户,对有证据证明有转移或者隐匿违法资金、证券迹象的,可以申请司法机关予以冻结”。在该条的基础上,2005年《证券法》第180条(2019年《证券法》第170条)赋予中国证监会更多的职权。但上述机制在现实中的运行并不得力。在访谈中,中国证监会的多位工作人员皆指出了该问题,强调了赋予中国证监会更多监管职权的必要性。他们指出,实践中法院经常不配合,对中国证监会作出的查封、冻结可疑账户等申请的处理不及时甚至拒绝,从而给监管工作带来阻碍。法院出现这种情况的原因既包括地方保护主义,也包括司法腐败,还包括法院系统的低效。

必须指出,中国的证券监管缺乏独立性。中国证监会(即国务院证券监督管理机构)是国务院直属正部级事业单位,相比之下,无论是美国的证券交易委员会(SEC)、英国的金融服务管理局(FSA),还是澳大利亚的证券与投资委员会(ASIC)均独立于政府以确保监管的有效性,避免其为了迎合政府而扭曲监管政策。

可以发现,中国政府在证券市场中具有双重角色。一方面,因为国有股大约占到市场份额的三分之二,政府是很多上市公司的最大股东,从而具有巨大的直接经济利益。另一方面,政府负有监管市场并保护投资者

---

(56) 《梁定邦直言股市:收购兼并才是真正退出机制》,载新浪财经,https://finance.sina.com.cn/g/37121.html。

的职责。这就造成了明显的利益冲突,正如在足球比赛中,一个人既是运动员,同时又是裁判员。因此,现实中经常出现政府的上述两种角色相冲突的情形,此时就很难确保政府行为的正当性了。假如上市公司从事违法行为以获取收益,作为最大股东的政府同样也获取了收益。政府作为利益相关方,其有动力去掩盖这一情形,并向中国证监会施加压力以阻碍查处。同时,上市公司往往是纳税大户,为当地政府解决就业问题。在经济欠发达、上市公司偏少的中西部地区,情况尤其如此。这些上市公司在当地有很大的影响力,当地政府有时不得不"包庇"这些公司的违法行为。

缺乏监管独立性的问题还体现在监管标准的频繁变化上。监管标准会根据市场情况的不同而发生变化。当出现牛市时,中国证监会倾向于强化监管;当出现熊市时,中国证监会则会准备放松监管。例如,1997年的市场被认为过热,存在安全隐患,中国证监会强化了其监管力度,称该年为"监管年",并查处了一大批证券违法案件。2002年是证券市场萧条的一年,中国证监会则放松了监管,查处的证券案件相对较少。这种监管标准的不断变化有时美其名曰"监管艺术",本质是中国证监会既要负责市场监管,又要负责市场发展(主要看股指的涨跌),通过监管促进市场发展,并配合政府的整体经济发展策略。虽然这种监管模式在短期内具有一定的合理性,但其破坏了《证券法》的严肃性和中国证监会的权威性,使得监管政策和执行力度不一致,缺乏可预期性,并最终导致中国证券市场发展左右摇摆、上下颠簸,难以获得稳定和均衡的长期发展。

3.3.3 违法成本太低

在法经济学上,违法成本是违法者被抓的概率与被抓后各种惩罚的乘积,即"违法成本=被抓概率×惩罚力度"。需要指出,惩罚在狭义上只包括法律惩罚,但在广义上也包括非法律的其他惩罚机制,比如声誉惩罚等。此处将采用广义的惩罚,因为这更能全面地反映违法者的决策影响因素。另外,对于证券市场人士而言,违法行为对于职业前景的影响非常重要,往往比罚款等更为重要。所以,虽然职业前景惩罚通常是法律惩罚和声誉惩罚的内生结果,但本书将其单列出来进行集中讨论。

3.3.3.1 过轻的法律责任

内幕交易的最大成本通常是被抓获后的法律责任。在中国,法律责任有三种主要类型,即民事责任、行政责任和刑事责任。在很长一段时间内,只有行政责任和刑事责任适用于内幕交易。

首先,根据《证券法》第 202 条(2019 年《证券法》第 191 条),中国证监会可以责令内幕交易者依法处理非法持有的证券,没收违法所得,并处以违法所得一倍以上五倍以下的罚款。其次,根据《证券法》第 231 条(2019 年《证券法》第 219 条)的规定,假如违反该法的行为(当然包括内幕交易行为)极为严重,构成犯罪的,将依法追究刑事责任。现行《刑法》第 180 条对内幕交易刑事责任的规定非常详细,即“证券、期货交易内幕信息的知情人员或者非法获取证券、期货交易内幕信息的人员,在涉及证券的发行,证券、期货交易或者其他对证券、期货交易价格有重大影响的信息尚未公开前,买入或者卖出该证券,或者从事与该内幕信息有关的期货交易,或者泄露该信息,或者明示、暗示他人从事上述交易活动,情节严重的,处五年以下有期徒刑或者拘役,并处或者单处违法所得一倍以上五倍以下罚金;情节特别严重的,处五年以上十年以下有期徒刑,并处违法所得一倍以上五倍以下罚金”。最后,2005 年修订的《证券法》第 76 条第 3 款(2019 年《证券法》第 53 条第 3 款)规定:“内幕交易行为给投资者造成损失的,行为人应当依法承担赔偿责任。”

然而,《证券法》没有对如何追究内幕交易民事赔偿责任的问题做出具体的规定,例如谁应当是原告,如何计算赔偿金额等,从而造成实践中几乎无法追究违法者的民事赔偿责任,《证券法》第 76 条第 3 款(2019 年《证券法》第 53 条第 3 款)也就沦为“一纸空文”。当然,投资者可以根据合同法或侵权法(57)提起民事诉讼,但由于证券交易的市场竞价和匿名性等特点,通常很难确定原告范围,也很难证明因果关系和确定赔偿金额,因此,合同法或侵权法难以为内幕交易民事诉讼提供坚实的实体法基础,而是需要制定特殊的证券法规则,以提升民事责任追究机制的有效性。

实践中,内幕交易的法律责任似乎力度不足,加上查处概率也不高,最终导致内幕交易人员的违法成本太低。如上所述,民事责任基本上停留在“纸上谈兵”的阶段,并无实际运用。刑事责任早在 1997 年《刑法》修订时就有明确规定,然而直到 2003 年才出现第一起刑事案件(即深深房案)。从理论上讲,刑事责任是最严厉的法律责任,通常被视作威慑违法犯罪行为的利器,但目前运用得还不够。行政责任成为中国应对内幕交易的主要武器。如第二章所述,在 11 起被查处的内幕交易案件

---

(57) 此处探讨的合同法或侵权责任法是指与合同和侵权行为相关的法律原则和规定,其中包括但不限于具体的《合同法》或《侵权责任法》(现行《民法典》合同编或侵权责任编)文本。

中,有9起适用的是行政责任,只有2起案件适用了刑事责任。但如前所述,对违法者施加的行政责任过轻,特别是与国外经验进行比较时体现得尤其明显。

另外,从总体上看,存在对诸如证券违法这样的白领犯罪采取轻判的司法倾向。例如在"琼民源"案中,法院作出的刑事判决并不严厉。这进一步削弱了作为规管内幕交易终极利器的刑事责任的威慑效果。事实上,中国才刚开始使用刑事责任去威慑内幕交易,力度也不大。一项实证研究表明,在新兴的证券市场中,如果只有内幕交易法律但公诉机关不提起检控去严格执法的话,这种法律是没有威慑力的。[58] 因此,实践中刑事责任运用不足是导致中国内幕交易高发的一个重要因素。

3.3.3.2 过低的声誉损失

在中国,承担某种法律责任通常被社会视作一种耻辱。在这一意义上,法律责任带来的污名效果可能比责任本身更具震慑力。另外,很多情况下,不当行为可能并不构成法律责任,或者法律责任形式就是纯粹的声誉处罚,比如通报批评和公开谴责等。因此,声誉机制的重要性就更为凸显。然而在现实中,针对内幕交易者的法律责任对其名誉的影响似乎不大,声誉损失的后果非常轻微。其主要原因有如下四个方面。

首先,内幕交易属于典型的白领犯罪,与传统的杀人、纵火等恶性犯罪不同,人们对其认识不深,厌恶程度较轻。暴力犯罪通常简单易懂,社会危害非常明显,也能直接感受到。相比之下,白领犯罪通常具有较为复杂的社会性,而且往往由智商及社会地位较高的人员实施。另外,白领犯罪造成的危害通常是经济层面的,普通大众往往很难直接感受到其危害。因此,与暴力犯罪相比,白领犯罪的法律定性更为复杂,法律责任也往往更为宽松。

内幕交易尤其如此。如前所述,内幕交易通常秘密实施,很难直接观察到其实施过程,内幕交易造成的损害也很难直接感受和计算,因为内幕交易发生在匿名竞价的市场之中,交易撮合由计算机完成,个体投资者并不知道自己的直接交易对象。另外,本书第四章将会述及,有观点认为内幕交易并没有侵害他人利益,甚至会产生有益的作用,从而造成对内幕交易的道德评判变得更加复杂。简言之,由于内幕交易的危害性很复杂,也

---

[58] See Utpal Bhattacharya *et al.*, "When an Event is not an Event: The Curious Case of an Emerging Market" (2000) 55 *Journal of Financial Economics* 69.

很难被直接观察和感知到，很多人对其的反感不同于传统的暴力犯罪，甚至也低于诸如贪污和受贿等其他白领犯罪。

其次，目前内幕交易在中国非常普遍，似乎在一定程度上已经被很多人接受。那些人汲汲于内幕交易，一方面获取丰厚收益，另一方面也不以内幕交易为耻，甚至会以能有机会获取内幕信息为荣。现实中，即使某人因内幕交易被抓获，很多人也不会像对暴力犯罪者那样对其深恶痛绝，甚至可能会认为其时乖命蹇，反而报以同情之心。因此，当内幕交易人被抓获后，他们可能会哀叹自己时运不济、命途多舛，而不会反思自己的违法行为。

另外，由于获取到内幕信息的人往往是那些在社会中拥有特殊地位的人，这种地位以及由此带来的获取信息的机会有时成为体现一个人能力和社会地位的重要标志。事实上，在中国，很多人对于他人拥有可获取内幕信息的特殊地位带有一种复杂的“羡慕嫉妒恨”的心态，自己也想获得这样的地位。这一现象根植于崇尚和追求特权的中国社会文化之中。

最后，在法人实施内幕交易的案件中，个人的声誉损失更小，甚至还可能收获“赞誉”。在此类情形中，内幕交易所获收益直接归于法人，并没有进入个人的腰包，因此，具体实施内幕交易的个人并不会有太多的负罪感，来自社会的道德谴责也很少。例如在“琼民源”案中，被告人马玉和认为他之所以从事违法行为是为了公司的利益着想，而非追求个人利益。

3.3.3.3　过小的职业损害

对于市场专业人士而言，损害职业生涯的风险是一个极为重要的考量因素。职业损害包括诸如暂停执业、吊销执照等直接损害，也包括对某人未来职业发展前景的间接损害，即虽然可以继续执业，但其他人不愿与其做生意而导致其职业前景黯淡。然而，在中国，内幕交易法律责任给相关人员带来的直接和间接职业损害都很小。

在西方国家，诸如暂扣与吊销执照这些与职业相关的惩罚被视作极为严厉的处罚手段，特别是终身吊销执照的处罚，其通常只有在刑事责任都无法产生足够威慑力的情况下才会被适用。西方有学者认为，“只能对于那些罪大恶极的违法行为才能适用这些处罚，否则，不仅在政治上没有正当性，而且道德上也无法接受”。(59)

谚语云：“留得青山在，不怕没柴烧。”即使一个人缴纳巨额罚款甚至

---

(59) Ian Ayres and John Braithwaite, *Responsive Regulation* (Oxford University Press, 1992), p.35.

进监狱,只要他还能继续执业或做生意,就有"咸鱼翻身"的机会。在法经济学上,法律责任是作为经营成本来看待的,只要违法成本低于违法收益,从经济理性上讲就会选择违法。譬如,如果违反合同条款的收益高于违约成本,违约就是理性的,也是符合社会财富最大化标准的。然而,如果永久性吊销执照而被逐出市场,就无法东山再起了,因此这种职业损害对于职业人士的影响极其严重,具有巨大的威慑力。

在中国,尽管中国证监会拥有做出暂扣或吊销执照的权力,[60]而且中国证监会也做出了不少这种处罚,但这些处罚的威慑效果依然有限。其主要原因有如下三点:

一方面,这些制裁措施(尤其是吊销营业执照)在中国的适用力度还不够。即使中国证监会做出了暂扣营业执照的处罚,由于暂扣期限常常很短,并不能对违法者带来有效威慑。前文谈及的11起内幕交易案件中,没有一起实施了吊销营业执照的处罚,只有3起案件涉及暂扣营业执照,例如在张家界旅游公司案中,该公司被暂扣营业执照的期限仅有短短的一个月。

另一方面,更为重要的是,在中国,由于人才市场竞争性不足等特点,暂扣或吊销营业执照给相关人士带来的后果并不严重。在中国,一个人就算没有营业执照,也照样能够在证券行业成功立足,因此,他们对于失去营业执照也许并不太在意。中国证监会一位受访的工作人员解释了个中原因:"暂扣或吊销营业执照并不能产生太大威慑效果,因为在处罚期间内,那些被处罚者可借用他人名义继续开展活动。换句话说,即使被明令禁入市场,他们仍可以通过其他方式间接进行。例如,他们可与其他持牌者合作,让后者帮他们出面,比如签署相关文件等,最后大家分享收益,对此类行为很难发现,也很难制止。"

另外,上述处罚对个人未来职业的间接影响也不明显。当暂扣执照的期限一过,那些受罚者就立刻重操旧业,就当什么事也没发生过一样。相比之下,在诸如美国等成熟的市场经济国家中,无形的声誉机制有时比有形的法律责任更能有效地威慑专业人士的违法行为。[61] 在一个竞争充

---

[60] 参见《中国证券监督管理委员会关于发布〈证券市场禁入暂行规定〉的通知》,证监〔1997〕7号(已失效)。

[61] See Michael Klausner, "The Limits of Corporate Law Reform" (Paper presented at the 21st Century Commercial Law Forum: Corporate Law Reform for a Global Competitive Economy, Beijing, 14–15 September 2002).

分的人力市场中，专业人士深知从事不当行为不仅会丢掉现有的工作，而且在未来也很难找到新的工作。[62]

在法经济学中，声誉是市场约束机制的核心，是激励公司董事勤勉尽责为公司服务的关键因素。现实中，虽然董事义务等法律规则看似很严厉，但由于义务标准不明确和举证困难等原因，即使是在英美法系，真正提起的董事义务案件也非常稀少，成功案例则更少。[63] 在美国，与董事义务相比，敌意收购对于董事的激励和约束作用更为重要，因为敌意收购通常是由了解市场的竞争对手发起，他们更清楚地知道目标公司的糟糕业绩是否归因于董事的管理水平甚至不当行为，因此一旦认为自己更有能力去管理目标公司时，他们就会发起敌意收购，替换原来的管理层，而这些被"扫地出门"的高管们在市场上的声誉就会遭受严重损害，很难找到好的下家，所以这也反过来促使公司高管们勤勉尽责。另外，对于作为市场看门人的中介机构而言，法律责任对于他们职业的间接影响更为显著。譬如，在安然案件中，安达信会计师事务所受到法律惩罚，包括巨额罚款，但这并不是导致其最终倒闭的原因，而真正原因是安达信会计师事务所由于此案丧失了市场声誉，客户纷纷与之解除合作，最终无人问津而不得不关门大吉。[64]

相比之下，在中国，上述处罚对于专业人士职业前景的间接损害并不大。主要原因有以下两个：

第一，中国的经理人市场尚欠缺充分的竞争性，导致中国证监会对从事违法行为的经理人的惩处并不能对其未来职业造成重大的影响。在中国，选任经理人最重要的标准往往就是其赚钱能力，而其过往的经历或违法记录等或许并不重要。

2002年南方证券聘任阚治东的例子就深刻说明了上述问题。[65] 2002年6月，为拯救坐落于深圳且由深圳市政府控股的已陷入金融困境的南

---

[62] 在法学和经济学文献中，声誉机制至关重要，激励公司董事适当负责地行事。See Frank H. Easterbrook and Daniel R. Fischel, *The Economic Structure of Corporate Law* (Harvard University Press, 1991).

[63] See Armour, John, Black, Bernard, Cheffins Brian and Richard Nolan, "Private Enforcement of Corporate Law: An Empirical Comparison of the United Kingdom and the United States" in Robin Hui Huang and Nicholas Howson (eds), "*Enforcement of Corporate Securities Law: China and the World*" (Cambridge University Press, 2017) Chapter 13.

[64] 参见[美]约翰·C.科菲：《看门人机制：市场中介与公司治理》，黄辉、王长河等译，北京大学出版社2011年版，第6页。

[65] 参见孙健芳：《南方证券有了新掌门人 阚治东、贺云浮出水面》，载《北京晨报》2002年6月27日。

方证券公司,深圳市政府任命阚治东担任该公司总裁,贺云担任董事长。这两个人的共同特征是,皆以带领公司赚取收益的能力闻名遐迩,同时皆因严重的市场违法行为受到中国证监会的惩罚而名誉扫地。阚治东曾是另一家大型证券公司的创立者及总裁,曾于1997年因操纵市场被有关部门严厉处罚。⑥ 贺云原系一家大型银行的总裁,1997年因证券违法行为被中国证监会施以五年的市场禁入措施。⑥ 尽管他们都有违法的前科,但他们的任命受到了南方证券公司员工的热烈欢迎,市场也普遍将其视为对南方证券公司的重大利好消息。需要指出,上述案例在中国证券市场上绝非个案,而是很普遍的现象。"黑猫白猫,抓住老鼠就是好猫。"只要有良好的赚钱能力,违法前科似乎不是问题。当然,这也是因为市场上人才的选择太少,很难找到既有赚钱能力,又很遵纪守法的人才。更深一步讲,如前所述,内幕交易和操纵市场等违法行为在中国市场很普遍,因此这些人违法可能也是迫于市场竞争压力或监管大环境等因素而随波逐流,事实上很少有人能够做到独善其身。总而言之,由于种种原因,即使从事违法行为而受到法律惩罚,很多公司高管的职业前景不会受到太大影响。

第二,政府在市场中的角色降低了法律责任对于违法者职业前景的影响。在中国证券市场上,多数上市公司是由国有企业改制而来,上市后国家是最大股东,这些公司高管的职业前景更多地依赖于其与相关政府的关系,而非单纯的公司业绩。实践中,管理公司不善的经理人被政府指派成为其他公司领导是常有的事情。

有时,公司从事违法行为或许会得到与该行为存有利害关系的当地政府的无视。公司的违法行为被发现后,当地政府往往会试图保护这些公司。在访谈中,一位受访的金融新闻记者讲述了上海一家有名的证券公司总裁的故事:"为提升上海证券交易所的证券交易量,该总裁根据上海市政府的指令实施了市场违法行为,被发现后并没有得到应有的法律制裁,而是转任到新的政府职位。"

---

⑥ 参见《维护市场正常秩序 保护投资者合法权益——一批违规银行、证券公司、上市公司及其负责人受到严肃处理》,载《人民日报》1997年6月13日。

⑥ 参见《中国证券监督管理委员会关于对深圳发展银行违反证券法规行为的处罚决定》(1997年6月)。

3.4 结　论

本章主要聚焦于剖析中国内幕交易猖獗的原因。在考察促发内幕交易的各种因素时，笔者使用了成本与收益的法经济学分析方法。研究表明，内幕交易可带来巨大的金钱及非金钱收益，而相关成本（包括运行成本、被查处率以及被抓后的违法成本等）很低。尽管很难以定量的方式准确测定具体的成本与收益，但从定性的角度看，内幕交易的收益应该远超其成本。这有助于解释为什么内幕交易在中国如此猖獗。

正如治病要了解病因一样，本章对于内幕交易发生原因的研究结果对于中国的内幕交易规管具有重要的指导意义。本章表明，要提升内幕交易的规管质效，需要双管齐下，一方面要提高内幕交易成本，另一方面须降低其收益。基于此，接下来的章节将详细阐述如何提升中国内幕交易规管质效的具体法律问题。

第四章 内幕交易的经济效果：利弊分析

4.1 导 言

在讨论中国内幕交易的高发态势及其原因之后，本章将重点关注是否应当通过立法形式禁止内幕交易这一基本问题。很多人也许对此问题感到奇怪，觉得内幕交易是"人人喊打的过街老鼠"，肯定要立法禁止，没有讨论的余地。然而，这是对于内幕交易问题的粗浅认识，是基于人们的一个直观感受。感性的认识未必正确，对于内幕交易需要更多的理性思考：内幕交易到底对于证券市场有什么实际的影响？对于投资者利益是否造成了损害？就像每个硬币都有两面一样，内幕交易应该也是利弊皆有，通过立法进行"一刀切"的禁止是否合适？抑或应当让市场主体去自由选择？

实际上，在美国1961年正式开启现代意义上的内幕交易规管后，海外学者就一直从法经济学的角度对于上述基础性问题进行探讨。曼尼（Manne）教授于1966年出版的《内幕交易与证券市场》是这一领域的奠基之作，他明确提出了内幕交易对于证券市场具有一些有益的经济效果，反对简单粗暴地禁止内幕交易。[1] 此后，诸多知名学者（以美国学者为主）从经济学、伦理学，甚至是女权主义等各种不同的视角参与到了这场辩论之中。[2] 这场辩论主要是关于内幕交易对于证券市场的影响问题，似乎属于一个非法学的领域，但实际上与法学的关系极其紧密。法律的目标是调整社会关系，但如果不知道一种行为对于社会而言到底有哪些益

---

[1] See Henry G. Manne, *Insider Trading and the Stock Market* (the Free Press, 1966).
[2] 这一领域的成果不胜枚举。从经济学角度论述内幕交易的文献，可参见 Frank H. Easterbrook, "Insider Trading, Secret Agents, Evidentiary Privileges, and the Production of Information"(1981) 1981 *Supreme Court Review* 309; Dennis W. Calton and Daniel R. Fischel, "The Regulation of Insider Trading" (1983)35 *Stanford Law Review* 857; Jonathan R. Macey, *Insider Trading: Economics, Politics, and Policy* (The AEI Press, 1991); David D. Haddock and Jonathan R. Macey, "A Coasian Model of Insider Trading" (1986) 80 *Northwestern University Law Review* (转下页)

处和弊端,法律又如何能准确地选择规管方式和边界呢? 显然,如果内幕交易有百害而无一利,严格禁止就有正当性;但如果也有不少益处或至少没有太大害处,法律上就应当仔细甄别和小心划界,从而达到趋利除害的最佳效果。

正是由于对上述基础性问题的研究还不够,各国对于内幕交易的认识并不一致,这也导致各国的内幕交易法律迥然不同。与虚假陈述和市场操纵等违法行为相比,内幕交易可能是国际上证券监管差异最大的一个领域。确实,虚假陈述和市场操纵等方面的法律在国际上已经实现了高度的趋同,但在内幕交易方面,各国法律无论在理论上还是法条上都有显著、持续的差异。而且,即使是在英美法系内部也相差甚远,即使同一个国家在不同时期也反复地改变。因此,要想研究内幕交易法律,首先需要研究内幕交易对于证券市场的经济效果,这对于是否需要规管内幕交易、应当如何规管内幕交易以及应当如何厘定规管边界等问题具有重

(接上页)1449; Stephen Bainbridge, "The Insider Trading Prohibition: A Legal and Economic Enigma" (1986) 38 *University of Florida Law Review* 35; Morris Mendelson, "The Economics of Insider Trading Reconsidered" (1969) 117 *University of Pennsylvania Law Review* 470; Victor Brudney, "Insiders, Outsiders, and Informational Advantages Under the Federal Securities Law" (1979) 93 *Harvard Law Review* 322; Robert J. Haft, "The Effect of Insider Trading Rules on the Internal Efficiency of the Large Corporation" (1982) 80 *Michigan Law Review* 1051; James D. Cox, "Insider Trading and Contracting: A critical Response to the 'Chicago School'" (1986) 1986 *Duke Law Journal* 628; Richard J. Morgan, "Insider Trading and the Infringement of Property Rights" (1987) 48 *Ohio State Law Journal* 79。从伦理道德角度论述内幕交易的文献,可参见 Harry Heller, "Chiarella, SEC Rule 14e-3 and Dirks: 'Fairness' Versus Economic Theory" (1982) 37 *Bussiness Lawyer* 517; Gary Lawson, "The Ethics of Insider Trading" (1988) 11 *Harvard Journal of Law & Public Policy* 727; Steven R. Salbu, "The Misappropriation Theory of Insider Trading: A Legal, Economic, and Ethical Analysis" (1992) 15 *Harvard Journal of Law & Public Policy* 223; Kim Lane Scheppele, "It's Just Not Right: The Ethics of Insider Trading" (1993) 56 *Law and Contemporary Problems*. 123; Ian B. Lee, "Fairness and insider trading" (2002) 2002 *Columbia Business Law Review* 119; Alan Strudler and Eric W. Orts, "Moral Principle in the Law of Insider Trading" (1999) 78 *Texas Law Review* 375。从女权主义角度论述内幕交易的文献,可参见 Judith G. Greenberg, "Insider Trading and Family Values" (1998) 4 *William & Mary Journal of Women and the Law* 303。对于相关文献的总结性论述,可参见 Louis Loss and Joel Seligman, *Securities Regulation* (Boston: Little, Brown and Company, 3rd ed., 1991), vol. VII, pp. 3448-3466; Charles C. Cox and Kevin S. Fogarty, "Bases of Insider Trading Law" (1988) 49 *Ohio State Law Journal* 353, 354-360; Boydkimball Dyer, "Economic Analysis, Insider Trading, and Game Markets" (1992) 1992 *Utah Law Review* 1, 11-39; Jennifern Moore, "What is Really Unethical About Insider Trading?" (1990) 9 *Journal of Business Ethics* 171; William K.S. Wang and Marc I. Steinberg, *Insider Trading* (Aspen Publishers, 1996), pp. 13-39; Ian B. Lee, "Fairness and insider trading" (2002) 2002 *Columbia Business Law Review* 119, 131-141。

大的指导意义。③

本章由两部分组成。第一部分将讨论关于内幕交易经济后果的理论争辩,包括其益处和弊端。半个多世纪以来,这场辩论非常激烈,至今无法达成一致,任何一方都没有彻底说服另一方。一方面,这表明相关问题还有进一步研究的必要;另一方面,这也意味着我们需要在理论研究之外开辟新的研究方法以深入研究该问题,比如实证分析。实际上,作为调整社会关系的工具,法律的制定和实施除了具备理论正当性之外,还必须符合社会环境,获得民众的接受和支持,立法过程通常包含的公众意见征询环节就体现了这一点。通过实证方法了解证券市场上各种利益相关人士对于内幕交易的认识,对于研究内幕交易法律有重要的意义。为此,第二部分将通过访谈考察中国证券市场上相关人士对于内幕交易的看法,以揭示中国内幕交易规管的社会条件和民众基础。

4.2 内幕交易经济效果的理论争议

4.2.1 积极或有益的效果

4.2.1.1 内幕交易作为公司高管的薪酬激励

支持内幕交易具有积极效果的最有力观点之一是,内幕交易能够给予公司高管有效的薪酬激励。④ 需要注意,这里的公司高管只包括那些通过创新给公司带来重大发展的核心高管或企业家,而不是所有的高管。⑤ 由于创新的价值无法预估,薪资并不能为从事创新活动的企业家提供足够的激励,只有内幕交易"可有效反映公司企业家的创新活动的价值"。⑥ 甚至,内幕交易是激励企业家的一种有效方式,是"公司制度得以存续的根基"。⑦

---

③ See Louis Loss and Joel Seligman, *Securities Regulation* (Boston: Little, Brown and Company, 3rd ed., 1991), vol. Ⅶ, pp. 3451.

④ See Henry G. Manne, *Insider Trading and the Stock Market* (the Free Press, 1966), pp132-141.

⑤ 同上注,第 111—121 页。然而,曼尼教授也认为:"公司董事、大股东、公司高管、律师、投资银行家或其他自然人在不同时期曾践行过创新职责,同样可主张内幕交易产生的利润。"同上注,第 156—157 页。

⑥ 同上注,第 131—145 页。

⑦ 同上注,第 110 页。

卡尔顿(Carlton)教授与菲舍尔(Fischel)教授进一步认为,传统的薪酬机制通常需要根据工作绩效的变化进行多次谈判,对于企业家级别的核心高管而言,这种谈判成本非常高昂。相比之下,内幕交易作为薪酬机制在这方面具有独特的优势,核心高管可灵活地根据情况变化单方地调整其进行内幕交易的规模,从而避免就薪酬问题不断进行新的谈判而带来的成本。⑧ 而且,假如核心高管能通过内幕交易获取收益的话,他们就会在这种激励机制下努力工作,不断创新而提升公司业绩,以产生更多的重大消息去进行内幕交易。⑨ 这两位学者还强调,作为一种激励机制,内幕交易能有效克服公司高管过于保守及风险厌恶的倾向。⑩

这一激进观点遭到了很多质疑。⑪ 即使那些对曼尼的著作表示支持的学者也对卡尔顿和菲舍尔的上述观点持怀疑态度,认为该观点"在1966年就已经是一个让人难以接受的观点,此后更是影响力日渐消退"。⑫ 美国联邦最高法院明确指出:"《证券交易法》的一个重要目的就是,坚决否定那种认为可以利用内幕交易让公司高管获得报酬的观点。"⑬

首先,内幕交易并非有效的激励高管的薪酬方式。现实中,公司管理层的投资,无论是他们的人力资本还是金融资本的投资,均限于同一公司。在法经济学上,这种投资称为"专用性资产"。顾名思义,专用性资产是专用于某个场景下的资产,只有与其对应的某个特定用途结合在一起,这种资产才是有价值的,否则其价值基本上体现不出来。或者即使有价值,但与当初为了获得此资产而进行的投入相比,资产的所有者也是受

---

⑧ See Dennis W. Carlton and Daniel R. Fischel, "The Regulation of Insider Trading" (1983)35 *Stanford Law Review* 870.

⑨ 同上注,第 871 页。

⑩ 同上注,第 871—872 页。

⑪ See Louis Loss and Joel Seligman, *Securities Regulation* (Boston: Little, Brown and Company, 3rd ed., 1991), vol. VII, pp.3460-3462; Frank H. Easterbrook, "Insider Trading,Secret Agents, Evidentiary Privileges, and the Production of Information"(1981) 1981 *Supreme Court Review* 332; W. Painter, "The Federal Securities Code and Corporate Disclosure" (1979 & Supp. 1982)235-250; Barry A. K. Rider and H. Leigh Ffrench, *The Regulation of Insider Trading* (Oceana Publications, 1979), p. 5; Morris Mendelson, "The Economics of Insider Trading Reconsidered" (1969) 117 *University of Pennsylvania Law Review* 486-490; Saul Levmore, "Securities and Secrets: Insider Trading and the Law of Contracts" (1982) 68 *Virginia Law Review* 117, 145 n. 75, 149-150。

⑫ Robert B. Thompson, "Insider Trading, Investor Harm, and Executive Compensation" (1999) 50 *Case Western Reserve Law Review* 291, 302-304.

⑬ *Dirks v. SEC,* 463 U.S. 646, 653 n. 10 (1983).

损失的。简言之,对于专用性资产而言,当改变其原有的特定用途时,专用性程度越高,其价值损失就越大。

专用性资产的概念最早是经济学家在研究人力资本时提出的,后来逐渐扩展到物质资本。人力资本通常具有典型的专用性特征,也就是人才的专业性。谚语云:隔行如隔山。一个行业的专家在另一个行业可能完全就是"小白",也就是这个专家的学识和经验在其专业领域内是有价值的,但换了一个行业,基本就没有价值。对于公司高管而言,他们对于公司所在行业的了解和多年工作积累的经验等就是高度专用性资产,他们对于薪酬机制的选择往往持风险厌恶的态度。例如,一个薪酬机制是100万美元现金,另一个是50万美元现金加上获得率为10%的500万美元年终奖金,尽管两种薪酬安排具有同样的可期待价值,但他们往往更倾向于前者。从某种意义上讲,作为一种类似绩效奖金的薪酬方式,内幕交易带来的收益并不确定,犹如买彩票。由于公司高管厌恶风险,如果将内幕交易作为一种激励公司高管的薪酬方式,公司高管将要求内幕交易的不确定收益应显著超过确定的现金薪酬,从而导致股东支出的总薪酬费用可能远远超过现金薪酬的数额。[14] 换言之,与其他具有确定性的薪酬方案相比,公司借助内幕交易对高管进行激励的成本会更高。

其次,尽管企业家的价值很难确定,但现代商业实践已发展出了几种很有效的薪酬激励方式,例如股票期权、虚拟股票(phantom stock)[15]、股票增值权(stock appreciation rights)[16]、与公司利润相挂钩的奖金以及能够持有公司全部或控股股份的机会。[17] 这些薪酬计划均能让企业家获得公司利润增长或股票增值的全部或部分收益,与内幕交易的激励效果相似,但

---

[14] See Frank H. Easterbrook, "Insider Trading, Secret Agents, Evidentiary Privileges, and the Production of Information" (1981) 1981 *Supreme Court Review* 322; David D. Haddock and Jonathan R. Macey, "A Coasian Model of Insider Trading" (1986) 80 *Northwestern University Law Review* 1462.卡尔顿教授与菲舍尔教授反对这一观点,在他们看来:"与在一定时期内发售的彩票不一样,每天放出的彩票应以可期待的价值作为其价值。" Dennis W. Carlton and Daniel R. Fischel, "The Regulation of Insider Trading" (1983)35 *Stanford Law Review* 876.

[15] 顾名思义,这不是真正的股票,而是虚拟的股票,是与公司股票价值相挂钩的一个对应等价物,并不像股票那样代表对于公司的所有权,本质上是一种现金奖励。

[16] 与虚拟股票一样,股票增值权也是一种与公司股票价格相挂钩的金钱激励,而非直接的股权激励。当公司股票价格上涨时,权利人就可根据股价上涨幅度获得相应的现金奖励,而不是像股票期权那样通过以优惠价格购买公司股票的方式获得收益。

[17] See Robert C. Clark, *Corporate Law* (Boston: Little, Brown and Company, 1986), pp. 277-278.近年来,学者对美国公司管理层薪酬过高的问题提出了不少批评。例如,(转下页)

在其他方面可能优于内幕交易。

如果将内幕交易作为一种合法的薪酬方式,那就需要对高管通过这种方式获得报酬的过程和结果进行监督和控制,以防止过度激励或无效激励。然而,这种监督和控制的成本很高,因为内幕交易"如同一张没有限额的个人出差支票,灵活度太大而无章可循,且缺乏明确的衡量指标"。[18] 确实,公司不能简单地允许企业家进行内幕交易,而是需要规定相应的细节问题。比如,在什么情况下可以进行内幕交易、可以进行多少次交易、可以进行多大金额的交易等。但实际上又很难对这些问题做出具体的规定,而且即使有规定,也很难监督其执行。另外,企业家还可能将内幕信息告知对于公司毫无贡献的亲戚或朋友,后者将获得不当收益,而这些收益反过来都是由公司股东买单的。[19] 相比之下,上述几种传统的薪酬计划都与高管的贡献紧密挂钩,因此更易于管理,也更具确定性、公平性。[20] 这些薪酬机制已经能够适当地激励高管,反映他们的贡献。[21]

另外,将内幕交易作为一种薪酬机制还可能引发严重的道德风险问题。[22]

(接上页) Lucian A. Bebchuk, Jesse M. Fried and David I. Walker, "Managerial Power and Rent Extraction in the Design of Executive Compensation" (2002) 69 *University of Chicago Law Review* 751,该文提出降低公司高管薪资的办法;Charles M. Elson, "Director Compensation and the Management-Captured Board-The History of a Symptom and a Cure" (1996) 50 *SMU Law Review* 127,该文认为董事获得的薪金高得离谱;然而,有的学者支持高管的高薪,参见 Randall S. Thomas, "Explaining the International CEO Pay Gap: Board Capture or Market Driven" (Paper presented at the Corporate Governance Conference, Melbourne Australia, 13 February 2004)。该篇论文提交于2004年2月13日在澳大利亚墨尔本举行的公司治理大会,阐述了支持美国公司高管高薪的各种理论。

[18] Ronald J. Gilson and Reinier Kraakman, "The Mechanisms of Market Efficiency" (1984) 70 *Virginia Law Review* 549, 632 n. 221; Saul Levmore, "Securities and Secrets: Insider Trading and the Law of Contracts" (1982) 68 *Virginia Law Review* 117, 145.

[19] See William K.S. Wang and Marc I. Steinberg, *Insider Trading* (Aspen Publishers, 1996), pp. 14-19.

[20] See James D. Cox, "Insider Trading and Contracting: A critical Response to the 'Chicago School'" (1986) 1986 *Duke Law Journal* 649; Shen-Shin Lu, *Insider Trading and the Twenty-Four Hour Securities Market* (The Christopher Publishing House, 1994), pp. 11-12.

[21] See Morris Mendelson, "The Economics of Insider Trading Reconsidered" (1969) 117 *University of Pennsylvania Law Review* 489.

[22] See Frank H. Easterbrook, "Insider Trading, Secret Agents, Evidentiary Privileges, and the Production of Information" (1981) 1981 *Supreme Court Review* 309; Saul Levmore, "Securities and Secrets: Insider Trading and the Law of Contracts" (1982) 68 *Virginia Law Review* 117, 145; James D. Cox, "Insider Trading and Contracting: A critical Response to the 'Chicago School'" (1986) 1986 *Duke Law Journal* 649-662.

在法经济学上,道德风险是指交易一方会选择高风险的行动,因为不利后果不是由他自己承担,而是由另一方承担。这种情况经常出现在借贷、保险、资产证券化以及雇佣等交易关系中。比如,在财产保险交易中,由于投保人知道财产损失后保险公司会赔偿,那他对于财物的使用和维护就不会像没买保险时一样谨慎,从而导致财物损失的风险上升。

将内幕交易作为一种报酬机制有助于激励高管克服厌恶风险的倾向,但有可能矫枉过正,使得企业家走向另一个极端,即过于偏好风险,从而为公司选择那些风险过高、预期收益偏低的项目。[23] 从企业家的角度看,这些风险高的项目一旦成功,自己就可以通过内幕交易大幅获利;即使不幸失败,也是公司承担主要损失,自己的薪酬损失并不大。另外,内幕交易的特权容易使内幕人员与公司产生重大的利益分歧。为了创造内幕交易的机会,公司高管会尽力去增加公司股票价格的波动性而不是提升公司的价值。最后,内幕人员还可以利用利空信息从失败的公司项目中获利。这就更加糟糕了,等于是不管公司项目成功还是失败,公司价值上涨还是下跌,高管可以旱涝保收。这将使得内幕交易失去激励高管开拓创新从而提升公司价值的基础,反而会引发更多的损害公司利益的行为。

卡尔顿教授与菲舍尔教授对于上述观点的回应是,虽然内幕交易作为薪酬机制有其缺陷,但上述批评夸大了问题的严重性。[24] 在他们看来,尽管公司高管在公司价值降低的情况下也能通过内幕交易获利,但这并不能促使其无视公司的价值,因为高管非常看重自己在公司积累的人力资本与职业声誉,失败的投资行为将会严重损害二者。[25] 另外,高管故意寻求通过降低公司价值的方式去获得内幕交易机会的做法也不现实,因为这需要公司管理层之间进行共谋,但只要有一个人从共谋中"叛变",整个计划就会失败,而现实中很难保证无人"叛变"。[26]

当然,卡尔顿教授与菲舍尔教授的上述回应立刻遭到了反驳。实践中,成功的共谋案例屡见不鲜,古今中外皆是如此。实证研究表明,道德风险问题并非一个单纯的理论问题,而是真实地存在于现实世界,利用利

---

[23] 同前注[21],第332页。
[24] See Dennis W. Carlton and Daniel R. Fischel, "The Regulation of Insider Trading" (1983)35 *Stanford Law Review* 875.
[25] 同上注,第872页。
[26] 同上注,第874页。

空消息实施的内幕交易案件并不在少数。[27]

最后,"企业家"级别的贡献难以界定。如前所述,并不是所有的高管都能达到"企业家"的标准,只有具有开拓精神的领军人物和创业中坚才能称为"企业家"。然而,即使是天才级别的企业家,他们对于公司的贡献也是由诸多因素决定的,除了自身的努力外,还包括公司其他高级甚至中级管理人员的协助,以及相关产业机遇或整体经济发展环境这样的偶然因素。因此,将所有的功劳全部归于少数几个企业家,进而允许他们从事内幕交易获利,显然有失公允。[28] 假如公司其他员工无法享有这样的特权,将会影响公司的士气。[29] 对那些达到"企业家"级别的高管而言,他们之间也可能会因为争夺内幕交易的机会而产生利益冲突,从而导致公司领导团队成员间的互不信任,最终危害董事会决策的质量。[30]

此外,即使承认某些高管对公司作出了"企业家"级别的贡献,从而允许他们通过内幕交易获得报酬,公司还要面临一个执行问题。公司不得不支付大量的调查与执行成本,以防止那些没有做出"企业家"级别贡献的人员利用内幕信息牟利,例如公司的普通员工、外部董事,以及没有做出"企业家"级别贡献的公司高管。[31] 正因如此,有学者指出:"尽管内幕交易作为一种激励薪酬方式有一定的价值,然而其成本远远超出了收益。"[32]

---

[27] See Kenneth E. Scott, "Insider Trading: Rule 10b-5, Disclosure and Corporate Privacy" (1980) 9 *Journal of Legal Studies* 801, 815-816. 其他学者指出,假如没有美国1934年《证券交易法》16(c)这一条款,利用"坏消息"实施的内幕交易将会更多。See Louis Loss and Joel Seligman, *Securities Regulation* (Boston: Little, Brown and Company, 3rd ed., 1991), vol. VII, pp. 2470-2474.

[28] 探讨公司管理层薪酬的有效机制问题以及 CEO 与公司其他员工薪金差异化等问题,可参见 Brian R. Cheffins and Randall S. Thomas, "The Globalization Trend for Executive Pay" (Paper presented at the Corporate Governance Conference, Melbourne Australia, 13 February 2004); Harley E. Ryan and Roy A. Wiggins, "Differences in the Compensation Structures of the CEO and Other Managers" (2000) 6 *Journal of Business & Economics Studies* 22。

[29] See William K.S. Wang and Marc I. Steinberg, *Insider Trading* (Aspen Publishers, 1996), p18; Robert J. Haft, "The Effect of Insider Trading Rules on the Internal Efficiency of the Large Corporation" (1982) 80 *Michigan Law Review* 1058; Roy A. Schotland, "Unsafe at Any Price: A Reply to Manne, Insider Trading and the Stock Market" (1967) 53 *Virginia Law Review* 1425, 1456-1457.

[30] 参见 Haft,同上注,第 1060—1064 页。

[31] See Frank H. Easterbrook, "Insider Trading, Secret Agents, Evidentiary Privileges, and the Production of Information" (1981) 1981 *Supreme Court Review* 333-335.

[32] William K.S. Wang and Marc I. Steinberg, *Insider Trading* (Aspen Publishers, 1996), p18; James D. Cox, "Insider Trading and Contracting: A critical Response to the 'Chicago School'" (1986) 1986 *Duke Law Journal* 653-655.

4.2.1.2 提升市场效率与平整市场价格

有学者认为,在内幕信息传递到市场之前,相关股票的市场价格与其真实价值之间会有偏离,而内幕交易可以将股价朝着正确的方向推动,因为交易量及价格变动本身就能够向外部投资者传递一个可能发生了某个未知、重大事件的信号。[33] 这一信号反过来将进一步提升交易量,把股票价格最终推到合理的水平,从而提高市场的效率。[34] 在某些情况下,通过内幕交易传递相关信息具有独特的优势,主要原因包括:第一,相关信息由于确定性不足或保密性要求等不能进行公开披露;第二,公开披露会损害公司利益,让其竞争对手获益;第三,出于成本收益的考量,有些公司公开披露的信息没有得到分析师的注意和追踪,从而无法在市场中有效地反映出来;第四,公开披露信息本身具有法律风险的不确定性,如果信息过早披露,后来由于情况发展而变得不真实、不准确,公司将承担法律责任。[35] 因此,当公司有正当理由需要推迟信息披露时,内幕交易就可以提供一个间接但有效的信息传播渠道,使得股票价格能够更准确地反映出相关信息。

内幕交易能够充当价格调整加速器,帮助股票价格逐渐调整到合理水平,因此当内幕信息公开披露后,由于股价已经在很大程度上提前反映了信息,公开披露带来的价格波动就不会太剧烈,即内幕交易具有平整股价波动的功能。假如内幕交易被完全禁止,在内幕信息公开披露后,相关股票的价格将发生剧烈波动。如果允许内幕人员在信息公开披露前进行证券交易,就可以使股票价格提前在更长的期间内进行调整,在信息披露之时需要继续调整的幅度自然就会减小。

正因如此,曼尼教授认为,内幕交易不但不会损害外部投资者,而且会让他们受益。[36] 例如一个外部投资者想要卖出手中的 A 公司股票以购买住房,在内幕交易被完全禁止的情况下,他可以当时的股价 10 元卖出

---

[33] See Henry G. Manne, *Insider Trading and the Stock Market* (the Free Press, 1966),pp61–99; Dennis W. Calton and Daniel R. Fischel, "The Regulation of Insider Trading" (1983)35 *Stanford Law Review* 866–868; Lorie, "Insider Trading: Rule 10b–5, Disclosure, and Corporate Privacy: A Comment" (1980) 9 *Journal of Legal Studies* 819, 821.

[34] See Dennis W. Calton and Daniel R. Fischel, "The Regulation of Insider Trading" (1983) 35 *Stanford Law Review* 868; Ronald J. Gilson and Reinier H. Kraakman, "The Mechanisms of Market Efficiency" (1984) 70 *Virginia Law Review* 549,574–579.

[35] See Henry G. Manne, *Insider Trading and the Stock Market* (New York, the Free Press, 1966),pp572–575.

[36] 参见 Manne,同前注[33],第 77—110 页。

股票。如果允许高管进行内幕交易,而 A 公司正好在一款创新产品的研发中获得重大突破,但由于产品研发尚未最终完成,公司还不能公开披露相关消息,那么 A 公司高管就会进行内幕交易去市场购买 A 公司股票,这种购买行为将会推高公司股价,比如股价会上涨到 12 元,这就让外部投资者能够以 12 元的价格卖出股票,从而比内幕交易被完全禁止的情况下多赚了每股 2 元的价差。

不过这一观点遭到了诸多批判。首先,实证研究表明,内幕交易对股票价格的影响并非曼尼教授所讲的那么显著。[37] 内幕交易的规模毕竟有限,虽然能够对股价造成一些影响,但假如缺乏后续信息披露的确认和支撑,那么内幕交易对于股价造成的初始影响将难以为继,更无法进一步提升股价,最终成为短暂的昙花一现。因此,作为一种向市场传递信息的途径,内幕交易的"作用机理很慢,而且有时只能断断续续",因此不可能有效地提升证券价格效率。[38]

其次,内幕人员有动机去掩饰内幕交易行为,从而在很大程度上抑制了内幕交易在提升价格效率方面的贡献。[39] 从理论上讲,要想让内幕交易的信息传递机制发挥作用,其前提是其他的市场参与者能够辨识出相关的交易是否为内幕交易,从而间接获得内幕信息。简言之,证券分析师以及做市商必须能够推断出内幕人员的身份,否则对于其他投资者而言,若他们不知道那些大额交易的背后实际上是内幕人员在操作,他们对于那些大额交易就很难进行解读,而如果他们不确定哪些交易是内幕交易,自然也就无法推断出有用的内幕信息。实际上,对于市场能否系统性地解读出内幕人员身份这一问题,现实中是存在重大疑问的。例如 SEC 依据 1934 年《证券交易法》第 16(a) 条发布内幕交易报告之前,市场通常无法知悉内幕交易者的身份。[40]

在一定程度上,内幕人员可以通过拉长交易时间以及借助中介机构的方式有效掩饰其交易,这样就使得内幕交易对于市场价格的影响很难

---

[37] See Roy A. Schotland, "Unsafe at Any Price: A Reply to Manne, Insider Trading and the Stock Market" (1967) 53 *Virginia Law Review* 1425, 1443-1446.

[38] See Ronald J. Gilson and Reinier H. Kraakman, "The Mechanisms of Market Efficiency" (1984) 70 *Virginia Law Review* 549,629-634.

[39] See Dennis W. Calton and Daniel R. Fischel, "The Regulation of Insider Trading" (1983) 35 *Stanford Law Review* 868.

[40] See Louis Loss and Joel Seligman, *Securities Regulation* (Boston: Little, Brown and Company, 3rd ed., 1991), vol. VII, pp.3463-3464.

被察觉到,也使得市场更难识别内幕人员的身份。当内幕人员偷偷地利用他人的名义进行交易时,上述身份识别问题就尤其困难。此时,通过解读交易引起的股价变动来推断出未公开信息的准确度就不足了。[41] 就连卡尔顿教授与菲舍尔教授也承认,由于这一原因,与直接的信息披露相比,内幕交易能够间接传递的信息量要少。[42]

因此,从法经济学的成本收益分析来看,内幕交易的信号功能可能并不划算,因为随着价格解读的难度增加,其所花费的相应成本也将上升。尽管有时市场也能成功地识别内幕人员的身份,但这需要较长的时间,以至于投资者错过绝好的投资机会,市场的资源配置效率也随之降低。

另外,内幕交易信号功能的负面影响可能非常强。假如市场被刻意掩饰的内幕交易行为所欺骗,很有可能由此得出错误的信息推断,从而影响市场效率。事实上,假如允许内幕交易存在,任何股票价格的波动都有可能被视作是内幕信息的反映,从而使得市场中充斥着各种误导性新闻和谣言。其结果便是股票价格将极易波动,市场需要付出大量成本去分析、甄别这些信息。

最后,一旦内幕交易的信号功能被普遍认可,那么,这将创造出使用不正当手段获取利益的机会。例如,公司内幕人员购买公司股票,希望借此向市场传递公司有一个重大利好的内幕信息的错误信号。在市场对该信号做出反应后,内幕人员就抛售股票并获利。这实际上是给内幕人员提供了操纵市场的机会,并最终损害了市场效率。

4.2.2　消极或有害的效果

上文讨论了关于内幕交易有益后果的争论,本节转而关注内幕交易的有害效果。具体而言,有害效果包括三个方面:第一,有害于市场;第二,有害于公司,包括其股票被内幕交易了的公司以及市场中的同类公司;第三,有害于投资者,包括涉及内幕交易案件的投资者以及市场中的投资者整体。

此外,当内幕人员所属公司并非内幕交易涉及股票的发行人时,内幕交易还可能损害该公司的权益。[43] 例如,一本金融报刊在市场上很有影响

---

[41]　同前注[40],第 3464 页。

[42]　See Dennis W. Calton and Daniel R. Fischel, "The Regulation of Insider Trading" (1983) 35 *Stanford Law Review* 868.

[43]　See William K.S. Wang and Marc I. Steinberg, *Insider Trading* (Aspen Publishers, 1996), pp. 38–39.

力,它的一个撰稿者有篇推荐某只股票的文章即将刊印,他在期刊公开发行前买入股票,期刊发行后股价上升,再卖出股票获利。这个撰稿人的内幕交易将使得期刊的读者对期刊失去信任,从而损害金融报社的利益。需要指出,这一观点值得商榷,因为根据该观点,撰稿人对于报社造成的损害在本质上系基于撰稿者违反其与报社之间的相关合同,从而只能让报社根据合同对撰稿人追究相关责任,包括开除等。实际上,撰稿人的行为不仅仅是私人之间的合同问题,更重要的是作为一种公共市场中的证券欺诈,其主要受害者不是报社,而是个体投资者和整体证券市场。换言之,假设内幕交易不违法而报社通过合同机制保护文章不被滥用,那么撰稿人在文章刊印前进行交易的行为就不违反证券法,但仍将违反合同法而损害报社的权益。

4.2.2.1 有害于整个市场

内幕交易会使投资者不愿参与到市场中,从而使市场交易量下降。内幕交易普遍被认为对投资者是不公平的。美国众议院能源和商业委员会在通过1984年《内幕交易制裁法》时认为:"当某种信息优势被某些投资者滥用,而其他投资者无法通过自身努力克服这一问题时,这种情况是不公平的,也有悖于投资大众对于一个公正、公平的证券市场的合理期待,在这个市场中,所有投资者应当遵守同一套规则。"㊹

毫无疑问,内幕交易带来的不公平感受会削弱投资者对市场的信心。投资者都向往公平的市场,而当市场存在内幕交易时,投资者恐怕会望而却步。美国众议院能源和商业委员会在1988年《内幕交易与证券欺诈执行法》的立法报告中指出:"越来越多的学者支持对于内幕交易进行规管,认为这对资本筹集和配置的机制极为关键,这个资本形成机制依赖于投资者对证券市场的公平和公正具有信心。内幕交易会损害资本市场的正当性基础,也会削弱投资者的信心……假如他们感觉市场被某些人操控而导致其利益受损的话,中小投资者将会选择远离市场。"㊺

因此,市场中普通投资者的信心丧失将导致交易量减少,流动性降低。实证研究表明,相较于内幕交易被严格禁止的情形,存在内幕交易的

㊹ H.R. Rep. No. 98-335, 98th Cong., 1st Sess. 5 (1983).
㊺ H.R. Rep. No. 100-910, 100th Cong., 2nd Sess. 8 (1988).

证券市场的流动性更低。㊻ 一项国际研究表明，假如一国实施了约束内幕交易行为的法律，其股票交易的成本将降低5%。㊼ 正如美国国会所阐述的那样，影响市场的公平和公正是内幕交易最让人担忧的后果，这也是禁止内幕交易行为的主要政策理由。

此外，为了创造内幕交易的机会，内幕人员便有动机延迟披露重大信息，从而降低市场效率。㊽ 另外，有些信息可能本身并不重要，但与其他信息汇总结合后就变得重要，因而作为内幕人员的公司管理层往往会故意将这些信息"打包"处理，以获得更多的内幕交易的机会。㊾ 换言之，为了降低市场可能不按照预期方向进行变化的风险，公司管理层不会单独披露各项信息，而是将这些信息作为一个整体进行"打包"，以增加整体信息的重大性，从而也更容易预判信息披露对于市场的影响。这一做法实际上是等待各种信息都齐备后才一起披露，而不是一有什么信息就立即披露，故而会导致重大信息披露延迟的后果，从而降低市场效率。

对于那些反对禁止内幕交易的学者而言，他们也承认内幕交易具有延迟披露信息的有害后果。作为领军学者的曼尼教授自己也承认，不能

㊻ See Kimberly D. Krawiec, "Fairness, Efficiency, and Insider Trading: Deconstructing the Coin of the Realm in the Information Age" (2001) 95 *Northwestern University Law Review* 443, 470.

㊼ See Utpal Bhattacharya and Hazem Daouk, "The World Price of Insider Trading" (2000) available at http://papers.ssrn.com/sol3/papers.cfm? abstract_id = 200914, at 10 (last visited on 8 February 2005).

㊽ See Morris Mendelson, "The Economics of Insider Trading Reconsidered" (1969) 117 *University of Pennsylvania Law review* 489; Roy A. Schotland, "Unsafe at Any Price: A Reply to Manne, Insider Trading and the Stock Market" (1967) 53 *Virginia Law Review* 1425, 1448–1449; Joel Seligman, "The Reformulation of Federal Securities Law Concerning Nonpublic Information" (1985) 73 *Georgetown Law Journal* 1083, 1095; Jesse M. Fried, "Reducing the Profitability of Corporate Insider Trading Through Pretrading Disclosure" (1998) 71 *Social Science Law Review* 303, 315.事实上，对内幕交易予以规管的主要目的之一是保证重要信息的及时披露。See Dennis S. Karjala, "Statutory Regulation of Insider Trading in Impersonal Markets" (1982) 1982 *Duke Law Journal* 627, 630.

㊾ See J. Choper, J. Coffee and R. Gilson, *Cases and Materials on Corporations* (Aspen Publishers, 6th ed., 2004), p. 463.该观点通过盈余管理这一问题可阐释清楚。Ron Kasznik, "On the Association Between Voluntary Disclosure and Earnings Management" (suggesting that earnings management affects corporate disclosure policies) available at http://papers.ssrn.com/sol3/papers.cfm? abstract_id=15062(last visited on 21 July 2004); Gerald J. Lobo and Jian Zhou, "Disclosure Quality and Earnings Management". 该观点认为公司信息披露与盈余管理之间存在负相关关系, available at http://papers.ssrn.com/sol3/papers.cfm? abstract_id=265550(last visited on August 2004)。

忽视内幕人员延迟披露信息的倾向问题。(50) 卡尔顿教授与菲舍尔教授也同样承认内幕交易的上述有害后果在逻辑上是成立的。(51) 需要指出，有一项实证研究发现内幕交易对信息披露时间没有影响，(52)但该项研究的可靠性颇受质疑。(53)

4.2.2.2　有害于上市公司

内幕交易不仅有害于涉及股票交易的相关上市公司，而且也有害于整个市场中所有的上市公司。依据内幕交易是否经公司准许，对特定公司的危害可大致分为以下两种：

一方面，如果内幕交易是经过相关公司允许的，比如，公司将内幕交易作为一种激励报酬方式，那么其危害就主要表现为将内幕交易作为激励报酬机制给公司带来的害处。这些害处已在前文进行过详细讨论了，在此简要总结一下。首先，内幕交易可导致道德风险。在内幕交易合法的情况下，无论是利好还是利空的内幕信息，公司内幕人员都能利用它们进行交易获利，他们就极有可能选择高风险的项目，因为不管项目是否成功，项目的相关信息都可为他们创造内幕交易的机会。其次，由于从事内幕交易的特权只局限于少数"企业家"级别的公司高管手中，大家将会为获得这种特权而产生竞争，从而可能损及公司士气或者引发管理层人员之间的不信任。最后，内幕交易可能影响公司内部各层级的决策制定过程，并最终降低公司决策的效率。简言之，为了将自己内幕交易的机会最大化，所有下级人员都有动机去拖延信息的上报。由于在大型公司中存在诸多层级，尽管每一层级的延误并不大，但在信息向最上层决策机构传输的过程中，各个层级的信息延误加总起来可能就很严重了。

另一方面，当内幕交易未被公司允许时，基于"财产权"理论，这种内

---

(50) See Henry G. Manne, "Insider Trading and the Law Professors" (1970) 23 *Vanderbilt Law Review* 547, 553.

(51) See Dennis W. Calton and Daniel R. Fischel, "The Regulation of Insider Trading" (1983) 35 *Stanford Law Review* 879.但他们认为在某些情况下，延迟披露信息是有利的，同上注。

(52) See Michael P. Dooley, "Enforcement of Insider Trading Restrictions" (1980) 66 *Vanderbilt Law Review* 1, 33–34.

(53) See Louis Loss and Joel Seligman, *Securities Regulation* (Boston: Little, Brown and Company, 3rd ed., 1991), vol. VII, pp.3455.该文作者认为结论没有注意到掌握内幕信息，然而，在为避免违法而没有实施内幕交易的情况之下，结论同时也没有注意到基于禁止内幕交易法律的威慑将会延迟披露信息的可能性；James D. Cox, "Insider Trading and Contracting: A critical Response to the 'Chicago School'" (1986) 1986 *Duke Law Review* 644，该文指出，"滥用内幕交易实践的话题并没有向可靠的数据调查提供帮助"。

幕交易就直接损害了公司权益。因为根据这一理论,内幕信息被视为公司的财产权利,如同知识产权一样。[54] 假如内幕信息被滥用,就等同于交易人非法占用公司财产,从而损害公司权益。另外,内幕交易也会损及公司名誉。[55]

另外,内幕交易造成的损害并不限于拥有信息所有权的相关公司,而是害及市场中所有的上市公司。如前所述,市场的深度和流动性皆会因内幕交易而被削弱,融资成本的增加将害及市场上的所有公司。有学者明确指出了"外部流动性的损失",即"假如某一公司允许其员工从事内幕交易,那么,这不但会影响本公司股票的流动性,而且会影响其他股票的流动性,因为投资者会选择远离市场上的所有股票"[56]。在经济学上,这是一个典型的"柠檬市场"逻辑。"柠檬市场"也称"次品市场",由于信息不对称的问题,买家对于货品的质量很难区分,从而选择压低所有货品的价格以避免买到次品的风险损失。这反过来会使卖者选择提供次品,因为在平均价格下卖方提供优品会吃亏,提供次品会获利,最终将导致"劣币驱逐良币"的逆向选择问题。

将"柠檬市场"理论运用到投资者对待内幕交易的态度就是,由于投资者很难甄别有内幕交易风险的股票与没有内幕交易风险的股票,他们就会对所有股票一视同仁,认为它们都有内幕交易的风险,从而对所有股票的估值都打个折扣,甚至完全退出市场而不再进行任何交易。[57] 其结果是,市场的融资功能降低,所有公司的融资成本都将上升,融资将变得更

---

[54] See Louis Loss and Joel Seligman, *Securities Regulation* (Boston: Little, Brown and Company, 3rd ed., 1991), vol. Ⅶ, pp.3458-3460.

[55] See *Diamond v. Oreamuno*, 24 N.Y.2d 494, 499, 248 N.E.2d 910, 912, 301 N.Y.S.2d 78, 81 (1969).不同观点可参见 Barry A. K. Rider and Leigh Ffrench, *The Regulation of Insider Trading* (Oceana Publications, 1979), p.5,该文认为对公司造成的损害极不确定。*Schein v. Chasen*, 313 So.2d 739 (Fla., 1975),该判例推翻了上一判例。

[56] Mark Klock, "Mainstream Economics and the Case for Prohibiting Insider Trading" (1994) 10 *Georgia State University Law Review* 297, 330-331.

[57] See Victor Brudney, "Insiders, Outsiders, and Informational Advantages Under the Federal Securities Law"(1979) 93 *Harvard Law Review* 355-356; Michael P. Dooley, "Enforcement of Insider Trading Restrictions" (1980) 66 *Georgia State University Law Review* 1,48; Mark Klock, "Mainstream Economics and the Case for Prohibiting Insider Trading" (1994) 10 *Georgia State University Law Review* 297,330,335. 然而,一项实证研究表明投资者并没有低估内幕人员经常交易的公司股票价格,参见 Moran, "Insider Trading in the Stock Market: An Empirical Test of the Damages to outsiders" (*Center for the Study of American Business, Washington Univ., St. Louis, Working Paper No. 89, July 1984*)。

加困难。而且估值折扣过大会使得烂公司充斥市场,好公司退出市场,最终导致证券市场不断萎缩。

4.2.2.3 有害于投资者

内幕交易对投资者造成的损害是根本性的损害。如上所述,内幕交易对市场及公司造成的损害主要是源于对投资者的损害,因为内幕交易会削弱投资者信心,使得投资者远离资本市场,从而降低市场流动性和提高公司的融资成本。换言之,假如投资者并未受到内幕交易的伤害,那么内幕交易造成不公平、不公正的观点就是一种误解,投资者也就不会对市场丧失信心。因此,在判断内幕交易的经济效果并决定是否禁止内幕交易时,内幕交易对投资者是否造成损害这一问题具有根本性、决定性的意义。[58]

内幕交易对投资者的损害可从如下两个维度予以理解。第一个维度是从特定内幕交易的微观视角看待其对个人造成的损害。鉴于该问题的复杂性以及其与内幕交易民事责任的紧密关系,笔者将在其他章节对此予以阐述。[59] 第二个维度是从宏观角度看待这一问题。当然,这两个维度的损害是有内在关联性的,也为理解内幕交易的危害提供了不同的视角。以下将从第二个维度分析内幕交易对投资者的损害。

哈多克(Haddock)教授与梅西(Macey)教授指出,就纽约证券交易所而言,内幕交易会增加做市商的经营成本,然后做市商以加大买卖差价的方式将成本转嫁到投资者身上。[60] 在交易中,做市商的收益来自其设定的买卖差价,即做市商从市场中购买证券的价格(买价)低于他们卖出的价格(卖价)。这种差价收益是做市商在维持市场流动性过程中承担风险与成本的正当报酬。然而,在与内幕人员的交易中,做市商将承受系统性的损失,因为内幕人员有内幕信息的优势,从而总是能在低价买入股票,在高价卖出股票。做市商将这些内幕人员带来的潜在成本视为其在做市过程中的额外成本,并通过扩大买卖差价的方式将它们转嫁到投资者头上。

---

[58] See William K.S. Wang and Marc I. Steinberg, *Insider Trading* (Aspen Publishers, 1996), p39.作者认为:"假如任何股票内幕交易对个人投资者造成损害,则有足够的理由禁止该行为,同时对内幕交易给发行人及社会带来的影响的论证则变得不那么重要了。"

[59] 参见第七章第7.4.2节。

[60] See David D. Haddock and Jonathan R. Macey, "A Coasian Model of Insider Trading" (1986) 80 *Northwestern University Law Review* 1457; Jonathan R. Macey, "Securities Trading: A Contractual Perspective" (1999) 50 *Case Western Reserve Law Review* 269, 278-279.

其结果是,除内幕人员之外,其他所有的投资者实际上都最终承担了上述成本,因此投资者是内幕交易的受害方。

上文的分析逻辑同样可以适用于没有做市商制度的中国证券市场,甚至更为直接、明晰,因为做市商并非最终的交易者,而仅是中介机构。在中国证券市场,由于没有做市商制度,投资者都是在系统撮合下直接交易,所以外部投资者与内幕人员是直接交易对手方。内幕人员总能利用内幕信息买入估值过低的股票,卖出估值过高的股票;而外部投资者作为交易另一方,则往往与之相反。因此,外部投资者在与内幕人员的交易中总是亏损的。

有学者进一步指出,内幕人员的收益与其他投资者的损失之间存在着精确的对应关系。[61] 根据所谓的"证券守恒定律",当内幕人员买入或卖出股票时,市场中的其他投资者将是与之反向地卖出或买入股票,从而承担与内幕人员所获收益相对应的损失。因此,假如有人从事内幕交易,市场上的其他所有投资者作为一个整体就将遭受损害,且其损失数额几乎等于内幕人员所获收益。[62]

4.2.3 总结

4.2.3.1 争论尚未结束,总体认为内幕交易有害

虽然关于内幕交易经济效果的争论从 20 世纪 50 年代就已经开始,但迄今为止,这场争论还没有结束,且尚未达成共识,双方谁也无法完全说服另一方。[63] 有学者认为,这场争论中双方各自提出的有益和有害效

---

[61] See William K.S. Wang, "Trading on Material Nonpublic Information on Impersonal Stock Markets: Who is Harmed, and Who Can Sue Whom Under SEC Rule 10b-5?" (1981) 54 *Southern California Law Review* 1217, 1234-1235.

[62] 同上注。还可参见 William K.S. Wang and Marc I. Steinberg, *Insider Trading* (Aspen Publishers, 1996), § 3.3.5;Morris Mendelson, "The Economics of Insider Trading Reconsidered" (1969) 117 *University of Pennsylvania Law Review* 484-486。

[63] See Alan Strudler and Eric W. Orts, "Moral Principle in the Law of Insider Trading" (1999) 78 *Texas Law Review* 382,作者认为这一争议"众所周知并无定论";Frank H. Easterbrook, "Insider Trading,Secret Agents, Evidentiary Privileges, and the Production of Information" (1981) 1981 *Supreme Court Review* 388,该文认为争议观点"势均力敌";Robert J. Haft, "The Effect of Insider Trading Rules on the Internal Efficiency of the Large Corporation" (1982) 80 *Michigan Law Review* 1053,该文作者指出任何一方的观点均没有"得到一致性认可";Ian B. Lee, "Fairness and insider trading" (2002) 2002 *Columbia Business Law Review* 131,该文作者认为这一争论"仍未达成一致"。

果都在很大程度上具有"猜想和臆测"的性质。⁶⁴ 在可预见的未来,这场争论应当还会持续下去。不过总体而言,主流观点还是倾向认为即使承认内幕交易有一些有益效果,但有害效果更大,因此其最终的净效果还是有害的。

澳大利亚国会在修订1991年《公司法》时做出了一个备忘录,明确指出:"内幕交易对投资者信心造成重大损害,这种影响远远超过有些学者所称的将内幕交易'去罪化'后可以提升信息传递速度而带来的市场效率收益。"⁶⁵美国法院同样认为:"即使我们需要全面考虑公平与效率之间的平衡问题……我们发现这个平衡点还是更倾向于禁止内幕交易。"⁶⁶诸多学者也赞同这一观点。⁶⁷ 总之,尽管对内幕交易有益和有害的经济效果进行定量的比较极为困难,甚至几乎不可能,但上述争论在总体上还是倾向于支持内幕交易具有危害性的观点。

4.2.3.2 "私人秩序"的规管路径值得关注

在这场关于应当如何对待内幕交易的争论中,需要提及所谓的私人秩序(private ordering)理论。在法经济学中,私人秩序与公共秩序相对,是现代合约理论的重要概念。私人秩序起源于法律中的私下纠纷解决,指不通过法院等第三方解决纠纷,而是当事人自己私下了结,也就是"私了"。新制度经济学的开创者威廉姆森将这个概念引入经济学,指交易参与人选择不通过法院等第三方机制,而是自己达成的、能够自我执行的一种对于交易的契约安排。在法经济学中,在论证应当如何规管一项行为,应当采取强制性规定还是任意性规定、应当如何构建行业协会、如何设立中介机构等问题时,私人秩序理论是一个很常见,也很有用的分析工具。

私人秩序理论将内幕信息界定为公司的财产权,⁶⁸认为如同其他财产

---

⁶⁴ See William K.S. Wang and Marc I. Steinberg, *Insider Trading* (Aspen Publishers, 1996), p.39.

⁶⁵ *Explanatory Memorandum accompanying the Corporations Amendment Bill 1991* (Australia) para. 307.

⁶⁶ *Freeman v. Decio*, 584 F.2d 186, 190 (7th Cir. 1978).

⁶⁷ See William K.S. Wang and Marc I. Steinberg, *Insider Trading* (Aspen Publishers, 1996), p39.该文作者认为"其负面影响更大";Ian B. Lee, "Fairness and insider trading" (2002) 2002 *Columbia Business Law Review* 140,该文作者认为"支持禁止内幕交易的观点是这场经济学的争论中更占优势的一方"。

⁶⁸ Henry G. Manne, *Insider Trading and the Stock Market* (the Free Press, 1966), pp47–57.

权一样,内幕信息应当由公司而不是政府决定其使用和分配的问题。根据该理论,既然内幕交易有利有弊,那在内幕交易可以为公司带来有利效果的情形下,公司与内幕人员可以通过协议允许内幕交易的发生;在内幕交易会损害公司及其股东权益的情形下,他们之间可通过协议的方式禁止内幕交易。[69] 简言之,内幕信息是公司的财产,应当由公司根据具体情况自主决定是否允许内幕交易,并通过私人秩序的合约机制进行灵活安排,而不是通过法律的公共秩序进行"一刀切"式的强行禁止。

乍一看,上述观点似乎很有吸引力,尤其是当内幕交易的有利和有害效果很难进行统一认定时更是如此。那些支持对内幕交易予以规管的人士也承认,上述观点具有"建设性的启发意义"[70]。然而仔细考察之下就会发现上述观点还是有问题的。

首先,通过协议禁止内幕交易所支出的相关成本太高,而且难以成功达成协议,也难以执行该协议。这里的成本包括谈判成本与执行成本。不同于经济学家假定的理论世界,现实中由于存在集体行动问题,在通过协商禁止内幕交易的过程中,每个公司会产生大量交易成本。[71] 而且每个公司每次拟定这种契约时都需重复地支付成本,因此,相较于法律的强制性规定,私人秩序的路径并不划算。

除了契约谈判成本,私人秩序的建立还需要支付高昂的契约执行成本。具体而言,禁止内幕交易的契约的私人执行机制违反了规模经济的原理,从而增加了成本。[72] 在私人执行机制下,每个公司都需要支出大量的成本去监测并惩治违反禁止内幕交易契约的行为。现实中,要建立有

---

[69] See Dennis W. Carlton and Daniel R. Fischel, "The Regulation of Insider Trading" (1983) 35 *Stanford Law Review* 866; David D. Haddock and Jonathan R. Macey, "A Coasian Model of Insider Trading" (1986) 80 *Northwestern University Law Review* 1449; Jonathon R. Macey, "From Fairness to Contract: The New Direction of the Rules Against Insider Trading" (1984) 13 *Hofstra Law Review* 9, 58-63.

[70] Robert C. Clark, *Corporate Law* (Boston: Little, Brown and Company, 1986), p. 275.

[71] See Louis Loss and Joel Seligman, *Securities Regulation* (Boston: Little, Brown and Company, 3rd ed., 1991), vol. Ⅶ, p3465.

[72] See Frank H. Easterbrook, "Insider Trading,Secret Agents, Evidentiary Privileges, and the Production of Information" (1981) 1981 *Supreme Court Review* 334-335; Ronald J. Gilson and Reinier H. Kraakman, "The Mechanisms of Market Efficiency" (1984) 70 *Virginia Law Review* 549, 634. 然而,根据那些支持公司自律的学者的观点,在现代社会中,大量公司已建立了足以侦测潜在违法行为的自律体系。参见 Christine Parker, *The Open Corporation: Effective Self-Regulation and Democracy* (Cambridge University Press, 2002), pp. 115-119. 因此,公司内幕自律体系已发挥作用,公司无须另行支付新的成本去侦测违反内幕交易的企业的行为。

效的内幕交易规管系统，政府需要花费大量资金在整个市场中构建计算机化的监测体系，从设备到人力等各方面的投入成本都很高。由此，让每家公司都重复性地建立一套这样的系统，既无必要，也不可行。而且如前所述，法律执行的威慑力取决于违法行为被查处的概率和查处后受到的惩罚力度，当查处内幕交易的成功率很低时，为了获得足够的威慑力，就必须提高查处后的惩罚力度。私人执行的惩罚力度不足，此时刑事处罚变得极为必要，但公司并无此权力。[73]而全国性的监管机构拥有更多的资源，借助其专业性、监管职权及对整个市场的影响力，其能更有效地应对内幕交易行为。

事实上，在应对内幕交易这一问题上，执行成本是一个非常重要的考量因素。反对由政府通过公共秩序路径对内幕交易进行规管的观点认为，政府规管需要付出高额的成本，而且还无法震慑所有的内幕交易行为。[74]如上所述，与公共秩序路径相比，私人秩序路径的成本更高，若以执行成本为由反对政府规管，那么私人执行就更需要反对了。当然，以执行成本为由反对政府规管的逻辑本身也是有缺陷的。洛斯(Loss)教授与塞利格曼(Seligman)教授指出："这一观点很难动摇禁止内幕交易的理论基础，这如同尽管犯人的关押率很低，但社会仍会制定禁止谋杀的法律一样。"[75]尽管政府努力对内幕交易进行规管，内幕交易可能依旧猖獗，然而这并不意味着若政府不监管，内幕交易就不会猖獗。相反，如果缺失政府规管内幕交易所付出的努力，内幕交易很可能会更加猖獗。可见，针对执行问题，正确的回应不仅不是放弃政府对于内幕交易的规管，而且应进一步强化之，提升执法力度。

其次，如果将是否禁止内幕交易的决定权交由公司，而公司内幕人员掌控决策权，可以签订对其有利的契约，恐会导致股东利益受损。基于信息不对称及专业知识优势等诸多因素，公司内幕人员在与公司股东的谈判中享有天然的优势。内幕人员能够利用各种优势去说服股东允许其从事实际上未必有利于公司的内幕交易行为。即使公司做出了禁止内幕交

---

[73] See Richard A. Posner, *Economic Analysis of Law* (Aspen Publishers, 4th ed., 1992), pp. 417-418.

[74] See Michael P. Dooley, "Enforcement of Insider Trading Restrictions" (1980) 66 *Virginia Law Review* 1.

[75] Louis Loss and Joel Seligman, *Securities Regulation* (Boston: Little, Brown and Company, 3rd ed., 1991), vol. Ⅶ, p34660.

易的决定,内幕人员也可能与公司签订对其有利的契约。由于以下因素,上述的各种可能性更容易变为现实。一个原因是,现实中,资本市场以及经理人劳动市场并未强大到足以对经理人形成有效约束。根据某些学者的观点,市场力量几乎不可能阻止那些公司允许高管进行不利于公司利益的内幕交易的决定。[76]另外一个原因则是"搭便车"问题,这使得股东很少有动力去参与公司和高管关于内幕交易问题的谈判,从而使股东的权益无人关注和保护。有学者敏锐地注意到了这一问题并分析道:"每一个股东仅能获得其持股份额的预期利益。由于参与公司治理需要支出高成本,而获得的收益是基于持股比例与其他股东分享,因此股东没有动力与公司管理层进行私下谈判和签订契约。公司股东不愿意花费其自身资源去约束管理层的不当行为,因为其他股东也能基于其所持股份比例分享收益;'搭便车'问题使股东缺乏激励去采取行动。"[77]

最后,也是最为重要的因素,除了私人契约在公司内部造成的问题之外,内幕交易还会产生严重的外部性问题。外部性是指个人造成的,但不由其个人承担的社会成本。[78]借助外部性,公司的股东通过自己获取利益并将成本转嫁至社会的方式实现了自身利益的最大化。所以当涉及外部性时,公司股东的私人利益会与社会公共利益发生严重分歧,此时通过私人秩序路径去约束内幕交易并不合适。对此,有学者指出:"利益偏离的存在就意味着可能导致私人行为对大众施加一定的社会成本或经济成本。一旦这种私人行为产生的成本大到不可接受,那法律制度或监管体系就不能是任意性的。否则,所有的公司都将选择跳出制度规则而以社会利益为代价去追求自我利益。"[79]

---

[76] See Kimberly D. Krawiec, "Fairness, Efficiency, and Insider Trading: Deconstructing the Coin of the Realm in the Information Age" (2001) 95 *Northwestern University Law Review* 443, 497; Jesse M. Fried, "Reducing the Profitability of Corporate Insider Trading Through Pretrading Disclosure" (1998) 71 *Social Science Law Review* 303, 315; Ronald J. Gilson and Reinier H. Kraakman, "The Mechanisms of Market Efficiency" (1984) 70 *Virginia Law Review* 549, 632.

[77] James D. Cox, "Insider Trading and Contracting: A critical Response to the 'Chicago School'" (1986) 1986 *Duke Law Journal* 656;还可参见:Louis Loss and Joel Seligman, *Securities Regulation* (Boston: Little, Brown and Company, 3rd ed., 1991), vol. VII, p3466. 该文补充说,当股东选择以财产组合的方式持有证券从而分散特定公司的风险时,这一问题将变得更糟。

[78] See Richard A. Posner, *Economic Analysis of Law* (Aspen Publishers, 4th ed., 1992), pp. 51-52.环境污染问题就是股东的经济利益与社会大众利益之间分离的典型例子,诸如不断恶化的生存环境使得越来越高的污染的成本将由整个社会承担。

[79] Todd A. Bauman, "Insider Trading at Common Law" (1984) 51 *The University of Chicago Law Review* 838, 845.

可以从多个视角将内幕交易视作一个具有外部性问题的行为。如前所述,内幕交易削弱了投资者的信心,从而降低了市场的融资功能,并最终害及整个经济。事实上,由于投资者很难区分哪些公司选择了禁止内幕交易,哪些公司允许内幕交易,同时也不能确定选择禁止内幕交易的公司能否真正执行到位,因此他们可能会对所有股票的价值都产生怀疑,从而造成市场中所有公司都将增加融资成本。

另外,对于选择持有禁止内幕交易的公司股票的股东而言,他们有可能还是会受其他允许内幕交易的公司股东所从事的内幕交易行为的影响。譬如,假设 A 公司禁止内幕交易,而 B 公司允许内幕交易,B 公司意欲并购 A 公司。由于 B 公司的管理层被允许利用并购内幕信息购买 A 公司的股票,那些卖出 A 公司股票的股东将因 B 公司允许的内幕交易而遭受损害。所以,A 公司与股东签订的禁止内幕交易的契约并不能真正保护其股东,A 公司股东面临的内幕交易风险不仅来自本公司高管,也可能来自其他人。可见,内幕交易的危害后果不仅针对作为内幕信息拥有者的公司,而且还针对其他公司及整个社会。基于外部性问题、契约订立成本和执行成本等因素,内幕交易并不适合通过私人秩序路径去应对。澳大利亚的一项调查显示,80% 的被调查者不赞同内幕交易"去罪化"或者将其交由公司去决定和处理。[80]

还要指出,尽管私人秩序的规管路径未必完全可取,但其带来的启发却很深远。即使是选择公共秩序的法律路径,私人秩序理论也有用武之地。实际上,公共秩序与私人秩序的界限并非泾渭分明,而是相互交杂的,现实中很多领域的规管都处于二者之间,内幕交易亦不例外。总体而言,各国对于内幕交易的规管也是双管齐下。由于各国对于内幕交易经济效果的认识存在差异,因此二者的采用比例也不尽相同:有的更偏向公共秩序路径,法律的强制性规定范围更宽;有的给私人秩序路径留下了更多的空间,法律的强制性介入比较具有谦抑性。内幕交易规管路径上的国际差异反映了目前学术界对于内幕交易经济效果争论不明的现状,表明该问题不仅具有重大的理论价值,而且具有重大的现实意义,需要继续努力研究。

---

[80] See Mark A. Freeman and Michael A. Adams, " Australian Insiders' Views on Insider Trading" (1999) 10 *Australian Journal of Corporate Law* 148, 156.

4.3 内幕交易经济效果的访谈发现

上文已述,关于内幕交易经济效果的争论依然方兴未艾,短时间内恐难以尘埃落定。这就要求笔者从新的视角去审视内幕交易法律规管的正当性问题,特别是通过实证研究去了解市场各方利益相关人对于内幕交易的认识,毕竟法律的目标是调整社会关系,因而需要社会支持和民众基础。据此,本节将揭示笔者在中国所做的关于内幕交易经济效果的实证研究结果。

实证研究的结果非常重要,原因主要包括如下两个方面。首先,如前所述,目前对内幕交易经济效果的问题争论不休,各种学术观点被认为"过于理论化",与现实的关联并不清晰。这表明学术观点尚待实证结果的佐证,尤其是那些贴近市场的人士的观点。相较于学者的观点,后者对内幕交易的看法可能没有那么复杂和深奥,却可能与立法目的更相关一些,因为他们是市场的真正参与者,其行为直接影响着市场。其次,本书主要关注中国的内幕交易规管问题,若不关注中国人对这一问题的看法,仅在书面上移植国外的相关观点作为中国问题的立论基础,并不是明智的做法。笔者在访谈中发现,包括一些学者在内的很多受访者对国外关于内幕交易经济效果的论争并不熟悉,更遑论详细了解论争中的各方观点。换言之,受访者的观点并未受到国外论争太大的影响,而是聚焦于自己对内幕交易的个人观点和切身感受。他们的声音反映了中国国情下的本土观点,更加值得关注。

当然,通过访谈获得的实证结果具有一定的局限性,因为这仅能反映人们对于内幕交易经济效果的主观看法,并非客观数据。另外,由于中国对内幕交易的研究没有国外早,深度也不够,因此民众对于内幕交易的认识可能也会相应受到影响。然而,这里重要的问题不是内幕交易在"客观上"具有何种效果,而是人们在"心理上"认为内幕交易具有何种效果,因为即使内幕交易没有某种效果,但只要人们"认为"有,也会影响到人们的行为选择和对待法律的态度。有学者指出:"只要人们感觉扑克牌被人暗中做了标记,他们就不会玩扑克牌了。"[81]实际上从法律执行的角度看,公

---

[81] Paul Blustein, "Widening Scandal on Wall Street: Disputes Arise over Value of Laws on Insider Trading" *The Wall Street Journal*, 17 November 1986, at 28(quoting former SEC Chairman John Shad)(emphasis added).

众对违法行为的道德谴责以及他们对法律正当性的理解对实现公众的自愿守法来说非常重要。一位社会学家指出："人们的行为选择在很大程度上取决于对如下问题的看法：第一，什么行为是对的，什么行为是错的；第二，对于法律以及法律正当性的认识和服从义务。"(82)因此，假如人们认为内幕交易具有危害性，并当市场中充斥内幕交易行为时，投资者将丧失信心，此时就应禁止内幕交易，人们也会承认禁止性规定的正当性。(83) 当然，由于访谈信息的天然局限性，本节的实证结果不能完全取代其他学者的理论观点和客观数据。在探讨内幕交易的法律规管基础时，需要全面审视上一节的理论观点和本节的访谈信息，并结合客观的市场数据，从多个角度回答中国内幕交易法律的正当性问题。上一节表明，虽然关于内幕交易经济效果的争论尚未达成共识，但主流观点还是倾向于认为内幕交易具有危害性。本节的实证结果将揭示，中国市场的各方利益相关人是否认可这一学术观点及在多大程度上认可的问题。

4.3.1 内幕交易的有益效果

基于前文阐述的曼尼教授关于内幕交易有益效果的观点，笔者首先向受访者问及内幕交易是否有益以及有何种益处的问题。受访的中国证监会工作人员基本无人赞同曼尼教授的观点。其中一位工作人员说道："这些观点华而不实，曼尼教授就是一位诡辩家。例如，现实中存在其他更好的激励公司管理层的手段，为何要用内幕交易去激励呢？何况我认为内幕交易不合乎道德伦理。我确信，假如让内幕交易在中国合法化，这将是一场严重的灾难。"这一观点得到了另一位工作人员的认可，在他看来："我很难接受内幕交易有益的观点。法律重在公平而非效率。在我看来，内幕交易的弊远大于利。假如允许内幕交易，很多人将会远离市场。如果这样做，何来效率？在这一意义上，公平与效率是密切关联的。"对曼尼教授观点的最强烈反对来自另一位工作人员，他说："老实讲，这是我第一次听到这样的观点。这些观点荒唐可笑，只是哗众取宠而已。"

---

(82) Tom R. Tyler, "Compliance With Intellectual Property Laws: A Psychological Perspective" (1996-1997) 29 *New York University Journal of International Law and Politics* 219, 225.

(83) 公众对证券市场认知的重视是美国国会制定 1934 年《证券交易法》10(b)条款的主要动因。See Juliet P. Kostritsky, Comment, "Rationalizing Liability and Nondisclosure Under 10b-5:Equal Access to Information and United States v. Chiarella", 1980 *Wisconsin Law Review* 162, 182, n. 88.

另一方面,也有中国证监会的工作人员在一定程度上承认曼尼教授的观点有一定的启发意义。一位工作人员首先说:"内幕交易有时确实能够刺激交易量和增加流动性。"但他接着说:"这个效果只是短期的,从长期看还是有害的,因为被推高的成交量只是表面上的,不具有持续性,也不健康。"另一位工作人员也持类似态度:"增加的交易量会增加交易所的收入,同时也为政府提供更多的印花税来源。但这种好处并不持久,也不道德,因为这是以牺牲普通投资者的利益为代价的。"

多数受访的证券从业人员也持否定态度。一位经纪人说道:"这些观点是胡说八道。允许内幕交易作为激励措施无异于鼓励人们去偷、去抢,这怎么能行?"另一位经纪人也认为:"这种观点太幼稚了,完全是脱离实际的瞎想。内幕交易的唯一好处就是让内幕人自己赚'快钱'。"不过也有受访者承认曼尼教授的观点具有一定的道理。例如一位投行人士说:"内幕交易对于传递信息是有一定的价值,但这点好处跟坏处比起来,就不值得了。"一位基金经理也认为:"内幕交易的行为本身是能够向市场传递信息的,但更好的方法是通过信息披露。内幕交易向市场传递的信息通常不是很清晰甚至是错误的。"

受访的证券交易所工作人员普遍反对曼尼教授的观点。其中一位工作人员这样说:"把内幕交易作为公司管理层的报酬获取渠道真是脑洞大开,我们有很多其他报酬方式,为什么要用这种方式?让高管通过内幕交易去获得报酬不是等于让他们去偷钱获得报酬吗?另外,虽然内幕交易有时会提升交易量,但这种交易量既不持久也不可取,因为它是以有害的方式实现的。"另一位工作人员则指出:"内幕交易毫无益处,应予禁止。应以其他方式对公司高管提供激励。同样,假如我们需要提高信息传播效率,应该让公司或者交易所披露相关信息。"这一观点得到了另一位工作人员的支持,在他看来,"我们不需要借助内幕交易进行信息传递。信息传递的方式很多,例如定期披露与持续披露制度等,我们现在需要做的是用好、用足这些信息披露制度"。

对曼尼教授观点的最强烈反对来自普通投资者。广州的一位投资者说:"荒谬!胡扯!太可笑了,居然还有这样的人。"北京的一位投资者认为:"简直是强盗逻辑,强盗抢钱也能说成是他们的报酬吗?"上海的一位投资者甚至讽刺说:"还有这种逻辑,这位教授不会是收了人家的钱才这么说的吧!"

受访的金融记者也很反对曼尼教授的观点。一位记者说:"我在股票市场上混了这么久,看的人和事也不少了,还是第一次听说这种观点,太不靠谱了。"另一位记者指出:"内幕交易对普通投资者肯定没好处。当然,内幕人员可以从中获利,但这是为富不仁。"

受访的大多数学者也反对曼尼教授的观点。一位教授说道:"这些观点毫无道理,尤其是把内幕交易当成公司高管报酬的观点,我觉得有其它更好的高管薪酬方式。"另一位教授也认为:"让高管通过内幕交易获得报酬的做法会产生很多问题,例如哪些人有这个权利?如何去监督?当然,关键是我们为什么要用这种方式去激励高管呢?"有些受访的教授已经了解过曼尼教授的观点,虽然总体上不同意,但还是承认其学术贡献以及个别观点的价值。一位教授认为:"这些观点还是挺有意思的,改变了我们看待内幕交易的方式。当然,这不是说他的观点都是对的,实际上他的逻辑有不少问题,我知道在美国也有很多人反对他。我觉得内幕交易作为高管报酬的观点很难被接受,但关于信息传递功能的观点还是有点价值的。"另一位教授从中国视角指出:"这些观点在美国也许具有一定的价值,但在中国不适用,因为两国的国情不一样。"

受访的律师也普遍反对曼尼教授的观点。一位律师说:"这完全是强词夺理。除了对内幕人员有利,内幕交易根本没有其他好处。"另一位律师认为:"这是狡辩。内幕交易还能变成合法的报酬吗?另外,提升信息传递效率确有必要,但不能借助内幕交易的方式进行。"同样,受访的法官也认为曼尼教授的观点不可接受。一位法官指出:"内幕交易是非常不公平的,是对市场秩序的严重破坏,没有任何好处。真正的问题是如何监管和处罚它。"

4.3.2 内幕交易的危害后果

受访的中国证监会工作人员一致认为内幕交易具有危害性,主要理由是违反了公平原则。一位工作人员说:"内幕交易对中小投资者是不公平的。他们往往是内幕人员的交易对手方,内幕交易人员的收益就意味着他们的损失。我们的首要工作就是保护这些中小投资者的权益。"另一位工作人员指出:"内幕交易对市场中的弱势群体是不公平的,尤其是那些中小投资者。如果公平遭到挑战,他们就会对市场失去信心,失去信心就会离开市场,最终市场就会崩塌。"另一工作人员也持类似观点:"越公平的市场越能吸引更多的投资者和资金。市场有内幕交易的话,投资者就会望而却步,从而降低市场的规模和流动性。在这一意义上,市场是最大的受害者。"他接着说:"禁止内幕交易是国际潮流,如果我们不顺应潮流,我们市场的声誉就会受到损害,对市场发展不利。"

受访的证券从业人士普遍认为内幕交易具有危害性,但在危害后果是什么这一问题上有些分歧。一种观点认为内幕人员的交易对手方是受害者,内幕人员利用信息获益是不公平的。例如一位经纪人说道:"中小投资者没有信息渠道,他们是内幕交易的受害者。当下中小投资者是中国证券市场的主体,必须重点保护,否则市场很难发展。"一位基金经理明确指出:"从宏观的角度看,内幕交易对整个市场是有害的。然而就特定的交易而言,作为内幕人员的交易对手方好像不一定是受害者,他们通常并未受到前者的引诱,更不用说强迫了。"一位投行人士也说:"每一位投资者都是理性的,应当对其投资决定负责。只有投资者认为价格具有吸引力时才会交易。即使不存在内幕交易,他们也会以同样的价格进行交易。"

受访的证券交易所工作人员一致认为市场是内幕交易的最大受害者。一位负责市场监测的工作人员认为:"谁会参与一场不公平的游戏?内幕交易会削弱市场信心,导致投资者离开市场,市场就很难做大做强了。"另一位工作人员指出:"内幕交易会影响我们市场的国际形象。形象出问题就会影响投资者的选择和市场的发展。"

受访的金融记者也认为内幕交易具有危害性,他们经常用"不公平""违背道德""欺诈"等字词描述其危害性。例如一位上海记者认为:"内幕交易显然是不公平的,它对投资者信心有严重影响。"

所有受访的投资者都坚定地认为,他们是内幕交易的直接受害者。广州的一位投资者说道:"我们当然是受害者。他们(内幕人员)能获得内幕信息,我们肯定没有,他们赚的钱就是我们亏的钱,太不公平了。"他还指出:"有内幕信息就能轻轻松松赚钱了,我们小散户辛辛苦苦也很难赚钱,只能希望运气好一些,跟庄共舞,他们吃肉,我们喝点汤。"一位北京的投资者很无奈地说:"我们小散户肯定是任人宰割的,就像内幕交易,可是我们也没选择,只有这一个市场,凑合着参与吧。"

受访的教授也认为内幕交易具有危害性,并且谈到了多种危害,包括对市场的危害、对上市公司的危害、对投资者的危害等。一位教授说:"内幕交易从根本上是不公平的。这种不公平会反过来影响市场信心。假如投资者不愿再进入市场,市场就很难发展了。"另一位教授指出:"市场无疑是内幕交易的受害者。此外,内幕人员滥用了公司的信息这一财产权,也就是损害了公司利益。但在具体交易中,到底哪些投资者是受害者是有争议的,这也影响了内幕交易民事责任的追究。"对于具体交易中的受害者问题,一位对此有研究的教授说:"内幕交易民事责任现在讨论得很热烈,但一直没有形成共识,最高人民法院也没有给出具体指导,其中一个难题就是如何确定受害者范围,而这个问题又涉及因果关系理论,恐怕短时间内很难解决。但总体上讲,中小投资者是弱势群体,需要特殊保护。"

受访的律师普遍认为内幕交易具有危害性,而且多数从受害者角度出发提到了民事诉讼赔偿问题。一位相关从业经验丰富的上海律师说:"内幕交易严重损害了市场信心。那些信息不灵通的中小投资者无疑成为内幕交易的受害者,这是极不公平的。"他接着指出:"内幕交易民事责任缺乏立法和司法指导,比如原告范围、因果关系和赔偿计算等,导致现实中无法提起诉讼,是一个亟须解决的问题。"北京的一位律师也认为:"中小投资者需要特殊保护,民事赔偿责任是一个重要的救济手段,但目前还无法提起民事诉讼,不利于中小投资者保护。这个问题不解决,中国证券市场很难健康发展。我很期待问题早日得到解决,这样我就可以帮他们打官司维权了。"

受访的法官一致认可内幕交易的危害性。一位法官指出:"内幕交易明显违反公平和公正原则,严重影响投资者信心和市场发展,必须受到法律制裁。"另一位法官也认为:"内幕交易的危害性是显而易见的,损害投资者利益,破坏市场秩序。现在已经有了内幕交易的刑事案件,民事案件还不能受理,需要等最高人民法院的司法解释。"

4.3.3 对于访谈结果的分析

4.3.3.1 有益效果

总体而言,受访者普遍反对曼尼教授的观点,特别是关于将内幕交易作为激励企业家薪酬机制的观点反应更为强烈。相比之下,有些受访者认为,曼尼教授提出的内幕交易有助于传递信息和提升市场效率的观点具有一定的启发意义,但最终还是拒绝接受这些观点。简言之,受访者总体认为,内幕交易不存在有益效果,即使在某些方面有,但其效果也不明显,而且得不偿失,现实中有其他功能更佳的类似机制。

在访谈过程中,有不少受访者指出,如果说内幕交易能带来益处的话,这些益处也只是内幕人员的收益、证券交易所的手续费收入以及政府的印花税收入等,但这些所谓的收益都缺乏足够的正当性。正如第三章所述,内幕交易的巨大收益是促使人们去铤而走险的重要原因,同时证券交易所和政府的收益也在一定程度上有助于解释内幕交易法律为何没有得到很好的执行。

另外,受访者对于曼尼教授观点的反应力度也值得一提。很多受访者批评了曼尼教授,甚至将其视作"迂腐之人"和"毫无道德感的人"。这种强烈的反应可能是出于对曼尼教授观点的不认同,但也可能是因为包括一些监管人员在内的受访者是第一次接触曼尼教授的观点,加之理解不够深入,所以反应特别强烈。从某种意义上讲,他们的回答属于本能反应,情绪化比较明显,缺乏严肃、冷静的思考。随着时间的推移,他们可能会更全面、更深入地了解曼尼教授的观点,并有可能在一定程度上改变他们对内幕交易的看法。当然,笔者对此无法预测,只能留待时间的检验。

4.3.3.2　有害效果

受访者基本认为内幕交易具有严重的危害性,损害了作为内幕人员交易对手的投资者、上市公司以及整个市场。

由于内幕交易被普遍认为违反公平原则,从而损害市场信心,因此整个市场成为内幕交易的受害者。假如市场缺失公平,投资者对市场的信心将被削弱,以至于退出市场,或缩减交易规模。其结果就是市场的流动性与效率均受影响,融资功能下降,甚至最终萎缩和关闭。

关于在具体的内幕交易中到底哪些投资者受害的问题,特别是内幕人员的交易对手方是否为受害者,受访者的观点分歧很大。质疑的声音主要来自证券从业者。在他们看来,内幕人员的交易对手本来就会进行交易,他们的交易决定并不是受到内幕人员的误导而做出的。然而,其他受访者普遍认为交易对手方就是受害者。其中一部分人(主要是普通投资者与监管人员)坚信作为内幕人员交易对手的投资者会因内幕交易而受损。另外的受访者(主要是学者和法官)虽然也认为内幕人员的交易对手就是受害者,但承认存在一个因果关系的逻辑推理问题,需要提出应对因果关系难题的新理论,对于投资者进行特殊保护,而《证券法》和最高人民法院的司法解释等应该及早提供相关的指导。

在内幕交易具体受害者这一问题上的分歧反映出目前中国缺乏对内幕交易的深入理解,以及由此产生的民事责任难以落实的窘境。尽管《证券法》对内幕交易的民事责任问题做出了原则性规定,然而并没有提供具有可操作性的指引,致使目前尚无针对内幕交易提起的民事诉讼案件。从理论上讲,如果无法确定内幕交易的受害者,就无法确定谁有权作为原告提起民事诉讼以获得赔偿。对于内幕交易民事案件的原告资格、因果关系和赔偿金额计算等问题,笔者将在第七章进行详细阐述。

需要指出,受访者在讨论内幕交易危害性的问题时,通常都是基于公平原则,但对于到底什么是公平的问题并无进一步说明。在受访者看来,内幕交易就是不公平的,这种不公平性是内在的,也是不言而喻的,然后就从不公平性出发直接推理出内幕交易对于投资者、上市公司和整个市场的损害。实际上,公平理论是一个非常复杂的问题,涉及法学、伦理学、心理学、社会学、政治学和经济学等很多领域。公平在标准和判断上都是主观的,不同人对于公平都有不同的理解。在英文中,"公平"一词对应着好几个词,比如 fairness、equity 和 equality 等。在不同学科中,公平也有不同的分类和维度,比如经济学通常将公平分为分配公平和程序公平,而在法学上经常分为实体公平和程序公平、实质公平和形式公平等。由于公平标准受到社会和文化等多方面因素的影响,公平在不同国家也有不同的标准和判断。访谈结果显示,虽然受访者没有对公平的内涵进行探讨,但大家普遍认为内幕交易是违反公平原则的,从而为内幕交易的规管提供了坚实的民众基础。但另一方面也存在以下可能,即一旦对公平问题进行深入探讨就可能会改变一些人对于公平问题的看法,从而影响对于内幕交易是否违反公平原则的判断。20 世纪 60 年代,美国一开始也是基于公平原则禁止内幕交易,但随着对于公平原则的深入讨论,开始出现越来越大的观点分歧,由于公平原则的主观性很强,大家在一些争议问题上都很难进行有效对话,更遑论达成共识,遂转而从法经济学的路径(特别是效用的角度)研究内幕交易的问题。中国是否也会出现这种现象,还有待继续观察。

4.3.3.3 小结

上述实证结果表明,中国人普遍认为内幕交易具有危害性,这为中国禁止内幕交易提供了坚实的社会和民众基础。但乍一看,人们普遍认为内幕交易具有危害性的观点与当下中国内幕交易盛行的状况似乎有矛盾:既然人们认为内幕交易是有害的且与道德伦理相悖,那为什么人们仍会趋之若鹜,导致内幕交易普遍盛行呢? 在美国,内幕交易发生的一个可能原因是很多人倾向于认为内幕交易符合伦理道德。[84] 相关调查发现,假

---

[84] See William K.S. Wang and Marc I. Steinberg, *Insider Trading* (Aspen, Publishers, 1996), pp.108-109.文章指出"很多美国人并不认为内幕交易违反道德伦理"。

设有机会的话,有很大比例的美国投资者都会从事内幕交易。[85]

要回答上述矛盾问题,首先要对不同的受访者进行分组。有些认为内幕交易普遍存在的受访者可能自己没有实施过内幕交易,他们深信内幕交易具有危害后果,与其行为可能并不矛盾。对那些曾经由于内幕交易受损的受访者来说,他们自然更加憎恨内幕交易。相比之下,其他受访者,尤其是证券从业人士,他们对内幕交易的谴责有以下三个可能的原因:

首先,他们有可能假装反对内幕交易。由于在中国普遍的观点是反对内幕交易,他们如果坚持相反的观点可能会带来不必要的麻烦。其次,尽管他们认为内幕交易具有危害性,然而在特定交易中识别受害者的困难会降低对内幕交易的非道德性的认识。实证结果表明,在内幕交易受害者这一问题的认识上存在很大模糊性。由于内幕人员通常并不知道交易对手方是谁,更没有见过他们,因此与面对面的交易不同,即使他们认为交易对手会遭受损失,也不会产生直接的道德负罪感,因而更有可能选择从事内幕交易。最后,也许是最重要的一个原因是,尽管他们认为内幕交易具有危害后果,但迫于市场生存的重压,他们只能随波逐流地实施内幕交易,而他们的行为又给市场带来更多的竞争压力,最终变成一个恶性循环。如第三章所述,在中国的证券市场中,内幕交易被很多人认为是取得成功的重要因素,因为一旦洁身自好,就会因残酷的竞争而出局。从这一意义上讲,很多人不得不实施内幕交易。而在一定程度上,他们也是受害者,因为他们的竞争对手可能通过内幕交易不正当地取得成功。这些不公正、恶性的竞争无疑会损害那些奉公守法、专业能力强的市场人士的利益,并可能导致"劣币驱逐良币"的逆向选择问题。

4.4 结　论

自美国在 20 世纪 60 年代开启现代意义上的内幕交易规管以来,对于内幕交易经济效果的争辩就一直持续,至今尚无定论。不过总体而

---

[85] See Baumhaut, R.C, "How Ethical Are Businessman?" (1961) 39 *Harvard Business Review* 6, 16. 文章指出受访的公司管理层人员中,假如掌握重大内幕信息,将有很大一部分人会从事内幕交易。Business Week/Harris Poll: "Insider Trading isn't a Scandal", *Business Week*, 25 August 1986, at 74.文章认为绝大部分美国成年调查对象愿意利用内幕信息购买股票。

言,更多人倾向于认为内幕交易具有危害性,而这种危害性的认识主要是基于公平原则。正如接受笔者访问的美国内幕交易法律领域的权威学者兰格沃特(Langevoort)教授所言:"虽然争议尚未完全结束,但已基本平息,现如今更多的人接受内幕交易具有危害性的观点。"从全球视角看,越来越多的国家通过立法的方式禁止内幕交易。20 世纪 90 年代的 10 年间制定禁止内幕交易法律的国家迅速增加。数据显示,在 1990 年之前,仅有 34 个国家制定了内幕交易法律。但到了 2000 年,这一数字大幅增加到了 87 个。⑧ 简言之,从 20 世纪 90 年代初开始,内幕交易在世界范围的规管情况开始发生很大变化,从少数国家禁止内幕交易的局面变为 2000 年后的绝大多数国家选择禁止内幕交易。有学者指出:"尽管在法学、经济学及金融学中对证券市场内幕交易的利弊分析还有很大争议,然而,从现实中的立法实践看,这一争议似乎已经尘埃落定。"⑧

如第二章所述,中国已经制定法律禁止内幕交易。访谈结果表明,受访者普遍认为内幕交易具有危害性,强烈反对曼尼教授提出的内幕交易具有某些益处的观点。然而需要指出,这并不意味着那场在美国尚未完全结束的关于内幕交易经济效果的学术争论在中国已经有了定论。相反,似乎更可能的是中国还没有足够地关注这些已有的讨论,立法只是简单地顺应了国际潮流,直接移植了海外的相关做法。不过值得一提的是,中国学者已经开始注意到这些问题。⑧ 因此,随着学者研究的深入,曼尼教授关于内幕交易有益效果的相关观点在将来可能会在中国得到新的认识和评价。

当然,访谈结果显示的一个明确且重要的事实是,内幕交易在中国证券市场上声名狼藉,大家都深恶痛绝,这为禁止内幕交易提供了坚实的民众基础和有利的社会环境。而且中国人在可预见的未来也几乎不可能对内幕交易经济效果的看法出现重大改变。实证结果也有助于解释为何中国在证券市场发展的初期阶段就禁止内幕交易,而且没有遇到重大的立

---

⑧ See Utpal Bhattacharya and Hazem Daouk, "The World Price of Insider Trading" (2000) available at http://papers.ssrn.com/sol3/papers.cfm? abstract_id=200914, at 3(last visited on 8 February 2005).

⑧ 同上注,第 22 页。

⑧ 中国有一些学术文献开始涉及这一问题,但主要是初步介绍美国学者的相关观点(包括曼尼教授的观点),并无太多深入的批判性分析。参见杨亮:《内幕交易论》,北京大学出版社 2001 年版,第 16—32 页;胡光志:《内幕交易及其法律控制研究》,法律出版社 2002 年版,第 111—145 页。

法障碍。

内幕交易规管是证券法的一个重要组成部分,在保护投资者信心方面发挥着关键作用。实际上,中国规管内幕交易的法律制度不仅能够提升国内投资者的信心,而且对吸引国外投资者同样重要。随着中国证券市场的逐渐开放,有必要通过禁止内幕交易展现中国市场的形象,从而吸引境外投资者参与到中国市场中来。如前所述,越来越多的国家和地区选择禁止内幕交易,中国需要努力与国际标准接轨,提供一个公平、安全的投资环境,否则外国投资者可能对中国的证券市场缺乏信心,望而却步。

在探讨是否需要禁止内幕交易这一问题之后,接下来的章节将聚焦中国应当如何有效规管内幕交易的问题。当然,这两个问题是密切关联在一起的,对前一问题的回答有助于对后一问题的阐述。

第五章 内幕交易规管理论：
比较法的分析

5.1 导　言

如前面章节所述，内幕交易在中国被广泛认为是有害的，理应被禁止。因此，接下来的问题就是如何有效地规管内幕交易。在讨论内幕交易规管的构成要件之前，需要探究内幕交易规管的基本理论问题，因为底层的理论逻辑决定了技术层面的法律要件。本章重点关注内幕交易规管的相关理论，并从中找到适合中国的理论，下一章在此基础上讨论内幕交易的构成要件。

本章安排如下：第二部分考察中国内幕交易规管的相关理论，并指出其存在的问题。第三部分追溯美国内幕交易规管法律的发展变迁，从中揭示美国内幕交易规管的理论体系。第四部分将仔细对比分析各种有关内幕交易规管的理论，并根据中国国情探寻一个适合中国的理论。

5.2　中国的内幕交易规管：理论及其问题

虽然《证券法》颁行的时间并不长，但已建立了相对完备的关于规管内幕交易的法律框架。不过必须承认，中国内幕交易法律框架尚存在不少缺陷。如第二章所述，中国内幕交易法律借鉴了很多美国的相关经验。遗憾的是，中国过分倚重美国经验，却没有全面、准确地了解美国内幕交易法律的发展过程，往往不加甄别、生搬硬套地移植其立法经验，也没有结合本国国情做出适当的选择和调整。

下文将要阐述，自20世纪60年代开始规管内幕交易，美国对于如何规管内幕交易的问题一直有争论，且态度在不断变化，先后形成和采用了多个不同的规管理论，有些甚至是完全反转和相互对立的。然而，中国在移植美国的这些理论时似乎只是简单地"照单全收"，没有正确地理解它们之间的关系,特别是它们之间存在的冲突,这就不可避免地导致中国内幕交易法律存在一些明显的自相矛盾、逻辑混乱的地方,增加了法律解读和适用的难度,削弱了法律的实际效用。

2005年《证券法》规管内幕交易的核心条款有四条,即第73条(2019年《证券法》第50条)、第74条(2019年《证券法》第51条)、第75条(2019年《证券法》第52条)和第76条(2019年《证券法》第53条)。其中,第73条是关于内幕交易规管的一般性规定,即"禁止证券交易内幕信息的知情人和非法获取内幕信息的人利用内幕信息从事证券交易活动"。① 仅从本条的文义来看,我国的内幕交易规管采取了信息对等理论(parity of information theory),即不管什么人,只要知悉了内幕信息,就与其他人产生了信息不对等的问题,成为了所谓的"内幕信息的知情人",据此不得从事证券交易。② 当然,第73条既有"内幕信息知情人",又提到"非法获取内幕信息的人",二者的关系令人困惑,该问题将在后文详述。

为避免第73条之规定过于宽泛,第75条限定了内幕信息的范围,似乎又引入了内幕交易规管的信息机会平等理论(equality of access theory),即信息获取的机会必须平等。当然,信息公开披露后大家可能由于跟踪速度或解读能力等方面的条件差异获得不同的信息加工结果,这就不是内幕信息了。③ 根据《证券法》第75条,第67条(2019年《证券法》第80条)规定的需要公开披露的"重大事件"以及其他相关信息皆被视作"内幕信息"。第75条第1款的规定如下:"证券交易活动中,涉及公司的经营、财务或者对该公司证券的市场价格有重大影响的尚未公开的信息,为内幕信息。"第75条第2款列举了如下八种内幕信息:

1.《证券法》第67条第2款所列重大事件;2.公司分配股利或者增资的计划;3.公司股权结构的重大变化;4.公司债务担保的重大变更;5.公司营业用主要资产的抵押、出售或者报废一次超过该资产的30%;6.公司的董事、监事、高级管理人员的行为可能依法承担重大损害赔偿责任;7.上市公司收购的有关方案;8.国务院证券监督管理机构认定的对证券交易价格有显著影响的其他重要信息。④

---

① 《证券法》于1998年12月29日颁行,1999年7月1日实施,2004年修正,2005年修订,2013年修正,2014年修正,2019年修订。非特别指出,本书所称《证券法》为2005年修订的《证券法》。
② 有关信息对等理论,参见第五章第5.4.2.1节。
③ 有关信息机会平等理论的详细阐述,参见第五章第5.3.2节。
④ 参见《证券法》第75条(2019年《证券法》第52条)。

根据《证券法》第 67 条,下列情况属于"重大事件":

1.公司的经营方针和经营范围的重大变化;2.公司的重大投资行为和重大的购置财产的决定;3.公司订立重要合同,可能对公司的资产、负债、权益和经营成果产生重要影响;4.公司发生重大债务和未能清偿到期重大债务的违约情况;5.公司发生重大亏损或者重大损失;6.公司生产经营的外部条件发生的重大变化;7.公司的董事、三分之一以上监事或者经理发生变动;8.持有公司百分之五以上股份的股东或者实际控制人,其持有股份或者控制公司的情况发生较大变化;9.公司减资、合并、分立、解散及申请破产的决定;10.涉及公司的重大诉讼,股东大会、董事会决议被依法撤销或者宣告无效;11.公司涉嫌犯罪被司法机关立案调查,公司董事、监事、高级管理人员涉嫌犯罪被司法机关采取强制措施;12.国务院证券监督管理机构规定的其他事项。⑤

如上所述,绝大多数内幕信息的类型都源于公司,且系与公司直接相关的事实信息。所谓"近水楼台先得月",公司内部的、有机会先接触到这些信息的人就获得了不平等的信息优势,法律便禁止利用这种信息优势从事证券交易。简言之,《证券法》第 75 条似乎将中国的内幕交易制度转向了信息机会平等理论。⑥ 然而,《证券法》第 74 条与第 76 条的规定又与以上两种理论都不吻合。第 74 条通过列举具体的内幕信息知情人员的方式对第 73 条加以限制。根据第 74 条,内幕信息知情人员包括:

1.发行人的董事、监事、高级管理人员;2.持有公司百分之五以上股份的股东及其董事、监事、高级管理人员,公司的实际控制人及其董事、监事、高级管理人员;3.发行人控股的公司及其董事、监事、高级管理人员;4.由于所任公司职务可以获取公司有关内幕信息的人员;5.证券监督管理机构工作人员以及由于法定职责对证券的发行、交易进行管理的其他人员;6.保荐人、承销的证券公司、证券交易所、证券登记结算机构、证券服务机构的有关人员;7.国务院证券监督管理机构规定的其他人。⑦

此处各种列举情形看上去很契合美国在 Chiarella 与 Dirks 两个案件中创设的内幕交易古典理论(classical insider trading theory)。⑧ 第一,这一列举涵盖了传统的内幕人员(traditional insiders),例如董事、高级管理

---

⑤ 参见《证券法》第 67 条(2019 年《证券法》第 80 条)。
⑥ See Victor Brudney, "Insiders, Outsiders, and Informational Advantages Under the Federal Securities Law" (1979) 93 *Harvard Law Review* 322, 354-355.
⑦ 参见《证券法》第 74 条(2019 年《证券法》第 51 条)。
⑧ 对古典理论的阐述,参见第五章第 5.3.3 节。

人员以及大股东等。第二，第 74 条也列举了所谓的"推定或临时的内幕人员"(constructive or temporary insiders)，例如承销商、会计师、财务顾问以及律师等中介服务人员，这些人原本不是公司的内幕人员，只是在某些交易中被公司聘用以提供中介服务，而这种聘用关系是临时性的，如果他们在聘用期间获取了内幕信息，就属于推定或临时的内幕人员。

另外，《证券法》第 76 条挑战了认为中国内幕交易法律是基于信息机会平等理论的观点。该条第 1 款规定："证券交易内幕信息的知情人和非法获取内幕信息的人，在内幕信息公开前，不得买卖该公司的证券，或者泄露该信息，或者建议他人买卖该证券。"⑨根据第 76 条，有两类人员需承担内幕交易责任。第一类是知悉第 74 条所列举的各种内幕信息的人员，即"内幕信息的知情人"；第二类是"非法获取内幕信息的人"。如前所述，这两类人员的关系令人困惑。从语义上看，"内幕信息的知情人"能够完全涵括"非法获取内幕信息的人"，因为一个人成为"内幕信息知情人"，要么是合法获取内幕信息，要么是非法获取内幕信息。以数学的集合概念来表达，"非法获取内幕信息的人"是"内幕信息的知情人"的一个子集，二者是包含关系。但第 76 条的表述似乎是将二者视为相互独立的并列关系，即"非法获取内幕信息的人"不在"内幕信息的知情人"的范畴之内。那么，到底什么是"非法获取内幕信息的人"？实际上，第二类人员是移植了美国的盗用理论(misappropriation theory)，后文将对该问题进行详细阐述。⑩

可见，中国内幕交易法律的理论基础非常混乱，包含了各种理论，比如信息对等理论、信息机会平等理论、古典理论以及盗用理论等。问题是这些理论之间存在冲突，例如信息对等理论与信息机会平等理论有重大区别，而古典理论和盗用理论完全推翻了信息机会平等理论。如前所述，《证券法》第 73 条似乎是引入了信息机会平等理论，但第 74 条与第 76 条却又借鉴了美国现行的内幕交易法，其基础是古典理论与盗用理论。⑪

---

⑨ 《证券法》第 76 条(2019 年《证券法》第 53 条)。
⑩ 国内很多学者认为，知悉内幕信息的人员与其他非法获知内幕信息的人员是相互独立的关系。参见杨亮：《内幕交易论》，北京大学出版社 2001 年版，第 210—211 页；胡光志：《内幕交易及其法律控制研究》，法律出版社 2002 年版，第 93 页。需要注意，美国的盗用理论有两个，一个是"欺诈投资者"的盗用理论，另一个是"欺诈信息提供者"的盗用理论。《证券法》第 76 条似乎更接近于后者。在美国，前一个盗用理论源自于 1980 年的 Chiarella v United States 一案，后一个源自于 1997 年的 United States v O'Hagan 一案，这是美国法院最终采用的盗用理论版本。对于这两种不同的盗用理论的详细阐述，参见第五章第 5.3.3.3 节。
⑪ 有关当前美国内幕交易法的详细论述，参见第五章第 5.3.3 节。

出现上述问题的主要原因在于，中国立法者在借鉴美国经验时可能并没有全面和深入了解美国内幕交易法律发展的历史和现状。实际上，作为全球第一个正式规管内幕交易的国家，美国内幕交易法律制度的建设是一个不断摸索和试错的过程，而且主要是法院通过判例法的方式逐渐发展的。由此，法院可以推翻先例、重起炉灶，上演"大反转"的剧情：在 20 世纪 60 年代，SEC 和联邦第二巡回上诉法院支持了信息机会平等理论。但美国联邦最高法院在 1980 年摒弃了信息机会平等理论，转而发展了内幕交易古典理论，后由于古典理论的范围过于狭窄，于 1997 年又发展了盗用理论，对古典理论进行补充和扩展。下节将对美国内幕交易规管理论的历史发展进行详细阐述。[12]

在笔者看来，遗憾的是，中国立法者似乎只是简单地将美国在不同时期采用的各种理论拼凑在一起，而没有真正理解其内在关系，特别是它们之间的冲突。其结果是，中国内幕交易法律没有一个清晰且一以贯之的理论基础，这直接导致对内幕交易法律条款的解释出现混乱，从而使法律条款的效用大打折扣。因此，下文将从比较研究的视角深入分析各种规管内幕交易的理论，并在充分考虑中国国情的基础上寻找最适合中国的理论。[13] 内幕交易法律制度的理论基础确定之后，对于诸如内幕人员和内幕信息等构成要件进行界定就有了方向性指导。

5.3 内幕交易规管理论：美国经验

作为内幕交易规管领域的先行者[14]，美国已发展出多种规管内幕交易的理论，其他国家基本上是"搭便车"，从中选择一个适合自己的理论，并在其基础之上建立具体的法律规则框架。目前世界上各主要法域采用的内幕交易规管理论都直接或间接来自美国，在美国内幕交易法律发展的不同历史阶段都能找到其原型，因此本部分将着重阐述美国内幕交易规管的各种理论，及其在历史发展中的相互关系，从而为后续对它们利弊得失的批判性分析和对中国的建议完善提供坚实的基础。

需要指出，美国一直在内幕交易规管方面进行不断争论和大胆试

---

[12] 详见第五章第 5.3 节。
[13] 详见第六章。
[14] 美国是全球首个正式规管内幕交易的国家。See Franklin A. Gevurtz, "The Globalization of Insider trading Prohibitions" (2002)15 *Transnational Lawyer* 63, 65.

错,对于内幕交易规管理论曾有过多次修正甚至出现反转。所以本书想表明的观点是,美国现行的内幕交易规管框架未必就是最好的。事实上,美国现行的内幕交易规管理论存在很多问题,反而其曾经采用但后来摒弃的一些理论似乎更加合理,并被很多国家接受和发扬光大。

当然,本书没必要去全面、细致地介绍美国内幕交易法律制度的历史发展过程,因为其他学者早已完成这项工作,相关文献很多。[15] 不过,为了探讨中国应当如何借鉴美国经验的问题,需要对美国经验进行一个简要的评介,让读者准确地理解美国经验的由来和内涵,尤其是对美国经验还不太熟悉的中国读者更是如此。

在美国,规管内幕交易的法律渊源主要是联邦法。[16] 作为对1929年股灾以及接下来发生的经济大萧条的应对,美国联邦议会通过了旨在提升证券市场公平透明、统一适用于全国范围的1934年《证券交易法》。[17] 这是世界上第一部专门的证券法,具有划时代的意义。但由于没有先例可供借鉴,需要自己探索,所以这部法律具有高度的灵活性,很多条款都很笼统,为后续的规则制定和判例发展留下了巨大的空间,以便有效应对证券市场中不断出现的各类法律问题。[18] 这种立法思路在中国常被称为"宜粗不宜细",是中国立法技术的一个主要特征。因为中国一直是在"摸着石头过河",需要立法具有足够的灵活性。总之,美国1934年《证券交易法》的灵活性为日后各种规管理论的产生留足了空间,避免了在过细和僵硬的规则体系下可能出现的法律漏洞。

---

[15] 已有诸多学者对美国内幕交易法律制度的历史发展问题展开过详细的研究,这方面的文献很多,代表性的文献包括:Donald C. Langevoort, *Insider Trading: Regulation, Enforcement, and Prevention* (West Group) (loose leaf); William K.S. Wang and Marc I. Steinberg, *Insider Trading* (Aspen Publishers, 1996); Louis Loss and Joel Seligman, *Securities Regulation* (Boston: Little, Brown and Company, 3rd ed., 1991) Ch. 9(B). 16。

[16] 同上注,Donald C. Langevoort。尽管包括美国纽约州在内的州允许对基于非公正待遇、对企业可查知的损害等原因提出派生诉讼,然而州层面的法律并没有对此做出规定,尤其是当交易发生在非个人的证券市场时。例如,Diamond v. Oreamuno, 248 N.E. 2d 910, 912 (N.Y. 1969); Freeman v. Decio, 584 F.2d 186, 187-96 (7th Cir. 1978); Schein v. Chasen, 313 So. 2d 739, 746 (Fla. 1975); Hotchkiss v. Fischer, 16 P.2d 531 (Kan. 1932); Bailey v. Vaughan, 359 N. E 2d 599 (W. Va. 1987); Thomas Lee Hazen, "Corporate Insider Trading: Reawakening the Common Law" (1982) 39 *Washington and Lee Law Review* 845, 856-857。文中阐述了美国佛罗里达州高级法院基于缺乏对公司伤害的事实驳回派生诉讼的情况。关于州法对内幕交易问题的规定,同上注 Wang and Steinber 文中的第 16 章。

[17] See 15 U.S.C §§78a-mm (2001).

[18] See 15 U.S.C §78b (2001).解释在二级市场中规管证券交易的必要性。

美国内幕交易规管的出现就是以上策略的产物。美国联邦内幕交易法律的主要法条基础是 10b-5 规则,这是一个非常宽泛的反欺诈条款,由 SEC 根据 1934 年《证券交易法》第 10(b)条的授权制定。多年来,SEC 和法院围绕着 10b-5 规则发展出了很多监管指引和司法判例,创设了内幕交易规管的多个理论,从而逐步构建起了美国内幕交易法律制度的巍巍大厦。

5.3.1 成文法的规定

美国内幕交易法律制度的成文法基础是 1934 年《证券交易法》第 10(b)条。[19] 该条的语言表述非常宽泛,充分体现了该法的灵活性。根据该条,SEC 有权禁止操纵性或欺诈性的行为。[20]

很显然,内幕交易属于证券欺诈行为的范畴,但 1934 年《证券交易法》并没有明确禁止内幕交易,而是制定了一个极其宽泛的第 10(b)条,为后来的内幕交易规管提供了法律基础。据此,很多学者认为美国内幕交易的规管可以追溯至 1934 年《证券交易法》颁行之时。[21] 但这一观点存在争议。从语义上看,第 10(b)条并没有提及内幕交易问题;从立法史看,也没有证据显示美国国会具有通过第 10(b)条去创设内幕交易规管制度的立法初衷。有学者认为,尽管彼时国会确实十分关注内幕交易问题,但禁止内幕交易并非第 10(b)条的原本目的。[22]

---

[19] 15 U.S.C. § 78j(b) (2001).在相关部分,其条文表述如下:任何人直接或间接地利用跨州经营或邮寄的任何手段或工具,或者借助证券交易所都是非法的行为……(b)与买卖任何在全国性证券交易所登记注册证券或者未登记证券,使用或运用任何操纵市场或欺诈手段或计谋,从而违反 SEC 认为保护公众利益或投资者合法权益必要或恰当的法律规范。

[20] *Ernst & Ernst v. Hochfelder*, 425 U.S. 185, 203 (1976).将第 10(b)条的性质描述成"无所不包"的条款;金融重建公司的顾问 Thomas Gardiner Corcoran 曾言:"当然,第 10(b)条是一条包罗万象的组织操纵市场行为的条款……"参见 Stock Exchange Regulation: Hearings on H.R.7852 and H.R. 8720 Before the House Common Interstate and Foreign Commerce, 73d Cong.115 (1934)。

[21] Utpal Bhattacharya & Hazem Daouk, "The World Price of Insider Trading", available at http://papers.ssrn.com/sol3/papers.cfm? abstract_id=200914, at 11(last visited on 8 February 2005).

[22] Stephen M. Bainbridge, "Incorporating State Law Fiduciary Duties into the Federal Insider Trading Prohibition" (1995) 52 *Washington and Lee Law Review* 1189, 1228–1237; Michael P. Dooley, "Enforcement of Insider Trading Restrictions" (1980) 66 *Virginia Law Review* 1, 55–69; Frank. H. Easterbrook, "Insider Trading, Secret Agents, Evidentiary Privileges, and the Production of Information" (1981) 1981 *Supreme Court Review* 309, 317–320. 此外, *Ernst & Ernst v. Hochfelder*, 425 U.S. 185, 202 (1976),在该文中指出:"第 10(b)条的真正目的并没有在 1934 年《美国证券法》中予以明确。";还可参见 Richard W. Painter et al., "Don't Ask, Just Tell: Insider Trading After *United States v. O'Hagan*", (1998) 84 *Virginia Law Review* 153, 160,文中指出:"议会在第 10(b)条中明确涵盖内幕交易行为似乎不太可能。"

相对而言，《证券交易法》第 16 条㉓针对内幕交易问题的意图更为明显，确切地说是针对所谓的短线交易(short-swing)。㉔ 根据该条，某些内幕人员，比如公司董事、高管以及持有公司股票超过 10% 的股东必须向公司报告其在 6 个月内买进和卖出本公司股票的行为(此即短线交易行为)，并将所获收益归入公司。在一定程度上，该条款在限制知情人员利用内幕信息交易获利方面发挥了重要的作用。但第 16 条的直接调整对象是短线交易，只是间接地有助于防范内幕交易，因此总体上对内幕交易的规管作用是有限的。㉕ 一方面，只要相关人员买进与卖出行为之间的时间超过 6 个月，就不算短线交易。另一方面，只要相关人员在 6 个月之内买进和卖出本公司股票的，就构成短线交易，所获收益就要归入公司，而无论他是否实际上利用了内幕信息进行交易。长期以来，对于第 16 条的有效性与适当性等问题，各方的争议很大，褒贬不一。㉖

从字面上去解释，第 10(b) 条并非自动生效的条款，因为其适用有前提，即违反了在 SEC 看来必要且恰当的法律规范。因此，除非 SEC 行使其规则制定权，否则第 10(b) 条将不能发挥作用。而且，如上所述，由于第 16 条并未对内幕交易做出彻底禁止的明确规定，所以在 1942 年，SEC 基于第 10(b) 条的授权制定了著名的 10b-5 规则。㉗ 该规则是美国规管内幕交易的重要法律基础和依据，内容如下："任何人利用各州之间的商业工具或者商业手段，或者利用信函方式，或者利用某全国性证券交易所的任何设备，直接或者间接地从事下列行为，均为非法：(a) 使用任何计划、技巧和策略进行欺诈的，(b) 进行不真实的陈述或遗漏实质性的事实，这一实质性的事实在当时的情况下对确保陈述不具有误导性是必要的，(c) 在与证券买卖相关联过程中，从事任何构成或可能构成欺诈他人

㉓ See 15 U.S.C. § 78p(b) (1994).

㉔ See Michael P. Dooley, "Enforcement of Insider Trading Restrictions" (1980) 66 *Virginia Law Review* 1, 56–57.

㉕ See William H. Painter, "Insider Information: Growing Pains for the Development of Federal Corporation Law Under Rule 10b–5" (1965) 65 *Columbia Law Review* 1361, 1375.

㉖ See Marleen AO'Connor, "Toward a More Efficient Deterrence of Insider trading: The Repeal of Section 16(b)", (1989) 58 *Fordham Law Review* 309, 313.文章批其为过时的、锈钝的武器;Roberta S. Karmel, "Outsider Trading on Confidential Information–A Breach in Search of a Duty", (1998) 20 *Cardozo Law Review* 83, 101.文章赞许其在规管内幕交易行为方面系有效的预防手段。

㉗ 当立法者将第 10(b) 条与第 17 条合并之后，10b-5 规则就产生了。10b-5 规则的表述大部分借鉴于第 17(a) 条。

的行为或商业活动。"㉘

与第10(b)条相比,10b-5规则涉及更大的范围,涵盖了虚假陈述、遗漏重大事实、真伪混同情形以及第10(b)条所涉及的证券市场操纵行为以及其他欺诈行为。因此,10b-5规则涵盖了更多类型的市场违法行为,为证券执法提供了更多的便利。

10b-5规则在美国证券法体系中发挥着重要作用,也是立法技术的一个奇迹。正如洛斯和塞利格曼所说,"从一个小小的条款中,衍生出来很多其他的立法、行政规则以及司法判例"。㉙ 美国联邦最高法院首席大法官伦奎斯特(Rehnquist)把10b-5规则比喻成"从一个小小的橡树种子长成了参天大树"㉚。这个比喻在内幕交易规管领域尤为贴切,因为美国庞大的内幕交易法律制度就是从一个小小的10b-5规则中诞生并逐渐发展壮大的。

事实上,从文义上看,10b-5规则并没有包含规管内幕交易的具体规定,甚至连内幕交易这个名词也没有提到。一开始,该规则是适用于传统的面对面的证券交易,而不是公开的二级市场上的证券交易。㉛ 直到1961年,SEC才最终确认,该规则可适用于在非个人化的、集中竞价的证券交易中涉及的内幕交易行为。㉜ 自那时起,美国联邦层面有关内幕交易规管的法律才开始成形,法院也逐渐通过判例的方式发展出有关内幕交易规管的一系列理论。

5.3.2 信息机会平等理论

在10b-5规则出台后将近20年的时间里,法院并没有将其适用于公开的二级证券市场中的内幕交易行为。在此期间,对于公开市场中的内幕交易行为,其规管的主要依据是第16(b)条。㉝ 但自从1961年 *In re Cady, Roberts & CO.*案之后,情况发生重大转变,美国现代意义上的内幕

㉘ 17 C.F.R. § 240.10b-5 (1998).

㉙ Louis Loss and Joel Seligman, *Securities Regulation* (Boston: Little, Brown and Company, 3rd ed., 1991) Ch. 9(B). 3485.

㉚ *Blue Chip Stamp v. Manor Drug Store*, 421 U.S. 723, 737 (1975).

㉛ See *Speed v. Transamerica Corp.*, 99 F. Supp. 808 (D. Del. 1951); *Kardon v. National Gypsum Co.*, 73 F. Supp. 798 (E.D. Pa. 1947); In re Ward La France Truck Corp., 13 S.E.C.373 (1943).

㉜ See In re Cady, Roberts & Co., 40 S.E.C. 907 (1961).

㉝ See Painter et al.,前注㉒,第162页。

交易规管正式开始。㉞

5.3.2.1　In re Cady, Roberts & CO.案

此案涉及的交易不是面对面的证券交易,而是在交易所进行的、非个人化的证券交易。Cady, Roberts 是一家证券经纪商,它的一个雇员得到了一家公司董事泄露的内幕信息(该公司董事也是 Cady, Roberts 的合伙人),该信息是关于公司缩减季度分红的决定。在公司披露这一重大消息之前,该雇员卖掉了其持有的大量股票。SEC 认为,公司内幕人员利用其获知的重大且未公开的信息实施交易行为,违反了 10b-5 规则。根据该规则,只要公司内幕人员私下获知尚未披露的重大信息,他们就有不得从事相关交易的义务。这是 SEC 第一次明确地将 10b-5 规则适用于公开市场的证券交易。

随后,SEC 阐释了著名的披露或戒绝(disclose or abstain)规则:公司内幕人员在获知公司尚未披露的重大信息后,要么立即公开披露这一信息,要么避开相关交易。现实中,立即公开披露相关信息通常并不可行,因为这些信息可能是商业秘密或者需要等待一段时间后才能披露。因此,在大多数案件中,披露或戒绝规则实际上就变成了回避规则。在 SEC 看来,制定这样一种规则的原因在于:"从逻辑上看,披露或戒绝规则所确定的义务有两个重要基础:第一,公司内幕人员利用其职位直接或间接获得了知悉相关信息的机会,他们知悉这些信息的初衷是为了公司业务需要而非用于个人目的;第二,这些知情人员利用信息进行交易,而交易对手方并不知悉相关信息,从而不可避免地导致不公平的结果。"㉟

5.3.2.2　SEC v. Texas Gulf Sulphur Co.案

如上所述,SEC 在 Cady, Roberts 一案中首次针对内幕交易引入了一个行政性的披露或戒绝规则,该规则后来在 1968 年 SEC v. Texas Gulf Sulphur Co.案中得到了联邦第二巡回上诉法院的确认。㊱ 在该案中,Texas Gulf Sulphur 公司有一个关于矿石勘探的重大发现,但秘而不宣,以便于获取矿藏周边的土地。该公司的员工在此消息披露之前买进了公司股票或行使期权,从而被 SEC 告上法庭,认为其从事了内幕交易。法院基于披露或戒绝规则认为:"任何获知重大内幕消息的人员应当要么向公众披露

㉞　See 40S.E.C.907(1961).
㉟　同上注,第 912 页。
㊱　See 401 F.2d 833 (2d Cir. 1968), cert. denied, 394 U.S. 976 (1969).

这一消息,要么出于保护公司秘密的考虑不披露这一消息,在后者情形下,他们在该消息公开披露之前就不得进行相应的证券交易或向他人推荐相关证券。"㊲

联邦第二巡回上诉法院支持披露或戒绝规则的政策基础就在于信息机会平等理论。在法院看来,在非个人化的证券交易市场中,所有投资者都应当享有获得重大信息的平等机会。㊳ 法院认为,如果有人享有获知内幕消息的特殊机会,从而轻易获得其他人通过辛勤工作和努力研究都无法获得的交易优势,那么利用这一优势进行证券交易不仅有失公平,而且存在欺诈之虞。㊴

信息机会平等理论由此诞生。㊵ 根据该理论,只要任何人享有获知内幕信息的特殊机会,无论其是否为公司内幕人员,他们都负有在相关证券交易之前披露这一信息的义务,若没有及时披露该消息,就违反了披露或戒绝的义务,并最终违反 10b-5 规则。

5.3.3 以信义义务为基础的理论:古典理论与盗用理论

然而,联邦第二巡回上诉法院提出的信息机会平等理论遭到了美国联邦最高法院的直接反对。在后者看来,这一理论背离了传统的普通法原则,导致内幕交易的规管范围过于宽泛。美国联邦最高法院将普通法中的信义义务引入联邦证券法中,并通过这一做法完全改变了美国内幕交易规管的路径。

5.3.3.1 *Chiarella v. United States* 案

在 *Chiarella v. United States* 案中,㊶美国联邦最高法院依据第 10

㊲ *SEC v. Texas Gulf Sulphur Co.*, 401 F.2d 833, 848 (2d Cir. 1968).

㊳ 同上注。

㊴ 同上注,第 848 页,边码 33。

㊵ See William H. Painter, "Insider Information: Growing Pains for the Development of Federal Corporation Law Under Rule 10b-5" (1965) 65 *Columbia Law Review* 163. 文中指出 *Texas Gulf Sulphur* 案确立了信息机会平等理论;Franklin A. Gevurtz, "The Globalization of Insider trading Prohibitions" (2002) 15 *Transnational Lawyer* 77.该文认为机会平等规则是由 *Cady, Roberts* 和 *Texas Gulf Sulphur* 案所确立的。但也有文献持不同观点,例如 Marc I. Steinberg, "Insider Trading, Selective Disclosure, and Prompt Disclosure: A Comparative Analysis" (2001) 22 *University of Pennsylvania Journal of International Economic Law* 635, 638,该文认为联邦第二巡回上诉法院在 *Texas Gulf Sulphur* 案中确立了信息对等理论。对于信息对等理论与信息机会平等理论的一个对比分析,参见第五章第 5.3 节。

㊶ See *Chiarella*, 445 U.S. 222 (1980).

(b)条及 10b-5 规则分析了内幕交易规管的范围问题。Chiarella 是一家金融行业印刷商的员工,他借助工作职位接触到了包含五份公司并购招标声明的非公开文件。尽管参与收购的双方主体出于保密考虑有意采取了相关"脱敏"措施,但 Chiarella 还是破解了相关秘密信息。在这些非公开信息还没有公开披露之前,Chiarella 购买了并购目标公司的股票,并在消息公开披露之后将股票卖出获利。[42] 该案的关键问题是,Chiarella 在获知相关秘密信息时,是否负有向公众进行披露的义务。[43]

联邦第二巡回上诉法院基于信息机会平等理论支持了对 Chiarella 的指控。该理论认为,任何知情人员都有义务披露其优先获得的重大消息,至于其是否为公司内幕人员,在所不问。[44] 然而,美国联邦最高法院最后以 6∶3 的投票推翻了上述判决。

首先,美国联邦最高法院认为,当欺诈的指控是基于不披露信息时,如果被告不存在信息披露义务,欺诈也就不存在了。[45] 其次,对于何时被告负有披露义务,法院驳斥了信息机会平等理论,认为该理论所要求的信息披露义务太过宽泛,而且背离了普通法的基本精神。[46] 最后,在论述信息披露义务何时才出现时,法院从普通法精神出发,认为:"交易一方应承担披露义务的时点是当他获知了相关信息,他的交易对手方基于二者之间存在的信义关系或其他类似的信任关系也有权获知这一信息。"[47]

由于美国联邦最高法院的上述理论是基于传统普通法的欺诈认定精神,因此被称为内幕交易责任的传统或古典理论。根据该理论,美国联邦最高法院认为 Chiarella 不负有披露义务,其依据在于:"Chiarella 与目标

---

[42] See *Chiarella v. United States*, 445 U.S. 222, 224 (1980).

[43] 同上注,第 226 页。

[44] See United States v. Chiarella, 588 F.2d 1358, 1365 (2d Cir. 1978), rev'd, 445 U.S. 222 (1980).美国联邦最高法院这样描述联邦第二巡回上诉法院的推理:巡回上诉法院的判决是基于这样一个前提,即美国联邦证券法律已经确立了一个信息机会平等并使得人们能够做出理性投资决策的系统。该理论认为,任何人利用这些尚未公开的消息属于欺诈行为,因为对那些没有获知这一消息的人来说,这一做法是不公平的。See *Chiarella*, 445 U.S. at 232 (quoting Chiarella, 588 F.2d at 1362).

[45] See *Chiarella*, 445 U.S. 222, 235 (1980).

[46] 同上注,第 235 页。审理 Chiarella 案件的法院也承认基层法院所坚持的常规准入信息标准将创设一个具有操作性的规则。Chiarella, 445 U.S. at 231 n. 14 (引自 *United States v. Chiarella*, 588 F.2d 1358, 1365 (2d Cir. 1978)).然而,该法院并不认可这一标准,它认为这些情形不足以支撑披露的义务,这一义务源于双方关系,而不能仅基于其在市场中的地位获知信息的能力出发进行判断。See *Chiarella*, 445 U.S. at 231 n. 14.

[47] *Chiarella v. United States*, 445 U.S. 222, 224 (1980).

公司股票的出售者之间没有特殊的关系，他们以前从未交易过，因此 Chiarella 对于后者并没有信息披露义务。他并不是后者的代理人，也不是信义义务人，与后者之间也不存在任何的信任关系。”㊽

在 *Chiarella* 案中，美国联邦最高法院指出，根据第 10(b)条及 10b-5 规则，披露义务是构成因没有及时披露相关信息而导致欺诈的重要组成部分，但它并没有准确地回答什么时候披露义务才出现。基于普通法的信义义务，古典理论所提出的内幕交易规管范围似显狭隘，存在不少漏洞和缺陷。㊾ 例如根据古典理论，那些与公司不存在信义关系的个人，包括像 Chiarella 那样的非公司内幕人员，就可以游离在内幕交易法律之外，安全地利用那些重大且未披露的信息进行交易。有鉴于此，审理该案件的法官中有五位法官，包括 Burger 首席法官、Stevens 法官、Brennan 法官、Blackmun 法官和 Marshall 法官，都分别表达了对这一问题的看法，并给出了针对内幕交易规管范围问题的不同理论。

Burger 首席法官是该案中的少数派，在他的反对意见中，他质疑多数派法官所提出的古典理论，即根据普通法规则，交易当事人不负有披露相关信息的义务，除非他们之间存在特殊的信赖与信义关系。㊿ Burger 法官认为，“当信息优势地位的获得不是基于经验、洞见或勤奋，而是通过某些非法手段，那么这条普通法的规则就不应适用”，(51)而且，“任何盗用了未公开信息的人都负有要么披露信息，要么回避相关交易的绝对义务”。(52) 可见，Burger 法官的观点与古典理论是相冲突的，因为在前者看来，只要有人通过非法手段获取了信息，那么无论是否存在信义关系，他都有义务去披露相关信息。(53)

政府检控方提出了另一种理论，该观点认为，Chiarella 对其雇主(即印刷厂)的客户负有信义义务，他违反这一义务而盗用内幕信息的行为构成了欺诈。(54) 然而对于这个欺诈信息来源方的观点，本案中大多数法官拒

㊽ 同前注㊼，第 232 页。

㊾ 详细论述参见第五章第 5.4.1 节。

㊿ See *Chiarella*, 445 U.S. 222, 240 (1980).

(51) 同上注。

(52) 同上注，第 240 页。

(53) 同上注，第 242 页。Burger 法官进一步将 Chiarella 的行为描述成“尽管是在印刷厂贴有明确的警示性标志的环境下工作，但还是盗用了在高度保密措施下委托给他的重大的非公开信息”。

(54) See *Chiarella* 445 U.S. 222, 235-36 (1980).

绝进行评判，因为这一观点并没有提交陪审团讨论。(55) 需要指出，尽管 Stevens 法官也同意不应考量这一观点，但他在审判中却对其表示了一定程度的认同，并强调法庭特意给这一观点留下了未来可供参考的空间。(56)

由上可见，Stevens 法官和 Burger 首席法官在探讨信息盗用问题时，欺诈对象都是基于第三方而不是其股票被交易的上市公司，但二者的理论并不相同。根据 Burger 首席法官的欺诈投资者的盗用理论（fraud on investors），内幕交易责任是基于内幕交易者应向其他投资者披露相关信息的义务。与此不同，根据 Stevens 法官的欺诈信息来源方（fraud on the source）的盗用理论，内幕交易责任的基础则是内幕交易者对于信息来源方负有信息披露义务。

Chiarella 案件之后，SEC 和美国司法部更倾向于接受欺诈信息来源方的盗用理论，(57)并最终在 1997 年获得了美国联邦最高法院的正式确认。(58) 为方便论述，同时鉴于欺诈信息来源方的盗用理论已经被美国官方采用，故除非另作特别说明，本章所指称的盗用理论专指欺诈信息来源方

---

(55) 同前注(54)，第 237 页。

(56) 同上注，第 238 页。在法官看来，"如果我们认为申请人对目标公司违反了基于信任或受托关系而存在的义务，证明其在买卖证券行为中构成欺诈的合法证据应由他予以提供"。他还发现，尽管 Chiarella 盗用了这一内幕消息，但是信息所有者的公司根本无法挽回由此造成的损失，因为"他们并没有买卖目标公司的股票"，而且"并没有违反 10b-5 规则行为的实际发生"。引用自 *Blue Chip Stamps v. Manor Drug Stores*, 421 U.S. 723 (1975)。

(57) 美国联邦政府明确支持这一理论观点。在 *United States v. Newman*, 664 F.2d 12 (2d Cir. 1981)案中，政府明显倾向于这一理论。其原因在于政府认为欺诈投资者盗用理论与古典理论存在矛盾，很难得到法院的认可。而且，欺诈信息来源盗用理论得到了 Stevens 法官的认可，更易于被接受和理解。在 Donald C. Langevoort, "Words from on High about Rule 10b-5: Chiarella's *History*, Central Bank's *Future*" (1995) 20 *Delaware Journal of Corporate Law* 865, 883，该文指出 Burger 的理论观点没有得到支持；Donna M. Nagy, "Reframing the Misappropriation Theory of Insider Trading Liability: A Post O'Hagan Suggestion" (1998) 59 *Ohio State Law Journal* 1223, 1240，该文指出 Burger 的理论容易使审判人员产生混淆，从而使得责任得以免除。Newman 案之后，几乎所有涉及非内幕人员交易内幕消息行为的案件，都适用"欺诈信息来源"盗用理论。*SEC v. Cherif*, 933 F.2d403 (7th Cir. 1991); *Rothberg v. Rosenbloom*, 771 F.2d 818 (3d Cir. 1985); *SEC v. Clark*, 915F.2d 439 (9th Cir. 1990); *Carpenter v. United States*, 791 F.2d 1024 (2d Cir. 1986); *United States v. O'Hagan*, 92 F.3d 612, 622 (8th Cir. 1996).在 *Moss v. Morgan Stanley Inc.*, F.2d 5 (2d Cir. 1983), *cert. denied*, 465 U.S. 1025 (1984)等案件中，政府试图适用欺诈投资者盗用理论，但最后还是失败了。在该案中，原告基于第 10(b)条以及 10b-5 规则，对投资人员工作人员以及其他内幕知情人员提起诉讼，认为他们利用了收购的内幕消息。SEC 利用欺诈投资者信息理论对原告的诉求予以支持。然而，联邦第二巡回上诉法院却坚持了欺诈信息来源盗用理论。同上注，第 16 页。

(58) See *United States v. O'Hagan*, 521 U.S. 642 (1997).

的盗用理论。

实际上,支持 Chiarella 判决的 Brennan 法官认同 Burger 首席法官的以下观点,"当任何人不正当获取或基于个人利益使用未公开的、与证券买卖存在关系的重大信息时,他将违反第 10(b)条的规定",但 Brennan 法官最终还是没有采纳这个观点,而是支持了多数派法官的判决,因为这一观点并没有提交陪审团进行审议。[59] 同 Burger 首席法官一样,Brennan 法官也认为,在盗用信息的过程中,违反信义义务并不是违反 10b-5 规则的先决条件,相反,只要信息是不当获取的,就会触发披露相关信息的义务。

Blackmun 法官和 Thurgood 法官是 Chiarella 案中的三名少数派中的两个(另一个是 Burger 首席法官),他们单独撰写了不同意见,附在判决书中,他们明确支持信息机会平等理论,认为"根据 10b-5 规则,如果任何人有机会获取其他人无法通过合法渠道得到的重大未公开信息,他们都应当不得利用其信息优势地位进行相关的证券交易"。[60]

上述的信息机会平等理论是 Chiarella 一案中少数派法官在异议中提出的内幕交易规管范围最宽的理论。基于这一标准,任何盗用尚未公开的重大信息的行为都将被禁止,其唯一前提是其他人无法通过合法途径获取该信息,至于知情人对于该信息的获取是否合法,则在所不论。[61]

总之,美国联邦最高法院在 Chiarella 一案中的多数派法官认为,信息机会平等理论过于宽泛,而为了限缩内幕交易的范围,他们引入了普通法中的欺诈概念,并发展出了基于信义义务的内幕交易古典理论。然而,这个限缩的动作似乎用力过猛,因为古典理论界定内幕交易的范围明显过窄。如后文将要阐述的那样,为了在基于信义义务的大框架内扩大内幕

---

[59] See Chiarella, 445 U.S. 222, 239 (Brennan, J., concurring).

[60] 同上注,第 251 页。

[61] 就非知情人员交易而言,信息机会平等理论比"欺诈信息来源"盗用理论以及"欺诈投资者"盗用理论都宽泛,因为它并不要求信息获取的非法性或使用上的欺诈性。例如,Blackmun 法官认为,即使 Chierella 获得其所在单位的同意而使用这一信息,他仍旧认为 Chierella 的行为构成欺诈行为。See Chiarella, 445 U.S. 222, 246 (Blackmun, J., concurring).假如 Chiarella 告诉其所在单位他的具体计划方案,根据"欺诈信息来源"盗用理论,他的行为不构成欺诈单位的行为,同时,基于"欺诈投资者"盗用理论也不构成非法获取信息的行为(对于"欺诈信息来源"盗用理论局限性的全面阐述,参见第五章第 5.4.1.2 节)。而且,信息机会平等理论还涵盖其他两种理论所无法涵盖的知情人员交易类型,例如,"欺诈投资者"盗用理论认为非公司内部知情人员的内幕交易责任容易界定,但是却很难涵盖公司内幕人员,因为公司内幕人员基于其公司所获得信息并非通过非法渠道获取。正如美国联邦最高法院在 O'Hagan 案中所说的那样,"欺诈投资者"盗用理论仅是传统理论的一种补充,因为它将交易责任拓展至外部交易人员的范围。具体参见第五章第 5.3.3 节。

交易的规管范围,美国联邦最高法院在 Chiarella 一案之后又继续通过判例不断修正和扩张古典理论,并在此过程中不得不削足适履,扭曲信义义务的概念,作出一系列极为牵强的法律推理。

由于 Chiarella 一案确立的古典理论对于内幕交易的界定范围过窄,SEC 对其极为不满,因此,在该案之后不久的 1980 年 9 月便利用《证券交易法》第 14(4)条[62]制定了 14e-3 规则[63]。根据该规则,当任何人从并购交易中的收购方、目标方或者代表以上主体的中介机构处获得并购消息,而且知道或有理由知道这一消息尚未公开时,他不得利用上述的并购信息从事相关交易。此规则实际上避开了古典理论所要求的交易者之间需要存在信义关系才能引发内幕交易责任的条件。

因此,通过 14e-3 规则,SEC 实际上是在并购领域重新引入了信息机会平等理论,试图扳回一局。然而,由于该规则与 Chiarella 案判决之间存在冲突,因此,SEC 颁布的 14e-3 规则是否僭越了其规则制定权的问题一直争议很大,直到 1997 年美国联邦最高法院在 United States v. O'Hagan 案中明确宣布 14e-3 规则的合法性才算尘埃落定。[64]

5.3.3.2　Dirks v. SEC

在 Chiarella 案三年之后的 Dirks v. SEC 案中,[65]被告 Raymond Dirks 从公司内幕人员那里获得了相关信息并进行了股票交易,美国联邦最高法院依据古典理论再次强调,只有当被告与其交易对手方之间存在信义关系时,才会触发 10b-5 规则下的内幕交易责任。然而,法院面临的一个挑战是,本案中似乎很难发现这种信义关系的存在。

在该案中,投资分析师 Dirks 从 Equity Funding 前高管 Ronald Secrist 处

---

　　[62]　See 17 C.F.R. § 240.14e-3 (1997).

　　[63]　15 U.S.C. 78n(e) (1994).14(e)规则规定:"根据本条款的旨意,SEC 可通过规则、条例以及其他合理的手段阻止欺诈行为、虚假行为以及证券操纵行为。"同上,该条款的立法史表明,与作为内幕交易规管模糊不清的起初条款第 10(b)条相比,14(e)规则明确地赋予了 SEC 在并购领域制定规则约束内幕交易行为的权力。参见 Additional Consumer Protection in Corporate Takeovers and Increasing the Securities Act Exceptions for Small Businessmen: Hearings on S. 336 & S. 3431 Before the Subcomm. On Sec. of the Senate Common Banking and Currency, 91st Congress 10-12 (1970) (statement of Hamer H. Budge, Chairman, SEC). 很明显,在 14(e)规则中,美国国会并没有要求信义义务关系的存在。

　　[64]　See 521 U.S. 642 (1997). 有关联邦法院在 O'Hagan 案中对 14e-3 规则合理性的推理,参见第五章第 5.3.3.3.2 节。

　　[65]　See 463 U.S. 646 (1983).

获得信息,该公司的资产状况由于公司的严重欺诈行为而被严重夸大。⑥⑥ Secrist告诉Dirks,长期以来,监管机构对于公司的其他员工提出的类似举报都没有作出回应,因此,建议Dirks核实并曝光公司的欺诈行为。⑥⑦ 在调查过程中,Dirks的确发现公司存在严重的欺诈行为,随后将这一信息泄露给他的几个客户,这些客户旋即卖掉了其所持有的该公司股票。⑥⑧

SEC对Dirks展开了调查,发现他存在帮助、教唆内幕交易的行为,⑥⑨ 但基于其在核实并曝光公司欺诈行为中做出的积极贡献,仅对其作出谴责的处罚。⑦⓪ 在推翻SEC对Dirks的谴责处罚措施时,美国联邦最高法院重申,在要求行为人承担内幕交易的法律责任时,当事人之间应当存在违反信义义务的行为。⑦① 为了满足这一要件,SEC人为地创设了一个信义义务,认为在泄露内幕信息的情形下,当信息领受人或二级知情人(tippee)明知从信息泄露人或一级知情人(tipper)那里获取的信息为内幕信息,那么,前者就"继承了"后者对信息披露的信义义务,即在与其他人交易之前必须披露相关信息。⑦②

法院还承认,就本案涉及的内幕信息披露责任而言,很难发现信息领受人与其交易相对方之间存在信义义务的情况,⑦③因为只有"公司内幕人员对公司及股东负有明确的信义义务,但从公司内幕人员那里获取信息的信息领受人不负有这样的信义关系"。⑦④ 因此,以信义义务为基础的内

---

⑥⑥ 同前注⑥⑤,第649页。

⑥⑦ 同上注。

⑥⑧ 同上注。

⑥⑨ SEC认为:"无论二级知情人的动机或职业如何,如果他们掌握了处于保密状态的信息,并且知道或应当知道该信息来源于公司内幕人员,他们应当予以披露或者禁止从事相关交易行为。" See In the Matter of Raymond L. Dirks, 21 SEC Docket 1401, 1407 (1981),引自 *Chiarella v. United States*, 445 U.S. 222, 230 n. 12 (1980)。

⑦⓪ 同上注,第652页。SEC之所以仅仅对Dirks一人作出谴责处理,还因为他向SEC汇报了与该欺诈行为密切相关的其他事实情况。同上注,第650页。

⑦① See *Dirks v. SEC*, 463 U.S. 646, 654−655 (1983).应当注意的是,在这里法院所强调的信义义务是交易人与信息披露人之间,并不涵盖 *Chiarella* 案中Stevens法官所指的第三人。

⑦② 同上注,第655—656页。像Dirks这样从内幕人员那里获得重大内幕消息之人应承担与内幕人员相同之责任。引自 *Shapiro v. Merill Lynch, Pierce, Fenner & Smith, Inc.*,495 F. 2d 228, 237 (CA2 1974)。然后,SEC认为Dirks在向其客户透露这一信息的过程中违反了其所应承担的信义义务。同上注,第656页。

⑦③ "要求股东与凭借内幕信息进行交易的个人之间存在特定的关系,给SEC和法院在监管获知内幕信息领受人方面带来了分析上的困难。"引自 *Dirks v. SEC*, 463 U.S. 646, 655 (1983)。

⑦④ *Dirks v. SEC*, 463 U.S. 646, 655 (1983).

幕交易规管理论就陷入了困境之中。为了解决这一问题，法院只好努力去创设新的信义义务以补救古典理论。

第一，在法律技术上，法院将包括承销商、会计师、律师以及咨询师等在内的中介机构视为一级知情人而不是二级知情人，尽管从事实角度看这些中介机构应当属于二级知情人。为了与诸如公司董事等传统的一级知情人相区别，法院将这些中介机构总称为"推定的"(constructive)或"临时性的"(temporary)内幕人员。法院认为，一旦公司信息合法地向那些为公司提供服务的中介机构披露之后，这些中介机构就从外部人员的身份临时性地转变成了与公司董事类似的一级知情人，从而在其与公司和股东之间产生了信义关系，因为"他们在为公司提供中介服务的过程中形成了特殊的信赖关系，并且为了公司的利益而接触到了相关信息"。⑦⑤ 对于信义义务的产生逻辑，法院指出："公司希望外部人员保守公司尚未公开的信息，他们之间的信赖关系至少隐含着这一义务。"⑦⑥需要指出，上文的中介机构并不涵盖证券分析师，尽管他们也能接触到公司的内部信息。⑦⑦

第二，对于那些只能被视作二级知情人的外部人而言，法院基本上接受了 SEC 提出的他们应从一级知情人那里"继承"信义义务的观点，⑦⑧但是，对于信义义务什么时候从一级知情人转移至二级知情人的问题存有争议。SEC 认为，只要二级知情人明知自己获得了内幕信息，那么，二级知情人就应当承担对于公司和股东的信义义务。法院认为，SEC 的观点实际上就是美国联邦最高法院当初在 Chiarella 案中摒弃的观点，因此，SEC 的观点不足取，法院自己提出了一个"派生义务"的理论："只有当公司内幕人员违反了对股东的信义义务而将相关信息向他人泄露，并且内幕消息接受者知道或者应当知道这种泄露行为是违反了相关的信义义务

---

⑦⑤ *Dirks v. SEC*, 463 U.S. 646, 655 n. 14 (1983). 从实践角度看，这种做法大大方便了针对中介机构所提出的主张，尽管这一做法基于薄弱的理论分析之上。

⑦⑥ 同上注。除了证券发行人所希望的保密义务外，更多有关内幕人员与发行人之间所形成的一种明示或默示信义义务关系要件的论述，参见 Langevoort，前注⑮，第 5.3.2.1 节，第 10—16 页；Stephen M. Bainbridge, "The Law and Economics of Insider Trading: A Comprehensive Primer", 46-48, available at http://papers.ssrn.com/paper.taf? abstract_id=261277(last visited on 8 May 2005)。

⑦⑦ 法院尤其关注对诸如 Dirks 那样的分析师施以责任会产生负面的效果，使他们不再有兴趣投入时间和资源来寻找有价值的信息并深入分析之。See *Dirks v. SEC*, 463 U.S. 646, 658 (1983).

⑦⑧ 同上注，第 659 页。二级知情人披露或戒绝义务是从内幕人员的义务演化而来。

时,信息领受人就对于公司股东负有不得利用所获信息进行交易的义务。"[79]

据此,二级知情人可能因为违反从一级知情人处继承来的信义义务而承担责任,但其前提是一级知情人自己首先违反了泄露内幕信息的信义义务。法院指出,并不是所有的内幕信息泄露行为都意味着公司内幕人员违反了信义义务,在判断信息泄露是否违反信义义务时,很大程度上依赖于"信息泄露的目的"。[80] 为了判断信息泄露的目的是否正当,法院提供了一个客观标准,即"内幕人员是否因泄露信息直接或间接获得了个人利益,例如金钱上的收入或者将来能转化成金钱收益的声誉利益"。[81]

因此,除非信息泄露人从信息泄露中获得了个人利益,否则他们并不会被认定为违反了信义义务,"派生义务"也不会转移至信息领受人身上。在本案中,Secrist 向 Dirks 泄露了关于公司欺诈行为的信息,根据上述的"个人利益"判断标准,法院认为 Dirks 并没有违反第 10(b)条与 10b-5 规则,理由是 Secrist 作为一级知情人没有违反信义义务,他并没有通过泄露信息直接或间接地获得个人利益,Dirks 也就没有从 Secrist 那里继承信义义务。[82] 然而,正如下文所述,这一"个人利益"的判断标准存在不少问题。[83]

当公司内幕人员通过泄露信息获取了个人利益时,将违反第 10(b)条。然而,个人利益的确定并非易事。对于选择性的信息披露做法,即公司选择性地向某些金融分析师、机构投资者以及其他市场参与者披露尚未公开的重大信息时,如何界定个人利益的问题将变得异常突出。SEC 早已关注到选择性信息披露这一做法的公平性问题,明确指出:"我们认为选择性信息披露的做法将导致投资者丧失市场信心。投资者看到股票价格发生剧烈变化,但在事后才知道造成这一变动的相关信息,在此情况下,他们有权质疑他们与市场内幕人员是否处于

---

[79] 同前注[77],第 660 页。法院反对 SEC 所提出的观点,它认为二级知情人无须承担与内幕人员那样的信义义务,如果仅是从内幕人员那里获知了这一信息。同前注[77],第 656 页。在法院看来,SEC 有关二级知情人的责任理论是建立在法院早已反对的 Chiarella 案中所反映出的观点之上,即要求所有交易者平等获知消息。同前注[77],第 646 页。法院进一步认为有些二级知情人之所以承担相应的责任,与其说是他们获知了相关信息,不如说这些信息以不当的方式被提供给他们。同前注[77],第 660 页。在 10b-5 规则的案件中,只有当内幕人员违反对股东的信义义务时,法院才认为其信息披露是违法的。同前注[77],第 660 页。

[80] 同前注[77],第 662 页。

[81] 同前注[77],第 663 页。

[82] 同前注[77],第 666—667 页。

[83] 参见第五章第 5.4.1.1.2 节。

一个公平的竞争环境。"(84)

尽管选择性信息披露与泄露内幕信息极为相似，然而，SEC 却无法通过内幕交易的法律框架去应对这一问题。现实中，由于很难证明选择性信息披露是在个人利益的驱动下所致，它实际上游离在 *Dirks* 案建立的法律框架之外。(85) 为了解决这一问题，SEC 专门出台了《公平披露规则》(Regulation Fair Disclosure)，在内幕交易法律框架之外创设了一个解决问题的新路径。(86)

《公平披露规则》规定："当发行人或者代表发行人的个人向某些选定的人披露重大内幕信息时……它必须也向全体公众披露这一信息。"(87) 至于何时向公众披露信息，则取决于选择性披露是否有意。如果是有意的，发行人应当同时向社会大众披露这一信息；如果是无意的，发行人应当及时地向社会大众披露这一信息，但无论如何，最迟不能超过 24 小时或者迟于纽约证券交易所的第二日开盘交易。

需要指出，出台《公平披露规则》的内在原因与信息机会平等理论不无关联。SEC 认为，选择性信息披露与内幕信息泄露极为相似，因为"在这两种情况下，都是有优越地位的极少数人获得了信息上的优势，并能够通过利用这一优势获利，他们的这种优势是来自他们与公司内幕人员的接触机会，而不是他们的技术、聪颖或勤奋"。(88) SEC 清楚地表明，如果无法防止这种信息优势被少数人利用，那么，投资者将会对市场丧失信心。(89) 正如一个评论者所说："由于《公平披露规则》的目标在于向所有投资者提供平等获取信息的机会，所以这一规则事实上是重新启用了早已废弃

---

(84) Selective Disclosure and Insider Trading, Exchange Act Release No. 43154, [2000 Transfer Binder] Fed. Sec. L. Rep. (CCH) 86, 319, at 83,678 (Aug. 15, 2000).

(85) Selective Disclosure Release, at 83, 677 n. 7.在 *Dirks v. SEC*, 463 U.S. 646 (1983)案件中，就美国联邦最高法院所确定的"个人利益"标准而言，很多人认为向分析师披露选择性信息应当不承担如内幕人员那样的责任；Loss & Seligman, 前注⑮，第 3 卷第 5 章，第 3606—3607 页指出，分析师这一类人很可能是不需要基于友谊关系或者获取个人利益等关系而提供内幕信息的主要例子。

(86) See Selective Disclosure Release, at 83, 676.

(87) 同上注。值得注意的是，《公平信息披露规则》并没有要求发行人公开披露所有信息。相反，它只要求披露重大的内幕信息。相对而言，纽约证券交易所和纳斯达克的规则要求披露全部信息。详见《纽约证券交易所上市公司手册》第 202.05 条(重大事项及时披露)、《纳斯达克规则》4310(c)(16)、4320(e)(14)以及 IM-4210-1 (重大信息披露)。然而，在实践中，这些针对上市公司做出的及时信息披露规则很难得到完全执行。

(88) Selective Disclosure Release, at 83, 677.

(89) 同上注，第 83、677—678 页。

的信息对等理论。”(90)

SEC 试图通过公司的信息披露规则去规管选择性信息披露中出现的内幕信息泄露问题，(91)可见《公平披露规则》只是 SEC 希望通过一个间接的手段去尽量收复在 *Dirks* 案后失去的对于内幕交易的监管空间。

5.3.3.3 *United States v. O'Hagan* 案

1997 年，在 *Chiarella* 案中 Stevens 法官提出“欺诈信息来源方”盗用理论 17 年之后，美国联邦最高法院最终在 *United States v. O'Hagan* 案中采纳了该理论。(92) 正如下文所述，盗用理论获得司法确认走过了一段漫长的路程。

5.3.3.3.1 *O'Hagan* 案之前的盗用理论

为应对在 *Chiarella* 案中所遭受的挫败，SEC 不久后便开始倡导 Stevens 法官所阐述的“欺诈信息来源方”盗用理论，这一理论将内幕交易责任扩展至公司外部人员，即那些利用了内幕信息进行交易却不对公司股东承担信义义务的人。然而，法院对这一理论的态度一直模糊不清。

起初，联邦第二巡回上诉法院支持盗用理论。在 *United States v. Newman* 案中，(93)一家投资银行的员工盗用了涉及该银行客户拟议并购的内幕信息。法院认为，被告存在欺诈其雇主投资银行以及客户的行为，基于此欺诈行为应当承担内幕交易的法律责任。(94) 然而，该案中适用的盗用理论的正当性存在争议，因为该理论关注的是“欺诈信息来源方”，即欺诈的对象是将内幕信息传递出来的人，而不是在公开市场上的证券交易的对手方。

1987 年，在审理的 *Carpenter v. United States* 案中，该盗用理论再次被美国联邦最高法院援引。(95) 在该案中，《华尔街日报》的一个知名记者经常撰写专栏文章，在证券交易行业比较有影响力，他在自己专栏文章发表之前，将相关的重大内幕信息泄露给了两位证券经纪人，后者利用这些信

(90) T. Andrew Eckstein, “The SEC's New Regulation FD: A Return to The Parity Theory?” (2001)69 *University of Cincinnati Law Review* 1289, 1313. 请注意，这里所指的“信息对等”理论实际上是指“机会平等”的理论。同前注(88)，第 1303 页，注 96。

(91) 为了强调内幕交易法规管范围之外的选择性信息披露问题，SEC 将《公平信息披露规则》视作为基于其立法职权所制定的新型信息披露规则。Selective Disclosure Release, at 83,676.

(92) See 521 U.S. 642 (1997).

(93) See 664 F.2d 12 (2d Cir. 1981).

(94) 同上注，第 17—18 页。

(95) See 484 U.S. 19 (1987).

息购买了涉案证券。(96) 美国联邦最高法院支持了下级法院基于邮件和电话欺诈所做出的有罪判决,但对于盗用理论的有效性问题,八位法官各有一半支持和反对。(97) 出现这一情况的原因是,退休法官 Powell 的席位尚未由他的继任者填补,故只有八位法官参加了审判。实际上,Powell 法官是这一理论的反对者,(98)假如 Powell 法官当时参加了审判,该盗用理论很可能就会被 5∶4 的投票结果否决掉,从而使得美国内幕交易制度走上一条与现在迥然不同的发展道路。

针对盗用理论的有效性问题,由于美国联邦最高法院没有提供一个清晰的观点,这样就给下级法院在适用该理论时留下了空间。如同美国联邦最高法院一样,下级法院对于这一理论的态度也莫衷一是。例如,联邦第二巡回上诉法院、(99)第七巡回上诉法院、(100)第九巡回上诉法院(101)以及第三巡回上诉法院(总体上)皆认可这一理论,(102)但是,第四巡回上诉法院(103)

---

(96) 同前注(95),第 20—24 页。就"欺诈信息来源"盗用理论的有效性问题,法院只作如下阐述:"在目前证券法下,法院对于相关判决也存在争议,因此在这些问题上维持下级法院的判决。"同前注(95),第 24 页。

(97) 同上注,第 24 页。

(98) Powell 法官表达了他对这一理论的反对观点,他认为盗用理论与古典理论背道而驰,因为根据第 10(b)条款和 10b-5 规则,相关调查必须集中在市场参与者之间。参见 Draft of Dissent from the Denial of Certiorari for *Carpenter v. United States, Justice Powell* (Dec. 10, 1986),收录于 A.C. Pritchard, " *United States v. O' Hagan* : Agency Law & Justice Powell' s Legacy for the Law of Insider Trading", 78 B. U. L. Rev. 13, 58 (1998)。

(99) See *United States v. Newman,* 664 F.2d 12 (2d Cir. 1981). 判决确认基于两名投资银行工作人员盗用其所获知的重大信息承担联邦证券责任; *SEC v. Materia,* 745 F.2d 197 (2d Cir. 1984)。在针对一家金融印刷公司的案件中应用盗用理论,情况几乎与 Chiarella 案相同; 471 U.S. 1053 (1985); *United States v. Reed,* 601 F. Supp. 685 (S.D.N.Y.)。适用盗用理论处理从作为公司董事的父亲那里获得的公司内幕信息并进行交易的儿子的案件,判决因其他事由被推翻。773 F.2d 477 (2d. Cir. 1985).

(100) *SEC v. Cherif,* 933 F.2d 403 (7th Cir. 1991).适用盗用理论处理从前雇主处获取内幕信息并进行交易的案件。

(101) *SEC v. Clark,* 915 F.2d 439 (9th Cir. 1990).认为公司员工盗用公司收购的重大信息应当承担相应责任。

(102) *Rothberg v. Rosenbloom,* 771 F.2d 818 (3d Cir. 1985).认为从公司高管那里获得的内幕信息并进行交易,按照 10b-5 规则应承担相应的法律责任,该案后因其他事由被推翻。808 F.2d 252 (3d Cir. 1986).不同的判例请参见, *SEC v. Lenfest,* 949 F. Supp. 341, 345 (E.D. Pa. 1996)。对于联邦第三巡回上诉法院在 *Rothber* 案中是否适用盗用理论并不确定,但在否认被告提出的简易判决的动议时,法院承认了这一理论的有效性。

(103) *United States v. Bryan,* 58 F.3d 933 (4th Cir. 1995)United States v. Bryan, 58 F.3d 933 (4th Cir. 1995). 该案中法院反对盗用理论,并拒绝让利用内幕信息的彩票委员会委员承担责任。

和第八巡回上诉法院[104]则拒绝接受这一理论。反对盗用理论的主要原因是,它并不涉及对市场参与者的欺诈行为,而仅仅涉及对于信息来源方的信义义务违反。[105] 不同巡回上诉法院对于这一理论有效性问题的分歧促使美国联邦最高法院最终在 O'Hagan 案中直接面对并解决了该问题。

5.3.3.3.2　盗用理论在 O'Hagan 案中的适用

O'Hagan 案涉及一位律师利用并购信息去交易一桩并购案中的目标公司股票,这位律师所在的律师事务所代理并购中的收购方。O'Hagan 是明尼苏达州 Dorsey&Whitney 律师事务所的合伙人。1988 年,该律师事务所被聘请作为 Grand Met 收购 Pillsbury 公司的法律顾问。尽管 O'Hagan 自己并没有参与这桩并购交易的事务,但他还是从参与其中的同事那里获知了这一收购事宜,并买进了 Pillsbury 公司的期权与股票。1988 年 10 月,Pillsbury 公司公开宣布了收购消息,O'Hagan 随后卖出相关证券并获利 430 万美元。[106] 最终,他被检控和定罪,并基于 57 项罪名被判处 41 个月监禁,包括证券欺诈(违反《证券交易法》第 10(b)条和第 14(e)条;10b-5 规则和 14e-3 规则),以及联邦邮件欺诈等。[107]

政府的检控方利用了盗用理论而不是古典理论,去论证涉及第 10(b)条以及 10b-5 规则的案件,因为无论是 O'Hagan 还是其所在的律师事务所与 Pillsbury 公司股东之间都不存在任何的信义关系。[108] 该案件上诉后,联邦第八巡回区的上诉法院撤销了一审法院认为 O'Hagan 违反了第 10(b)条及 10b-5 规则的判决,[109] 判定基于这两个条款的判决不应当适

---

[104]　United States v. O'Hagan, 92 F.3d 612 (8th Cir. 1996). 该案中法院反对盗用理论。

[105]　United States v. Bryan, 58 F.3d 944 (4th Cir. 1995).法院认为尽管 Bryan 违反了对所在单位的信义义务,但是违背这一义务并不构成与"买卖该证券相关的欺诈行为"。

[106]　See United States v. O'Hagan, 521 U.S. 642, 648 (1997).

[107]　同上注。O'Hagan 在州法院中同样被判以其他罪名。O'Hagan, 117 S. Ct. at 2205 n. 2 and accompanying text [citing State v. O'Hagan, 474N.W.2d 613 (Minn. Ct. App. 1991); In re O'Hagan, 450 N.W.2d 571 (Minn. 1990)].

[108]　United States v. O'Hagan, 521 U.S. 642, 648 (1997).O'Hagan 尽管不是 Pillsbury 公司的推定内幕人员,但却是 Grand Metropolitan 这一家公司的内幕人员。Dirks v. SEC, 463 U.S. 646, 655n. 14 (1983),指出诸如律师、会计师、顾问等相关被聘用人员以及可接触到公司信息的人员都被视作公司推定的内幕人员。假如 O'Hagan 交易 Grand Metropolitan 证券,他可能基于古典理论而被要求承担相应责任,此时,盗用理论将失去在这一案件被讨论的机会。

[109]　United States v. O'Hagan, 92 F.3d 612, 622 (8th Cir. 1996).联邦第八巡回上诉法院同时也撤销了 O'Hagan 基于第 14(e)条及 14e-3 规则所做出的判决,法院认为 14e-3 规则超出了 SEC 的规则制定权,并撤销了根据联邦邮寄欺诈法律制度做出的判决,因为它们依赖于证券法上的定罪。同上,第 627—628 页。

用盗用理论,原因有二:⑩其一,与第10(b)条明确要求的条件不同,盗用理论并不要求"欺诈"这一要件;其二,第10(b)条不但规定了一个欺诈要件,而且这个欺诈必须是"与证券买卖行为相关的",盗用理论"使得这个欺诈要件成了一纸空文"。

最终美国联邦最高法院又撤销了联邦第八巡回上诉法院的判决,并采纳了盗用理论。⑪ 在最高法院看来,联邦第八巡回上诉法院反对盗用理论的上述两个理由都是错误的。理由如下:

第一,最高法院解释了为什么盗用理论中实际上也包含了第10(b)条以及10b-5规则所要求的"欺诈"因素。在该法院看来,第10(b)条的字面意思并不仅限于证券买卖者遭受的"欺诈",而是涵盖了"与任何证券买卖有关的任何欺诈行为"。⑫ 美国联邦最高法院认为,"如政府检控官所描述的那样,信息盗用者以欺诈的方式进行了证券交易",因为他们表面上对那些把信息委托给他们的人表示忠诚,却秘密地利用这些信息去获取个人利益,这种行为构成了对于信息委托人的欺诈。⑬ 由于盗用理论下的欺诈是针对信息来源方而言的,法院认为,只有当信息受托人向信息委托人披露其交易的意图时(而不是向与自己进行交易的投资者进行披露),才能免除内幕交易责任。⑭

第二,美国联邦最高法院详细讨论了第10(b)条的另一个要件,即欺诈行为应当"与证券买卖相关联",并认为盗用理论也满足这一要件,因为盗用者没有披露自己的证券交易本身就构成了欺诈。⑮ 换言之,第10(b)条规定的内幕交易责任之所以被引发,是因为欺诈行为与证券交易行为必然同时发生。

因此,在盗用理论下,违法行为人并没有欺诈那些参与证券交易的公司股东,而是那些信任他并告知他重大内幕信息的人。在被欺诈的主体方面,古典理论和盗用理论是存在很大差异的,但是,两者都是建立在信义义务的基础之上。详言之,在古典理论下,违法人员与交易对手方之间的信义关系产生了前者向后者的信息披露义务,而在盗用理论中,这一信义义务针对的是

---

⑩ See *United States v. O'Hagan*, 92 F.3d 612, 617 (8th Cir. 1996).
⑪ See *United States v. O'Hagan*, 521 U.S. 642, 667 (1997).
⑫ 同上注,第651页。
⑬ 同上注,第653—654页。
⑭ 同上注,第655页。假如信息领受人向信息来源披露他意欲利用内幕消息进行交易的意图,此时并不存在欺诈手段,因为不违反第10(b)条的规定。
⑮ 同上注,第656页。信息领受人的欺诈行为不是在获得内幕信息时成立,而是在未向委托人披露的情况下,使用这一信息参与买卖时成立。

信息来源方。⑯ 正因如此,这两种理论皆可视作以"信义义务为基础"的理论。

美国联邦最高法院同样明确了 14e-3 规则的有效性,认为其属于第 14(e)条授予的 SEC 规管制定权的范畴,因为它旨在阻却并购背景下的内幕信息的盗用,并不需要根据第 10(b)条要求的信义义务作为前提条件。⑰ 美国联邦最高法院对 14e-3 规则的支持标志着 SEC 在并购领域获得了适用信息机会平等理论去规管内幕交易的胜利,当然,在并购领域之外,还是需要适用以信义义务为基础的古典理论和盗用理论。

需要指出,由政府检控方所倡导的盗用理论以及美国联邦最高法院所支持的理论都是"欺诈信息来源方"的盗用理论,而不是"欺诈投资者"的盗用理论。如前所述,在 Chiarella 案判决的反对观点中,Burger 首席法官提出了"欺诈投资者"的盗用理论,该理论是基于内幕交易者向其交易对手方负有的相关信息披露义务。⑱ 由于政府检控方在 O'Hagan 案中并没有提及"欺诈投资者"的盗用理论,因此,法院认为没有必要去阐述这一理论的有效性。⑲

尽管美国联邦最高法院并没有排除"欺诈投资者"的盗用理论,但该理论被法院进行专门阐述的可能性也非常小,更遑论在可预见的未来被法院采纳。⑳ 其中道理很简单,正如美国联邦最高法院所言,"欺诈信息

---

⑯ 同前注⑬,第 653 页。盗用理论认为公司外部人违反了信义义务不是针对交易对方,而是针对信息来源。Painter et al.,前注㉒,第 175 页。盗用理论中信义义务是核心义务……信义义务关系存在意味着同时存在一个向委托人披露信息的义务。

⑰ United States v. O'Hagan, 521 U.S. 642, 666-75 (1997).美国联邦最高法院没有具体强调 SEC 根据第 14(e)条界定欺诈行为的范围是否宽于根据 10(b)条所享有的规则制定权,但在一处脚注中指出:"第 10(b)条款下的规则制定权受到更多的限制。"同上注,第 672—73 页,注释 18。相反,法院侧重于将 14e-3 规则的性质视作证明其合法性的预防性手段,并认为:"根据第 14(e)条,SEC 可禁止根据普通法或者第 10(b)条认定的非欺诈性行为,只要该种禁止是'合理地旨在防止……欺诈性行为'。"

⑱ 参见第五章第 5.3.3.1 节。

⑲ See United States v. O'Hagan, 521 U.S. 642, 655 n. 6 (1997). "政府并没有提议我们(法院)采纳一种如此宽泛的盗用理论。"

⑳ 对于这一理论的可行性问题,学者的观点并不一致。Brief of Amici Curiae North American Securities Administrators Association, Inc., and Law Professors in Support of Petitioner, United States v. O'Hagan, 117 S. Ct. 2199(1997) (No. 96-842), available in 1997 WL 86236.该文建议 O'Hagan 案适用"欺诈投资者"的盗用理论;Langevoort, 前注㊼,第 883—884 页。该文建议对"欺诈投资者"滥用理论予以司法上的认可;Nagy, 前注㊼, 第 1240 页。该文认为"欺诈投资者"盗用理论优于"欺诈信息来源"盗用理论,但也有不同的观点。Barbara Bader Aldave, "Misappropriation: A General Theory of Liability for Trading on Nonpublic Information"(1984) 13 Hofstra Law Review 101, 115–116. 该文认为"欺诈投资者"盗用理论的基础并不牢固;Alan Strudler and Eric W. Orts, "Moral Principle in the Law of Insider Trading" (1999) 78 Texas Law Review 375, 398-419.该文认为"欺诈投资者"理论并不是一以贯之的,因为它建立在若干有缺陷并相互不一致的原则基础上。

来源方"的盗用理论已经很好地补充了古典理论，[122]政府检控方已经没有太大必要在法庭上再去冒险测试一个新的"欺诈投资者"的盗用理论。事实上，在O'Hagan案胜诉之后，SEC已经拥有了一整套规管证券市场内幕交易问题的理论武器，尽管如下文所述，这套武器并不那么完美，甚至还存在不少的缺陷，但还是可接受的，能满足实践中的基本需求。

5.4 对中国的建议：信息机会平等理论抑或以信义义务为基础的理论？

本部分将深入分析究竟是信息机会平等理论还是以信义义务为基础的理论更符合中国国情这一问题。如前所述，美国最初采用了信息机会平等理论，后来转变为以信义义务为基础的理论，包括古典理论和盗用理论。然而，这绝不意味着，美国现行的以信义义务为基础的理论优于信息机会平等理论。相反，如下所述，以信义义务为基础的理论存在诸多问题，与信息机会平等理论相比，在保护投资者方面似显无力。再结合中国的特殊国情，这一差异更为显著。

5.4.1 以信义义务为基础的理论不适合中国

美国目前所采用的内幕交易理论，即以信义关系为基础的理论，存在诸多问题。起初，美国联邦最高法院认为信息机会平等理论确定的内幕交易规管范围过于宽泛，因而竭力寻找一个对其加以限定的理论。在Chiarella案中，法院通过引入普通法中的信义关系这一概念逐渐形成了内幕交易的古典理论。然而，这一转变似乎用力过猛，因为古典理论厘定的内幕交易范围过于狭隘，这促使最高法院在Dirks案以及O'Hagan案中又去千方百计地扩展内幕交易规管的范围。为了满足在Chiarella案所确定的需要存在信义关系的条件，法院不得不在Dirks案以及O'Hagan案中使用非常牵强的推理，从而引发更多的问题。

---

[122] United States v. O'Hagan, 521 U.S. 642, 651-52 (1997).将这两种理论相互补充，都针对利用内幕信息进行证券交易获利的行为。经典理论更关注公司内幕人员违反与公司股东之间信义义务这一问题；盗用理论认为公司外部人利用内部消息进行交易属违法行为不是因为违反了对交易对方的信义义务，而是违反了信息来源的相关规定。如前所述，SEC甚至在O'Hagan案之前都故意避开适用"欺诈投资者"盗用理论，假如"欺诈信息来源"盗用理论得到了司法认可，前者将会失去适用基础。

简言之，美国引入普通法中的信义义务概念去构建其内幕交易法律框架是一个错误的方向。正如 Langevoort 教授所指出的那样，美国目前的内幕交易法律过于复杂，也过于狭窄。[122] 就中国而言，采用信义义务这一概念去构建内幕交易法律的路径并不适合，因为这个概念在中国的发展还很不成熟。

5.4.1.1　古典理论的缺陷

5.4.1.1.1　信义义务的问题

如前所述，为了认定内幕人员在证券交易之前的信息披露义务，古典理论从普通法中借用了信义义务这一概念。然而，信义义务作为内幕交易法律的基础并不适当。

根据普通法，通常而言，公司董事及其他高级管理人员等公司内幕人员需对公司承担信义义务，而不对股东承担信义义务。因此，在与股东进行的私人交易中，公司内幕人员并不承担信义义务。[123] 在证券交易中，即使公司内幕人员可视作与股东之间存在信义关系，[124]但古典理论仍无法涵盖现代内幕交易法律普遍认为的属于内幕交易的很多情形。

古典理论无法覆盖的一种案件类型是所谓的"外部人的内幕交易"，即外部人利用内幕信息与公司股东进行交易，但二者之间并没有信义关系。由于受信义义务这一要件的限制，古典理论只能涵盖公司董事及高管等传统内幕人员。为了将内幕交易规管范围扩展至外部人身上，美国联邦最高法院不得不采纳盗用理论，然而，盗用理论本身也存在很多问题。[125]

---

[122] Langevoort，参见前注⑮，§13.03[1]，10。

[123] H. L. Wilgus, 'Purchase of Shares of a Corporation by a Director from a Shareholder', (1910) 8 *Michigan Law Review* 267.公司董事及高管是股东的受托人，但这一原理并不能延伸至其与股东之间或与他人之间的私人交易上，尽管在交易中他们利用了基于其职务所获得的相关信息。这也是所称的"多数规则"或者"无义务规则"。参见 *Hooker v. Midland Steel Co.*, 74 N.E. 445 (Ill. 1905)。

[124] 长期以来，"多数规则"逐渐被"少数规则"和所谓的"特定事实原则"所代替。在"少数规则"下，董事在与股东交易之前有义务披露重大的内幕信息。参见 *Oliver v. Oliver*, 45 S.E. 232 (Ga. 1903)。在"特定事实原则"下，尽管董事与其产生交易的股东之间不存在信义关系，但是在特定的情形下则需要承担信义义务，即当董事隐匿其身份或没有披露可能影响股价变动的事实。普通法对内幕交易的规管问题的评述，参见 *Strong v. Repide*, 213 U.S. 419 (1909).Wang & Steinberg，参见前注 15，第 1107—1129 页，普通法中的欺诈/违反信义义务；Bainbridge，前注⑯，第 4—6 页；Joel Seligman, "The Reformulation of Federal Securities Law Concerning Nonpublic Information" (1985) 73 *Georgetown Law Journal* 1083, 1091。

[125] 对滥用理论问题的剖析，参见第五章第 5.4.1.2 节。

除了无法涵盖如上所述的"外部人的内幕交易",古典理论还无法涵盖传统公司内幕人员的很多交易行为。这主要体现在以下两种情况:第一,利用信义义务概念可以处理内幕人员买进证券的行为,但很难处理内幕人员卖出证券的行为。内幕人员的卖出证券行为是将其证券转让给未来的股东,根据古典理论,公司董事等内幕人员对于未来股东是没有信义义务的,从而无须承担信息披露义务。[126] 具言之,未来股东尚不是公司股东,因此,在交易之前,公司内幕人员与他们之间并不存在信义关系。[127] 如果交易双方之间不存在信义义务,那么,在古典理论下就不会引发内幕交易责任。

事实上,公司内幕人员利用内幕信息卖出证券与买入证券而获得非法收益在本质上都是一样的,古典理论不能涵盖内幕人员卖出证券的行为,这无疑是一个重大问题。在 Cady, Roberts 案中,[128]SEC 特别提到了这一问题:"如果一个投资者向公司董事、高管或其他负有相关责任的内幕人员出售证券,他能获得相关信息披露法律的保护,但如果他从这些人手里购买证券的话,他就得不到同等的法律保护。这个区别对待是没有任何道理的。"[129]

SEC 的上述政策考量是正当的,但它却与信义义务的要件相矛盾,从而无法得到古典理论的支持。据此,SEC 认为,"将普通法中的信义义务引入反欺诈概念里面显然是不适当的,因为反欺诈本身在证券交易中是个较为宽泛的概念"[130]。

Chiarella 案的法官同意将内幕人员的责任对象扩展至未来股东,然而与 SEC 的想法不同的是,法院借助了一个所谓的"雏形股东"(incipient shareholder)的概念以满足信义义务的要件,从而将古典理论的适用范围进行了扩展。在判决书的一个脚注中,法院这样说道:"公司董事或高管在出售股票时对于买方具有一种信义关系;在买方购买股票而成为股东

---

[126] See Alison Grey Anderson, "Fraud, Fiduciaries, and Insider Trading" (1982) 10 *Hofstra Law Review* 341, 356; A. C. Pritchard, " *United States v. O'Hagan*: Agency Law and Justice Powell's Legacy for the Law of Insider Trading" (1998) 78 *Boston University Law Review* 13, 26.

[127] See *Marhart, Inc. v. Calmat Co.*, No. 11820, 1992 WL 212587, at * 1 (Del. Ch. Aug. 19, 1992).内幕人员要对股东承担信义义务,但无须对未来股东承担该义务。Strudler and Orts,参见前注[126],第 392 页。对公司而言,未来股东尚属于外部人,因此也就无须对其承担信义义务。

[128] See 40 S.E.C. 907 (1961).

[129] 同上注,第 914 页。

[130] 同上注。

后,公司董事或高管显然对其承担信义义务从而不得利用信息优势损害股东利益,如果法律对于即将成为股东的买方进行区别对待,允许公司董事或高管利用信息优势诱使其交易而成为股东,那么,这种区别对待就会让人感到遗憾。"[131]

根据这一观点,法院认为将公司内幕人员的信义义务扩展至未来股东是公平的,这些未来股东可以视为公司的"雏形股东",而且在交易完成后其就成为公司的真正股东。显然这种推理是极为勉强的,正如学者所说,"这种扩展是一种对于问题的逃避"。[132] 事实上,可能法院自己也意识到上述问题是对于古典理论的一个重大挑战,因此在技术上通过脚注的方式对其进行了淡化处理。其后果是,尽管美国内幕交易法律毫无争议地覆盖内幕人员买进和卖出证券的行为,但这却难以通过古典理论加以解释。

第二,古典理论能够适用于公开交易的股权证券内幕交易,但将其适用于其他类型证券就很勉强了,比如期权和债券等。显然,内幕人员基于内幕信息去交易期权也可以获利。例如,公司内幕人员在获知公司利好消息时可大量购入看涨期权,在消息披露导致股价上涨时就行权购买该种股票,最后在股价高点卖出获利。

从法理上分析,古典理论难以有效规管这一情况,因为期权售出者并不一定是公司股东,公司内幕人员并不需要对他们承担信义义务。正因如此,美国诸多法院曾经并不对期权交易课以内幕交易责任。[133] 这一局面被1984年《内幕交易制裁法》予以纠正,该法明确禁止期权及其他衍生品领域中的内幕交易行为。[134] 如学者所言,这一立法虽然解决了现实问题,但在理论体系中"铸成了一个怪胎"。[135]

同样的情况在债券交易中也存在。在美国,内幕交易法律能否适用于债券的问题在司法上鲜有关注。这主要是因为债券属于固定收益

---

[131] Chiarella v. United States, 445 U.S. 222, 227 n. 8 (1980) [quoting the SEC's argument in Cady, Roberts, 40 S.E.C. 907, 913 n. 23 (1961), and Gratz v. Claughton, 187 F.2d 46, 49(CA2), cert. denied, 341 U.S. 920 (1951)].

[132] Strudler and Orts, 前注[129],第392页。该文认为直到证券出售完成之前,公司与尚未持有公司股票的未来股东之间并不存在信义关系。

[133] See Laventhall v. General Dynamics Corp., 704 F.2d 407 (8th Cir.), cert. Denied, 464 U. S. 846 (1983); O'Connor & Assoc. v. Dean Witter Reynolds Inc., 529 F. Supp. 1179(S.D.N.Y. 1981).

[134] See 130 Cong. Rec. S8913 (29 June 1984); 130 Cong. Rec. H7758 (25 July 1984).

[135] Langevoort, 前注[15], § 3.03[1], 20。

类产品，价格波动不大，内幕交易的发生机会也不大。不过，很多学者认为，就内幕交易规管而言，并没有理由区别对待股票与债券："由于债券、股票以及债券与股票的混合产品等有价证券在资本市场中很大程度上都是可转换的，同时根据美国联邦法律的规定，所有这些产品类型都属于证券范畴，因此在内幕交易法律层面，股票与债券并没有太大差异。"[136]

假如将适用于股票的内幕交易责任按照同一个标准扩展至债券，那么，古典理论的缺陷就立刻暴露出来了。从法理上看，无论是公司还是公司董事、高管，均对债券持有人不承担信义义务。[137] 古典理论的基础是要求存在违反信义义务的情形，所以对于不存在信义关系的债券交易，古典理论很难为内幕交易规管提供理论支撑。

5.4.1.1.2 泄露内幕信息责任中"个人获益"标准的问题

在 Dirks 案中，美国联邦最高法院将古典理论扩展至内幕人员泄露信息的责任领域，但同时通过设立"个人获益"的标准为内幕人员的责任承担设置了一层障碍。根据这一标准，如果内幕人员在泄露内幕信息给他人时没有从中获益，那么，内幕人员的泄露内幕信息行为并不违反信义义务，因而二级知情人也就无法继承古典理论所要求的信义义务，更不用说违反该义务。[138] 如下所述，这一标准存在着严重问题。

首先，"个人获益"标准过于模糊且很难在实践中适用。根据这一标准，"个人获益"既可以是直接获益，也可以是间接获益，例如"金钱收益或可变现为未来金钱利益的声誉收益"。[139] 然而，正如 Dirks 案中提出反对意见的法官所言："多个世纪以来，对于如何界定纯粹的利他行为与利

---

[136] Strudler and Orts, 前注[129]，第 392—393 页。还可参见：Note, "Insider Trading in Junk Bonds", (1992) 105 *Harvard Law Review* 1720, 1738-1739，基于经济数据认为内幕交易法无须区分股票与债券；Langevoort, 参见前注[15], §3.03[2],21.该文中提及在债权交易中完全有可能出现内幕交易的可能性。

[137] 债券持有人的权利往往局限于契约中的约定以及诚信义务。See *Metropolitan Life Ins. Co. v. RJR Nabisco, Inc.*, 716 F. Supp.1504 (S.D.N.Y. 1989); *Katz v. Oak Indus.*, 508 A.2d 873 (Del. Ch. 1986).还可参见 Lawrence E. Mitchell, "The Fairness Rights of Corporate Bondholders", (1990) 65 *New York University Law Review* 1165, 1175。文中提到债券持有人只能依据契约的约定主张自身权利；Eric W. Orts, "Shirking and Sharking: A Legal Theory of the Firm" (1998) 16 *Yale Law & Policy Review* 265, 306-308, 323-335。文中提及债权人除了依据合同对抗公司之外别无他途。

[138] 参见第五章第 5.3.3.2 节。

[139] *Dirks v. SEC*, 463 U.S. 646, 663 (1983).

己行为，哲学家一直困惑无解；没有理由相信法官和证券交易委员会能够更容易地处理好这一问题。”(140)当个人利益是非直接的、非金钱的利益时，这一问题更加突出。因而美国联邦最高法院自己也承认，确实很难判断内幕人员是否从信息泄露行为中获取了个人利益。(141)

在*SEC v. Stevens*案中，SEC试图澄清何为“间接利益”。(142) Stevens是一家公司的CEO，他向几个证券分析师泄露了公司的负面内幕消息，后者的客户在获知信息后均将自己持有的相关证券卖掉以避免损失。(143) SEC认为，Stevens泄露信息的行为除了给其公司经理的工作职位带来直接和有形的利益之外，还可以保护并提升其个人的声誉。(144) 据此，SEC认为，Stevens的信息泄露行为符合“个人获益”标准，因为Stevens获得了职业声誉方面的收益。遗憾的是，这一案件最终和解结案，法院也就没有对于SEC提出的观点表达立场。(145)

其次，更为重要的是，内幕人员在信息泄露后的“个人获益”与信息获得者利用信息进行交易的错误性之间的关联性存疑。从证券市场第三人的角度看，关键在于是否有人利用内幕信息进行交易，至于他从哪里获得信息是无关紧要的，更遑论泄露信息者是否从泄露行为中获益。正如*Dirks*案中提出反对观点的法官所言，即使泄露信息的内幕人员没有个人获益，相关股东在交易中遭受的损害也不会被消除。(146) 事实上，无论泄露内幕信息者/内幕人员是否从泄露信息这一行为中获益，对其他投资者的影响都是完全相同的。

---

(140) 同前注(139)，第676页。该案中Blackmun法官提出反对观点。

(141) 同上注，第664页。

(142) See 48 SEC Docket 739 (1991).

(143) 同上注，第739页。

(144) 同上注。为了进一步支持其观点，SEC提及了1984年的一起事件，分析师起初帮助公司隐瞒某些问题，后来却公开质疑公司金融信息披露的真实性，同上。2015年，在*United States v. Newman*, 773 F.3d 438 (2d Cir. 2014), *reh'g denied*, Nos. 13-1837, 13-1917 (2d Cir. Apr. 3, 2015)一案中，美国第二巡回上诉法院对于“个人利益”进行了狭义解释，认为其必须是直接的、金钱性的收益。2016年，美国联邦最高法院在时隔近20年后再次判决内幕交易案件，即*Salman v. United States*, 137 S.Ct. 420 (2016)一案，认为如果内幕人员向亲友无偿地泄露内幕信息，后者利用该信息交易，那么，前者可以被推定获得了个人利益，因为这与他自己交易后获利并将利益赠予后者在本质上相同。这个判决实际上将内幕人员与其亲友视为利益共同体，这个逻辑也适用于内幕人员的朋友。本案中的内幕人员与信息接收者是兄弟关系，但其他亲友和朋友的范围如何界定，法院并没有详述，从而留下了不确定性。

(145) See T. Andrew Eckstein, “The SEC's New Regulation FD: A Return to the Parity Theory?” (2001) 69 *University of Cincinnati Law Review* 1289, 1310.

(146) See *Dirks v. SEC*, 463 U.S. 646, 673 (1983). 该案中Blackmun法官持不同意见。

最后,"个人获益"这一标准带来了诸多缺陷。假定内幕信息是根据内幕人员的法定义务在相关方之间基于信义义务进行了传递,例如为了获取公司贷款或保持商业关系。鉴于披露信息的人对于这种信息交流不承担泄露信息的责任,比如,公司 CEO 合法地将内幕信息提供给银行以获取贷款,那么,是不是意味着获得信息的人(例如银行职员)就可以自由地利用这一信息进行交易呢?[147] 面对如此难题,法院别无他法,只能尽力找方法予以补救。法院的做法是,在判决书中通过一个脚注进行补充说明:假如公司信息是通过合法途径传递给承销商、会计师、律师或公司咨询人员等,那么,他们就应当像公司内幕人员一样对公司股东承担信义义务,从而应当被推定为一级知情人,成为所谓的"推定的内幕人员",而不是二级知情人,即信息领受人。[148] 这一措施实际上绕开了"个人获益"标准,同时也从侧面表明,这一标准存在重大缺陷而不得不绕开。

需要注意,由于证券分析师并没有被包含在上述的"推定内幕人员"之中,选择性信息披露的做法就游离在 Dirks 案确定的内幕交易规管范围之外,最终促使 SEC 出台了《公平披露规则》,以专门处理选择性信息披露的问题。[149] 如前所述,《公平披露规则》的法理基础与信息机会平等理论是紧密相关的,因此,在某种意义上可以说,《公平披露规则》让早已被丢弃的信息机会平等理论重新焕发生机。[150] 这清晰地暴露了古典理论的缺陷,同时展现了信息机会平等理论的优势。

5.4.1.2 盗用理论的缺陷

盗用理论也存在两方面的重大缺陷。第一,逻辑混乱且存疑。这损害了盗用理论本身的权威性,且难以为投资者提供充分的保护。第二,盗用理论存在巨大的法律漏洞,导致很多涉及利用内幕信息的证券交易行为都被排除在第 10(b)条和 10b-5 规则的涵盖范围之外。

这些问题深刻地反映出将普通法的信义义务引入到证券法中的不适当性。由于交易者之间需要存在信义关系(fiduciary relationship)这一要件,古典理论无法应对诸如 O'Hagan 这类不承担信义义务的其他外部投资者利用内幕信息进行交易的情形。从政策的角度看,美国法院采用盗

---

[147] 参见 Loss and Seligman, 前注⑮, 第 3577 页。
[148] See 463 U.S. 646, 655, n. 14 (1983).
[149] 参见第五章第 5.3.3.2 节。
[150] 同上。

用理论是很有必要的,[151]因为它将内幕交易法律责任扩展至外部人员,弥补了古典理论的不足,"通过解决外部人员盗用内幕信息的问题维护了证券市场的公正性……"[152]换言之,在 O'Hagan 一案中,法院认为,从政策的角度看,古典理论的涵盖范围过于狭小,因而尽管这一理论存在很多问题,法院也别无选择,唯有采纳盗用理论。下文将详细阐述这些问题。

5.4.1.2.1 模糊不清的法律推理过程

盗用理论的法律推理过程模糊不清,非常牵强,颇有"削足适履"之嫌。美国联邦最高法院在扩大古典理论所建立的内幕交易责任范围时,不得不满足 Chiarella-Dirks 案所确定的违反信义义务的要件。根据盗用理论,信义义务是对信息来源方的责任,与证券交易本身并无直接联系。

法院在将违反信义义务的要件与第 10(b)条和 10b-5 规则联系起来时,其推理过程变得愈加模糊。在法院看来,对于信息来源方的欺诈与第 10(b)条所规定的证券买卖是相互关联的,因为当负有信义义务的人利用内幕信息买卖证券时,欺诈便产生了,而不是在其获取内幕信息之时;据此,"证券交易与违反信义义务……是同时发生的"。[153] 盗用理论的这一观点利用翻转腾挪的法律技巧将该理论与第 10(b)条协调了起来。

确实,盗用理论一直因其牵强的推理过程而备受诟病,被指责是"为了达到预期目的而强行进行反推的理论"[154]。未履行信息披露义务而产

---

[151] 事实上,出于现实的考量,盗用理论需要将内幕信息交易扩大到外部人身上,对此有诸多学者对 O'Hagan 案发表了补充性评论。Joel Seligman, "A Mature Synthesis: O'Hagan Resolves 'Insider' Trading's Most Vexing Problems", (1998) 23 *Delaware Journal of Corporate Law*. 1; Elliott J. Weiss, " *United States v. O'Hagan*: Pragmatism Returns to the Law of Insider Trading", (1998) 23 *Journal of Corporation Law* 395; Victor Brudney, " *O'Hagan's* Problems", *Supreme Court Review* (1997) 249; Pritchard, 前注[129]。

[152] *United States v. O'Hagan*, 521 U.S. 642, 653 (1997).

[153] 同上注,第 656 页。

[154] See Harold S. Bloomemthal, *Securities Law Handbook* 1183 (1998). 该文针对盗用理论的推理过程的模糊性进行批评,可参见 Michael P. Kenny & Theresa D Thebaut, "Misguided Statutory Construction to Cover the Corporate Universe: The Misappropriation Theory of Section 10(b)", (1995) 59 *Albany Law Review* 139, 188。该文认为无论是怎样的一种不可抗拒的理想将基于"欺诈信息来源"的盗用理论与交易行为联系起来,这都不是法律条文本身所具有的吸引力。John R. Beeson, "Rounding the Peg to Fit the Hole: A Proposed Regulatory Reform of the Misappropriation Theory", (1996) 144 *University of Pennsylvania Law Review* 1077, 1138. 文章中提到,只有通过大量的法律技术,盗用理论方能使与市场无关的义务的违反这一要件转化成为发现在市场中对投资者直接或间接造成损失,这成为 10b-5 规则所规定的责任的基础。参见 Nagy,前注[57],第 1276 页。该文认为盗用理论在很大程度上是贯彻信息机会平等理论的重要手段。

生的欺诈是承担内幕交易责任的重要前提,因为"第 10(b)条并不普适于所有违反信义义务情形,而是针对那些涉及操纵市场或欺诈的行为。"[155] 然而,盗用理论关注的欺诈对象并不是市场交易的参与方,而是信息来源方,后者与证券市场交易关系不大,甚至可以说毫无关系。

例如,盗用理论已经被用来保护报社免受其专栏作家盗用相关信息进行证券交易的侵害、[156]保护精神病病人免受其医生盗用相关信息的侵害、[157]配偶免受对方盗用相关信息的伤害、[158]父母免受儿女盗用相关信息的侵害、[159]州彩票机构免受其代理人盗用相关信息的侵害、[160]出租车乘客免受司机盗用其信息的侵害、委托人免受其所委托的律师和会计师盗用其信息的侵害,等等。显然,上述各种社会关系本来都属于证券市场交易之外的关系。但是,为了扩展内幕交易法律的规管范围,盗用理论硬是将它们与证券交易联系在了一起,从而可以通过证券法对于相关的盗用信息行为进行处罚。[161] 在这个意义上,盗用理论是为了追究相关人的内幕交易法律责任而千方百计地去寻找和定义信义关系,这是一种以结果为导向的推理方法,即先定性后论证。

由于盗用理论的推理过程存在缺陷,该理论的法律权威受到质疑和削弱。对于法律权威性的来源问题,社会学专家发现,个人之所以愿意遵守法律,主要是出于一种义务感和对于法治的尊重。他们认为,"政治以及法律权威的有效性在很大程度上依赖于公民对于相关法律规则和决定的认可和自愿合作"。[162] 假如 O'Hagan 案的裁判被大众认为是基于模糊

---

[155] 430 U.S. 462 (1977) (emphasis added). 第 10(b)条和 10b-5 规则清晰地表明这些法规禁止在证券交易中使用"欺诈手段""欺诈""欺骗"。See 15 U.S.C. § 78j(b) and 17 CFR § 240.10b-5 (1996). 156. *Carpenter v. United States*, 484 U.S. 19 (1987).

[156] See *Carpenter v. United States*, 484 U.S. 19 (1987).

[157] See *United States v. Willis*, 737 F. Supp. 269 (S.D.N.Y. 1990).

[158] See *United States v. Chestman*, 947 F. 2d 557 (2d Cir. 1991) (en banc), cert. denied, 503 U.S. 1004 (1992).

[159] See *United States v. Reed*, 601 F. Supp. 685 (S.D.N.Y.), rev'd on other grounds, 773 F.2d 477 (2d Cir. 1985).

[160] See *United States v. Bryan*, 58 F.3d 933 (4th Cir. 1995).

[161] 对 O'Hagan 案法院在解释信义义务与证券交易的"关联性"时所使用的推理模糊不清,深入阐述请参见 Painter et al., 前注[22],第 181—186 页。

[162] Tom R. Tyler, "Public Mistrust of the Law: A Political Perspective" (1998) 66 *University of Cincinnati Law Review* 847, 856; Harold G. Grasmick & Robert J. Bursik, Jr., "Conscience, SignificantOthers, and Rational Choice: Extending the Deterrence Model"(1990) 24 *Law & Society Review* 837—839. 该文认为在解释关于犯罪行为时,道德关注要比法律制裁更为重要。

的推理而做出的,并且缺乏合法性的话,那么,它将很难获得社会大众的遵守,甚至也不会得到其他法院的支持。[163] 事实上,在美国联邦最高法院对 *O'Hagan* 案做出判决之前的很长一段时间里,虽然盗用理论已经出现,但其有效性一直备受争议。[164]

另外,盗用理论模糊不清的法律推理过程对该理论本来所追求的保护投资者的目标起到了负面的影响。[165] 盗用理论认为,盗用信息进行证券交易将会"对于信息的来源构成欺诈,同时还侵害投资大众的合法权益"。[166] 很明显,在盗用理论中,欺诈行为是针对信息来源方而言的,盗用信息者进行证券交易对投资者所造成的伤害并不属于第 10(b) 条的保护对象。[167] 换言之,盗用理论将信息来源方作为直接受到欺诈的受害者,而投资者在盗用理论下只是被间接地保护而已。

显然,对投资者进行间接保护的做法并不完美,相反还会成为私人权益保护的一个障碍。如果在盗用理论中投资者并不被视作欺诈行为的受害者,那么,投资者就没有相应的法律资格去启动诉讼。这一点充分体现在 *Moss v. Morgan Stanley Inc* 一案中。[168] 在该案中,原告 Moss 不知情地卖出了其持有的一家公司的股份,而这家公司即将成为一宗并购交易的目标,他因此失去了并购消息披露后股价上涨的获利机会,遂依据 10b-5 规则对那些盗用并购信息而买入目标公司证券的人提起了诉讼。美国联邦第二巡回上诉法院认为,根据 10b-5 规则,原告并不具有诉讼主体资格,因为原告并不是被告盗用信息的信息来源方,被告对其没有信息披露义务,也就没有受到被告欺诈的可能。[169]

因此,根据盗用理论,作为内幕交易者对手方的投资者没有资格提起

---

[163] 参见 Tyler, 前注[162], 第 858—860 页。研究表明社会大众对法律合理性感知的重要性;还可参见 Tom R. Tyler, "Compliance With Intellectual Property Laws: A Psychological Perspective", (1996-1997) 29 *New York University Journal of International Law and Politics* 219, 225。该文认为人们的行为方式主要基于对如下问题的认识:第一,何者正确、何者错误;第二,对法律以及权威机构的态度。

[164] 对 *O'Hagan* 案之前的盗用理论的阐释,参见第五章第 5.3.3.3.1 节。

[165] *United States v. O'Hagan*, 521 U.S. 642, 658 (1997). 盗用理论与证券法的目标是一致的,均旨在确保证券市场的公正,并提升投资者信心。

[166] 同上注,第 656 页。

[167] 参见 Nagy, 前注[57], 第 1277 页。个人和证券市场遭受侵害并不是因为盗用者对信息来源的欺诈行为,而是因为盗用者在证券交易中利用其所获取的信息这一事实。

[168] See 719 F.2d 5 (2d Cir. 1983), cert. denied, 465 U.S. 1025 (1984).

[169] 同上注,第 16 页。被告对原告不承担任何信息披露义务。

民事诉讼。这一漏洞已由美国国会通过修改证券法的方式填补,根据修法后的第20A条,与内幕交易者同时进行交易的同期交易者(contemporaneous traders),譬如上述案例中的 Moss,就享有成文法上的明确的诉权。[170] 美国国会进行修法的出发点是 Moss 案的结果与证券法救济的旨意不相符合。[171] 从政策的角度看,这次修法是正当的,但在内幕交易的法律体系上却产生了矛盾。一方面,美国联邦最高法院认为,根据盗用理论,内幕交易者对投资者不承担信义义务,也就不承担赔偿责任;但另一方面,美国国会认为,在有些情况下,即使不存在信义关系,内幕交易者仍应承担法律责任。显然,这与强调信义义务的古典理论相冲突,也反映出盗用理论的内在逻辑推理是模糊不清也无法自洽的。

5.4.1.2.2 责任方面存在的漏洞

上文分析表明,盗用理论通过一个复杂且有疑问的路径,将外部人员的内幕交易的法律责任扩展到了第10(b)条和10b-5规则下。然而,这一理论的问题还远不止于此。尽管盗用理论可涵盖那些古典理论范围之外的人员,但同时也产生了新的法律漏洞。

根据盗用理论,欺诈指的是某人没有将其利用内幕信息进行证券交易的这一意图向信息来源方进行披露的行为,而不是针对交易本身。盗用理论聚焦于信息领受人对于信息来源方的信义义务,前者对于后者负有信息披露的义务,假如不披露则构成欺诈。[172] 可见构成盗用理论的要件包括两点:第一,信义义务的存在;第二,利用信息进行交易的意图没有及时向信息来源方披露。这两个要件可能被规避,从而出现严重的法律漏洞。

首先,假如在证券交易中内幕信息被利用,但利用者与信息来源方之间并不存在信义关系,那么,利用信息进行交易的人就没有违反盗用理论。因此,那些通过窃取等手段获取信息并交易的人就不受盗用理论的规管,因为窃贼与信息来源方之间并不存在信义关系。[173] 这些人游

---

[170] 15 U.S.C. § 78t-1(a)(1994).任何违反本章之规定或者相关规则、条例而购买或出售某证券且获知重大内幕信息者均应在诉讼中对那些同时购买或出售的人承担相应的法律责任。

[171] ITSFEA House Report, H.R. Rep. No. 100-910, at 27 (1988), reprinted in 1988 U.S.C.C.A.N. 6043, 6063.美国国会曾明确指出第20A条旨在"推翻如 Moss 等案中排除的原告证据开示权,在这些案件中被告的违法行为均基于盗用理论而得出"。参见同上。

[172] United States v. O'Hagan, 521 U.S. 642, 652 (1997).

[173] United State Supreme Court Official Transcript, O'Hagan (No. 96-842), available in 1997WL 182584 at *5.问:Dreeben 先生,假如有人偷窃了律师公文包并将相关信息予以披露获取利益,是否违法? 答:不违法。

离在盗用理论的涵盖范围之外,无须承担该理论下的内幕交易法律责任,当然,他们的行为可能构成诸如盗窃罪等传统的罪名而受到法律制裁。

其次,假如信息盗用者肆无忌惮,以至于向信息来源方披露了其利用信息进行交易的意图,那么,信息盗用者接下来的交易并不违反 10b-5 规则,即使信息来源方不同意盗用者的交易,甚至强烈反对也无济于事。[174] 对此问题,*O' Hagan* 案的法官指出:"在盗用理论中,如果进行了信息披露,就可以避免承担内幕交易法律责任;盗用理论的一个核心要件是盗用信息者对信息来源方负有忠实义务,因此,假如前者向后者披露了其将利用相关信息进行交易的意图,则不存在欺诈行为,也就不违反第 10(b) 条的规定,当然,盗用信息人可能根据州法的规定仍属违反忠实义务。"[175]

如果盗用理论的逻辑成立,盗用信息者在向信息来源方告知自己的交易意图之后,即使没有获得信息来源方的同意,也可以安全、合法地进行证券交易。美国联邦最高法院完全认识到这一点,认为"在盗用理论下,当一个人基于未公开信息进行交易时,如果该人将其交易计划告知信息来源方或者获得其同意后,那么,就不会触发该理论下的内幕交易法律责任"。[176]

有人可能认为,上文讨论的盗用信息人肆无忌惮到将自己的交易计划告知信息来源方,甚至获得后者同意交易的情形完全是臆想和虚构的,不会在现实生活中出现。然而,事实并非如此。在证券交易领域,这样肆无忌惮的盗用信息人是存在的,尤其在盗用理论下要求的信义关系实际上是一种很亲近的人际关系时更是如此。[177] 一个授权交易的适例是,信息提供者在并购交易中先囤积并购公司股票,然后向亲朋好友告知公司的并购计划并让他们购买股票。这种做法曾经非常普遍,最终导致了 SEC 出台 14e-3 规则进行规管。

上文阐述的各种法律漏洞令人担忧,因为其涉及的各种交易行为对

---

[174] 这一交易行为也称之为"坦白交易"(candid trading)。Saikrishna Prakash, "Our Dysfunctional Insider Trading Regime" (1999) 99 *Columbia Law Review* 1491, 1506.

[175] *United States v. O' Hagan*, 521 U.S. 642, 655 (1997).及时披露交易意图能够避免信息盗用责任的承担,对此政府持赞同态度。为满足普通法的规定,尽管存在委托关系,受托人不能使用委托人之财产,除非二者之间达到一致。为满足证券法的这一要件,并不需要存在欺诈行为,只需要满足披露这一要件即可。同上注,第 654 页。

[176] *United States v. O' Hagan*, 521 U.S. 642, 659 n. 9 (1997).

[177] 参见 Nagy,前注[57],第 1257—1258 页。

市场造成的客观影响也是巨大的,无论进行证券交易的盗用信息者是欺骗了信息来源方,还是告知了信息来源方,甚至取得了后者的同意。正如在 O'Hagan 案中提出反对意见的 Thomas 法官所言:"利用未公开信息进行交易会损害社会大众的利益,这是一个客观事实,且不论交易者是否欺诈了信息来源方。"[178]因此,O'Hagan 案的多数派法官也承认,第 10(b)条"只是部分地缓解了其旨在解决的问题"。[179]

事实上,在收购领域中,上述的各种法律漏洞已经通过 14e-3 规则"亡羊补牢"。这一规则并没有要求交易当事人对于信息来源方承担保密义务,而是关注交易者对于证券市场参与者所实施的欺诈行为。因此,尽管信息盗用者与信息提供者之间没有信义关系,或者信息盗用者索性向信息提供者披露了其交易计划,甚至获得了信息提供者的交易许可,信息盗用者仍应为其交易行为承担法律责任。

这一点在 United States v. Chestman 一案中得到了详细阐述。[180] Chestman 使用了其妻子基于信任透露给他的有关其家族企业意欲进行并购交易的消息。美国联邦第二巡回上诉法院认为,根据第 10(b)条,Chestman 并不需要承担相应的法律责任,因为检控方无法提供 Chestman 与其妻子之间存在信义关系的充分证据。[181]然而,根据 14e-3 规则,Chestman 被定罪,因为他在掌握与并购有关的重大内幕交易情况下仍故意进行相关证券交易。[182]

如前所述,14e-3 规则是 SEC 对古典理论缺陷的一个监管回应,是基于信息机会平等理论而提出来的。该规则的作用在于填补盗用理论留下的法律漏洞,这表明相较于以信义义务为基础的古典和盗用理论而言,信息机会平等理论具有优越性。

然而,14e-3 规则仅适用于与收购有关的信息盗用问题,此外的其他领域仍存在着上述法律漏洞。例如,倘若 Chestman 使用的信息与要约收购(tender offer)无关,而是关于其他类型的并购行为,比如资产收购或公司合并等,那么,14e-3 规则将不能适用,Chestman 也就不承担 14e-3 规

---

[178] United States v. O'Hagan, 521 U.S. 642, 690 (1997).法官 Thomas 对判决结果部分同意,部分反对。
[179] 同上注,第 659 页。
[180] See 947 F.2d 551 (2d Cir. 1991) (en banc), cert. denied, 503 U.S. 1004 (1992).
[181] 同上注,第 570—571 页。
[182] 同上注,第 556—564 页。

则下的责任。⑱ 这一情形体现在 *SEC v. Switzer* 案中。⑱ 在该案中,Barry Switzer 是一名橄榄球教练,被指控利用公司合并信息进行证券交易。他是在田径场的看台上休息时从一名也坐在看台上休息的公司董事那里偶然听到这一消息。⑱ 由于 SEC 无法证明公司董事是否直接或间接故意地向教练透露这一信息,因此法院认为不存在违法的信息泄露行为。⑱ 更为重要的是,检察官没有依据 14e-3 规则对 Switzer 提起指控,因为案中涉及的消息是关于公司合并,而不是要约收购,从而无法适用 14e-3 规则。

由上可见,Chestman 最终承担内幕交易责任是因为相关交易的类型属于要约收购,如果该交易被定性为公司合并,可能就不承担责任了。显然,14e-3 规则并不具有适用上的一致性,因为不管盗用信息的相关交易的架构是要约收购,还是公司合并,盗用信息者的交易对证券市场的影响都是相当的。为了对相似情形进行一致的对待,信息机会平等理论在适用范围上应予扩大,而不是仅仅局限在要约收购。

5.4.1.3 中国的本土法律资源

在移植境外法律经验之时,我们还应当充分考虑中国的特殊国情。美国以信义义务为基础的内幕交易规管理论除了其固有的问题之外,也不契合中国的本土应用场景。下文将对此展开具体分析,包括信义义务体系在中国的发展程度,以及中国内幕交易法律的执法效率等。

5.4.1.3.1 信义义务概念在中国尚未成熟

中国的信义义务概念尚不成熟,这是中国采纳以信义义务为基础的内幕交易规管理论的一大障碍。如前所述,美国联邦最高法院使用普通法的信义义务概念确立了内幕交易法律制度。确实,无论是在古典理论还是在盗用理论中,信义义务都是内幕交易责任的核心要件。具体而言,在古典理论中,交易者必须负有向交易对方进行披露的义务,而在盗用理论中,交易者则负有向消息提供者进行披露的义务。由于交易者承担信息披露义务,因此,交易者不进行信息披露就意味着欺诈行为的出现。

然而,为了满足违反信义义务的条件,美国法院不得不调整普通法中信义义务的概念。正如法院所言:"联邦法院在 10b-5 规则下适用的'联

---

⑱ 参见 Steinberg, 前注㊵, 第 644—645 页。
⑱ See 590 F. Supp. 756 (W.D. Okla. 1984).
⑱ 同上注, 第 724 页。
⑱ 同上注, 第 766 页。

邦信义义务规则'与州法下的信义义务标准有时是存在偏离的,但这是为了维护联邦法律的内在一致性而不得不采取的举措。"⑱因此,在适用古典理论和盗用理论时,美国法院要么依据传统的州层面的信义义务法律,要么自己创制新的联邦层面的信义义务概念,以决定何时存在信义义务关系,从而存在信息披露义务。

然而,在 10b-5 规则下,美国联邦最高法院对于信义关系的内涵和外延似乎尚不清楚,并一直在进行艰难的探索。这一点从法院在选择其使用的术语时展露无遗:在某些案件中,法院适用一个新型的、更加宽泛的"信任和信心"关系(relationship of trust and confidence);⑱而在另一些案件中,则适用一个传统的、更为狭义的"信义关系"(fiduciary relationship)。⑲ 这两套概念体系之间的关系并不清晰。根据《布莱克法律词典》的解释,"信任关系"等同于"信义关系"。⑲ 然而,这两个概念之间似乎存在某些差异。有学者认为,"信义"关系是基于某些特定地位产生的法律上的强制性要求,而后者则是源自具体行为并且是基于双方之间的主观期许。⑲

事实上,无论是"信义关系"的范围还是"信任关系"的范围都不甚清晰。在美国,传统上认为存在信义关系的情形有:律师与客户之间、遗嘱执行人与继承人之间、监护人与被监护人之间、委托人与受托人之间、信托人与受托人之间、合伙人之间、公司高管与股东之间等。⑲ 除了这些传

---

⑱　Santa Fe Industries, Inc. v. Green, 430 U.S. 462, 479 (1977).

⑱　See Chiarella v. United States, 445 U.S. 222, 228 (1980); United States v. Reed, 601 F. Supp. 685, 696 (S.D.N.Y.), reviewed on other grounds, 773 F.2d 477 (2d Cir. 1985); United States v. Willis, 737 F. Supp. 269, 274 (S.D.N.Y. 1990); United States v. Chestman, 947 F. 2d 557, 564 (2d Cir. 1991) (en banc), cert. denied, 503 U.S. 1004 (1992).

⑲　See United States v. O'Hagan, 521 U.S. 642, 652 (1997).在 O'Hagan 案中,法院也使用了"忠实与信义义务"的概念。同上注。这一概念似乎要比信义关系的概念更宽泛。United States v.Reed, 601 F. Supp. 685, 704-05(S.D.N.Y.).判决中指出,父子之间并非信义关系,更像是一种信任关系。

⑲　Bryan A. Garner (ed.), Black's Law Dictionary (West Publishing Company, 8th ed., 2004),p. 298.

⑲　See George G. Bogert, 'Confidential Relations and Unenforceable Express Trusts' (1928) 13 Connell Law Review 237, 248.该文认为,公司董事与股东之间自动存在着信义关系,然而,父子之间是否存在信任关系则不确定,需要依据二者之间的具体关系以及他们之间的约定去确定。

⑲　See John C. Coffee, "From Tort to Crime: Some Reflections on the Criminalization of Fiduciary Breaches and the Problematic Line Between Law and Ethics" (1981) 19 American Criminal Law Review 117, 150; Austin W. Scott, "The Fiduciary Principle" (1949) 37 California Law Review 539, 541.

统类型之外,很多其他类型的关系在本质上也属于信义关系,因此,信义关系的概念是不清晰的。[103] 有学者指出:"在公司高管与股东之间、律师与客户之间这两种典型的信义关系之外,我们对于其他的信义关系只能通过猜测。在美国联邦最高法院的多数派法官将某一类社会关系认定为信义关系之前,我们无法确定该类社会关系的性质。"[104]

与"信义关系"相比,"信任关系"这一术语的含义更是难以确定,因为它并不是传统普通法中的概念。在盗用理论中,诸如家庭关系以及其他个人间的非商业关系是否应当视作信任关系,尤为含混不清。例如,在 United States v. Reed 案中,[105]父子关系被视作一种信任关系,然而在 United States v. Chestman 案中,[106]夫妻关系却不被视作一种信任关系。因此,信任关系的认定具有高度的不确定性,这将导致人们很难事先判定家庭成员之间的信息交流是否属于盗用理论的规管范围。

为解决这一问题,SEC 于 2000 年发布了 10b5-2 规则,[107]对于依据第 10(b)条、10b-5 规则形成的盗用理论涉及的"信任关系"情形做出了一个非排他性的描述。[108] 根据 10b5-2 规则,包括配偶、父母、子女以及兄弟之间的各种近亲属关系在本质上都可视作信任关系,而诸如堂(表)兄弟姐妹、祖父母(外祖父母)等其他亲属关系以及朋友关系则不属此列。另外,公诉人员应当举证证明在具体的案件中信息提供者对盗用信息进行交易者存在信任和信息保密的期待。因此,尽管这一规则对于各种家庭关系的定性提供了一些指导,但仍存在不确定性。

首先,10b5-2 规则的合法性一直存疑,因为它与其他法院的判决之间存在冲突和矛盾。[109] 其次,更为重要的是,按照 10b5-2 规则被排除在信任关系之外的其他情形,其定性可能会随着具体案件事实及环境的

---

[103] 信义义务的概念远未清晰。参见 John C. Coffee, "From Tort to Crime: Some Reflections on the Criminalization of Fiduciary Breaches and the Problematic Line Between Law and Ethics" (1981) 19 American Criminal Law Review 117, 150。该文指出,普通法在界定信义关系时存在严重的不确定性。United States v.Chestman, 947 F.2d 551, 567 (1991).该判决表明,信义关系在股东关系中是清晰的,然而在其他情形下,这一概念确实模糊不清。

[104] Bainbridge,前注[76],第 45 页。

[105] See 601 F.Supp. 685 (S.D.N.Y.), rev'd on other grounds, 773 F.2d 477 (2d Cir.1985).

[106] See 947 F.2d 557, 564 (2d Cir.1991) (en banc), cert. denied, 503 U.S. 1004 (1992).

[107] See 17 C.F.R. § 240.10b5-2 (2001).

[108] See 17 C.F.R. § 240.10b5-2(b) (2001).

[109] 参见 Steinberg, 前注[40],第 646—647 页。该文认为,SEC 在实践中早已借助 10b5-1 规则,推翻了 Chestman 案所做出的判决。

变化而发生改变。因此,要确定某种社会关系是否属于盗用理论中所说的"信任关系",还必须对案件事实予以具体分析。在实践中,对这一问题的解答在很大程度上依赖于法院的自由裁量权。事实上,这是一个非常棘手的问题,多个世纪以来美国法院都一直在试图寻求解决之道。[200] 如果美国法院在面对这一问题时都觉得困难重重,那么,对于缺少信义义务传统概念基础的中国来说,想解决这一问题绝非易事。这就使得以信义义务为基础的内幕交易责任理论很难在中国生根发芽和有效运作。

作为一个大陆法系国家,中国直到20世纪末才出现信义义务的术语。在1993年《公司法》中,[201]立法者引入了来自普通法系的信义义务概念。目前,信义义务概念体系在中国的发展仍旧处于初级阶段,需要进一步发展成熟。例如,在中国《公司法》中,董事的信义义务分为注意义务和忠实义务,但是,注意义务只是简单提及,缺乏法条的指导,而忠实义务虽有相关法条,其内容过于简单和笼统,在实践中也难以适用。[202] 信义义务在股东关系中尚且不明确(例如控股股东是否存在信义义务,如果有,这种信义义务的内容和标准是什么,与董事对公司承担的信义义务有何异同等),至于其他领域的信义义务的认定和适用,就更是一头雾水了。简言之,这些问题严重地影响了以信义义务为基础的内幕交易责任理论在中国的可适用性。

最后,10b5-2规则的做法能否移植到中国并生根发芽同样值得怀疑。由于没有信义义务这一传统概念的支撑,让中国法官去判断如投资银行与其客户之间、医生与病人之间、[203]出租车司机与乘客之间、新闻专栏

---

[200] 参见 Langevoort,前注⑮,§3.02,3。该文认为普通法法院多个世纪以来一直在努力确定信义义务的范围。Painter et al.,前注㉒,第190—191页。该文也认为信义义务的范围是不清晰的。参见 Bainbridge,前注⑯,第34页。文中指出如何知道某人是否为受托人是一个难以回答的问题。United States v. Chestman, 947 F. 2d 557, 570 (2d Cir. 1991).联邦第二巡回上诉法院认为信义关系的概念极具弹性,因此不能在刑事案件中使用这一概念。

[201] 《公司法》于1993年12月29日颁行,1994年7月1日实施,1999年、2004年、2013年、2018年修正,2005年、2023年修订。

[202] 参见张开平:《英美公司董事法律制度研究》,法律出版社1998年版。2005年《公司法》增加了第148条,明确规定董事对公司负有忠实义务和注意义务。然而,该法对于忠实义务和注意义务的具体含义、标准,除了第149条所列举的几种情形之外,都没有给予明确的规定。

[203] United States v. Willis, 737 F. Supp. 269, 274 (S.D.N.Y. 1990).在该案中,法院认为在盗用理论下,基于病人与其之间的信义关系,精神科医生进行内部交易行为应承担责任。

作家及其报社与读者之间、㉔父亲与儿子之间、㉕夫妻之间等是否存在信义关系,将是一个非常困难的问题。㉖ 在中国,上述这些关系是否满足10b5-2规则明确要求的"双方具有相互信任的历史、模式或做法"就不得而知。所以,在信义义务概念尚未发展成熟的情况下,法官完全无法应对上述的各种情形。

5.4.1.3.2 效率低下的执法体系

如前所述,虽然古典理论和盗用理论的美国内幕交易法律体系存在严重问题,但在美国,内幕交易行为在现实中似乎得到了较为有效的规管,至少从那些公开报道的案件数据来看是这样的,并且大众也普遍认可这一点。㉗ 其中一个重要的原因是,美国建立起了一个有效的证券法执行体系,包括由 SEC 等公权部门推动的公共执行机制和由私人投资者提起集团诉讼的私人执行机制。㉘ 因此,尽管美国的内幕交易法律远非完美,但其执行机制非常有效,能将法律的功效充分发挥出来,最终取得了全球领先的内幕交易规管效果。相比之下,中国缺乏有效的法律执行体系,仅通过简单地移植美国内幕交易法律,很难达到同样的效果。㉙

在法经济学上,法律制度的效用是法律实体规则和法律执行机制的一个共同函数,即法律实体规则得分的百分比乘以法律执行机制得分的百分比乘以100。以一个简单的数学模型为例进行分析,假设美国的内幕交易法律只能得分70,但其执行机制可能得分90,其最终功效就是63分;

㉔ 著名的案例是 Carpenter v. United States, 484 U.S. 19 (1987)。在该案中,《华尔街日报》"道听途说"(Heard On the Street)栏目的作者利用与工作关系有关联的优势获取的信息进行交易,违法了信义义务中的禁止交易规定。

㉕ 案例如 United States v. Reed, 601 F. Supp. 685 (S.D.N.Y.), rev'd on other grounds, 773 F. 2d 477 (2d Cir. 1985)。法院认为儿子利用其父亲告知的内幕信息进行交易违反了信义义务。

㉖ 案例如 United States v. Chestman, 947 F. 2d 557, 564 (2d Cir. 1991), cert.denied, 503 U. S. 1004 (1992)。在这个案例中法院认为夫妻之间并不存在足以满足盗用理论的信义关系或者类似的信任关系。

㉗ 研究表明,从1994年至1997年3年间,美国司法部提起有关内幕交易的刑事案件共77起,SEC 提起的相关民事案件共计189起。这一数字远远高于其他国家。例如,英国从1980年至1994年14年间,有关内幕交易的刑事案件共23起。See Lori Semaan, Mark A Freeman and Michael A Adams, "Is Insider Trading a Necessary Evil for Efficient Markets?: An International Comparative Analysis" (1999) 17 Company and Securities Law Journal 220, 244.

㉘ 参见 Steinberg,前注㊵,第672页。

㉙ 该观点总结自笔者与 Langevoort 教授的访谈,2002年7月19日,澳大利亚悉尼大学。Langevoort 教授认为美国的内幕交易法律只适用于美国的国情。

另外，假设中国移植了美国内幕交易法律从而在实体规则上也得分 70（实际上，如前所述，由于中国欠缺信义义务概念的基础支撑，因此，移植法律的得分应该低于其在美国的得分），但其执行机制可能仅得分 50，其最终功效就只有 35 分，甚至更低。下文将阐述中国证券执法机制的问题。

首先，SEC 在执行内幕交易法律方面发挥着关键作用，被认为是"美国证券法律制度得以有效执行的重要因素"。[210] 当然，"工欲善其事，必先利其器"，SEC 的高效与其相对充足的监管资源息息相关。相较而言，中国证监会受制于经费和人手等资源，在实践中并不能有效地发挥其作用。如第三章所述，中国证监会在人员及其他相关资源的配置上是不足的；同时，中国证监会在监管职权及独立性方面也存在不少问题。这些问题均严重限制了中国证监会的监管能力和功效，从而使得内幕交易法律制度的最终实现效果大打折扣。此外，与国外相比，中国对于市场交易的实时监控技术发展也不够成熟，效率较为低下。[211]

其次，美国法官愿意并且有能力与 SEC 开展合作，从而共同应对内幕交易行为。[212] 例如，法院会基于检控方出具的间接证据做出有关内幕交易的判决。[213] 相较而言，中国法官在应对内幕交易案件的能力及主观意愿方面都有待提升。如第二章所述，直到 2003 年中国法院审判的针对内幕交易的第一起刑事诉讼才出现，而如第七章将要重点阐述的，内幕交易民事诉讼一直付之阙如。

出现上述问题的一个重要原因是，中国法官在审理证券案件方面缺乏必要的知识与经验，尤其是面对复杂的内幕交易行为时更是如此。[214] 在中国，早些时候，法官往往从军队及政府官员等非法律职业中选取，他们并没有获得系统的法律专业教育。例如，1997 年的一份问卷调查表明，在中国从事司法工作的 25 万人中，只有 5.6% 具有学士学位。同时，在 18 万

---

[210] Steinberg,前注㊵,第 674 页。

[211] See He Jia et. al., "Disclosure of Material Information and Anomalous Price Change on China's Stock Market" *Zhengquan Shibao [Securities Times]* 27 May 2002.

[212] See Stephen M. Bainbridge, "Insider Trading Regulation: The Path Dependent Choice between Property Rights and Securities Fraud" (1999) 52 *SMU Law Review* 1589, 1635-1640.文中解释了为什么法官愿意帮助并支持 SEC 共同应对内幕交易行为。

[213] *SEC v. Sargent*, 229 F.3d 68, 75 (1st Cir. 2000).间接证据在满足其他证据可采性标准的前提下，视同直接证据。*United States v. Gamache*, 156 F.3d 1, 8 (1st Cir. 1998). 参见 Wang & Steinberg, 前注⑮,第 185 页。文中指出故意的心理状态可通过间接证据予以确认。

[214] 参见王利明:《我国证券法中民事责任制度的完善》,载《法学研究》2001 年第 4 期。

的检察业务人员中,只有 4% 拥有学士学位。[215]

近年来,越来越多的法学生和学者加入到司法队伍中,然而,这一境况恐怕很难在短期内得到明显改善。[216] 首先,尽管他们获得了良好的法律理论知识,但缺乏实务经验。其次,由于目前法官工资水平较低,很多法官,特别是其中的优秀才俊,在获得了一定的经验并积累了一定人脉关系之后,往往会选择离开,去加盟诸如律师事务所等能够获得高薪酬的市场机构,从而加剧了部分法院的法官队伍专业技术能力参差不齐的问题。[217]

确实,在采用美国的内幕交易法律制度时,一个重要的阻碍因素就是中国司法系统的配套问题,因为美国相关制度是建立在高度复杂的信义义务理论基础之上,需要对其具有全面深入的认识并进行准确严密的法律推理。事实上,即使在美国,内幕交易案件也被广泛认为是最为复杂困难的一类案件。如前所述,美国内幕交易法律制度主要是通过司法判例的方式逐步发展出来的。可以想象,如果那些受过良好法学教育并具有丰富实务经验的美国法官在处理内幕交易案件时尚且感觉棘手,那么中国法官在应对这一问题时则更显得捉襟见肘。

最后,目前在中国,针对内幕交易行为的私人诉讼机制尚未建立,这使得法律执行问题更为严重。[218] 相对而言,美国以集团诉讼为代表的私人诉讼机制非常发达,在协助 SEC 发现内幕交易行为并对违法者带来震慑力方面发挥着重要的作用。[219] SEC 曾指出,由于受制于执法资源,它自身很难有效地阻却内幕交易行为,私人诉讼是一个非常重要的补

---

[215] 据报道,1998 年的时候,16 个省(自治区)高级人民法院新任命的主审法官中,有一半人员没有接受过系统的法律教育。参见崔敏:《关于司法改革的若干思考》,载《诉讼法论丛》1998 年第 2 期。事实上,我国司法系统中存在诸多问题,人们对它并不满意。Yuwen Li, "Court Reform in China: Problems, Progress and Prospects" in Jianfu Chen, Yuwen Li & Jan Michiel Otto (eds), Implementation of Law in the People's Republic of China (The Hague, Kluwer Law International, 2002), p. 55; Graig R. Avino, "China's Judiciary: An Instrument of Democratic Change?" (2003) 22 *Penn State International Law Review* 369.

[216] 参见谭世贵主编:《中国司法改革研究》,法律出版社 2000 年版。

[217] 总结自笔者与北京市第二中级人民法院法官的访谈,2003 年 9 月 15 日,北京。

[218] 关于该问题的更详细的阐述,参见第七章第 7.2 节。

[219] 除了向内幕交易受害者提供赔偿外,私人诉讼在震慑违法者方面也发挥着重要作用。例如 Donald C. Langevoort, "Capping Damages for Open-Market Securities Fraud" (1996) 38 *Arizona Law Review* 639, 652,该文论述了私人诉讼的必要性;Janet C. Alexander, "Rethinking Damages in Securities Class Actions" (1996) 48 Stanford Law Review 1487, 1490,该文认为私人诉讼是 SEC 执法的重要补充手段。对这一问题的深入阐释,参见第七章。

充手段。[29] 总之,私人诉讼在很大程度上是内幕交易法律制度乃至整个证券法律制度的一个重要执行机制,中国亟须完善,以补充政府执法的不足。

5.4.2 对信息机会平等理论的采纳

前文对内幕交易规管的古典理论以及盗用理论进行了评述,剖析了一些导致美国内幕交易法律模糊不清、错综复杂,有时相互矛盾等问题的理论原因。鉴于这些问题,采用内幕交易规管的信息机会平等理论可能是一个更好的选择。信息机会平等理论不同于以信义义务为基础的古典和盗用理论,其强调在交易之前披露可能导致获得不公平信息优势的相关重大信息,而不是强调信义义务。相对而言,该理论更富逻辑性和说服力。

此观点可从如下四个方面得到强有力的支撑。首先,信息机会平等理论不是信息对等理论,因此不存在阻碍合法的信息收集行为的风险。其次,这一理论与普通法的基本原理以及10b-5规则的文义解读相一致。再次,除了美国之外,很多其他规管内幕交易行为的主要法域都采用了这一理论。实际上,就算在美国,SEC也一直试图重新启用这一理论。最后,从法政策角度上看,中国更容易接受这一理论。

5.4.2.1 信息对等与机会平等

信息机会平等理论(equality of access theory)与信息对等理论(parity of information theory)总是被人们所混淆,甚至有的时候把对后者的批评用来攻击前者。实际上,这两种理论之间的差异巨大。

信息对等理论的目标是消除所有信息不对称的问题,而不管信息不对称出现的原因,追求的是一种绝对的信息平等,有点类似于"大锅饭"的平均主义。它要求在市场交易中出现的所有信息,无论是公开的或非公开的,一方获知后就应当向另一方予以披露。按照这一理论,获知未公开重大消息的交易一方负有向另一方披露该信息的义务。[30] 它适用于所有基于重大未公开信息的交易,无论是内幕人员还是外部人,也无论是否存在违反信义义务的情形。

信息对等理论的逻辑基础是,市场参与者应当尊重交易对手的决策

---

[29] H. R. Rep. No. 100-910, at 14 (1988).1988年内幕交易和证券欺诈法立法听证时SEC主席Ruder的讲话。

[30] See Ian B. Lee, "Fairness and Insider Trading" (2002) 2002 *Columbia Business Law Review* 119, 151.

自主权,不应隐瞒任何重大信息。㉒ 为此需要解释两点:第一,信息是理性决策的基础,因此,向交易对手隐瞒相关信息就侵害了其决策的自主权。㉓第二,为何市场参与者有义务去关心交易对手的决策自主权? 有人认为,市场的存在基础是交易者相互尊重对方决策自主权的合作关系,因为在市场交易背景下,交易双方并非陌生人,而是合作伙伴。㉔ 这就意味着,所有市场参与者都有义务向其交易对方披露相关信息,而信息对等理论谴责一切一方占有他人并不知晓的重大信息而进行的交易行为。

这一学说无论是在理论还是在实践上都存在问题。信息对等理论将市场参与者的法律地位在本质上视作伙伴关系,并由此认为他们之间应存在类似信义义务的关系,这是一个很牵强的逻辑。显然,这与市场交易中早已确立的"买者自负"原则不一致,在市场交易过程中,参与者之间彼此陌生,单纯的不披露信息的行为并不足以构成欺诈行为。㉕ 在非个人化的证券市场中,信息对等理论越发变得牵强,因为证券交易过程是由计算机系统进行竞价撮合,市场参与者之间互不相识。

另外,信息对等理论的一个致命的现实问题是,它会阻碍合法、有益的信息收集行为。信息并非一种免费商品,它本身具有一定的价值,需要付出成本去生产。因此,应当对信息生产者予以一定的回报和激励。显然,信息对等理论将削弱人们在证券交易方面搜寻有价值信息的积极性。㉖ 诸多支

㉒ 参见前注㉑,第 150—158 页。该文提倡基于这一原理主张信息对等理论。

㉓ 参见 Strudler and Orts,前注⑲,第 410 页。文章认为不披露重大信息是错误的,因为它损害了无辜交易对方的自主权;参见 Lee,前注㉑,第 151 页。该文认为利用交易一方信息上的劣势地位是不尊重其自主权的行为。

㉔ 参见 Strudler and Orts,前注⑲,第 414 页。该文认为市场交易主体并不是陌生人,因此一方应当尊重对方的交易自主权。参见 Lee,前注㉑,第 158 页。该文认为,即使在那些没有特色的证券市场中,公平仍意味着尊重对方当事人的自主权。

㉕ 对这一原则的详细阐述参见本章第 5.4.2.2 节。

㉖ 参见 Easterbrook,前注㉒,第 329—330 页。该文指出,如果信息必须对等获得,那么很少有其他东西是人人能分到的了;Kenneth E. Scott, "Insider Trading: Rule 10b-5, Disclosure and Corporate Privacy" (1980) 9 Journal Legal Studies. 801, 812. 该文认为,信息自由的要求将破坏生产信息的积极性; United States v. Chestman, 947 F2d 551, 576-577 (2d Cir. 1991)。在本案中,Winter 法官部分裁决中表示:"假如法律不能保护商业信息的财产权,那么很少有人愿意投资于信息生产领域。";Anthony T. Kronman, "Mistake, Disclosure, Information, and the Law of Contracts", (1978) 7 Journal Legal Studies.1, 2.该文认为,信息不披露的法律特权实际上是一种财产权,但是仅仅限定在信息是通过"专业知识或仔细研究的结果……在社会所需要的水平上,这种对信息生产的财产权保护是必要的";参见 Lee,前注㉑,第 175—186 页。该文认为对信息生产的激励问题被过于夸大,这主要表现在:第一,信息的社会价值与该信息中重要知识体现出来的私人价值之间不存在必然的关系;第二,诸如合同解决等其他机制足以应对信息投资的激励问题。

持规管内幕交易的学者都认为该理论是一种“乌托邦”的东西。㉗ 实际上，信息对等理论与商业实践是相冲突的。现实中，所有的证券交易皆允许存在信息上的某种优势，例如，由于投资调研勤奋程度的不同以及智力程度的差异，交易各方拥有的信息在数量和质量上都会有所差别。正因如此，在实践中并没有国家采用这一理论。

相较而言，信息机会平等理论聚焦于信息获取机会的平等问题，信息披露义务源自信息获取机会方面的不平等，而非信息获取结果方面的不对等。㉘ 在信息机会平等理论中，假如一方获得了交易对手不知晓的消息的机会优势，那么，这一交易则是不公平的。事实上，信息机会平等并不意味着信息的对等，因为不同人对于机会的把握和利用能力是不同的，并最终导致信息获得量的差异。在 *Chiarella* 案中，持反对意见的 Blackmun 法官指出：“信息对等与信息机会平等之间在概念上存在重大区别。后者允许前者所禁止的某些信息优势，例如那些源于工作勤奋程度或智力的不同而导致的信息差异。”㉙

Brudney 教授进一步发展了信息机会平等理论，认为对重大、未公开信息的获取机会不平等是不公平的，因为它会带来无论多强大的洞察力、再好的运气以及再勤奋的调研都无法取得的、无法超越的信息优势。㉚ 因此，信息机会平等理论不同于信息对等理论，其强调机会的平等，促使人们去积极地搜寻和生产信息。

简言之，信息机会平等理论可确保外部人搜寻有价值信息的积极性，同时排除那些基于优势地位的内幕人员获取信息并利用的情形。然而，信息机会平等理论经常与信息对等理论相混淆。㉛ 如上所述，美国联

㉗ 参见 Brudney，前注⑥，第 339—340 页。该文认为信息对等是一种“平等主义的乌托邦”；James D. Cox, “Insider Trading and Contracting: A critical Response to the ‘Chicago School’”(1986) 1986 *Duke Law Journal* 628, 631。该文同样认为信息对等是一种“乌托邦般的梦想”。

㉘ 对为何信息机会的不平等性可引发信息披露义务问题的详细论述，参见本章第 5.4.2.2 节。

㉙ *Chiarella v. United States*, 445 U.S. 222, 252 n. 2 (1980).

㉚ 参见 Brudney，前注⑥，第 354—355 页。

㉛ 有学者将这两种理论视为同一理论，用“信息对等”指称“信息机会平等”。例如，Nagy，前注(57)，第 1230 页，注释 26。文中称：“为行文方便，本文在机会平等信息而不是信息对等的意义上使用‘信息对等’这一术语。”该文还将针对“信息对等”的缺陷用于攻击“信息机会平等”。同上，第 1307 页。“在证券市场中，尽管信息对等规则可带来更多公众信息，这一规则所要付出的代价是高昂的……可能抑制合法的和社会所需要的投资行为，例如投资分析师和其他市场参与者对信息所付出的辛苦研究。”

邦最高法院先后两次反对信息机会平等理论。㉒ 尽管 Chiarella 案件的法官注意到,联邦第二巡回上诉法院采用的是与信息对等理论相区别的信息机会平等理论,㉓然而还是把这两种理论混淆在一起了。在 Chiarella 案中,法院曾言:"这一理论认为任何人使用未披露的重大信息皆属于欺诈行为,因为这一信息让某些交易者处于不公平的优势地位。"㉔

显然,法院聚焦于"未公开信息的拥有和使用",而不是"信息获取的机会"。将这两个理论混为一谈也体现在其他方面。比如,某法院在批判信息机会平等理论时曾提到:"第 10(b) 条下的信息披露义务并不会仅仅由于占有未公开信息而产生。"㉕另外,在 Dirks 案中,法院认为:"实际上,在这两个案件中,SEC 提出的内幕消息获得者的责任理论的基础是,反欺诈条款要求所有交易者都拥有同等信息。"㉖

实际上,法院反对信息机会平等理论的一个重要理由是,该理论提出了一个非常宽泛的信息披露义务,在国会对此缺乏明确立法意图的情况下,不应当支持这种义务。㉗ 这里所说的"非常宽泛的义务"是指"市场参与者一旦拥有重大、未公开信息就必须放弃交易的普遍义务"。㉘ 这个义务显然是源于信息对等理论,而非信息机会平等理论,前者要比后者的义务更加宽泛,也更让人难以接受。因此,法院实际上是用针对信息对等理论的批评来反对信息机会平等理论。

5.4.2.2 普通法原则

如前所述,美国联邦最高法院反对信息机会平等理论的理由可能是

㉒ See Chiarella v. United States, 445 U.S. 222, 234-235 (1980). "在本案中,我们没有发现使用这一新型、不同理论的基础。" Dirks v. SEC, 463 U.S. 646, 658 n.16 (1983) (citing Chiarella, 445 U.S. at 233). 还可参见 Gevurtz,前注⑭,第 77 页。"在 Chiarella v. United States 案中,美国联邦最高法院反对信息机会平等理论。"

㉓ 联邦第二巡回上诉法院认为:"任何人——无论是否是公司的内幕人员——获得有关交易的重大内幕消息,在履行信息披露义务之前不能利用这一消息进行交易。"参见 United States v. Chiarella, 588 F.2d 1358, 1365 (2d Cir. 1978)。法官将其与信息对等理论予以区分并指出,"联邦第二巡回上诉法院说过其判断标准仅包括获得重大未公开信息的人员"。See Chiarella v. United States, 445 U.S. 222, 231 (1980) [citing United States v.Chiarella, 588 F.2d 1358, 1366 (2d Cir. 1978)].

㉔ Chiarella v. United States, 445 U.S. 222, 232 (1980).

㉕ 同上注,第 235、233 页。"如果不能确认在市场交易中参与者基于重大、未公开信息而放弃交易义务的话,我们不能支持请求者的主张。"

㉖ Dirks v. SEC, 463 U.S. 646, 657 (1983).

㉗ See Chiarella v. United States, 445 U.S. 222, 233 (1980).

㉘ 同上注。

犯了张冠李戴的认知错误，因为信息披露义务过于宽泛实际上是针对信息对等理论的批评。当然，这只是澄清了信息机会平等理论的一桩错案，但要主张它的优越性，还需要进行更多的论证。

根据信息机会平等理论，如果交易者拥有了获取重大未公开信息的机会，而其他人无法通过合法手段获取这些信息，那么，这个交易者就负有一个披露该信息的普遍义务。㉙虽然这一义务比信息对等理论中的义务要狭小，但还是很宽泛，违反了普通法所确定的"义务必须基于双方当事人特定关系"的基本原则，㉚除非国会有相关立法的明确意图，否则提出这种"宽泛的义务"的主张是不会被接受的。㉛ 因此，在判断信息机会平等理论中的义务是否与如 Chiarella 案中所说的普通法原则相冲突时，首先必须讨论普通法的相关问题。

第 10(b) 条与 10b-5 规则是证券法上的一般性反欺诈条款，与普通法中的反欺诈规则在范围上并不完全一致，㉜而美国法院在界定上述两个条款中的"操纵行为或者欺诈行为"时往往依据普通法中的相关规则。㉝就内幕交易而言，美国联邦法院依据普通法发展出了以信义义务为基础的古典和盗用理论，㉞认为在普通法中，违反披露义务是欺诈行为的一个核心要件，而且这一义务仅限于具有信义关系的当事人之间。㉟ 然而，如

㉙ 同前注㉗，第 251 页。Blackmun 法官的赞同意见。
㉚ 同前注㉗，第 233 页。
㉛ 同前注㉗，第 233—234 页。"对这一宽泛义务的阐述不会被接受，除非存在具体的立法意志。"
㉜ See Herman & MacLean v. Huddleston, 459 U.S. 375, 388-389 (1983); Meyers v. Moody, 693 F.2d 1196, 1214 (5th Cir. 1982).该文认为，"普通法中的欺诈要比 10b-5 规则中的欺诈要件严格得多"。
㉝ See Louis Loss, Fundamentals of Securities Regulation (Boston: Little, Brown and Company, 2nd ed., 1988), pp. 712-725.该文阐述了 10b-5 规则与普通法中的欺诈条款之间的相似之处；Frank F. Coulom, Jr. Note, 'Rule 10b-5 and the Duty to Disclose Market Information: It Takes a Thief', (1980) 55 St. Jone's Law Review 93, 102。早期解释这一规则的判例表明，10b-5 规则仅仅是对普通法中有关证券欺诈的相关规则在联邦层面的整理与编纂，并应用于证券欺诈案件中；Basic, Inc. v. Levinson,485 U.S. 224, 253 (1988)。White 法官在该案中赞同一部分，反对一部分。他认为："总体上，根据第 10(b) 条以及 10b-5 规则形成的判例法，根据我们法官的判断是基于普通法中有关欺诈条款产生的。"
㉞ See Chiarella v. United States, 445 U.S. 222, 234-235 (1980)."第 10(b) 条常被视作无所不包的条款,但其所关注的问题是欺诈行为。"
㉟ 法院引用了两个普通法文献佐证其观点，一个是 Restatement (Second) of Torts § 551 (2)(a) (1976); 另一个是 James & Gray, "Misrepresentation-part II", (1978) 37 Maryland Law Review 488, 523-527. Chiarella v. United States, 445 U.S. 222, 228 n. 9 (1980)。

下所述,这一原则存在几个例外情况。

根据普通法原理,提起欺诈之诉必须满足以下条件:第一,对事实的错误陈述或误导陈述;第二,行为人知悉其欺诈行为;第三,旨在引诱他人信赖;第四,确实导致了这种信赖;第五,给他人带来损失。[246] 通常而言,原告在提起欺诈之诉时必须显示被告做出了实际的虚假陈述,而仅仅怠于或遗漏披露相关信息并不足以构成欺诈。[247] 这一规则源于"买者自负"原则。[248] 需要指出,在某些例外情形下,被告的"沉默"也有可能构成欺诈。

交易双方之间存在信义关系就属于一种例外情形。信义义务含有某种程度的相互信任,基于此,一方可以合理期待和信赖对方会向自己告知所有的重要信息。[249] 因此,一方当事人有义务披露"他自己知悉的,同时对方基于信义关系或信任关系也有权知悉的事项"。[250] 基于这种例外情形,美国法院逐步发展出了内幕交易责任的古典理论:如果不存在信义关系[251]或者类似的义务关系,[252]那么,从事交易的当事人就不负有信息披露义务。

然而,古典理论的问题是,它似乎认为交易双方之间存在信义义务是唯一的例外情形。Blackmun 法官在其反对意见中就一针见血地指出:

---

[246] See W. Page Keeton et al., *Prosser and Keeton on the Law of Torts* (West Group, 5th ed., 1984),p. 728;还可参见 Restatement (Second) of Torts § 525 (1976)。在侵权行为法中,原告应当举证证明被告:"以欺诈手段,就事实、意见、意图或法律作出虚假陈述,以引诱原告采取行动……并由于对虚假陈述的合理依赖而导致经济损失……"

[247] 参见 Keeton et al.,前注[246],第 737 页;W. Page Keeton, "Fraud, Concealment and Non-disclosure" (1936) 15 *Tex. L. Rev.* 1。

[248] 参见 Keeton et al.,前注[246],第 737 页;Keeton,前注[247],第 5 页。"买者自负"原则主要来源于早期普通法中的个人主义观点。

[249] 参见 Keeton, 前注[247], 第 12 页。"这是当事人在基于所谓的欺诈行为而发生的谈判之前就存在的一种关系。"Austin W. Scott, " The Fiduciary Principles", (1949) 37 *California Law Review* 539, 540-541, 555.文中指出信义关系基于忠实义务规则。

[250] Restatement (Second) of Torts § 551(2)(a) (1977).《美国合同法重述》(第二版)包含了类似的条款,即规定没有披露的相关事实指的是"基于他们之间的信任关系,对方当事人有权知悉相关事实"。Restatement (Second) of Torts § 161(d) (1979).

[251] 审理 Chiarella 案件的法院认为:"当一方拥有另一方基于信义关系或基于信任产生的类似关系而有权获知这一消息时,披露义务便产生。"*Chiarella v. United States*, 445 U.S. 222, 228 (1980) [quoting Restatement (Second) of Torts § 551(2)(a) (1976) and citing James & Gray, Misrepresentation-part II, (1978) 37 *Maryland Law Review* 488,523-527]。

[252] *Dirks v. SEC*, 463 U.S. 646, 659 (1983).知悉内幕消息的人的披露义务或放弃交易义务衍生于内幕人员的相应义务。

"我同意本法庭多数法官提出的基于信任关系确立的第 10(b) 条以及 10b-5 规则所要求的义务。但是,认为只有当信任关系被违反才会使得一个隐瞒信息行为违反如上规则的观点,我是不赞同的。"[53]

事实上,普通法中还有很多其他被广泛认可的例外情形,包括:第一,一方处心积虑地向他方隐匿相关信息;第二,后续出现的事件使一方之前的真实陈述变得具有严重误导性;第三,一方作出了真伪混同或者模糊不清的陈述;第四,即使对方进行合理的调查也不能发现的另一方拥有的特殊事实信息。[54] 其中,最后一个类别——基于合理调查也无法发现的事实信息——与信息机会不平等是否产生信息披露义务的问题的关联度最大,因为基于信息机会平等理论,内幕交易的核心就是交易一方利用另一方经过合理调查也无法获得的信息优势。

上述例外情形的法理基础非常清晰。假如基于合理调查就可以发现相关事实信息,那么,拥有此信息的一方当事人对交易对方就不负披露义务。[55] 这一规则的目的在于鼓励当事人去努力通过诸如悉心研究等合法方式获取相关信息,并从中获取信息优势而获益。[56] 努力获取更多信息是一场公平的游戏,因为信息获取机会是向双方平等提供的。然而,当一方纵使基于合理调查也不能获取相关信息时,情形就不同了。此时,让这个努力调查也没有获得相关信息的交易方处于不利地位毫无公平可言。而且,如果一方可以对自己通过不平等机会而拥有的信息保持沉默,并从中获利,就会使情况变得更加糟糕,可能会鼓励人们去借助不正当或非法手

---

[53] *Chiarella v. United States,* 445 U.S. 222, 247 (1980). Blackmun 法官的反对意见;诸多学者批评法院无视这一规则的其他例外情形。参见 Anderson,前注[20],第 351 页。该文认为,"尽管法院在 *Chiarella* 案中引入了普通法中的虚假陈述规则,然而,披露义务并不仅仅局限地存在于信义关系的情形中"。Donald C. Langevoort, "Insider Trading and the Fiduciary Principle: A Post-Chiarella Restatement" (1982) 70 *California Law Review* 1, 12 n. 44. 法院得出其结论,主要援引的是《美国侵权法重述》(第二版) § 551(2)(a) (1976),除了信义义务关系之外,重述中列举了一系列其他要求信息披露的普通法根据。

[54] 参见 Keeton et al.,前注[24],第 737—740 页;Fleming James, Jr. and Oscar S. Gray, "Misrepresentation-Part II" (1978) 37 *Maryland Law Review* 488, 523。文中列举了在双方当事人可及范围内没有信息披露义务这一一般规则的例外情形;Nicola W. Palmieri, "Good Faith Disclosures Required During Precontractual Negotiations", (1993) 24 *Seton Hall Law Review* 70, 120-141,该文探讨了不适用一般规则的一系列情形。

[55] 参见 Keeton,前注[27],第 30 页。通常而言,如果隐匿的事实容易被发现,或者双方都可以获知这一消息,此时便不存在信息披露义务。

[56] 这是信息机会平等理论与信息对等理论之间的明显区别,参见第五章第 5.4.2.1 节。

段获取信息。(257)

《美国侵权法重述》(第二版)中规定了“特定事实”的例外情况。根据该重述第551(2)(e)条，“假如一方知道对方对交易的基础性事实有错误认识，并且基于他们之间的关系、交易习惯以及其他客观情况等，对方会合理期待这些事实真相被披露”，那么这一方有义务披露。(258)《美国侵权法重述》(第二版)的官方评注通过以下例子说明，假如未披露的信息基于合理调查也无法被发现，则一方怠于披露此信息的行为将构成欺诈：“A从一条可航行的河道的河床上挖掘砾石。美国政府通知他，这种挖掘行为将会影响河道的适航性，并依据法律程序要求他停止该行为。A知道B并不知悉这一情况，也不可能通过调查发现这一情况，而且，如果B知道这一情况将不会购买这些砾石，在此情况下，A没有向B披露这一信息并将挖掘砾石的生意卖给了B。B后来遭受了重大的损失，A的行为构成欺诈，应对B的金钱损失承担责任。”(259)

在合同法领域同样认为，如果一方拥有通过合法的途径无法获取的信息，那么，就有义务向另一方披露此信息。根据《美国合同法重述》(第二版)第161(b)条(260)，假如合同一方当事人知道对方对于合同重大事实信息存在误解并将基于此误解订立合同，那么，知悉相关信息的另一方应当将相关事实真相向其披露。证券交易实际上也是一种证券的买卖合同，双方有平等获取信息机会的权利。(261) 因此，假如一方通过不平等的信息机会获知了他方基于合理调查也不能发现的事实信息，那么，他就应当向对方披露这一信息，否则对方当事人很有可能不会订立合同。

美国法院在多种商事交易行为中均认可“基于合理调查也不能发现

---

(257) 对通过非法手段获取信息的情况下是否应承担信息披露义务的分析，参见Nagy，前注(57)，第1289—1292页；还可参见John F. Barry Ⅲ，“The Economics of Outside Information and Rule 10b-5” (1981) 129 *University of Pennsylvania Law Review* 1307, 1364。不当获取信息的特权将削弱投资合法信息生产的积极性，不断加剧“搭便车”问题，并将信息生产者置于信息被滥用的风险中。越来越少的信息被生产出来，因为至少有一些信息生产者将会从信息生产转向盗取他人生产的信息。

(258) Restatement (Second) of Torts § 551(2)(e) (1979).

(259) 同上注，§ 551, cmt. 1, illus. 10。

(260) 《美国合同法重述》(第二版) § 161(b) (1979)规定：“如果一方不披露其所知悉的事实，等同于他主张这一事实存在……假如他知道披露这一信息将更正对方当事人在订立合同时在基础假设上的错误，同时，如果不披露这一信息则视同为没有履行忠实义务，并且也不符合公平交易的标准。”

(261) See Ronald F. Kidd, “Insider Trading: The Misappropriation Theory versus An ‘Access to Information’ Perspective” (1993) 18 *Delaware Journal of Corporate Law* 101, 130.

的特定事实"这一例外情形。譬如,在 Chiarella 案中,提出反对观点的 Blackmun 法官指出:"在越来越多的商事交易情形中,'特定事实'规则得以适用。这些情形的一个共同特征是,交易一方拥有另一方不知悉的重大事实信息,如果前者不向后者披露这些信息,将会导致交易在本质上不公平。"[202]

综上,由于"特定事实"规则实际上已被普通法所接受,因此,那种认为只有当交易双方之间存在信义关系时才产生信息披露义务的说法就变得苍白无力了。根据普通法的"特定事实"规则,如果一方当事人通过不平等的信息机会获知了对方当事人通过合法途径无法获得的信息时,前者便负有信息披露的义务。这为信息机会平等理论提供了非常重要的法理基础,因此,根据信息机会平等理论,如果一方以对方基于合理调查也不能发现的信息为基础进行证券交易,那么前者的行为将被视作欺诈行为。

5.4.2.3 国际上对信息机会平等理论的普遍接纳

在实践中,信息机会平等理论得到了世界范围内的普遍认可,显示了其优势。美国以信义义务为基础的内幕交易法律制度被证明过于复杂,并存在诸多问题。正如一位美国学者所言,美国内幕交易法律"经常不能平等地对待市场参与者,同时影响了商事交易的确定性",由此,"对于其他国家而言,美国模式可能不是一个好的学习对象"。[203] 实际上,很多国家都明确地摒弃了美国现行的以信义义务为基础的内幕交易规管理论,而是采用了信息机会平等理论。而且 SEC 也一直在试图恢复采用信息机会平等理论。

5.4.2.3.1 信息机会平等理论在国际上的繁荣发展

尽管信息机会平等理论遭到美国的抛弃,但其在其他国家却得到了繁荣发展。很多国家没有采用以信义义务为基础的理论,反而选择了信息机会平等理论来建立自己的内幕交易法律框架。[204] 例如,英国、法国、德国、意

---

[202] *Chiarella v. United States,* 445 U.S. 222, 248 (1980) (Blackmun, J., dissenting) (citing *Lingsch v. Savage,* 213 Cal. App. 2d 729, 735-737, 29 Cal. Rptr. 201, 204-206 (1963); *Jenkins v. McCormick,* 184 Kan.842, 844-845,339 P.2d 8, 11 (1959); *Jones v. Arnold,* 359 Mo.161, 169-170, 221 S. W. 2d 187,193-194 (1949); *Simmons v. Evans,* 185 Tenn.282, 285-287,206 S.W.2d 295, 296-297 (1947)).

[203] Steinberg,前注⑩,第 635 页。

[204] 同上注,第 667 页。"很多国家往往基于(信息机会)平等规则去规管内幕交易行为。"

大利、加拿大、墨西哥、日本和澳大利亚等均采纳了信息机会平等理论。[265]

澳大利亚就是最好的例子之一。与美国明显不同,1991 年,澳大利亚采用信息机会平等理论代替了原来采用的以信义义务为基础的内幕交易规管理论。[266] 1991 年之前,与美国一样,澳大利亚内幕交易法律仅限于规管与公司有信义关系之人的行为。[267] 1991 年修法之后,澳大利亚将内幕交易法律责任扩展至获知内幕信息的所有人员,至于其与公司之间的关系,在所不问。[268] 为了防止此规则沦为绝对的信息对等理论,澳大利亚采取了诸多方式对于内幕交易规管范围进行必要的限制,包括详细界定内幕信息,[269]规定一些责任豁免情形。[270]

还有一种方法可以避免信息机会平等规则在适用时变得过于宽泛,就是将规则的适用限定在现实中最常见的情形中,典型例子就是欧盟。根据欧盟的相关指令,禁止公司董事或大股东进行内幕交易;禁止利用工作机会、职业或承担的某种责任的便利条件进行内幕交易;禁止从上述内幕人员那里获取内幕消息进行交易。[271] 日本也采取了这一方式。[272] 通过人员关联

---

[265] 同前注[264],第 667—668 页。另参见 Gevurtz,前注[14],第 77 页。该文对澳大利亚及欧盟采用信息机会平等理论进行了阐述;Eugenio Ruggiero, "The Regulation of Insider trading in Italy" (1996) 22 *Brooklyn Journal of International Law* 157。该文认为意大利采用了信息机会平等理论;Tomoko Akashi, Note, "Regulation of Insider Trading in Japan", (1989) 89 *Columbia Law Review* 1296, 312-1313。该文认为日本的内幕交易法律基于传统的公平理念,凡是获得重大且未公开信息的人员都有义务披露这一信息或放弃相关证券交易行为。

[266] See Report of the House of Representative Standing Committee on Legal and Constitutional Affairs, *Fair Shares for All: Insider Trading in Australia* (11 October 1990, Australia).该报告反对将内幕交易法律范围局限在信义义务范围内或盗用理论之中。

[267] See The Securities Industry Act 1980 (repealed, Australia), Section 128(8).在美国古典理论中,按照本条的规定,关联人员包括传统意义上的内幕人员以及推定的内幕人员。

[268] See Corporations Act 2001 (Australia), ss 1042A, 1043A.

[269] 根据澳大利亚内幕交易法,基于公共信息所做的推演、结论或者援引不属于内幕信息的范围。Corporations Act 2001 (Australia), s 1042C.通常而言,澳大利亚内幕交易法聚焦于内幕信息的内涵界定以及由此延伸出的内幕交易范围问题。对这一问题的详述,参见第六章第 6.5.3.2 节。

[270] 例如,澳大利亚法律将关于个人意图或行为的知情情况作为一种例外情形规定。因此,收购方可利用这一信息向目标公司以合理的价格发出收购要约。Corporations Act 2001 (Australia), s 1043H.

[271] See European Council Directive 89/592 of November 13, 1989 Coordinating Regulations on Insider Dealing, 1989 O.J.(L 334) Art. 30.

[272] 在日本,禁止内幕交易的范围涵盖公司相关人员,包括董事、高管、员工、股东以及存在契约关系或者监管关系而获得公司重大未公开信息的人员。Shokentorihiki Ho [Securities and Exchange Law], Law No.25 of 1948, Art. 190-2(1).此外,日本内幕交易法不将盗用理论作为理论基础。参见 Akashi,前注[265],第 1312 页 (1989)。该文指出:"在规管内幕交易行为方面,日本法没有将盗用理论作为认定违法的唯一基础。"

这一附加要件,有效地限缩了以信息机会平等理论为基础的内幕交易法律,同时也能涵括绝大部分涉及信息机会不平等的情况。然而,正如后面的第六章所述,这一方法在实践中的运用存在诸多困难,与澳大利亚所采取的模式相比也存在很大的不确定性。㉓

这一国际发展趋势并不是偶然事件,相反,从实践角度看,信息机会平等理论能有效地支撑内幕交易责任。这也使得美国一名学者评论道:"从政策角度看,澳大利亚采用信息机会平等规则的经验表明,美国联邦最高法院在 Chiarella 案中反对信息机会平等理论的理由是站不住脚的。"㉔

5.4.2.3.2　信息机会平等理论在美国的复兴

对信息机会平等理论的支持不仅体现在美国之外的其他国家,就连在美国本土,这一理论也得到了包括 SEC 和很多学者在内的不少认同。尽管美国联邦最高法院摒弃了这一理论,但 SEC 却一直没有放弃重新启用这一理论。多年来,SEC 在其职权范围内,通过各种方式努力摆脱美国联邦法院判例法的束缚。例如,SEC 在信息机会平等理论的基础上,针对并购领域出台了 14e-3 规则。㉕ 另外,《公平信息披露规则》(Regulation FD)的出台,也旨在禁止公司选择性地进行信息披露,此行为与内幕交易极为相近。㉖ 而且,诸多的知名学者,诸如 Brudney 教授、Seligman 教授等都大力提倡这一理论。㉗

具有讽刺意味的是,盗用理论在一定程度上似乎也夹带了信息机会平等理论的重要元素。如学者所言:"盗用理论实际上是执行了在 Chiarella 案与 Dirks 案中法官所反对的信息对等理论,只不过是用了一个托词来掩盖而已。"㉘SEC 也持这样的观点,委员会前主席 Cox 曾认为,盗

㉓　对欧盟内幕信息交易指令与澳大利亚相关法律的对比分析,参见第六章第 6.3 节。
㉔　参见 Gevurtz,前注⑭,第 97 页。
㉕　参见第五章第 5.3.3.1 节。
㉖　参见第五章第 5.3.3.2 节。
㉗　参见 Brudney,前注⑥,第 376 页。该文提出禁止基于"无法消除的信息优势"进行交易;Seligman,前注㉔,第 1137—1138 页。该文建议禁止占有重大未公开内幕消息者从事交易行为,同时规定了几种例外情形,例如对潜在的并购投标人免于信息披露或放弃交易。Painter et al.,前注㉒,第 221 页。该文认为立法者可确立一种 United States v. Chiarella 案之前的信息机会平等的方法,这一理论同样适用于外部人,同时规定几种例外情形。
㉘　Nagy,前注㊾;还可参见 Elliott J. Weiss, "United States: Pragmatism Returns to the Law of Insider Trading" (1998) 23 Journal of Corporation Law 395。该文认为 O'Hagan 案是以信息机会平等理论为基础的。

用理论可视作"执行信息机会平等理论的一个障眼法而已"。㉙

实际上,在 *O'Hagan* 案中,法院引入盗用理论的基础就是对于信息机会平等问题的考量。如法院所言:"盗用理论旨在保护证券市场的公正性,防止那些拥有不平等信息机会的公司外部人员盗用未公开重大信息的行为,即使这些人员对于公司股东不负有信义义务或其他类似义务。"㉚

而且,法院明确利用了支持信息机会平等理论的观点来佐证盗用理论,认为"虽然在证券市场中信息不对等是难以避免的,但是,如果法律不禁止那些盗用未公开重大信息进行交易的行为,那么,投资者就很可能不愿进行交易了。与盗用重大未公开信息的人相比,普通投资者处于信息劣势,而这种劣势是源自盗用者拥有不平等的信息机会,而非他们的好运气,并且,普通投资者无法通过勤奋研究和提升投资技巧等合法途径去克服这种信息劣势"。㉛

总之,在 *O'Hagan* 案中,美国联邦最高法院似乎承认了信息机会平等理论的价值,但是,由于不愿推翻它自己以前做出的判决,即在 *Chiarella* 案中所引入的古典理论,只能以盗用理论的名义"曲线救国",在一定程度上偷偷复活了信息机会平等理论。如果这个情况属实,那么,更好的办法就是光明正大地直接采纳信息机会平等理论。

5.4.2.4 中国的独特国情:信息机会平等理论的适当性

如前所述,信息机会平等理论早已在美国之外的其他地方得到了广泛的认可,而且美国自己也在努力地试图重新启用这一理论。中国应该顺应这一国际趋势。实际上,中国还有更多的原因需要采用信息机会平等理论。

首先,信息机会平等理论与中国《证券法》的立法旨意更契合。其中,《证券法》第 1 条规定:"为了规范证券发行和交易行为,保护投资者的合法权益,维护社会经济秩序和社会公共利益,促进社会主义市场经济的

㉙ Charles C. Cox & Kevin S. Fogarty, "Bases of Insider Trading Law" (1988) 49 *Ohio State Law Journal* 353, 366;还可参见 Bainbridge,前注⑯,第 24 页。该文认为,"SEC 用盗用理论将内幕交易禁止的方向重新定位到 *Texas Gulf Sulphur* 案中所确定的方向"。

㉚ *United States v. O'Hagan*, 521 U.S. 642, 653 (1997).引用美国法庭之友意见书(brief of amici curiae)中的观点。

㉛ 同上注,第 658—659 页。引用 Brudney 教授所提倡的信息机会平等理论。

发展,制定本法。"[282]保护投资者利益与市场公正性的立法目标能够借助信息机会平等理论得到更好的实现。如上所述,以信义义务为基础的理论有诸多严重问题,存在不少漏洞。事实上,由于信息机会平等理论并不以信义关系的理念为基础,而是认为当交易一方有机会获知对方通过合法途径无法知悉的重大内幕信息时,他就负有信息披露的义务,因此,这一理论就消除了以信义义务为基础的理论导致的法律漏洞。

详言之,古典理论无法涵括很多内幕交易的情形,比如,内幕人员向未来股东销售股票,以及债券等非股票证券的内幕交易等,[283]但信息机会平等理论能够轻松应对这些问题。另外,在盗用理论下,不负信义义务的盗用人和肆无忌惮到将自己的交易计划告知信息来源方的负有信义义务的盗用人可能成功逃避责任,[284]但在信息机会平等理论下却要负担相应责任。此外,在盗用理论下,作为交易对手方的投资者并不被视作欺诈行为的受害者,这挫伤了其提起私人诉讼并要求赔偿的积极性。[285]

因此,信息机会平等理论以明确和统一的尺度去惩罚内幕交易行为。无论是内幕人员、准内幕人员、获知消息的二级知情人,还是外部人,从投资者保护的角度出发,信息机会平等理论对于他们基于重大未公开信息进行证券交易的行为都一视同仁地追究责任。事实上,投资者所受的损害来自交易对方对信息优势地位的不当利用。将投资者保护建立在其他基础上,例如依据古典理论要求交易者之间不得违反信义义务以及依据盗用理论要求不得欺诈信息来源方,不仅不符合逻辑,而且也与《证券法》投资者保护的旨意相悖。

支持信息机会平等理论的另一个重要因素是,在中国国内,这一理论更容易被接受,无论从技术的方面讲,还是从法政策的角度讲皆如此。实际上,以信义关系为基础的理论使本已复杂的内幕交易规管问题变得更加繁复。在以信义义务为基础的理论中,存在诸多让人争议的地方。例如,是否存在信义关系?何种类型的关系可视作信义关系或信任关系?谁属于临时内幕人员,在什么情况下属于临时内幕人员?什么是信息泄露者的"个人利益"?如何证明内幕信息的盗用?正如学者所指出:"对于美国这样拥有大量律师、监管机构以及法官的诉讼社会,将这些复杂的

---

[282] 《证券法》第 1 条。
[283] 参见第五章第 5.4.1.1 节。
[284] 参见第五章第 5.4.1.2 节。
[285] 参见第五章第 5.4.1.2 节。

问题交给法院裁判和 SEC 通过偶尔制定的规则去处理（内幕交易问题）尚属一个可接受的做法。但是，由于这样一个以信义义务为基础的做法在本质上是有悖于监管的成本效益原则的，自然在其他法域很难获得支持。"⑱

上述问题在中国尤为突出。如前所述，信义义务这一概念在中国并没有得到充分发展，与此相关的诸多问题变得更加难以处理。⑳ 此外，与美国相比，中国律师、监管机构以及法官的团队并不强大，知识储备也较薄弱。⑱ 如果上述关于信义义务的问题在美国都无法得到很好的解决，在中国无疑将变得更加困难。

最后，从法政策角度讲，主张市场公平和平等理念的信息机会平等理论在中国更容易被接受。这一理论倡导信息的获取机会平等，有助于确保证券市场的公平，并有效地发挥其作用。公平与平等是中国《证券法》的重要原则："证券的发行、交易活动，必须遵循公开、公平、公正的原则。"⑳"证券发行、交易活动的当事人具有平等的法律地位，应当遵守自愿、有偿、诚实信用的原则。"⑳

在更广泛的意义上看，作为社会主义国家，中国更容易在意识形态上接受直接宣称基于公平、平等等理念的法律原则和规则。⑳ 确实，相较于错综复杂的以信义义务为基础的理论，信息机会平等理论的逻辑更为简洁和直截了当，从而更容易被理解和接纳。⑳

5.5 结　论

基于内幕交易的危害性，上一章建议中国对内幕交易进行规管。本章重点阐述的问题是如何有效地规管内幕交易。在探讨规管内幕交易的法律细节之前，有必要先讨论规管内幕交易的相关理论，因为它是内幕交易法律框架的基本前提和基础。在世界范围内，规管内幕交易的理论主要包含两类，一类是信息机会平等理论，另一类是以信义义务为基础的理

㊈ Steinberg，前注㊵，第 666 页。
㊉ 参见第五章第 5.4.1.3.1 节。
㊊ 参见第五章第 5.4.1.3.2 节。
㊋ 《证券法》第 3 条。
㊌ 《证券法》第 4 条。
㊍ 《宪法》第 33 条第 2 款规定："中华人民共和国公民在法律面前一律平等。"
㊎ 参见第五章第 5.4.1.3.1 节。该节对盗用理论复杂的推理进行了批判。

论,包括古典理论和盗用理论。

至于中国内幕交易法律背后的理论属于上述何种理论,这一问题并不清晰。当年,中国未经检视和细致论证,就匆忙地从海外,特别是美国,引入了规管内幕交易的相关做法,如今其背后理论相互冲突的问题开始凸显出来。这导致在适用和解释相关法律规则时陷入混乱,从而影响了中国内幕交易法律的有效适用。为了更加有效地规管内幕交易行为,中国需要明确支撑其内幕交易法律的理论。

以信义义务为基础的理论本身存在诸多问题。在美国,古典理论将普通法中信义义务的概念引入到内幕交易法律中,从而无法对不存在信义关系的内幕交易情形予以规管。为补救内幕交易法律范围过于狭隘的问题,美国发展了盗用理论,将规管对象扩展至外部人。然而,在很多方面,盗用理论虽解决了部分原有问题,但又产生了很多新问题。在一定程度上,这一理论由于聚焦与证券交易没有关系的针对信息来源方的欺诈行为,使得让外部人承担内幕交易责任的推理变得牵强附会。更为重要的是,该理论将违反信义义务作为内幕交易责任的前提条件,导致出现了很多重大的法律漏洞。最后,信义义务的法律概念在中国的发展并不成熟,使得中国移植以信义义务概念为基础的理论的做法更加不合时宜。

中国应该采用信息机会平等理论。首先,这一理论能够弥补以信义义务为基础的理论的相关缺陷,而且不会损害市场交易者合法收集信息的积极性。其次,信息机会平等理论的法律推理更富有逻辑性、一致性,因为它主张对所有违法者一视同仁。再次,这一理论也与相关的普通法原则相一致。基于如上原因,尽管美国摒弃了信息机会平等理论,转而采用以信义义务为基础的理论,然而,在世界范围内,绝大多数国家在规管内幕交易问题上都采用了信息机会平等理论。最后,在中国,支持信息机会平等理论的条件更加充分。由于该理论非常简洁且秉持公平理念,对于中国而言,从技术上更易被理解,从法政策上也更易被接受。

第六章 内幕交易的基本构成要件

6.1 引　言

在前一章,本书建议中国应该采用"信息机会平等理论"来重构其内幕交易的规管框架。在此基础上,本章将阐述内幕交易的构成要件,包括:(1)主体要件,即何为内幕人员;(2)客体要件,即何为内幕信息;(3)主观要件,即行为人是否应该有主观过错;(4)客观要件,主要分析内幕交易规管体系中所涵盖的证券种类。

具体而言,本章第二部分将考察中国规管内幕交易的立法体系。第三部分将对于何为内幕人员进行批判分析。这一问题与"信息机会平等理论"密切相关。本书认为,是否为内幕人员仅需判断其是否知悉内幕消息。第四部分将探讨内幕信息这一概念的外延。内幕交易的主观要件将于第五部分阐述。相较于内幕交易的其他要件,主观要件在中国较少为人们所探讨。本章最后一部分将探讨中国内幕交易规管中所涵盖的证券类型。

6.2　中国规管内幕交易的法律体系

如第五章所述,中国的内幕交易立法很大程度上借鉴了美国法。中国内幕交易法律对于内幕人员的规定是以内幕信息的直接知情人为核心,然后逐步扩展,直至包括那些盗用信息进行交易的人。除了交易行为之外,信息泄露或者建议他人交易等行为也属于规管的范围。另外,中国还设立了短线交易归入权制度来阻遏内幕交易。

6.2.1　基本的法律框架

《证券法》第73条(2019年《证券法》第50条)禁止知悉内幕信息的

人利用该信息从事证券交易行为。① 如第五章所述,该条的基础是"信息机会平等理论",涵盖的内幕人员范围很广。然而,其他条款对于内幕人员的范围进行了限缩。《证券法》第 74 条(2019 年《证券法》第 51 条)具体列举了内幕信息知情人的类型,包括:

1.发行人的董事、监事、高级管理人员;

2.持有公司百分之五以上股份的股东及其董事、监事、高级管理人员,公司的实际控制人及其董事、监事、高级管理人员;

3.发行人控股的公司及其董事、监事、高级管理人员;

4.由于所任公司职务可以获取公司有关内幕信息的人员;

5.证券监督管理机构工作人员以及由于法定职责对证券的发行、交易进行管理的其他人员;

6.保荐人、承销的证券公司、证券交易所、证券登记结算机构、证券服务机构的有关人员;

7.国务院证券监督管理机构规定的其他人。②

由上可见,内幕人员可划分为七组。第一组为公司董事和高管,③包括监事及经理等在内的高级管理人员,以及其母公司的上述人员。④ 此外,中国证监会早在 1999 年就明确规定董事会秘书属于公司高管的范围。⑤ 内幕交易相关案件显示,这些类型的内幕人员最有可能实施内幕交易行为。⑥

在第二组中,除了公司的高管之外,如果非高管范围的公司员工利用工作之便获取了内幕信息,也将被视为内幕人员。⑦ 这一组可能是数量最为庞大的。第三组中则包括了大股东。⑧ 在中国,持有某一上市公司所发行的股票达到 5% 以上的股东被视为大股东,应当履行包括持股申报、⑨禁止短线交易等相关义务。⑩ 这一类型的内幕交易体现在轻骑集团案中,该案涉及上市公司的控股公司基于内幕信息交易其上市子公司的

---

① 参见《证券法》第 73 条(2019 年《证券法》第 50 条)。
② 参见《证券法》第 74 条(2019 年《证券法》第 51 条)。
③ 参见《证券法》第 74 条第 1 项(2019 年《证券法》第 51 条第 1 项)。
④ 参见《证券法》第 74 条第 3 项(2019 年《证券法》第 51 条第 3 项)。
⑤ 参见《境外上市公司董事会秘书工作指引》,证监发行字[1999]39 号,已废止。
⑥ 参见第二章第 2.3.3.1 节。
⑦ 参见《证券法》第 74 条第 4 项(2019 年《证券法》第 51 条第 4 项)。
⑧ 参见《证券法》第 74 条第 2 项(2019 年《证券法》第 51 条第 2 项)。
⑨ 参见《证券法》第 86 条(2019 年《证券法》第 63 条)。
⑩ 参见《证券法》第 47 条(2019 年《证券法》第 44 条)。

股票。⑪

上述三组人员都属于传统的公司内幕人员,但是,中国规管的内幕交易行为并不限于这些人员。另外有两组人员在名义上属于外部人,但也在规管之列。其中第一组称作临时或推定内幕人,即根据其所承担的法定或约定的义务参与证券交易行为的外部人,例如承销商、会计师、律师、咨询顾问以及证券登记结算机构的工作人员。⑫ 襄樊上证案就是典型的例子。在这一案件中,一家信托投资公司的证券营业部被指控存在内幕交易行为,因为它在一次商务会议上从客户那里获取了重大内幕信息并利用该信息进行证券交易。⑬

另一组人员是监管人员,即对证券交易享有监管职权的人员。⑭ 中国证监会的工作人员属于这一范畴。根据《证券法》第 115 条(2019 年《证券法》第 112 条)的规定,证券交易所对证券市场也负有监管职责,⑮因此,证券交易所工作人员也属于这一范畴。在关维国案中,监管人员利用内幕信息进行证券交易,这充分证明将监管人员列入内幕人员是极为必要的。⑯

除了上述的内幕人员类型,中国立法还包含了其他的情形,其主要理论基础就是"盗用理论"。⑰ 根据《证券法》第 76 条(2019 年《证券法》第 53 条),非法获取重大且未公开信息的人负有如内幕人员一样的义务,即在信息未公开之前不得利用该信息进行交易。⑱ 从这一意义上讲,"内幕交易"一词并不准确,因为名义上的外部人实际上也属于内幕交易规管的范畴。

"盗用理论"对中国内幕交易规管的立法演进产生了重要影响。起初,1993 年出台的《禁止证券欺诈行为暂行办法》第 6 条列举了一些应被视为内幕人员的类型。⑲ 后来,该条的列举名单在很大程度上被吸收进了1998 年《证券法》。需要指出,尽管二者在表面上有很多类似之处,但它们也存在一些显著差异。其中一个最大的差异就是,《禁止证券欺诈行为

---

⑪ 对这一案件的详细论述,参见第二章第 2.3.1.1 节。
⑫ 参见《证券法》第 74 条第 6 项(2019 年《证券法》第 51 条第 6 项)。在美国,这一组人员在 Dirks 案中被认定为临时或推定性内幕人员。对于这一问题的详细阐述,参见第五章第 5.3.3.2 节。
⑬ 对于这一案件的详细阐述,参见第二章第 2.3.1.1 节。
⑭ 参见《证券法》第 74 条第 5 项(2019 年《证券法》第 51 条第 5 项)。
⑮ 参见《证券法》第 115 条(2019 年《证券法》第 112 条)。
⑯ 对这一案件的详细论述,参见第二章第 2.3.1.2 节。
⑰ 对于"盗用理论"的阐述,参见第五章第 5.3.3.3 节。
⑱ 参见《证券法》第 76 条(2019 年《证券法》第 53 条)。
⑲ 对于我国内幕交易规管法律制度的发展,参见第二章第 2.2.1 节。

暂行办法》第 6 条第 4 款所列明的部分人员并没有被 1998 年《证券法》所继承，即"由于本人的职业地位、与发行人的合同关系或者工作联系，有可能接触或者获得内幕信息的人员，包括新闻记者、报刊编辑、电台主持人以及编排印刷人员等"。[20]

该款可能是吸取美国在两起重要案件中的经验。第一起是 Chiarella 案。在该案中，一家印刷公司的员工利用内幕信息进行证券交易。[21] 另一起是 Carpenter v. United States 案。在该案中，一名报道金融行业的记者盗用内幕信息进行交易，[22]当时美国法院尚未正式采纳"盗用理论"。[23] 中国在《禁止证券欺诈行为暂行办法》（已失效）中同样没有明确引入该理论，但为了应对诸如以上两个案件那样的内幕交易行为，该办法第 6 条还是通过列举的方式做出了规定。显然，在"盗用理论"被引入 1998 年《证券法》之后，就能够涵盖上述的内幕交易情形，而无须进行具体的列举了。

另外，《证券法》第 76 条（2019 年《证券法》第 53 条）列举了内幕交易的行为类型，不仅包括买卖该公司的证券，还包括泄露该信息以及建议他人买卖该证券等。[24] 首先，内幕人员不能利用其所知悉的内幕信息进行证券交易。这一禁止性规定适用于证券交易的买方或者卖方。其次，内幕人员不得将其所知悉的信息向第三人泄露。最后，在获知内幕信息后，内幕人员不得基于此信息去劝诱或建议他人进行相关的证券交易。

通过禁止泄露信息以及禁止建议他人买卖证券，规管内幕交易法律能够有效地防止行为人规避监管。根据《证券法》第 76 条，对于这两种情况，行为人不一定要实施证券交易才承担法律责任。[25] 换句话说，即使没有交易发生，行为人仅通过泄露信息或者建议交易也构成违法。但是，在美国，假如证券交易最终没有发生，泄露内幕信息的人并不受 10b-5 条款的约束，因为违反该条款的行为必须与"买卖证券密切相关"（in connection with the purchase or sale of the securities）。[26] 隐藏其后的逻辑是：如果

---

[20] 《禁止证券欺诈行为暂行办法》（已失效）第 6 条第 4 款。
[21] See *Chiarella v.United States* ,445 U.S.222(1980).
[22] See *Carpenter v.United States* ,484 U.S.19(1987).
[23] 对美国内幕交易法律发展的详细阐述，参见第五章第 5.3 节。
[24] 参见《证券法》第 76 条（2019 年《证券法》第 53 条）。
[25] 参见《证券法》第 76 条（2019 年《证券法》第 53 条）。
[26] 15 U.S.C. § 78j(b) (2001). See generally, William K.S. Wang & Marc I. Steinberg, Insider Trading (Aspen Publishers, 1996) § 4.4.5.该案表明在"密切相关"的措辞下，SEC 的权力要比私人诉讼中原告的权利更宽泛，具体参见 *SEC v. Rana Research*, 8 F.3d 1358 (9th Cir. 1993).

没有进行证券交易的话,就没有损害产生;同时,交流重大且未公开的信息有利于提升市场效率。然而,我国立法者可能认为,在泄露信息和建议他人买卖证券的情形下,不以证券交易的实际发生为先决条件会对内幕交易起到预防性的作用。因为在现实中,这些行为往往会导致内幕交易。

值得注意,上述条款既适用于自然人,也适用于法人。正如本书第二章所述,中国的内幕交易有一个明显特征,即相当多内幕交易案件的当事人是法人。㉗ 张家界旅游公司案就是典例。㉘ 在美国,学者也广泛地认可规管公司实施内幕交易的必要性。㉙

因此,立法上有必要将内幕交易的规管对象从自然人扩展至其他主体。《刑法》第 180 条第 2 款就明确规定,内幕交易罪适用于自然人之外的其他主体。这一条款规定,单位犯前款罪(内幕交易)的,对单位判处罚金,并对其直接负责的主管人员和其他直接责任人员,处五年以下有期徒刑或者拘役。㉚

相比个人犯罪,在单位犯罪中,涉案单位和直接责任人都应受到处罚。由于个人无论是以自己名义还是单位名义实施内幕交易行为均应承担责任,该款可有效威慑那些企图用公司名义来掩盖内幕交易的自然人。

从概念上看,将内幕交易责任扩展至法人或单位会对那些从事多种业务的证券公司造成一定的困难。当公司的一个部门获知其客户证券的重大且未公开信息时,另一部门有可能在不知情的情形下就交易了客户的证券。由于公司部门不是独立实体,因此在法律上,部门获知信息往往视作该公司获知消息。其结果是,尽管公司另一部门并没有获知该信息,但由于不同部门的行为都最终归属于公司,这样可能使公司触发内幕交易的风险。为应对这种情况,提供多种业务的公司往往需要拆分出独立的公司,分别从事经纪与承销等业务,拆分出来的公司都需要重复设立自己的研究设施,使得业务成本增加,而这一成本最终将转嫁到投资者身上。

㉗ 参见第二章第 2.3.3.1 节。

㉘ 对这一案件的详细阐述,参见第二章第 2.3.1.1 节。

㉙ See Louis Loss and Joel Seligman, *Securities Regulation* (Boston: Little, Brown and Company, 3rd ed.,1991), vol. Ⅷ, 3592.该文认为试图回购自己的股份的发行人应被视作内幕人员。Langevoort 教授认为从概念上讲,将内幕交易的禁止性规定适用于发行人的意义重大。当发起人与股东交易时,不披露重大信息的效果是将"财富机会"(wealth opportunity)在其他股东间分配。这种厚此薄彼的做法与公司治理的基本原则是不符的。因为这等同于发行人的经理仅向一些股东透露信息,而不向其他股东透露。Donald C. Langevoort, *Insider Trading: Regulation, Enforcement and Prevention* (West Group) (looseleaf) §3.02[1][d], p.7.

㉚ 参见《刑法》第 180 条第 2 款。

解决上述问题的一个通常做法是引入"中国墙"制度。㉛ 尽管该制度并非十全十美,但其在技术上可以解决大型金融机构中不同业务部门之间的利益冲突问题。㉜ "中国墙"制度旨在平衡以下两个目标:其一,维护公众对于大型金融机构的信心;其二,让大型金融机构能够开展多项业务,获取组织协同效应,降低运营成本。在诸如美国、澳大利亚等国家,"中国墙"早已成为防止内幕交易的一项重要措施。㉝ 在中国,《证券法》第136条(2019年《证券法》第128条)规定:"证券公司应当建立健全内部控制制度,采取有效隔离措施,防范公司与客户之间、不同客户之间的利益冲突。证券公司必须将其证券经纪业务、证券承销业务、证券自营业务和证券资产管理业务分开办理,不得混合操作。"㉞

如第三章所言,尽管"中国墙"制度的程序规则还不完全清晰,中国证监会基本上认可了用"中国墙"的方式来解决大型券商面临的冲突职责问题。㉟ 然而,《证券法》并没有正式将"中国墙"规定为内幕交易责任的合法抗辩理由。此外,目前还没有法院明确表示,"中国墙"可以避免让从事多种业务的大型券商承担内幕交易责任。所以,我们并不完全清楚,"中国墙"在多大程度上可以作为公司对于内幕交易责任的抗辩理由。

针对某些不可避免地需要使用重大且未公开信息的特殊情况,中国规管内幕交易法律也规定了一些例外情况。例如,《证券法》第76条第2款(2019年《证券法》第53条第2款)明确规定,公司收购行为适用相关

㉛ 关于"中国墙"制度的详细阐述,参见第三章第3.3.1.1节。

㉜ See Norman S. Poser, *International Securities Regulation* (Boston: Little, Brown and Company,1991), p. 196."根本的问题是……如何以某种方式解决利益冲突问题,从而有效地保护维护市场诚信,并保护证券公司客户以及公司自身商业利益不受侵害……'中国墙'在实现这一目标上发挥了重要作用。"也可参见 Ashley Black, "Policies in the Regulation of Insider Trading and the Scope of Section 128 of the Securities Industry Code"(1988) 16 *Melbourne University Law Review* 633; Martin Lipton and Robert B. Mazur, "The Chinese Wall Solution to the Conflict Problem of Securities Firms"(1975) 50 *New York University Law Review* 459。

㉝ 1984年美国国会出台《内幕交易制裁法》。根据该法,公司并不会仅仅因为其员工承担内幕交易责任而同样需要受到该法的制裁。在澳大利亚,有关禁止内幕交易行为的"中国墙"制度在2001年《公司法》第1043F条、第1043G条做出了规定。对境外法域采用"中国墙"制度的阐述,参见 Norman S. Poser, "Chinese Wall or Emperor's New Clothes? Regulating Conflicts of Interest of Securities Firms in the US and the UK" (1988) 9 *Michigan Yearbook International Legal Studies*. 91; Roman Tomasic, "Chinese Walls, Legal Principle and Commercial Reality in Multi-service Professional Firms" (1991) 14(1) *UNSW Law Journal* 46。

㉞ 《证券法》第136条(2019年《证券法》第128条)。

㉟ 参见第三章第3.3.1.1节。

的特别规定,而不适用一般的内幕交易法律,实际上免除了要约收购中收购人需要披露己方收购意图的义务。㊱ 另外根据《证券法》第 30 条(2019 年《证券法》第 28 条),当公司将内幕信息向券商透露的目的是与其签订承销协议时,有关内幕交易的法律规定也不适用。㊲

如第三章所述,《证券法》针对内幕交易行为规定了行政处罚与刑事处罚。但是,当内幕交易行为造成他人损失时,《证券法》对相关的民事救济并未做出具体规定。㊳ 简言之,《证券法》第 202 条(2019 年《证券法》第 191 条)针对内幕交易行为规定了行政责任,并且通过《证券法》第 231 条(2019 年《证券法》第 219 条)转介到《刑法》第 180 条来规定刑事责任。然而,《证券法》并没有对民事损害赔偿问题做出详细的可操作性规定。该问题将在第七章详述,内幕交易民事损害赔偿的缺位已引起了人们的关注,而中国也正在考虑引入切实可行的民事责任制度。㊴

6.2.2 禁止短线交易

除了直接规管内幕交易的法律规则,《证券法》第 47 条(2019 年《证券法》第 44 条)还参照美国 1934 年《证券交易法》第 16(b)条㊵明确禁止了短线交易行为。具体而言,上市公司董事、监事、高级管理人员、持有上市公司股份百分之五以上的股东,将其持有的该公司的股票在买入后 6 个月内卖出,或者在卖出后 6 个月内又买入,由此所得收益归该公司所有,公司董事会应当收回其所得收益。㊶

在 2005 年之前,《证券法》第 47 条的前身,即 1998 年《证券法》第 42 条,仅规定了大股东禁止从事短线交易行为。从表面上看,这一条款与美国相应的规定存在明显差异,因为前者并没有像后者那样涵盖公司董事及其他高管。然而,如果我们对中国的公司法制度体系进行全面考察,便会发现事实并非如此。实际上,1993 年《公司法》第 147 条的规定解释了为何 1998 年《证券法》第 42 条没有将公司董事及其他高管纳入短线交易的规管对象。1993 年《公司法》第 147 条第 2 款规定:"公司董事、监事、经理应当向公司申

㊱ 参见《证券法》第 76 条第 2 款(2019 年《证券法》第 53 条第 2 款)。
㊲ 参见《证券法》第 30 条(2019 年《证券法》第 28 条)规定:"证券公司承销证券,应当同发行人签订代销或者包销协议……"
㊳ 对我国内幕交易法律框架的具体阐述,参见第三章第 3.3.3.1 节。
㊴ 参见第七章第 7.2 节。
㊵ See 15 U.S.C. § 78p(b) (1994).
㊶ 参见《证券法》第 47 条(2019 年《证券法》第 44 条)。

报所持有的本公司的股份,并在任职期间内不得转让。"㊷

据此,在 2006 年 1 月 1 日以前(2005 年修订的《公司法》生效之前),公司董事及高管在其任职期间禁止出售其所持股份。既然《公司法》存在这一全盘禁止的规定,证券法就没有必要在短线交易问题上再次重复列举。㊸ 然而,1993 年《公司法》第 147 条备受争议。尽管这一禁止性规定有利于确保公司管理层与股东利益保持一致,并鼓励公司管理层注重公司长远发展,但该规定过于僵硬和严苛。㊹ 2005 年《公司法》第 142 条取代了 1993 年《公司法》第 147 条,放松了对公司董事及高管转让其股份的限制。因此,2005 年《证券法》第 47 条相对应地将公司董事、监事及高管纳入禁止从事短线交易的人员之列。

短线交易制度得到了其他条款的辅助支撑,这些条款要求公司内幕人员披露其所持有的公司股份情况并报告其股份的变动情况。《证券法》第 86 条第 1 款(2019 年《证券法》第 63 条第 1 款)规定:"通过证券交易所的证券交易,投资者持有或者通过协议、其他安排与他人共同持有一个上市公司已发行的股份达到百分之五时,应当在该事实发生之日起三日内,向国务院证券监督管理机构、证券交易所作出书面报告,通知该上市公司,并予公告;在上述期限内,不得再行买卖该上市公司的股票。"㊺除了第一次报告之外,上述股东还有义务报告其后续的股份变动情况。该条第 2 款规定:"投资者持有或者通过协议、其他安排与他人共同持有一个上市公司已发行的股份达到百分之五后,其所持该上市公司已发行的股份比例每增加或者减少百分之五,应当依照前款规定进行报告和公告。在报告期限内和作出报告、公告后二日内,不得再行买卖该上市公司的股票。"㊻

㊷ 1993 年《公司法》第 147 条。

㊸ 然而,有学者认为尽管存在全面禁止的规定,公司董事及高管仍应当在短线交易条款中予以列明。参见姜朋:《内幕人短线交易收益归入制度简论》,载《法制与社会发展》2001 年第 3 期。此外,董事及高管的亲属也应当在禁止短线交易之列,因为他们基于亲属关系也能获知相关内幕信息。参见朱谦:《短线交易的几个法律问题研究——兼评〈中华人民共和国证券法〉第 42 条》,载《法商研究》2000 年第 5 期。

㊹ 参见杨亮:《内幕交易论》,北京大学出版社 2001 年版,第 241 页。

㊺ 《证券法》第 86 条第 1 款(2019 年《证券法》第 63 条第 1 款)。

㊻ 《证券法》第 86 条第 2 款(2019 年《证券法》第 63 条第 2 款)。该条适用于并购领域,规定 5% 作为报告义务的最低标准旨在减少并购的成本支出。然而,对禁止短线交易而言,仍要降低该标准,因为内幕人员完全可以通过短线交易少于 5% 的股份获取不菲的利润。相较而言,美国在并购背景下与在禁止内幕交易背景下,对大股东股权变动的报告要求是不同的。具体而言,前者的要求主要规定在 1934 年《证券交易法》13(d)以及 17 CFR 240.13d-2 (1996)。其中要求报告的最低标准是持股达到 1%。有关后者的要求,则是规定在 16(a),15 U.S.C. § 78p(a)(1994)中,根据该规定,在禁止内幕交易的背景下要求股东报告并没有持股比例的要求。

此外，中国证监会还规定了公司董事及高管的报告要求，即上市公司应披露董事、监事和经理持股情况的定期报告（涵盖中期报告、年度报告），包括持股数量、变动情况以及变动的性质及原因等。[47] 尽管董事及公司高管应当通过公司披露相关信息，但是披露的主要义务落在内幕人员头上而非公司身上。

上述的持股情况报告应当向中国证监会和相关证券交易所提交，以备公众查阅。持股情况报告是监督公司内幕人员交易情况的重要手段。如发现存在违法的短线交易行为，利益受损公司的董事会可向违法者主张相应的权利。依据《证券法》第 47 条第 2 款和第 3 款（2019 年《证券法》第 44 条第 3 款和第 4 款），如果董事会没有采取必要的措施主张相应的权利，公司股东有权在 30 日内要求董事会主张权利。[48] 假如董事会怠于按照上述规定主张权利，由此给公司利益造成损失的，负有责任的董事应当对该损失承担连带责任。[49] 但如第二章所述，截至 2006 年仅有一起关于短线交易的案件。[50]

6.3 内幕人员

6.3.1 内幕人员定义的批判性分析

如前所述，中国规管内幕交易法律对内幕人员的界定采取了一个封闭式的定义方法，即列举内幕人员的具体情形。[51] 除了知悉内幕信息的要求之外，内幕人员还必须满足"个人联结"(person connection)的标准，即要求

---

[47] 参见《中国证券监督管理委员会关于加强对上市公司董事、监事、经理持有本公司股份管理的通知》，证监发字〔1996〕54 号，已废止。

[48] 在该法 2005 年修订前，股东派生诉讼是不存在的，从而使得该条款的效力大打折扣。黄辉：《股东派生诉讼制度研究》，载王保树主编：《商事法论集》（第 7 卷），法律出版社 2002 年版，第 332 页。2005 年修订后的《证券法》引入了这一制度，即如果董事没有根据股东的要求主张权利，股东有权为公司利益提起诉讼。

[49] 参见《证券法》第 47 条第 3 款（2019 年《证券法》第 44 条第 4 款）。

[50] 参见第二章第 2.3.1.1 节。

[51] 参见第六章第 6.2.1 节。应当注意的是，《证券法》第 74 条（2019 年《证券法》第 51 条）是一个授权条款，它赋予了中国证监会认定其他人为内幕人员的自由裁量空间，参见《证券法》第 74 条第 7 项（2019 年《证券法》第 51 条第 9 项）。然而，在实践中，中国证监会并没有使用这一授权去完成相应的立法目的。Charles Zhen Qu, "An outsider's view on China's insider trading law" (2001) 10 *Pacific Rim Law and Policy Journal* 327, 342.该文认为中国证监会极少使用其职权去扩大内幕人员的内涵。

获取信息与内幕人员的职位之间必须存在因果的联结关系。只有当相关人员是通过其与所交易证券的公司之间的关系,[52]或者借助其职务及业务往来而获取信息时,[53]才能被认定为"内幕人员",从而不得实施内幕交易行为。[54]

尽管上述立法模式具有规则清晰的优点,但同时也存在问题。第一个问题是,"个人职位联结"的标准在实务中经常难以适用,使得本就非常复杂的问题进一步复杂化。欧盟的《反内幕交易指令》同样使用了这一界定标准。[55] 针对这一指令,有学者曾指出:"尽管公司员工通常在其工作过程中没有机会接触到公司的内幕信息,但是完全有可能在工作中偶尔或碰巧获得一些内幕信息。对于这一情况,他是否应当被视作直接知情人(primary insider)呢?答案是不确定的。很显然,因为他并不是在执行特定职务中接触到这一信息,所以,其接触内幕信息与职位之间并不存在因果关系。但另一方面,假如这个员工没有目前的工作职位,他根本不可能获得这一消息。从这个意义上讲,他接触到内幕信息与其职位之间又存在因果关系。"[56]

因此,"个人联结"的界定标准具有高度的不确定性,可能在法律适用中造成互相矛盾的结论。即使在美国,这一争议也没有得到很好的解决。在一个案件中,公司董事在其职务范围之外获知了内幕信息,SEC对其采取了执法行动。[57] 但这一做法遭到了不少学者的质疑。[58]

第二个问题是,采用列举的界定方式可能使内幕人员的外延过窄,从而出现法律上的漏洞。实践中,很多获知内幕信息的人通过规避禁止性规定的做法,从事了相关证券交易活动却无须承担责任。如下三种情形充分说明了这一问题。

---

[52] 参见《证券法》第74条(2019年《证券法》第51条)第1项(发行人董事和高管)、第2项(持股达到一定比例的大股东)、第3项(发行人控制股东的高管)、第4项(公司员工)。

[53] 参见《证券法》第74条第5项(2019年《证券法》第51条第8项)(监管人员)。

[54] 参见《证券法》第74条第6项(2019年《证券法》第51条第6项)(市场专业人员及中介机构)。

[55] 《反内幕交易指令》第1条规定:"如下情况下获知内幕信息的人是内幕人员:第一,从发行人的行政、管理或监管人员那里获知;第二,因其所持有发行人资产而获取;第三,通过工作、职业或义务而获知。"参见 European Council Directive 89/592 of November 13, 1989, Coordinating Regulations on Insider Dealing, 1989 O.J. (L 334) 30, Art. 1.

[56] C Estevan-Quesada, "The Implementation of the European Insider Trading Directive" (1999) 10 *European Business Law Review* 492, 494.

[57] See *SEC v. Finamerica Corp.*, Sec. Reg. & L. Rep. (BNA) No. 594, at A-5 (D.D.C. March 11,1981).

[58] 参见Langevoort,前注[29],§3.02[2],第8—10页。该文认为:"信息披露的义务只针对基于信义关系而接收到的信息。"

首先,根据《证券法》第74条(2019年《证券法》第51条),公司董事及高管在辞职之后将不再视作内幕人员,这可能会造成法律上的漏洞,因为他们离职之后尚有可能掌握且利用内幕信息。在境外法域中,这一问题已经得到了很好的解决。例如,日本法规定了"前公司相关主体"这一类法定内幕人员。⑤ "前公司相关主体"特指与公司解除关系尚不满一年的公司董事、高管及其他人员。⑥ 因此,如果公司董事和高管从公司离职不满一年,那么,内幕交易的禁止性规定仍旧对其适用。

美国应对这一问题的方法更为灵活。美国法上,董事或高管从公司离职后交易证券的,仍须遵守内幕人员相关的义务,除非他们能证明在其从事证券交易时并没有掌握该公司重大且未公开的信息。⑥ 换言之,只要公司董事或高管掌握重大且未公开的信息,那么,无论其何时离职,仍须遵守内幕人员的相关义务。

其次,《证券法》第74条(2019年《证券法》第51条)仅将证券监管人员纳入内幕人员范畴,而其他政府工作人员并没有纳入这一范围。这种区分不合理,因为其他政府工作人员基于其工作便利条件也有可能获知重大且未公开信息。中国尤其如此,因为中国的证券市场有"政策市"之称,深受政策的影响,所以,政府工作人员更有可能基于这些政策从事内幕交易。

在美国,多个案例表明除了证券市场监管人员外,其他政府工作人员也有可能从事内幕交易。在第一个案件中,联邦储备委员会(Federal Reserve Board)的一名工作人员向他人透露了即将调整利率的消息,然后,信息领受人利用这一信息进行了内幕交易。⑥ 在第二个案件中,美国海军部前顾问获知海军部即将购买海军舰艇,并基于这一信息购买了国防承包商的存托凭证(depository receipt)。⑥ 在第三个案件中,⑥被告是西

---

⑤ 参见《日本证券交易法》,Law No. 25 of 1948, Art. 190-2 para.1。

⑥ 同上注。

⑥ 参见 Loss and Seligman,前注㉙, vol. Ⅷ, 第3587页。这一领域中的判例法参见 *Polin v.Conductron Corp.*, 552 F.2d 797, 811 (8th Cir. 1977), cert. denied, 434 U.S 857。该案中内幕人员1967年辞职,但1971年发生证券交易行为;*Dirks v. SEC*, 463 U.S. 646 (1983)。该案中法院认为,应像对待现任高管那样对待前任高管。

⑥ See Blyth & Co., 43 S.E.C. 1037, 1038-1040 (1969).确认领受人应当承担责任。

⑥ See *SEC v. Mills*, noted in 20 Sec. Reg. & L. Rep. (BNA) 1478 (D.D.C, 28 September 1988).

⑥ See 58 F.3d 933 (4th Cir. 1995).在本案中,美国联邦第四巡回上诉法院没有采信"盗用理论",并宣告 Bryan 无罪,参见第944页。然而,在1997年 *United States v. O'Hagan* 案中,美国联邦最高法院最终采信了这一理论,参见第五章5.3.3.3部分(阐述"盗用理论"的发展)。假如 Bryan 在 O'Hagan 案之后审理,根据"盗用理论",Bryan 将被判处内幕交易罪。

弗吉尼亚彩票委员会的前董事,该董事基于其所掌握的未公开信息,购买了将与彩票委员会签订相关彩票销售合同的公司的股票。[65]

中国目前规管内幕交易的法律很难处理上述同类案件,因为政府工作人员并没有列入《证券法》第 74 条(2019 年《证券法》第 51 条)的范围里,即不属于"证券监督管理机构工作人员以及由于法定职责对证券的发行、交易进行管理的其他人员。"[66]更令人担忧的是,相对于发达国家而言,中国政府干预证券市场的程度反而更深,政府工作人员从事内幕交易的可能性也就大大增加。

最后,也是最重要的一种情形是,中国规管内幕交易的法律并没有对信息领受人做出明确规定。如前所述,《证券法》第 76 条(2019 年《证券法》第 53 条)禁止第 74 条(2019 年《证券法》第 51 条)中所列举的内幕人员以及"那些非法获知内幕消息的人"泄露该信息或者建议他人买卖该证券。[67] 然而,信息领受人(即那些从内幕人员处获知重大且未公开信息的人),并没有像内幕人员那样受到规管内幕交易的法律的约束,比如,禁止自己买卖该公司证券、泄露信息以及建议他人买卖。[68] 显然,这是一个巨大的法律漏洞。[69] 与此相比,境外的绝大多数国家和地区都要求信息领受人遵守与内幕人员同样的禁止性规定。[70]

6.3.2 完善建议:澳大利亚"信息联结"的立法例

如前所述,中国法律对内幕人员的界定过于繁琐,从而存在规避法律的可能性。鉴于内幕交易的复杂性,这样界定内幕人员是有问题的。对于内幕人员的界定过于严格和僵硬将导致法律的低效。为克服这一问题,建议中国采纳诸如澳大利亚等一些国家的"信息联结理论"(information connection only approach)去界定内幕人员。[71]

---

[65] 同前注[64],第 937—939 页。

[66] 《证券法》第 74 条第 5 项(2019 年《证券法》第 51 条第 8 项)。

[67] 参见第六章第 6.2.1 节。

[68] 参见 Qu,前注[51], 338。该文指出:"《证券法》第 76 条的前身并不禁止领受人利用该信息进行交易。"

[69] 《证券法》第 73 条(2019 年《证券法》第 50 条)的规定可以说减轻了这一问题带来的后果。因为这一条款从总体上禁止内幕交易行为,领受人也在"获知内幕信息的人"的范围之内。然而,如前所述,第 73 条的立法本意被该法第 74 条列举式的立法方式所限制。

[70] See Franklin A. Gevurtz, "The Globalization of Insider Trading Prohibitions" (2002) 15 *Transnational Lawyer* 63, 76-85.该文比较了美国、欧盟、澳大利亚及日本有关内幕交易的法律制度。

[71] 很多国家(例如新加坡、马来西亚)已经采纳了澳大利亚的做法。See Corporations and Markets Advisory Committee (Australia), "Insider Trading Discussion Paper (June 2001)" s 1.64, n.88.

6.3.2.1 澳大利亚立法例的优势

根据澳大利亚《公司法》第1043A条,内幕人员是指任何知悉信息及任何"知道或应当知道"该信息"尚未公开"并且会"对证券价格产生重大影响"的人员[72]。界定内幕人员的主要根据是,其是否知悉相关的内幕信息。该条款并没有要求内幕人员满足"个人联结"的标准,而是采用了"信息联结"标准,即只要是知悉内幕信息的人就是内幕人员,至于他是否通过个人职位获取信息,与发行人有何关系等,在所不问。根据"信息联结"标准,知悉内幕信息是界定内幕人员的唯一条件,知悉信息不分先后,都是内幕人员,没有必要区分一级知情人与二级知情人,也就不存在信息泄露人和信息领受人的区别。简言之,如果适用"信息联结"标准,如何获得信息及从谁那里获得信息等问题,都将不再重要。

这种界定内幕人员的方法能够涵盖知悉内幕信息的所有人员,包括利用职务之便获取信息的人和偶然获悉内幕信息的人。[73] 这一方法可以有效地应对中国目前规管内幕交易法律存在的漏洞与不确定性。那些没有被纳入《证券法》第74条(2019年《证券法》第51条)范围但实际上仍获知内幕信息的人员,例如公司退休的董事及高管、其他政府工作人员,以及信息领受人等,皆属于内幕人员,应受到内幕交易法律的规管。

在逻辑上,"信息联结"标准与"信息机会平等理论"是一致的。[74] 如第五章所述,"信息机会平等理论"建立在市场公平与效率的基础之上,关注证券市场是否提供了一个公平的竞争环境,交易主体是否平等地获知了重大且未公开的信息。同时,根据该理论,不需要以信义关系的存在作为承担责任的前提。[75] 与此相类似,"信息联结"标准就是仅以当事人是否获悉内幕信息去界定其是否为内幕人员,而对于其与交易对手之间是否有信义关系,是否利用职位获得内幕信息等,则在所不问。

实际上,损害证券市场的原因是不当利用内幕信息的行为,而不是内幕人员与相关公司或其他主体之间的关系。从维护证券市场公平与效率的角度出发,在界定内幕人员时附加一个"个人联结"标准是没有正当理由的。有些获知了内幕信息的人仅因为他们与相关公司和其他主体之间

---

[72] Corporations Act 2001 (Australia), s 1043A.
[73] Corporations and Markets Advisory Committee (Australia),参见前注[71], s 1.62。
[74] 有关"信息机会平等理论"的论述,参见第五章。
[75] 对这一问题的详细阐述,参见第五章。

没有诸如信义关系之类的"个人联结",就允许他们游离在内幕交易法律之外,实属不当。⑯ 从本质上看,"个人联结"标准对应着内幕交易规管的"信义关系理论",与"信息机会平等理论"并不兼容。如第五章所述,中国内幕交易规管应采用"信息机会平等理论",因此采用"信息联结"标准去界定内幕人员是题中应有之义。

进言之,"信息联结"标准在概念上也更直截了当,能够帮助市场参与者更好地理解规管内幕交易的法律。从历史上看,澳大利亚于1991年之前也采用了一个附加的"个人联结"标准去界定内幕人员。但该标准的技术复杂性与潜在法律漏洞受到了广泛的批评,因而澳大利亚在1991年将其废除。主流观点认为,用"个人联结"标准定义内幕人员不必要地使问题复杂化。⑰ 如前所述,"个人联结"标准在现实中经常难以适用。⑱ 相反,依据"信息联结"标准,规管内幕交易法律对于内幕人员的界定将变得简洁和清晰。有学者指出:"有关内幕人员的定义,除了强调其是获知内幕信息的人外,其他方面无须过问。换言之,立法时概念界定的困难主要是判定何为内幕信息,至于内幕人员的概念问题,则应当是建立在内幕信息概念之上的二级概念……将内幕人员界定为获知内幕信息之人的做法能够减少不确定性,因为这样只需将问题集中在个人是否获知了内幕信息,而其他因素都不重要。"⑲

值得注意,在2003年,澳大利亚公司与证券咨询委员会(Australian Corporations and Markets Advisory Committee)对澳大利亚规管内幕交易的法律进行了一次全面评估,认可了采用"信息联结"标准的优势,并建议继续保留这一做法。⑳ 在2005年于悉尼召开的澳大利亚公司法学会的年会上,笔者提交了一篇会议论文,对于"信息联结"标准的利弊进行了全面分析,并建议中国采用该标准去改革其规管内幕交易的法律。㉑ 该论文获得了参会者的高度评价,其中包括澳大利亚公司与证券咨询委员会的主席 John Kluver 先生,并最

---

⑯ Corporations and Markets Advisory Committee(Australia), 参见前注⑦, s 1.73.

⑰ See Report of the House of Representatives Standing Committee on Legal and Constitutional Affairs (Australia), Fair Shares for All: Insider Trading in Australia (11 October 1990) (hereinafter Fair Shares for All), para. 4.3.5.

⑱ 参见第六章第 6.3.1 节。

⑲ Paul L. Davies, *Gower's Principles of Modern Company Law* (Sweet & Maxwell Ltd, 6th ed.,1997), pp. 464-465.

⑳ See Corporations and Markets Advisory Committee(Australia), "Insider Trading Report (November 2003)" Recommendation 18.

㉑ See Hui Huang, "The Regulation of Insider Trading in China: A Critical Review and Proposals for Reform"(2005) 17 (3) *Australian Journal of Corporate Law* 281.

终获得了"最佳会议论文"的殊荣,这也是该奖项第一次颁发给中国人。

6.3.2.2 澳大利亚立法例的隐忧

尽管"信息联结"标准能够让规管内幕交易的法律变得更加简洁且外延更广,但同时也存在规管范围过宽的隐忧。从比较法的视角看,在世界范围内,这一立法例可能是外延最大的,人们将其形容为"宽泛的"(expansive)[82]、"过于广泛的"(extraordinarily broad)[83]、"异常广泛的"(unusually broad)[84]。这一点很容易理解,乍一看,它确实会给人造成这样的印象。如第五章所述,美国规管内幕交易法律是从狭窄的"古典理论"逐渐扩展到"盗用理论",但仍然坚持信义关系的要件,故其规管范围还是受限的。[85] 相比而言,澳大利亚的立法一开始就较为宽泛,后来才逐渐限缩。为防止其立法的法理基础沦为"信息对等理论",[86]澳大利亚采取了诸多措施予以应对,比如限制内幕信息范围、[87]列举某些特定例外情形等。[88]假如投资者通过研究或其他合法方式获得了信息优势,其并不承担法律责任。在这一意义上,澳大利亚的立法坚守了"信息机会平等理论"。[89]

实际上,尽管澳大利亚的立法看上去规管范围很广,但至今并没有确凿的证据证明这一点,也没有证据证明其阻碍了证券市场功能的有效发挥。[90] 这

---

[82] Marc I. Steinberg, "Insider Trading, Selective Disclosure, and Prompt Disclosure: A Comparative Analysis" (2001) 22 *University of Pennsylvania Journal of International Economic Law* 635, 668.

[83] Gevurtz,前注[70],第 67 页。

[84] 总结自笔者与 Langevoort 教授的访谈,2002 年 7 月 19 日,澳大利亚悉尼大学。

[85] 参见第五章第 5.3.3 节。

[86] 事实上,鉴于澳大利亚立法例的宽泛性,有学者认为其采取了"信息对等理论"。参见 Steinberg,前注[82],第 668 页。

[87] 澳大利亚的法律将从公开信息中所获得的推论、结论及参考等情形排除在外,从而避免了挫败收集合法信息积极性的可能。参见 Corporations Act 2001 (Australia),s 1042(1)(c)。

[88] 例如,澳大利亚法律对知悉个人自身意图与行为这一情形做出了例外规定,收购方可在知晓其真实意图系以溢价收购目标公司股票的情况下进行安全交易。See Corporations Act 2001 (Australia), s 1043H。

[89] 对信息机会平等理论和信息对等理论的对比研究,参见第五章第 5.4.2.1 节。

[90] 自 2002 年 3 月《金融服务改革法》(the Financial Service Reform Act, "FSRA")对澳大利亚《公司法》做出的修改生效之后,该国应对内幕交易规管的宽泛性问题才开始凸显出来。这些修改将规管内幕交易的立法从证券与股票相关的期货市场扩展至更加广泛的金融市场中,从而实现《金融服务改革法》将统一法律适用于整个金融市场的目标。现如今,还需规管的产品包括大宗产品、互购协议、流通票据、远期利率协议、利率掉期和期权、外汇与电气契约。这将给场外市场交易和未上市公司证券交易带来过度监管的问题。参见 Corporations and Markets Advisory Committee(Australia),前注[80], s 4.1。

并不让人惊讶,因为如前所述,这一立法的理论逻辑是自洽的:通过界定内幕信息的内涵或通过列举例外情形(如澳大利亚的立法例),就足以应对可能存在的外延过宽的问题。这里回顾一下前文引用的那个案例:一个员工通过其职位本来不可能接触到内幕信息,然而在工作中偶然获知相关信息。⑨¹ 根据澳大利亚规管内幕交易法律的"信息联结"标准,此案例是构成内幕交易的,这似乎可以表明"信息联结"标准过于宽泛。但笔者认为这一说法并不具有充分的说服力,因为上述案例在采用"个人联结"标准的法域也可能会构成内幕交易。

例如,在欧盟《反内幕交易指令》的规定下,上述案例中的员工就有可能被视作一级知情人。⑨² 当然,如果对"借助工作职位"(by virtue of employment)这一要件做严格的限缩解释,该员工因其工作岗位原本无法接触到相关信息,则可能无法被认定为一级知情人。但由于该员工获知的内幕信息直接或间接地来源于一级知情人,所以他仍有可能被视为二级知情人或者信息领受人,最终需要承担法律责任。⑨³ 因为按照欧盟《反内幕交易指令》的规定,无论哪类知情人,其违反内幕交易规定的法律后果是一样的。⑨⁴

有学者从其他角度表达了对澳大利亚"信息联结"标准的质疑。在他看来,欧盟的《反内幕交易指令》要优于澳大利亚的立法例,因为后者存在诸多"不确定性"(uncertainties)的情形。⑨⁵ 然而,该学者并没有进一步指出存在怎样的不确定性,导致该论点欠缺说服力。相反,如前所述,确定性恰恰是澳大利亚立法例的重要优势之一。

另外一个质疑观点更值得深思,即认为澳大利亚内幕交易法律的规管范围很宽,监管者可能由于资源限制无力去侦查和处罚所有的内幕交易行为,从而损害其形象。⑨⁶ 根据此观点,澳大利亚规管内幕交易的法律

---

⑨¹ 参见前注㊵及相关正文内容。
⑨² 同上注。
⑨³ See EU Insider Trading Directive, Art. 4.
⑨⁴ 同上注。
⑨⁵ 参见 Gevurtz,前注⑰,第 78 页。
⑨⁶ 实际上,资源受限是所有监管者普遍面临的问题。例如,SEC 是世界上资源最为充裕的监管主体,然而它依旧声称缺乏足够的资源应对内幕交易问题。详见 H.R. Rep. No. 100-910, at 14 (1988). 文中引用了 1988 年《内幕交易及证券欺诈执行法》(Insider Trading and Securities Fraud Enforcement Act of 1988)立法听证会上 SEC 主席 Ruder 的话。另一方面,鉴于内幕交易的隐蔽性,侦查、诉讼中的人力和资源成本也是居高不下。参见 Langevoort,前注㉙,§ 1.04,第 1—24 页。

范围过宽问题并不是因为法律将有些行为定性为内幕交易在理论上有缺陷,而是从现实角度出发,囿于资源所限,监管者没有能力去处理全部的违法情形,从而损毁其声誉。这一观点是有一定道理的,立法确实应当采取一种务实的态度,确保有效执法,同时监管者应当将有限的资源集中用于应对更加常见和更加严重的违法情形。诚然,如果制定的法律注定无法有效执行,那么这种立法是毫无益处甚至有害的,有法不依会极大影响法律的权威性。

然而,这一质疑也并不足以否定澳大利亚的立法例。第一,它并没有驳倒澳大利亚立法的理论基础。事实上,因为资源所限,警察也无法侦破所有的谋杀案件,我们并不会仅仅基于这个原因去限缩法律规定的故意杀人罪的范围。显然,让刑法仅涵盖那些严重的谋杀情形是非常不恰当的做法。从这一意义上说,这一质疑观点很类似于第四章笔者已经反驳过的一个观点:我们不能仅仅因为执行内幕交易法律的成本巨大且效率不高,就对内幕交易行为置之不理。[97]

第二,对于执行问题可能会严重损害监管者声誉的观点,值得商榷。有学者认为,所有的规则都具有外延过广的内在特征,所以需要灵活地适用。[98] 事实上,无论是在澳大利亚还是其他国家,包括立法上更为严格的美国,监管者都面临着同样的执法问题,由于资源有限,都无可避免地需要在执法时作出一定的选择。[99] 执行问题并不是内幕交易法律面临的新问题,更不是澳大利亚立法例的独有问题。

这一反驳观点得到了澳大利亚证券交易所(National Stock Exchange of Australia)官员的支持。[100] 根据2002年7月笔者与澳大利亚证券交易所官员的访谈,他们普遍认为,虽然证券市场的监管者会漏掉一些内幕交易行为,但这并不会严重影响其声誉,因为这种类似的现象在其他执法领域都普遍存在,而公众对此是能够理解的。有些官员进一步认为,与质疑观点

---

[97] 参见第四章第4.2.3节。

[98] See Julia Black, *Rules and Regulators* (New York, Oxford University Press, 1997), pp. 27—29.

[99] 参见Langevoort,前注[29],§1.04,第1—24页。学者Langevoort提到,SEC知道自身缺乏相应的资源,因此,它与联邦检察机关通常将关注的焦点放在一些特殊情况上。例如,公司重大信息披露前的巨量交易行为,组织垄断交易,以及参与交易的人是公众人物的情形。之所以重点关注前述列举的最后一种情形,是因为有公众人物的参与,可以使执法项目有更大的曝光度。从某种意义上来说,大部分内幕交易的执法都是具有象征意义的。

[100] 总结自笔者与澳大利亚证券交易所官员的访谈,2002年7月31日。

相反,澳大利亚的立法有利于执法,因为这一标准留给监管者一定的应对空间,让监管者能够策略性地配置有限的监管资源。其中的一位官员提到了当时受到广泛关注的 *Rivkin* 案。在这一案件中,澳大利亚一个著名的证券经纪人从事了内幕交易,虽然金额不大,但受到了刑事处罚。据报道,这一案件对潜在的内幕交易违法者产生了强大的威慑作用。[101] 其中一位官员认为,这一案件最终做出的严厉处罚充分彰显了澳大利亚内幕交易法律规管范围宽泛的优势。而且,一位官员认为,澳大利亚采用的"信息联结"标准是基于平等主义的原则,公众易于理解。可见这一立法模式能够发挥良好的教育与威慑功能。

6.4 内幕信息

6.4.1 概要

如前所述,如何界定内幕信息是内幕交易法律的核心所在。通常而言,内幕信息具有"重大"(material)和"未公开"(non-public)两大特征。这是非常容易理解的,因为当内幕人员所掌握的信息已为公众知晓或者并不重要时,他们很难利用不平等的优势地位来获取收益。[102]《证券法》第75条第1款(2019年《证券法》第52条第1款)界定了内幕信息的基本含义:"证券交易活动中,涉及公司的经营、财务或者对该公司证券的市场价格有重大影响的尚未公开的信息,为内幕信息。"[103]

然而,这个标准过于模糊不清且不确定,从而很难消除争议。这也使得内幕人员在交易之前很难决定是否应披露相关信息。为了提供一些指导以方便法律适用,《证券法》第75条第2款(2019年《证券法》第80条第2款及第81条第2款)列举了视作内幕信息的八种情形:

1.本法第六十七条第二款所列重大事件;
2.公司分配股利或者增资的计划;
3.公司股权结构的重大变化;
4.公司债务担保的重大变更;
5.公司营业用主要资产的抵押、出售或者报废一次超过该资产的百

---

[101] 对这一案件的详细介绍,参见第二章第2.3.3.3节。
[102] Langevoort,参见前注㉙,§5.01,1。
[103]《证券法》第75条第1款(2019年《证券法》第52条)。

分之三十;

6.公司的董事、监事、高级管理人员的行为可能依法承担重大损害赔偿责任;

7.上市公司收购的有关方案;

8.国务院证券监督管理机构认定的对证券交易价格有显著影响的其他重要信息。[104]

如第 2 款第 1 项所述,《证券法》第 67 条(2019 年《证券法》第 80 条)所列举的"重大事件"也属于内幕信息的范畴。第 67 条(2019 年《证券法》第 80 条)规定了上市公司的持续性信息披露义务,要求公司披露一系列的"重大事件",并以临时报告的方式向中国证监会和证券交易所报送。根据该条款,这些"重大事件"包括:

1.公司的经营方针和经营范围的重大变化;

2.公司的重大投资行为和重大的购置财产的决定;

3.公司订立重要合同,可能对公司的资产、负债、权益和经营成果产生重要影响;

4.公司发生重大债务和未能清偿到期重大债务的违约情况;

5.公司发生重大亏损或者重大损失;

6.公司生产经营的外部条件发生的重大变化;

7.公司的董事、三分之一以上监事或者经理发生变动;

8.持有公司百分之五以上股份的股东或者实际控制人,其持有股份或者控制公司的情况发生较大变化;

9.公司减资、合并、分立、解散及申请破产的决定;

10.涉及公司的重大诉讼,股东大会、董事会决议被依法撤销或者宣告无效;

11.公司涉嫌犯罪被司法机关立案调查,公司董事、监事、高级管理人员涉嫌犯罪被司法机关采取强制措施;

12.国务院证券监督管理机构规定的其他事项。[105]

根据《证券法》第 67 条(2019 年《证券法》第 80 条)、第 75 条(2019 年《证券法》第 52 条)的规定,中国对内幕信息的定义有以下几点特征。首先,内幕信息是指任何重大且未公开的信息,至于这一信息是否来源于所交易证券的发行人,在所不问。换言之,内幕信息既包括发行人内部产

---

[104] 参见《证券法》第 75 条第 2 款(2019 年《证券法》第 80 条第 2 款及第 81 条第 2 款)。

[105] 参见《证券法》第 67 条(2019 年《证券法》第 80 条)。

生的"公司信息"(corporate information),也包括外部产生但对发行人股价有重大影响的"市场信息"(market information)。当然,中国《证券法》将关注重点放在"公司信息"上。《证券法》第 75 条第 1 款(2019 年《证券法》第 52 条第 1 款)特别强调了有关公司经营和财务方面的信息。[106] 同时,绝大多数列举的情形也属于这一范畴,例如做出重大投资决定、签订重大合同、变更公司高管、变更公司资本等。

相对而言,《证券法》对"市场信息"的列举类型较少,主要包括针对发行人的收购要约信息。然而,其他类型的信息也可纳入"市场信息"的范畴。例如,在所谓的"提前交易"(front running)中,证券经纪商在执行客户指令之前,为谋取私人利益而以自己的账户进行交易。如果该交易指令足以对股价产生重大影响,那么,该客户的指令可能被视作重大信息。这种情况尤其常见于发行人的证券交易不活跃的时候。换言之,当客户提出可能影响股价变化的交易指令时,经纪商接收该指令并提前交易,实际上是掌握了重大信息而交易,据此,这种"提前交易"的行为可以视为中国法上的内幕交易。

其次,中国对内幕信息的定义并不要求内幕信息与一个或多个公司、证券存在特定的关联。根据《证券法》第 75 条(2019 年《证券法》第 52 条)的文义解读,凡是可能影响证券价格的重大信息皆可视为内幕信息。至于该信息是否与所交易证券的发行人存在特定或一般性的关联,则在所不问。这可能令人立即联想到政府的政策是否构成内幕信息的问题。这些政策通常普遍性地适用于整个市场,影响市场上全部或至少一个行业的公司或证券的价格。例如,如果政府出台一项政策(比如调整存款利率或印花税率),将会对很多证券的价格产生重大影响,那么,根据《证券法》第 75 条(2019 年《证券法》第 52 条)就应当将其视作内幕信息。这个问题对于中国证券市场尤其重要。如第三章所述,中国证券市场频繁受到政府政策的影响,以至于被称为"政策市",而政策通常又是易变的,容易被那些有特权消息渠道的人滥用以谋取不当收益。[107]

---

[106] 参见《证券法》第 75 条第 1 款(2019 年《证券法》第 52 条第 1 款)。
[107] 参见第三章第 3.3.1.1 部分。目前在世界范围内对此问题存在两种不同的做法。有些国家,例如英国要求内幕信息与特定证券或证券的特定发行人存在关联关系。Criminal Justice Act 1993 (UK), s 56 (1)(a).相反,有的国家却没有这一限制。例如,SEC 对联邦储备委员会一官员泄露有关利率变化信息的案件提起诉讼。Blyth & Co., 43 S.E.C. 1037, 1038−40 (1969);Langevoort, 前注㉙, § 5.02[2], 第 12 页。"信息不一定与发行人实际业务运行有关。"

最后,《禁止证券欺诈行为暂行办法》(已失效)第 5 条第 3 款规定:"内幕信息不包括运用公开的信息和资料,对证券市场作出的预测和分析。"即从公开信息中经过研究和分析得到的推论、结论或引申等都得以豁免。[108] 显然,对证券市场的研究与分析是确保一个市场有效运作的重要基础。[109] 然而从技术上讲,在对公众披露之前,对市场的研究与分析完全可能构成内幕信息,因为它可能对证券价格产生重要影响,当分析师的影响力较大时更是如此。但考虑到将通过研究和分析得到的信息定性为内幕信息会阻碍研究结果的使用和交流,与商业活动的实际需求不相符,法律需要对市场研究和分析进行例外处理,即只要它们都是基于公开信息进行的,就应当将其视作公开信息,而不属于内幕信息的范畴。

需要指出,在公布市场研究成果之前,分析师是禁止借此从事证券交易的。在实践中,这种交易称作"抢帽子交易"(scalping)。[110] 市场研究人员在发布其对证券价格具有重大影响的研究结果或投资建议之前,可能自己提前利用这些信息进行证券交易以获取个人利益。学者普遍认为,允许这种交易行为将会带来不良影响,[111] 例如,公众可能因为这种类似于市场操纵的行为而丧失投资信心。[112] 因此,市场分析师的正确做法是,要么选择基于其研究成果自己进行交易,但不公开那些研究成果;要么选择将相关研究成果售与客户,但自己不进行交易。

6.4.2　重大性

6.4.2.1　重大性的判断标准

判断内幕信息的一个重要标准是该信息是否具有重大性。根据《证券法》第 75 条(2019 年《证券法》第 52 条),假如某信息"对该公司证券的

---

[108] 参见《禁止证券欺诈行为暂行办法》第 5 条,已失效。

[109] 美国联邦最高法院认为市场分析师是"确保健康市场不可或缺的组成部分"。Dirks v. SEC, 463 U.S. 646, 658 (1983).对于投资分析师作用的理论阐释,参见 Daniel R. Fischel, "Insider Trading and Investment Analyst: An Economic Analysis of Dirks v. Securities and Exchange Commission" (1984) 13 Hofstra Law Review 127。

[110] 对于短线交易的阐述,参见 John F. Barry, "The Economics of Outside Information and Rule 10b-5" (1981) 129 University of Pennsylvania Law Review 1307, 1376-1381; Joel Seligman, "The Reformulation of Federal Securities Law Concerning Nonpublic Information" (1985) 73 Georgetown Law Journal. 1083, 1124-1127。

[111] 参见白建军:《证券欺诈及对策》,中国法制出版社 1996 年版,第 29—31 页。

[112] 正因如此,一些学者认为应当将短线交易视作一种市场操纵行为。陆世友等编著:《证券市场与证券犯罪探论》,立信会计出版社 1995 年版,第 156 页。

市场价格有重大影响",该信息就被视作重大信息。[113] 对信息重大性的判断标准是其对公司证券价格的影响程度。因此可称之为"价格敏感"(price-affective)标准。许多国家(例如英国[114]、澳大利亚)也采纳这一标准。[115]

有疑问的是,《证券法》第 75 条(2019 年《证券法》第 52 条)中的"价格"(price)一词是否也包括价值(value)的意思。在英国,立法明确表明,"价格"含有价值之义。[116] 同样,在澳大利亚,内幕信息是"一个理性的人所期待的其对公司证券价格或价值带来的重大影响"。[117] 在现实中,证券市场中股票的内在价值往往不能完全地反映在价格上,因为价格是由供求关系直接决定的。很有可能出现的情况是,证券价格上涨很快,然而其内在价值却并未发生变化。反之亦然。因此,就中国法而言,《证券法》第 75 条(2019 年《证券法》第 52 条)中的"价格"应当解释为涵括了价值之义,从而与国际通行标准接轨。

与此相对应,一些国家(尤其是美国)采取的是"投资者敏感"(mind-affective)标准。根据这一标准,假如一个理性的投资者在做出投资决定时,会有相当大的可能性认为这一信息是重要的,那么这一信息就具有重大性。[118] 根据这一标准,所谓重大的信息并非结果导向。换言之,信息的重大性并非需要达到一个实际上导致理性投资者改变其决策的程度。[119] 相反,如果该信息有"很大可能性"让投资者在进行决策考量时认为其是

---

[113] 《证券法》第 75 条(2019 年《证券法》第 52 条)。
[114] See Criminal Justice Act 1993 (UK), s 56 (1).从更广泛的意义上讲,"价格敏感"标准也得到了《反内幕交易指令》的支持,使得很多欧盟成员国也采纳这一标准。See EU Insider Trading Directive, Art. 1(1).
[115] See Corporations Act 2001 (Australia), s 1042(A).
[116] See Criminal Justice Act 1993 (UK), s 56 (3).
[117] Corporations Act 2001 (Australia), s 1042A.
[118] See *Basic Inc. v. Levinson*, 485 U.S. 224, 231 (1988) (quoting *TSC Industries, Inc. v. Northway*, 426 U.S. 438, 449 (1976).该案发生在代理权征集情境下。在 *TSC Industries, Inc. v. Northway* 案中,美国联邦最高法院表示:假如某遗漏的事实很有可能对于理性股东的决策而言非常重要,那么,这一遗漏的事实便是重大信息……换言之,对于理性股东而言,遗漏的信息如果是重大信息将很有可能显著改变其所拥有的信息整体画面。
[119] See *TSC Industries, Inc. v. Northway*, 426 U.S. 438, 449 (1976). See also *SEC v. Mayhew*, 121 F.3d 44, 51 (2d Cir. 1998)."符合重大性这一要求的信息并不需要它足以改变理性股东的投资决定,而是只要股东认为该信息很重要,以至于能改变信息整体画面即可。" *Folger Adam Co. v. PMI Indus., Inc.*, 938 F.2d 1529, 1553 (2d Cir.), cert. Denied, 502 U.S. 983 (1991)."能确定的是,重大事实无须对结果有决定性意义……"

重要的⑫,就可满足这一标准。

在通常情况下,上述两种标准的法律适用结果基本相同。有学者指出:"总体而言,投资者之所以认为某一信息重要,是因为它足以影响股票价格。同样,假如投资者发现某一信息对其决定是否交易某一股票时非常关键,投资者的交易决定也将会影响股票的价格。"⑫

这一点从经济学理论中也能得到印证:上市交易或其他被广泛交易的证券的价格普遍反映出投资者基于公开信息对股票价格达成的共识。实践中,中国并未区分这两种标准。例如,中国证监会曾出台有关招股说明书信息披露方面的指导性规范文件,该文件规定:"本准则的规定是对招股说明书信息披露的最低要求。不论本准则是否有明确规定,凡对投资者做出投资决策有重大影响的信息,均应披露。"⑫而"投资者敏感"标准在中国证监会出台的另一有关公众公司上市声明的规范性文件中也有所体现,它规定:"本准则的规定是对发行人上市公告书信息披露的最低要求。不论本准则是否有明确规定,凡在招股说明书披露日至本上市公告书刊登日期间所发生的对投资者投资决策有重大影响的信息,均应披露。"⑫

尽管这两个标准之间没有太多实质差异,然而从执法的角度看,"价格敏感"标准更值得赞同。首先,从概念上讲,这一标准与内幕交易更具关联性。Langevoort 教授指出:"价格敏感标准更恰当,因为它与内幕交易法律的意旨直接相关:使得内幕信息知情人无法基于预先知晓的证券价格变动信息而获利。"⑫

相较而言,"投资者敏感"标准不够明确。很多信息看上去对投资者而言具有重大性,但由于投资者的主观判断常出现误差,包括行为金融学揭示的非理性现象,有些信息实际上并不能对市场价格造成重大影响。

---

⑫ See *TSC Industries, Inc. v. Northway*, 426 U.S. 438, 449 (1976).

⑫ Gevurtz,前注⑩,第 74 页。还可参见 Langevoort,前注㉙,§5.02[1],第 2—3 页。该学者认为应将"投资者敏感"标准视作界定信息重大性的标准定义方式,而"价格敏感"标准则是一种简略的定义方法。

⑫ 《公开发行证券的公司信息披露内容与格式准则第 1 号——招股说明书》,证监发〔2001〕41 号,已废止。

⑫ 《公开发行证券的公司信息披露内容与格式准则第 7 号——股票上市公告书》,证监发〔2001〕42 号,已废止。

⑫ 参见 Langevoort,前注㉙,§5.02[1],第 4 页。

因此，很多学者建议美国摒弃"投资者敏感"标准，而改用"价格敏感"标准。[125]

另外，从实践的角度看，"价格敏感"标准更具可预测性、稳定性。这一标准的优势在于"它关注对证券价格产生影响的合理、客观预期，而不是关注……这一信息披露之后将会发生什么"。[126] 在判断信息是否重大这一问题上，"价格敏感"标准更为客观，更有可预测性。相比之下，"投资者敏感"标准的主观性更强，缺乏稳定性。例如，在采用"投资者敏感"标准的美国，法院在判定信息是否重大时，总是需要综合考量很多间接性的指标，例如市场反应、内幕人员的交易行为，以及发行人处理信息的方式等因素。[127] 由于不同法官有不同的整体考量逻辑，案件结果也会因此有所不同。

此外，"理性投资者"的概念仍不清晰，这进一步加剧了"投资者敏感"标准的不确定性。[128] 在美国，有些法院在处理信息重大性的问题时，采纳了"马赛克"(mosaic)的理论。该理论认为，尽管一些信息本身并不重要，但是，假如被告将这一信息与已有的相关信息拼接在一起，可能就会变得具有重大性，进而影响股票价格，最终使这一信息被认定为重大信息，这就像"马赛克"的艺术作品一样，每片马赛克单独看都没有太大意义，但拼接在一起就变成了一幅可辨识的、有价值的作品。在 *Elkind v. Liggett & Myers, Inc.*案中，[129]法院认为："对相关公司及行业非常熟悉的、经验丰富的分析师能够将公众信息中本来看起来不重要的信息塑造成含有重大、未公开信息的'马赛克'组合。"[130]

根据"马赛克理论"，"理性投资者"被界定为"技能高超的分析师"。这与"有效市场理论"一致，该理论认为，市场价格的变动主要取决于专业的机构投资者之间的交易，而分析师的投资建议通常会让机构投资者迅速地作出决定。

---

[125] 同前注[124]，§13.03[4]，12。

[126] Bailey, "Insider, Inside information and the Securities Industry Act 1975", (1977) 5 *Australian Business Law Review* 269, 276.

[127] Wang & Steinberg, 参见前注[26]，第131—133页。

[128] Langevoort,前注[29]，§11.02，12。

[129] See 635 F.2d 156 (2d Cir. 1980).

[130] 同上注，第165页, (footnote omitted)。"马赛克"的概念为 *State Teachers Retirement Bd. v. Fluor Corp.*案件所采用 (566 F. Supp. 945 (S.D.N.Y. 1983))。

然而,对于这一做法也有反对的观点。在 *Dirks* 案中,[131] SEC 表示:"我们一直认为,分析师可以利用那些未公开的、本身并不具有重大性的信息去填补他们分析工作中的信息缝隙。这些零碎的、未公开信息通过分析师与其他信息进行综合分析之后,可能会产生重大影响,从而构成重大信息,但是这一过程并不违法。"[132]

在 *Dirks* 案中,美国联邦最高法院拒绝对分析师进行处罚规管,即使他利用从内幕人员那里获得的未公开信息进行交易,因为在法院看来,分析师"对于确保一个健康运行的市场而言不可或缺"。[133] 事实上,为了鼓励基础性的研究活动,信息"重大性"的标准应予以提高。"理性投资者"应当被界定为"普通投资者"而不是"专业的分析师",从而让更多的信息可以运用于市场的研究和分析之中。[134] 简言之,在"投资者敏感"标准下,"马赛克理论"在确定"理性投资者"时产生了诸多不确定性。[135]

可见,相较于"投资者敏感"标准,"价格敏感"标准更客观、确定。由于内幕交易严重时能被定性为刑事犯罪,可能使内幕人员承担严重的法律责任,因此,在界定内幕信息时,非常有必要采用确定性更高的"价格敏感"标准。

6.4.2.2 内幕信息的精确性

如上所述,中国规管内幕交易的法律在界定重大信息的内涵时,采取的是"价格敏感"标准,除此之外并没有其他的附加条件。根据《证券法》第 75 条(2019 年《证券法》第 52 条),重大信息的范围并不限定在可证实的事实信息;它也包括任何可能对股票价格造成重大影响的其他类型的信息。换句话说,尽管某些信息存在一定的模糊性或不确定性,但只要它可能对股票价格产生较大影响,也视作重大信息。例如,对公司未来收入

---

[131] See 47 S.E.C. 434 (1981), Exch. Act. Rel. No. 17480,〔1981 Transfer Binder〕Fed. Sec. L. Rep.(CCH) 82, 812 (22 January 1981), affd. Sub nom. *Dirks v. SEC*, 681 F.2d 824 (D.C. Cir. 1982), revd. On other grounds, 463 U.S. 646 (1983).

[132] 47 S.E.C. at 444;〔1981 Transfer Binder〕Fed. Sec. L. Rep. (CCH) 82,812, at 83,947 (dictum)(footnotes omitted).

[133] *Dirks v. SEC*, 463 U.S. 646, 658 (1983).

[134] 参见 Langevoort,前注㉙,§ 11.02[2],第 11—12 页。需要注意的是,普通投资者并不等于谨慎、保守的投资者,反而他们有可能投机性很强。*SEC v.MacDonald*, 699 F.2d 47, 51 (1st Cir. 1983).

[135] Dennis,"Materiality and Efficient Capital Market Model: A Recipe for the Total Mix" (1984) 25 *William and Mary Law Review* 373, 415 n.205 (1984).

与利润的规划与评估、上市公司收购计划、分配利润或增资计划等均属于《证券法》第 75 条(2019 年《证券法》第 52 条)规定的情形。[136] 这表明,相关信息对证券价格的影响应在事前考量,即根据事前的既存事实去判断,而不是事后看预期或计划的交易是否完成,从而避免"事后诸葛亮"式的不公平。

这种对待不确定未来事件的做法与美国采用的"可能性与影响力"判断标准(probability/magnitude text)类似,即对于未来事件出现的可能性与影响力进行综合评估。[137] 相反,欧盟的《反内幕交易指令》要求内幕信息具有精确性。[138] 这一要求将谣言、模糊的想法、推测和猜想等排除在了内幕信息的范围之外。[139] 但从实践角度看,这个要件使得证明某个行为违反规管内幕交易法律变得更加困难。在有些情况下,直接证明被告持有精确的信息是几乎不可能的。公诉人通常只能转而依赖被告获取信息的途径,以及根据其行动而进行的推理等间接证据。

除了实践中的举证困难,附加的精确性要求在理论上也有可质疑之处。从概念体系上讲,信息的重大性要求已经包括了对于信息不对称程度的考量,不需要再引入信息精确性的要求。实际上,在判断信息是否足够确定以至于成为禁止内幕交易的依据时,人们只需要适用"价格敏感"标准来判断,即这一信息是否会对证券价格产生重大影响。澳大利亚公司与证券咨询委员会明确指出:"在界定重大信息时引入附加'具体或精确'的要求将会不当地限缩立法的适用空间,并且在是否构成内幕信息的问题上不得不进行人为的判断。"[140]

所以对中国而言,并没有引入信息精准性这一附加要求的迫切需要。在某种程度上,这一附加要求将带来诸多不必要的问题。现实中,判断信息是否精确是非常困难的,毕竟很多信息都是真伪混杂,不太可能是百分百精确的。

---

[136] 参见《证券法》第 69 条(2019 年《证券法》第 85 条)。

[137] 这一标准首先出现在 *SEC v. Texas Gulf Sulphur Co.*, 401 F.2d 833 (2d Cir. 1968), cert denied, 394 U.S. 976 (1969)。根据该标准,判断信息的重大性时,需要综合考量事件发生的可能性与其对公司整体运营的预期影响力度。

[138] See EU Insider Trading Directive, Art. 1.

[139] See Commission Proposal for a Council Directive Coordinating Regulation on Insider Trading, Art. 6, 1987 O.J (C 153) 8; Gil Brazier, *Insider Dealing: Law and Regulation* (Cavendish Publishing Limited, 1996), pp. 108–109.

[140] Corporations and Markets Advisory Committee(Australia), 前注[80], para. 3.7.3。

6.4.3 内幕信息未公开性的认定

6.4.3.1 信息披露与传播

从理论上讲,内幕信息必须具有未公开性是不言自明的,即其必须是没有向投资公众披露的信息。然而从实践的角度看,有时难以确定信息是否公开。为了给市场提供更多的关于信息公开披露问题的确定性和可预见性,《证券法》第70条(2019年《证券法》第86条)规定:"依法必须披露的信息,应当在国务院证券监督管理机构指定的媒体发布,同时将其置备于公司住所、证券交易所,供社会公众查阅。"[141]

而且,中国证监会利用其规则制定权在《股票发行与交易管理暂行条例》第63条第1款明确要求,上市公司应通过其具体指定的全国媒体披露相关信息。[142] 中国证监会曾经指定了七份报纸和一本杂志为合适的披露媒介,包括《上海证券报》《中国证券报》《证券时报》《金融时报》《中国改革报》《经济日报》《中国日报》《证券市场周刊》,现在则指定了另外七家。[143] 一般而言,只有通过指定的媒体公布信息才认为是有效披露了该信息。[144]

在确定是否为有效披露时,所披露信息的具体程度也是一个非常重要的考量因素。这一点在我国一起有关内幕交易的刑事案件(即深深房案)中表现得尤为突出。[145] 该案中,内幕人员利用了其所获知的有关某一投资项目结项的信息进行交易,从而被追究责任。被告的抗辩理由是信息已公开,即在其交易之前公司已披露该投资计划。法院并不认同此抗辩。法院认为,虽然公司已将某些概况性的信息公布于众,但是,有关结项的具体信息并没有对公众形成有效披露。因此,该信息仍然构成内幕信息。尽管有关即将到来的重大投资项目的谣言或其他猜测性信息已经广为传播,但这并不意味着相关信息已经公开,因此,知悉相关信息的

---

[141] 《证券法》第70条(2019年《证券法》第80条)。

[142] 《股票发行与交易管理暂行条例》第63条第1款规定:"上市公司应当将要求公布的信息刊登在证监会指定的全国性报刊上。"

[143] 参见《国家计划委员会、中国证券监督管理委员会关于指定报刊披露上市公司信息收费问题的通知》(计价格〔1995〕648号,已失效)。最新的规定是《关于具备证券市场信息披露条件的媒体名单的公告》,中国证券监督管理委员会公告〔2020〕61号。根据该规定,目前有7家媒体及其开办的互联网网站具备证券市场信息披露条件,分别为《金融时报》《经济参考报》《中国日报》《中国证券报》《证券日报》《上海证券报》《证券时报》以及其依法开办的互联网网站。

[144] 参见《公开发行股票公司信息披露实施细则(试行)》,证监上字〔1993〕43号,已失效。

[145] 有关这一案件的详细情况,参见第二章第2.3.1.2节。

内幕人员不能利用该信息进行交易。

然而,中国规管内幕交易的法律似乎并没有规定信息公告后的等待期(waiting period),即在相关信息披露之后,内幕人员需要等待一段时间才可以购买相关证券。这是个立法漏洞。假如内幕人员在市场充分吸收相关披露的消息之前就利用信息进行交易而获利,就会损害投资者对市场的信心。实际上,公开信息披露并不必然意味着相关信息立刻就为公众所知悉。法律应当要求内幕人员等待一段合理的时间,让公众在这段时间内能全面消化和评估该信息的价值。正因如此,在信息公开披露之后,公众知悉之前,法律应当禁止内幕人员利用该信息进行交易。正如美国法官在一起著名的案件中所述:"假如某一信息并不能马上转化为投资决策,内幕人员就不得利用其优势地位提前评估该信息的价值,并在该信息披露之后立刻基于信息从事交易活动。"⁽¹⁴⁶⁾

据此,中国应该规定信息公告后的等待期。但确立等待期的长短是一个非常棘手的问题。例如,美国对此问题就存在不同的观点。有学者认为,这一期限应是该信息公告后的十五分钟。⁽¹⁴⁷⁾ 美国证券交易所规定,若公告媒介是全国性媒体,则这一期限为自该信息发布之时起的二十四小时;如公告媒介的受众不广泛,则期限为四十八小时。⁽¹⁴⁸⁾ 美国法学研究所(American Law Institute)制定的《联邦证券法典》(Federal Securities Code)建议稿提出一个推定规则:某一事实信息在通过公开申报、新闻通稿或其他能够合理预期让投资公众知悉该信息的方式披露后,再等待一周时间,才推定为公众知悉。被告若想证明更短的期限是合理的,则适用举证责任倒置规则,让被告承担举证责任。⁽¹⁴⁹⁾

试图找寻一个关于等待期长短的确定的规则注定是徒劳且具有风险的。由于发行人、市场及不同信息之间的较大差异,公众消化、吸收并评估信息的速度也就会千差万别。在处理这一问题时,应当综合考量市场实践、信息传播方式以及信息复杂程度等相关因素。例如,根据沪、深两

---

⑭⑥　SEC v. Texas Gulf Sulphur Co., 401 F.2d 833, 854 n. 18 (2d Cir. 1968).

⑭⑦　See Alan R. Bromberg and Lewis D. Lowenfels, *Bromberg and Lowenfels : Bromberg and Lowenfels on Securities Fraud and Commodities Fraud* (West Publishing Company, 2nd ed., 1998) § 7.4, p. 482.

⑭⑧　See American Stock Exchange, *Disclosure Policies* 16-17 (1970).

⑭⑨　See American Law Institute, *Federal Securities Code* § 202(64).

市交易规则,重大信息经交易所发布后的半个交易日内应暂停交易。⑭ 而且,基于"有效市场理论",判定某一信息是否被证券市场充分吸收的有效办法是:在信息披露后,相关证券价格进行调整后重新趋于平稳所需的时间。⑮

一方面,中国的做法值得赞同。它规定了一系列的披露程序,提供了有关信息披露问题的具体指南。相较而言,美国并没有对于如何披露信息作出具体规定,这一问题基本上都是由法官根据具体案件逐案处理。由于 SEC 没有制定有效的指导规则,招致不少批评。例如,在 *Dirks* 一案中,⑯Blackmum 法官指出:"我同意本案中当事人很难进行适当的信息披露。同时,我也认为,SEC 关于应当如何进行信息披露以履行'披露或戒绝'之义务的观点对于法律适用并没有什么帮助。SEC 告诉内幕人员在信息披露之前不能利用该信息进行交易;但对于如何进行披露的问题却缄口不言。这似乎并不是一个明智的做法,SEC 应当改进。"⑰

另一方面,中国的做法也有过于僵化之嫌。这可能是 SEC 拒绝制定信息披露的具体、明确规则的原因。例如,通过指定的八种媒体予以披露就一定会达到披露的效果吗? 这是值得质疑的。此外,中国倾向于认为向普通的投资大众公开才能被视为重大信息具备了公开性。这一做法的弊端在于忽视了证券市场也有大量的专业中介机构参与其中的情况。

相比之下,在美国、英国等发达国家,通常有两种确定重大信息已具有公开性的做法。例如,在美国,第一种做法是,当信息已在普通投资大众中广泛传播或吸收,就认为该信息具有公开性。中国显然采用了这种做法,要求通过全国性媒体披露相关信息。第二种做法的理论基础是"有效市场假说理论"(efficient market hypothesis)。根据该理论,即便不是所有投资者都知悉这一信息,只要专业的投资人士知悉这一信息,该信息就具有了公开性。⑱ 这一做法的逻辑基础是:假如机构投资者等积极投资人

---

⑭ 参见《上海证券交易所、深圳证券交易所关于发布〈上海、深圳证券交易所交易规则〉的通知》,上证法字〔2001〕8 号,已废止。

⑮ 参见 Langevoort,前注㉙,§ 5.03,第 16 页。

⑯ See 463 U.S. 646 (1983).463 U.S. 646 (1983).

⑰ 同上注,第 677 页 (Blackmun, J., dissenting)。

⑱ 参见 Wang & Steinberg,前注㉖,第 153 页。英国也采取如上两种做法。一方面,根据有关法律、法规向投资者和专业咨询人披露信息,则该信息就视作已具备公开性。Criminal Justice Act 1993 (UK), s 58(2)(a).另一方面,即使没有向社会大众披露,但该信息已在部分公众之间传播,此时也认为公开了该信息。Criminal Justice Act 1993 (UK), s 58(3)(b).

知悉了相关信息并进行交易,证券市场价格就会很快地反映这一信息,从而消除了其他人利用内幕信息获取非法收益的机会。正如美国联邦第二巡回上诉法院所述:"我们同意,根据第10(b)条的立法意旨,尽管某一信息并没有向公众披露,而只是为一部分人所知悉,但仍可能被视为已具有公开性。这里的关键问题并不在于获知这一信息的人数,而是这些人的交易行为是否已经使得该信息充分反映在相关证券的价格中。"[155]

根据第二种做法,只要有足够数量的积极投资者知悉某一信息,那么,即使该信息并没有通过全国性媒体进行传播,该信息仍可能被视作具有公开性。[156] 因此,并没有必要对信息披露的方式进行特别具体的规定。相反,我们需要思考的实质问题是,股票价格是否充分地反映了该信息。该做法被誉为"具有理论上的合理性和吸引力"。[157] 确实,这一方法利用了证券市场的有效性机制,且与内幕交易的获利机会直接相关。笔者建议中国采纳这一做法,从而在判定信息的公开性问题上具有更多的灵活性。

6.4.3.2 可观察事项:来自澳大利亚的论争

除了上文探讨的对于信息公开性问题的披露标准之外,澳大利亚规管内幕交易的法律还规定了一个判断信息是否具有公开性的标准,即所谓的"可观察事项"(readily observable matter)。如果某项信息满足这个标准,[158]则认为其已为大众所知悉,属于公开信息,从而投资者能够基于"可观察事项"进行相关交易。不同于上文讨论的通过信息披露使得信息公开的标准,该标准并不需要合理的信息传播期间,也无须规定交易的等

---

[155] United States v. Libera, 989 F.2d 596, 601 (2d Cir. 1993).

[156] 需要提醒的是,第二种做法并不是旨在提高选择性披露的应用,而法律是将选择性披露视作一种内幕交易行为类型。相反,这一方法认为,尽管并非所有的投资者均知悉这一信息,假如披露的信息已为足够多的积极投资者知悉,并影响到了证券价格,就应当缩短信息传播的期间。对选择性信息披露的详细论述,参见第五章第5.3.3.2节。

[157] Langevoort,前注㉙,§5.03,第17页。

[158] See Corporations Act 2001(Australia), s 1042(1)(a).有关信息披露的标准问题规定于s 1042(1)(b).新加坡法律对这一问题的规定,也包括"可观察事项"。这与澳大利亚的做法相同。Securities and Futures Act (Singapore), s 215(a).同样,在英国有关内幕交易的法律中,也有类似于该标准的概念。假如某一信息非常容易为两种人所获知,则该信息应视作已公开。其一,可能交易与该信息有关联的股票的人;其二,可能交易发行人与该信息有关联的股票的人。Criminal Justice Act (UK), s 58(2)(c).此外,法律可能将该信息(尽管不必然)视作已公开,"尽管……仅可通过观察获知"。Criminal Justice Act (UK), s 58(3)(c).2001年英国《市场行为法》(FSA)附表B第1.4.8段中提到了这样一个例子:火车经过一个着火的工厂,一个乘客给经纪人打电话帮他卖掉持有该工厂公司的股票。

待期。这一标准是在1991年澳大利亚规管内幕交易法进行修订时引入的,其立法理由如下:"在早期的修正草案中,我们对于信息公开性采纳的定义是信息披露标准,但是,这个标准有缺陷,因为它没有涵盖在公共场所可直接观察得到的信息,这些信息通常很难通过披露而让大家知晓的方式变得公开。比如,当某人观察到某一公司在一个大院子里有大量没有售出的积压存货(如汽车),并基于这一信息交易该公司股票。根据信息披露而公开的标准,此情形就构成了内幕交易。显然,这并不是相关条款的立法宗旨。"[59]

虽然澳大利亚引入了"可观察事项"的标准,但没有对其进行准确的界定,导致现实中这一标准在适用时常出现混乱。这个问题在 R v. Kruse[60]、R v. Firns[61]两个案件中体现得最为明显。在这两个案件中,巴布亚新几内亚最高法院当时正在审判的一件上诉案件将对澳大利亚某上市公司的股价产生重大影响。两个案件中的被告均为涉案公司的高管人员。他们都旁听了巴布亚新几内亚最高法院的审判,并在上诉结果一出来便交易了公司股票。由于审讯是在周五进行,加上当时的跨国通讯不发达等原因,在被告抢在周五下午进行交易之前,澳大利亚证券交易所并不知悉这一判决结果,澳大利亚国内或其他相关媒体也没有来得及报道,直到下个周一相关报道才出现。两个案件中,被告均被指控违反了澳大利亚规管内幕交易法律,并分别受审。在他们看来,由于巴布亚新几内亚最高法院的审判过程是公开的,谁都可以参加旁听,判决结果属于可观察事项,若依据澳大利亚法律,判决结果则属于公开信息,因此,在他们交易相关股票之前,并不需要等待审判结果信息的传播。

有意思的是,虽然这两个案件在同一个法院审判,即新南威尔士地区法院,但它们的判决结果却有天壤之别。在 R v. Kruse 案中,法官认为,"可观察事项"的来源地并不局限于澳大利亚,巴布亚新几内亚最高法院的审判应当属于公开信息,基于"可观察事项"这一辩护理由免除被告的罪行。然而,R v. Firns 案的判决正好相反,该案的法官认为,"可观察事项"的来源地仅局限于澳大利亚,所以,巴布亚新几内亚最高法院的审判不属于公开信息,据此判被告有罪。该案的被告随后提起上诉,新南威尔

---

[59] Explanatory Memorandum para. 326.
[60] See New South Wales District Court, December 1999.
[61] See First instance: New South Wales District Court, November 1999. On appeal: New South Wales Court of Criminal Appeal (2001) 38 ACSR 223.

士上诉法院以多数同意的方式推翻了地区法院的判决。上诉法院认为,根据澳大利亚法律,巴布亚新几内亚法院的公开判决应当属于"可观察事项",因而被告在此判决之后旋即购买股票的行为并不违反规管内幕交易法律。

可见,在何时交易才合法这一问题上,"可观察事项"标准容易产生不确定性。理论上,"可观察事项"视为公开信息,可以立即用以交易而无须等待。然而,以上两个案件表明,"可观察事项"如何适用的问题并不清晰。具体来讲,这里至少有三个问题需要回答:对谁而言可观察?如何观察?在哪里观察?

澳大利亚公司与市场咨询委员会(CAMAC)在 2001 年出具的一份关于规管内幕交易法的评估报告中对以上三个问题进行了考察。[162] 显然,CAMAC 对于 R v. Firns 案判决所产生的影响极为担忧,因为它允许公司高级管理人员在他们知悉影响公司的"可观察事项"后就可以立刻交易该公司股票,而市场通过新闻报道或者公司的信息披露知晓这一信息的时间往往会滞后。[163] 换言之,该案判决在判断何时信息具有公开性时采取了过于宽泛的标准。这将导致对于内幕交易监管力度不足,进而冲击内幕交易法律所追求的信息机会平等的立法宗旨。因此,基于 R v. Firns 案所反映出来的问题,有关"可观察事项"的现有立法须做出调整。

CAMAC 针对"可观察事项"标准的上述三个问题向市场人士征询了意见,但市场意见并不统一。[164] 一方面,澳大利亚证券与投资委员会(ASIC)认为,首先,"可观察事项"必须能够易于被普通投资者观察到;其次,"可观察事项"应当无须借助普通投资者通常拥有的技术设备之外的更专业的技术设备才能够被观察到;最后,在地域范围上,"可观察事项"至少应当易于被澳大利亚的投资者观察到。另一方面,澳大利亚法律委员会(Law Council of Australia)认为,信息满足以下两个条件之一即具有公开性:在公众场合披露,或公众可以在不侵犯他人隐私权、财产权或保密性的前提下观察到。即使有些投资者囿于自身资源、专长和能力等限制而无法观察到某一事项,或者只有支付一定费用才能获取它,它也在"可观察事项"之列;在地域范围上,即使某一事项只在澳大利亚以外的地方才可以观察到,它也属于"可观察事项"。然而,CAMAC 的多数成员对

---

[162] Corporations and Markets Advisory Committee (Australia),参见前注[71], ss 2.1–2.50。
[163] 同上注,s 2.24。
[164] Corporations and Markets Advisory Committee (Australia), 参见前注[80], s 1.11。

于以上两种观点均表示反对,在他们看来:"这两种做法……要么过分限制了'可观察事项'标准的适用范围,要么将其毫无限制地扩大。对于在特定情况下该如何适用这一标准,它们均不能给出精准的答案。"⑯

CAMAC 还考虑过另外一个改革方案。根据该方案,包括公司董事及其他高管在内的一些特定人员不能适用"可观察事项"标准去交易其所履职的公司的金融产品,比如股票。但其他人,比如碰巧观察到相关事项的人或者研究人员等,可以基于"可观察事项"标准进行交易。尽管 CAMAC 认为这一方案具有一定的吸引力,但最终还是放弃了此方案,因为"它可能导致一些违背立法初衷的结果或容易被用于规避法律"。⑯ 实际上,这一方案退回到了前文所述的在界定内幕人员时那个附加的"人员联结"标准。前文已经详细论证了这一标准并不合理。⑯ 它可能导致内幕交易法律的适用边界变得模糊不清且非常随意,使得在执行规管内幕交易法律时产生各种严重的风险。

最后,CAMAC 建议废除现行法上的披露标准和"可观察事项"标准,同时引入一种新的判定信息公开性的普遍标准。这一新标准与信息披露的标准直接相关,即内幕信息应当是根据法律和监管要求等需要披露、需要公告的信息。⑯ 并且只有信息满足以下条件时才被视为已具有公开性:(1)绝大多数投资某类价值或价格可能会受该信息影响的金融产品的投资者均知悉该信息,或者(2)根据以上(1)的信息所作出的推断、结论或参考建议……或者,假如一项信息根据法定的程序已经予以披露,那么,它将视作满足(1)的要求。⑯

这一简化的新标准将克服现行标准上存在的过于复杂及容易产生歧义等问题。根据这个新标准,*R v. Firns* 一案中的被告行为将构成内幕交易,因为巴布亚新几内亚法院的判决显然属于需要披露或公告的信息范畴。⑰ 而且,规管内幕交易法律可以随着金融市场对信息披露的要求不断

---

⑯ 同前注⑯,s 1.11.4。
⑯ 同前注⑯,s 1.11.4。
⑯ 参见第六章第 6.3.2 节。
⑯ 如前所阐述的那样,自 2002 年 3 月开始,澳大利亚规管内幕交易的法律已延伸至各种金融市场中。这一做法导致了监管过于宽泛的问题。参见前注⑧。在 CAMAC 看来,将内幕交易条款与信息披露标准关联起来可有效解决监管过于宽泛的问题。CAMAC 的改革策略是首先解决监管过度的问题,继而解决因"可观察事项"标准所造成的监管不力问题。同上,s 4.7。
⑯ 同上注,Recommendation 38。
⑰ See ASX Listing Rule 3.1。

发展,既可以对于内幕信息的范围进行动态调整,也可以强化信息披露的要求。

这个新标准有点类似于中国法的相关规定,因为后者也规定,假如某信息通过法定的信息披露方式(比如通过广泛流传的纸质或广播媒体)予以披露的,则视作该信息具有公开性。新标准可以为判断信息何时公开提供一定的指导。然而,与中国一样,这个新标准也没有规定一个信息的传播期,即内幕人员在信息披露后的交易等待期。如前所述,即便公司将信息通过传播广泛的渠道予以披露,但是,内幕人员仍旧可以在公众没有实质性了解这一信息前进行交易,以获得不当的优势地位。这与规管内幕交易法律维护市场公平的理念相背离。当然,在 CAMAC 上述建议的第一段中有"绝大多数投资者知悉"的用词,似乎可以解释为暗含了信息传播的期限。但即便如此,与中国法律一样,在决定传播期限的长短时,新标准是以普通投资者为参照的,从而忽视了一个重要的事实(美国和英国的立法都认可了该事实):当信息被足够多的积极投资者所知悉,并且已有效地反映到证券价格之中时,内幕人就无法通过内幕交易获利。[171]

6.5 主观要件

6.5.1 引言

内幕交易本质上是一种隐蔽性极强的违法行为。因为举证上的难度,执法者很难发现这一行为并起诉之。[172] 尤其需要注意的是,规管内幕交易的难点在于,如何证明其主观要件。一直以来,在制定内幕交易规管法律时,各国立法者都面临这个难题,并提出了各式各样的应对方案。鉴于内幕交易的高发态势,中国迫切需要解决这一问题,以提高法律规管的有效性。因此,本节的目标是评估各种解决方案,并在此基础上提出相关建议。

国内一起影响甚广的内幕交易案,即深深房案,集中体现了该问题的重要性。[173] 如前所述,该案是我国第一起内幕交易的刑事案件。在该案中,一名内幕人向第三方泄露了有关公司一起重大投资项目的信息。随

---

[171] 参见第六章第 6.4.3.1 节。
[172] See Mark Stamp and Carson Welsh, *International Insider Trading* (Sweet & Maxwell Ltd, 1996), p.9.
[173] 对这一案件的详细阐述,参见第二章第 2.3.1.2 节。

后,第三方基于此信息交易了该公司证券。本案中的一个重要法律问题就是内幕交易的主观要件,尤其是如何证明相关人员之间交流了相关信息。被告律师的辩护理由是,没有证据表明被告泄露了该信息。然而,法院并没有对此予以回应,既没有就如何证明被告持有内幕信息而表达明确观点,也没有明确表示是否存在一个可反驳的推定。显然,这些问题的模糊处理将会在未来严重影响到内幕交易规管的有效性。

实际上,法院之所以无法很好地处理内幕交易中的主观要件问题,是因为立法本身存在相关的漏洞。中国作为一个大陆法系国家,法官重在法律适用而不是造法。事实上,中国规管内幕交易的法律框架并没有对主观要件给予足够多的关注。在中国《证券法》中,并没有专门的条文对主观要件作出明确规定。尽管通过对某些条文进行仔细解读可获得有关主观要件的一些推论,然而它们并不够全面和准确。这些条文主要是规定内幕交易的其他问题,而不是针对主观要件,也就无法对于主观要件问题形成全面的表述。

尤其值得注意的是,《证券法》中经常使用"内幕信息的知情人"的表述,可能意味着承担内幕交易责任须以获知内幕信息为前提。⑭ 然而,法律对于如何证明某人对内幕信息知情的问题却没有相关规定。而且,对于是否须以内幕人员实际上知道他们所知悉的信息属于内幕信息作为其承担责任的前提,法律也没有做出规定。最后,在信息"持有抑或利用"(possession vs. use)才能触发责任的问题上,由于不同条款的推论彼此冲突,从而造成了一定的混淆。⑮

简言之,中国规管内幕交易的法律体系没能很好地处理主观要件的相关问题,严重削弱了相关法律规范的效用。迄今为止,中国有关内幕交易的学术研究很少涉及这个问题,主要是将关注重心置于内幕人员、内幕信息的界定问题上。因此,本节将聚焦规管内幕交易的主观要件问题,以期填补现行法上的漏洞。

本节内容安排如下:首先,阐述主观要件的基本原则,即以故意为追责原则;其次,分析主观要件的两个主要规则,即知悉内幕信息,且知悉所持有的信息属于内幕信息;随后,分析内幕人员是否必须实际上使用了其所持有的内幕信息,即阐释美国法上著名的信息"持有说"与

---

⑭ 参见《证券法》第73条、第74条、第76条(2019年《证券法》第50条、第51条、第53条)。

⑮ 参见第六章第6.4.1节。

"利用说"之争,但本节对此问题的探讨并不仅仅局限于美国的经验,而是从国际视野出发,涵括其他重要的国家。本节希望通过全面的比较法视角论述该问题在国际上的进展,从而为完善中国的法律制度提供恰当的政策性建议。

6.5.2　知悉内幕信息

6.5.2.1　故意(Scienter)

在中国,故意犯罪是刑法规定的主要犯罪形式,即要求犯罪人明知相关事实并有意实施相关违法行为。[176] 内幕交易责任亦不例外。[177] 一般而言,故意包括直接故意和间接故意,《刑法》第14条第1款规定:"明知自己的行为会发生危害社会的结果,并且希望或者放任这种结果发生,因而构成犯罪的,是故意犯罪。"[178] 然而,法律并没有对"故意"做出明确的界定,在内幕交易入刑较晚的中国,情况更是如此。[179]

在 Ernst&Ernst v. Hochfelder 案中,[180]美国联邦最高法院认为根据1934年《证券交易法》第10(b)条及10b-5规则,要提起民事赔偿诉讼必须具备包含了意图欺骗(deceive)、操纵(manipulate)和欺诈(defraud)等"故意"(scienter)要素。[181] 随后,在涉及强制禁止令的 Aaron v. SEC 案中,[182]法院再次确认了故意的要件。[183] 在涉及内幕交易的案件中,法院也持有相同观点。[184]

尽管法院认为故意是"意图欺骗、操纵及欺诈的心理状态",[185]但是,对于"故意"这一术语的内涵,法院并没有厘定清晰。在内幕交易的相

---

[176]　《刑法》第14条区分了故意犯罪与过失犯罪。根据《刑法》第15条第2款,存在过失状态需承担刑事责任的情形需由法律明确规定。

[177]　同上注,第180条。

[178]　同上注,第14条。

[179]　对我国规管内幕交易法律发展的详细阐述,参见第二章第2.2.2节。

[180]　See 425 U.S. 185 (1976).

[181]　See 425 U.S. 185, 193 (1976).

[182]　See 446 U.S. 680 (1980).

[183]　同上注,第689—695页。法院认为:"故意是违反第10(b)条及10b-5规则不可缺少的要件,不管原告身份如何,也不管其所寻求的救济性质如何。"同上注,第691页。

[184]　See Dirks v. SEC, 463 U.S. 646, 663 n.23 (1983).该案法院指出,"故意……是违反10b-5规则的重要独立性因素"; SEC v. MacDonald, 699 F.2d 47, 50 (1st Cir. 1983).该案法院同样引用了 Aaron 案和 Ernst & Ernst 案的裁判观点。

[185]　Ernst &Ernst v. Hochfelder, 425 U.S. 185, 193-194 n.12 (1976); Aaron, 446 U.S. at 686 n.5.

关案件中尤其如此。⑱ 美国联邦层面的证券法也没有对"故意"作出明确的界定。⑱ 因此，有学者评论道："'故意'作为一个本就难以表述清晰的概念，在内幕交易领域更是引发了诸多特殊问题。这一要件需要适用于不同类型的违法形态，有些形态甚至是非常独特的。目前关于故意的一些标准界定方式对于内幕交易而言可能并不适合。所以，法院试图使用不同的词语去描述故意要件，以契合不同的违法事实类型……有时候甚至在同一份判决中也会出现对'故意'概念的不同描述。"⑱

一般而言，直接故意（actual intent）肯定是符合内幕交易的主观要件标准，而仅有过失（negligence）则不构成对美国《证券交易法》第 10（b）条及 SEC 10b-5 规则的违反。⑱ 在 Ernst & Ernst 案中，法院拒绝回应间接故意（recklessness）是否满足第 10（b）条及 10b-5 规则下的主观要件标准。⑲ 在此后的案件中，尽管不同的法院对于间接故意的界定不同，几乎所有的上诉法院均认为在非刑事案件中，⑲间接故意满足内幕交易的主观要件标准。⑲ 在美国联邦第七巡回上诉法院的多数意见中，有关间接故意的界定标准如下："间接故意的行为可界定为一种极度不合理的疏忽，其不仅是

---

⑱ 参见 Langevoort,前注㉙, § 3.04, 第 3—22 页, (1999).该文认为法院对"故意"这一术语从来没有给出一个明确定义。

⑱ 同上注, § 7.4 (800) at 7:162."故意"并没有出现在 1933 年以及 1934 年的美国证券法中。

⑱ Bromberg and Lowenfels,前注㊾, § 7.4 (810) at 7:163。

⑲ 参见 Wang and Steinberg,前注㉖, 第 171 页。

⑲ 在 Ernst & Ernst 案中，法院认为在某些法律领域，间接故意是故意的一种形式，用以追究某些行为的法律责任。但是此处无须讨论间接故意在某些情况下是否满足第 10（b）条及 10b-5 规则中对民事责任的要求。

⑲ 参见 Wang & Steinberg,前注㉖, 第 168 页。相关案件可参见 Rolf v. Blyth, Eastman Dillion & Co., 570 F.2d 38, 45-47 (2d Cir. 1978); cert. denied, 455 U.S. 938 (1982); Coleco Indus., Inc. v. Berman, 567 F.2d 569, 574 (3d Cir. 1977) (per curiam), cert. denied, 439 U.S. 830 (1978); Cox v. Collins, 7 F.3d 394, 396 (4th Cir. 1993); Mansbach v. Prescott, Ball & Turben,598 F.2d 1017, 1024 (6th Cir. 1979); Van Dyke v. Coburn Enters., 873 F.2d 1094, 1100 (8th Cir.1989); Woods v. Barnett Bank, 765 F.2d 1004, 1010 (11th Cir. 1985)。需要强调的是，在刑事案件中仅证明间接故意是不够的。Depetris & Summit,"The Insider Trading Panic: Overlooked Element of Scienter""The Insider-Trading Panic:Overlooked Element of Scienter" (1986) New York University Journal 1, 6.该文认为，"尽管承担民事责任可以如此，但是承担内幕交易刑事责任则必须至少达到对欺诈行为知情的程度，而非仅证明间接故意的存在"。

⑲ See Kecin R. Johnson,"Liability for Reckless Misrepresentations and Omissions Under Section 10(b) of the Securities Exchange Act of 1934" 59 University of Cincinnati Law Review 667, 674, 685-686, 736 (1991).该文细致阐述了基层法院对于间接故意的各种概念界定，参见第 685-696 页。还可参见 Steinberg and Gruenbaum,"Variations of Recklessness After Hochfelder and Aaron " (1980) 8 Securities Regulation Law Review 179。

简单的,甚至是不可原谅的过失,而是严重地背离通常的注意标准。这给证券买卖者带来了误导性的危险,而被告要么是知道,要么是应当知道这种危险性。"[193]

美国法院对于"故意"内涵的认识并未统一,但通常认为,内幕交易行为中的故意要件可以分为如下三个方面:第一,内幕人员知悉相关信息;第二,内幕人员知道该信息尚未公开披露;第三,内幕人员知道该信息具有重大性。[194] 如果将间接故意也视为故意的一种形态,那么,假如内幕人员应当知道该信息重大且未公开,亦应承担责任。[195]

而且受 1988 年《内幕交易和证券欺诈执法法案》(Insider Trading and Securities Fraud Enforcement Act of 1988)的影响,美国 1934 年《证券交易法》第 21A 条也将间接故意作为"控制人"(control person)承担责任的主观要件。[196] 因此,故意的心理状态是引发内幕交易法律责任的必要条件,且既包括直接故意,也包括间接故意。故意要件可以再简化为两个方面:第一,被告实际上已持有该信息;第二,被告知道自己获取的信息属于内幕信息。下文将对这两个问题展开阐述。

6.5.2.2 持有内幕信息

显然,承担内幕交易法律责任的前提是行为人事实上已知悉相关信息,也就是实际上持有该信息。如果没有持有内幕信息,则不存在内幕交易的问题。现实中,绝大多数国家的法律都要求检控方证明内幕人员知悉内幕信息。例如,在澳大利亚,法律明确规定,被告在进行交易时或建议他人进行交易时已经知悉了相关内幕信息;[197]在英国,法律将内幕人员

---

  [193] Sundstrand Corp. v. Sunchem. Corp., 553 F.2d 1033, 1045 (7th Cir.), cert. denied, 434 U. S.875 (1977). This definition of recklessness has been endorsed by the Ninth Circuit in *Hollinger v. Titan Captial Corp.*, 914 F.2d 1564, 1569 (9th Cir. 1990) (en banc), cert. denied,499 U.S. 976 (1991).

  [194] See *SEC v. Macdonald*, 699 F.2d 47, 50 (1st Cir. 1983).在美国,构成故意的其他要件会因内幕交易发生的情境以及案件处理的理论而异。例如在 *Dirks* 案中,信息领受人承担责任要求该人必须知悉内幕人员透露这一消息是违反信义义务的。*Dirks v. SEC*, 463 U.S. 646, 660 (1983).同样,内幕人员承担责任则需要其知晓披露行为是违反信义义务的。See *Elkind v. Liggett & Myers, Inc*. 635 F.2d 156, 167 (2nd Cir. 1980), *SEC v. Musella*, 678 F.Supp. 1060, 1062-1063 (S.D.N.Y 1988).有的时候,可以通过推断的方式得出内幕人员已知晓其违反信义义务。See *United States v. Chestman*, 947 F.2d 551, 580-581 (2nd Cir. 1991).

  [195] See *Elkind v. Liggett & Myers, Inc*. 635 F.2d 156, 167 n.22 (2nd Cir. 1980).

  [196] See Securities Exchange Act of 1934 (US), §21A(b)(1)(A)and(B).

  [197] See Corporations Act 2001 (Australia), s 1043A(1)(a).规定内幕人员必须实际上持有内幕信息。

界定为拥有内幕信息的人员。⑱

然而,这里核心的问题是,如何证明某人已获知内幕信息。实践中,想要在内幕交易案件里证明被告事实上已知悉内幕信息,经常面临很大的举证困难。因为信息存在于人的头脑中,不可能以某种超自然的方式进入他人大脑里去查看信息存储情况,所以,通常很难直接证明某人知悉某一内幕信息。当然,有时可以通过某人参与了相关信息的交流或探讨的证据间接证明某人获悉该内幕信息。⑲ 但完全有可能虽然某些高管表面上并没有参与相关讨论,事实上已经通过其他难以证明的方式秘密地获悉了信息,此时,这种间接证明的方法就无用武之地了。

在法国,为了克服这种举证困难,规管内幕交易的规定在特定情况下可以推定内幕人员已获知相关信息。根据这一做法,公司的董事或参与公司管理事务的人如果交易了公司证券,将自动视为获悉了公司交易时所涉及的相关内幕信息。当然,被告可举证推翻这一推定。⑳ 这一方法有效地实现了举证责任的倒置或至少部分倒置。

对于某些特定类型的内幕人员(尤其是公司的董事和高管等这些最有可能优先接触到内幕信息的人),上述做法有助于追究其内幕交易的责任。需要注意的是,这一方法只适用于传统的公司内幕人员,但对于其他人员,仍存在举证困难的问题。例如,当第三人从公司内幕人员那里获悉内幕信息时,原告还是很难举证第三人获悉了相关信息。董事与第三人表面上的关系并不足以证明第三人已获悉了内幕信息。

在中国,"内幕信息的知情人"这一法律表述表明,持有内幕信息是成立内幕交易的必要条件。《证券法》第 73 条(2019 年《证券法》第 50 条)更是直接要求:"禁止证券交易内幕信息的知情人和非法获取内幕信息的人利用内幕信息从事证券交易活动。"㉑然而,该法第 74 条(2019 年《证券法》第 51 条)的措辞却造成了一定的困惑。该条规定证券交易内幕信息的知情人包括:

---

⑱ See Criminal Justice Act 1993 (UK) s 57(1).规定"只有当某人持有内幕信息且知道其持有的信息属于内幕信息时,才能被界定为内幕人员"。

⑲ 这一问题在 *R v. Rivkin* 案[(2003) 45 ACSR 366]中得到了充分说明。本案是澳大利亚典型的内幕交易案件,法院判定被告 Rivkin 构成利用内幕信息交易罪。

⑳ See Tribunal de Grande Instance de Paris, 3 December 1993, Gazette du Palais, 27-28 May 1994, pp. 28 ff. M Stamp & C Welsh (eds) International Insider Dealing (FT Law and Tax, 1996) at 166.

㉑ 《证券法》第 73 条(2019 年《证券法》第 50 条)。

1.发行人的董事、监事、高级管理人员；

2.持有公司百分之五以上股份的股东及其董事、监事、高级管理人员，公司的实际控制人及其董事、监事、高级管理人员；

3.发行人控股的公司及其董事、监事、高级管理人员；

4.由于所任公司职务可以获取公司有关内幕信息的人员；

5.证券监督管理机构工作人员以及由于法定职责对证券的发行、交易进行管理的其他人员；

6.保荐人、承销的证券公司、证券交易所、证券登记结算机构、证券服务机构的有关人员；

7.国务院证券监督管理机构规定的其他人。[202]

从文义看，《证券法》第74条（2019年《证券法》第51条）表明：无论其是否获知内幕信息，上述列举的人员均属于内幕人员。基于此，有学者认为，中国规管内幕交易的法律规定过于宽泛，因为所列举人员中可能包括一些并没有获悉内幕信息的人员。[203] 事实上，美国法院已经正确地指出："我们不能将公司董事或高管，甚至是董事长都一律视作内幕人员。相反，分析的关键点应是：就某人有机会接触到的信息而言，他是否确实知悉了该信息或应当知悉该信息。"[204]

因此，《证券法》第74条（2019年《证券法》第51条）在日后修法中应当重新表述为：所列举人员确实知悉或应当知悉重大且未公开的信息的，应视为内幕人员。

除此之外，《证券法》对怎样证明某人获知内幕信息这一问题也没有做出规定。在中国，按照举证责任的通常分配规则，承担举证责任的应是原告或公诉人。[205] 这样的规则在内幕交易案件中，将造成诸多障碍。基于此，尽管法国的做法也会有一些隐忧，但笔者仍建议中国借鉴法国的经验，引入推定知悉内幕信息的规则。包括澳大利亚在内的诸多国家曾经考虑采纳这一做法，但最终还是没有这样做，其主要原因包括两个方面：

---

[202] 参见《证券法》第74条（2019年《证券法》第51条）。

[203] 参见 Qu,前注[51],第338页。

[204] *Harnett v. Ryan Homes, Inc.*, 360 F. Supp. 878, 886 (W.D. Pa. 1973), aff'd, 496 F.2d 832(3d Cir. 1974); *Jackson v. Oppenheim*, 411 F. Supp. 659, 668–669 (S.D.N.Y. 1974), aff'd in part on other grounds, 533 F.2d 826 (2d Cir. 1976); *Rodriguez v. Montalvo*, 649 F. Supp. 1169, 1175 (D.P.R. 1986).

[205] 1991年《民事诉讼法》第64条第1款规定："当事人对自己提出的主张，有责任提供证据。"

首先,刑事案件中公诉人需负担举证责任去证明相关罪名的所有构成要件,被告不能自证其罪,但上述推定规则与此原则相冲突;[206]其次,被告在反证其没有获知内幕信息时,同样面临着严峻的举证困难,举证责任倒置将非常不利于被告。[207]

立法上引入推定规则是一个非常严肃的问题,因为这既会影响到刑事责任,也会影响到民事责任。对"不得强迫自证其罪"原则的突破所引发的担忧是非常合理的。然而,如法国那样,这一规则仅适用于公司高管的特定情形,从而将大大降低这种担忧,影响面不会太大,而公司高管最易接触到内幕信息,进行特殊处理有其合理性。况且,这一推定也不是绝对的,被告还是有机会进行反证。更为重要的是,现实中,被告的反证并没有如上所述第二点提到的那么困难。例如,公司董事和高管有不少方法去主张其并不知悉内幕信息,包括"中国墙"的制度安排,他们在墙内通常是无法获悉内幕信息的。[208]此外,公司的合规部门可以采取诸如限制性名单以及监控名单等措施,阻止公司高管在不知情的情况下进行证券交易,从而避免其承担内幕交易法律责任的风险,[209]这不仅对于公司高管有益,而且还将反过来激励公司董事和高管去确立和强化诸如"中国墙"那样的合规程序,从源头上阻止内幕交易行为的发生。

综上所述,实行法国的推定做法是利大于弊的。事实上,澳大利亚对于其规管内幕交易法律体系的研究报告就明确指出:"获得证明某人主观上已知悉内幕信息的确凿证据是执行规管内幕交易法律的最大困难之一。"[210]

而且,从实践的角度而言,这一推定规则对中国更具有吸引力。正如第二章所述,目前中国的内幕交易行为较为猖獗,迫切需要强化对内幕交易行为的规管。[211]在执行规管内幕交易法律时,这一推定规则可以克服实践中的举证困难,从而服务于规管不法行为这一首要目的。

---

　　[206] Corporations and Markets of Advisory Committee (Australia),参见前注⑧⓪,第3.4.3节。
　　[207] 同上注。
　　[208] "中国墙"制度包括旨在控制大型公司内部重大、未公开信息流动的规则与程序。包括美国、澳大利亚等在内的诸多国家都有立法支持这一做法。Securities Exchange Act of 1934 (US) s 21A(b);Corporations Act 2001 (Australia) s 1043F. 对于"中国墙"制度的更多论述,可参阅 Tomasic,前注㉝;Poser,前注㉝;Wang &Steinberg,前注㉖,§13.5.2。
　　[209] 限制名单旨在限制证券交易行为,其中会禁止或者限制员工和自营交易(proprietary trading)。同上注,监控名单旨在进一步监测和强化"中国墙"的功能。对于这两种措施的详细阐述,参见 Wang & Steinberg,前注㉖,§13.5.3.2。
　　[210] Corporations and Markets of Advisory Committee (Australia),前注⑧⓪,s 3.4.1。
　　[211] 参见第二章。

6.5.2.3 知道自己获取的信息属于内幕信息

要触发内幕交易法律责任,被告还应知道其掌握的信息在性质上属于内幕信息。更具体地讲,被告必须知道其获取的信息是尚未公开的、重大的信息。然而,不同国家对于这一问题的判断标准千差万别。

在澳大利亚,内幕交易法律责任的一个触发要件是,原告必须证明被告"知道或者应当知道"该信息并未公开且对证券价格有重大影响。[212] 言外之意,判断被告是否知道该信息为内幕信息有两个标准,即证明内幕人员"知道"(know)的主观标准,以及证明内幕人员"应当知道"(ought to have reasonably known)的客观标准。需要注意,在澳大利亚,这两个标准并非"和"的关系,而是"或"的关系。

相较而言,英国和南非仅适用主观性的判断标准。也就是说,被告必须"知道"该信息是内幕信息。法律明确规定,"某个拥有相关信息的人只有在满足以下两个条件时才能视为内幕人员:一是该信息是内幕信息,二是此人知道该信息属于内幕信息"。[213] 这两个国家都没有客观性的判断标准。但主观性的标准面临严重的举证困难,所以遭受众多的批评。这并不令人意外。对此,有学者曾指出:"假如被告认为(无论这种认识是否合理)其拥有的信息是公开的,则其不会触发内幕交易。公诉人必须证明,被告已经满足这个知道信息性质的主观要件。这个主观性的证明标准是令人担忧的,因为不法之徒可能以'自己并不明知'为由而轻易地逃避检控。"[214] 实践中,这一举证上的困难导致在 20 世纪 90 年代的英国出现大量针对内幕交易行为提起的公诉案件最终败诉。[215]

值得注意,新加坡在这一方面比澳大利亚走得更远。为减少举证上的困难,新加坡对"关联人员"(connected person)采用了推定规则(被告可进行反证),而对于"非关联人员"(non-connected person)仅适用主观

---

[212] See Corporations Act 2001 (Australia) s 1043A(1)(b).

[213] 1993 年英国《刑事审判法》(Criminal Justice Act 1993)第 57(1)条。1998 年南非《内幕交易法》第 2(1)条同样规定:"任何知道自己拥有内幕信息的人。"

[214] R Jooste,"The Regulation of Insider Trading in South Africa-Another Attempt" (2000) 117 *South African Law Journal* 284, 294.

[215] 参见 Stamp & Welsh (eds),前注[172],第 101 页。在英国,根据 2000 年《金融服务与市场法》(第八部分)中有关滥用市场的法律框架(Market Abuse Regime in the Financial Services and Markets Act, Part Ⅷ),很大程度上减轻了举证责任问题所带来的后果。根据法律的规定,英国金融服务局(Financial Services Authority)针对包括内幕交易在内的滥用市场行为享有广泛的处罚权。

性判断标准。因此,根据不同种类的内幕人员,证明标准也随之不同。具体而言,对于诸如公司董事或其他高管等关联人员,[216]证明标准既可以是主观标准,即他们知道信息是内幕消息,也可以是客观判断标准,即他们应当知道信息是内幕信息。[217] 更为重要的是,上述关联人员还可以被推定为满足了主观判断标准,除非他们能进行反证。相关法条规定如下:"在针对关联人员违反规管内幕交易法律的案件中,公诉方或原告需要证明关联人员在重大的时间节点里存在以下情况:(a)获悉了与其具有关联关系的公司的信息,(b)该信息尚未公开,而且,该关联人员无法反证以下推定,即其在重大的时间节点里知悉该信息并未公开且该信息具有重大性。"[218]

另一方面,认定非关联人员的内幕交易法律责任仍须基于主观判断标准,即他们知道其所掌握的信息尚未公开且对证券价格具有重大影响。[219] 在中国,对信息性质的认识问题尚未解决。如前所述,"内幕信息的知情人"在《证券法》的几个条文中都出现过。这一法条表述过于简单,并没有明确如何判断内幕人员是否知道其拥有的信息属于内幕信息的方法,更没有清晰规定到底是采用主观判断标准还是客观判断标准。这一不确定性严重阻碍了中国规管内幕交易法律在实践中的有效执行。

笔者认为中国应该从澳大利亚的做法中汲取有益经验。判断内幕人员是否知悉其所拥有的信息属于内幕信息时,既采用主观判断标准,也采用客观判断标准。此外,新加坡采用的推定规则也值得中国借鉴,毕竟关联人员所处的位置大大增加了其从事内幕交易的可能性。这一有限适用的推定规则可以有效地减轻证明被告主观上知悉内幕信息的举证负担,从而有助于原告或公诉人对公司董事或其他关联人员提起诉讼。

同时需要注意,澳大利亚一份对规管内幕交易法律的评估报告建议拒绝采用新加坡的做法,因为新加坡的做法与无罪推定的原则相悖,而且被告也很难进行反证,适用推定对于被告有失公允。[220] 这些原因与反对法

---

[216] See The Securities and Futures Act 2001(Singapore) s 218(5)规定公司关联人员包括:(1)公司或其关联公司的高管;(2)公司或其关联公司的大股东;(3)任何基于其在上述公司或关联公司中担任相关职务而能够接触到内幕信息的人,以及在上述公司或关联公司的大股东中担任相关职务而能够接触到内幕信息的人。

[217] See The Securities and Futures Act 2001(Singapore) s 218(1)。

[218] 同上注,s 218(4)。

[219] 同上注,s 219(1)。

[220] 参见 Corporations and Markets Advisory Committee(Australia),前注⑧,s 3.4.3。

国的推定规则相类似。上文已经介绍了法国标准面临着相同的批评以及该标准的合理性。㉑法国对公司董事、高管及其他关联人员采取推定做法的正当性理由在于他们在公司中的特殊地位与责任。这种推定能够进一步强化公司董事及高管的谨慎义务,即在交易公司证券之前要充分了解情况。正如新加坡金融管理局(Monetary Authority of Singapore)所言,这一推定规则可以进一步强化负有信义义务之人的自我约束。㉒同时,受到这一推定规则约束的人也可通过其他手段保护自己。例如,在获悉某一特定信息后,他们可从公司首席执行官那里确认该信息是否为非公开的重大信息,或者在无法确认是否可以利用该信息进行交易之前有意识地避免相关交易。简言之,采纳推定规则利大于弊。

此外,在美国的相关实践中,故意之主观状态可通过间接证据(circumstantial evidence)予以证明。㉓"证券案件和其他案件一样,原告可通过直接或间接证据确认被告的意图。"㉔但实际上,"在证明欺诈时,往往是通过对间接证据的推断来完成证明过程"。㉕尤其需要注意的是,在内幕交易案件中,美国法院更是直接认为,"故意的唯一证据经常就是间接证据",㉖以及,"在证明故意的问题上……应考虑间接证据"。㉗因此,内幕交易案件往往有着极强的隐蔽性,直接证据经常不可得,此时间接证据在证明主观要件方面发挥着独特的重要作用。

如美国法院所言,"原告无须提供有关被告主观心理状态的直接证据;只要提供可从中推论出直接故意、间接故意或者过失的间接证据足矣"。㉘在美国的内幕交易案件中,很多事实细节都可作为间接证据。例如,试图掩盖交易或者使其不那么引人注目;㉙在不同的账户间分散交易;㉚在公

㉑ 参见第六章第 6.5.2.2.节。
㉒ See MAS, The Securities and Futures Act 2001 Consultation Document (March 2001), p. 27.
㉓ 参见 Wang and Steinberg,前注㉖,§ 4.4.6,第 185 页。
㉔ In re *Leslie Fay Cos., Inc. Sec. Litig.*, 871 F. Supp. 693, 693 (S.D.N.Y. 1995).
㉕ *Herman & Maclean v. Huddleston*, 459 U.S. 375, 390 n. 30 (1983).
㉖ *SEC v. Unifund SAL*, 910 F.2d 1028 (2d Cir. 1990).
㉗ *SEC v. Musella*, 678 F. Supp. 1060, 1063 (S.D.N.Y. 1988).
㉘ *Filloramo v. Johnston, Lemon & Co.*, 697 F.Supp. 517, 521 (D.D.C. 1988).这一方法还为包括澳大利亚在内等国家所采取。参见 *R v. Hannes*〔2000〕NSWCCA 503,从间接证据中获得持有有关信息的推论。
㉙ See *SEC v. Fox*, 855 F.2d 247, 253 (5th Cir. 1988).
㉚ See *SEC v. Musella*, 678 F. Supp. 1060, 1063 (S.D.N.Y. 1988).

司的重大信息发布前大量交易股票;[231]通过融资进行证券交易。[232] 因此,在很大程度上,利用间接证据可达到如上所述的新加坡采用的推定规则的效果。实际上,美国一家法院已表达了对故意采用推定规则的观点:"内幕人员顾名思义,其通常拥有一些内幕信息,如果他们基于这些信息进行交易就会触发内幕交易法律责任。公司的董事,高管或员工推定在相关信息未公开时就已知情。由于这些人的特殊地位,他们通常知道自己掌握的信息属于内幕信息且可能影响到公司股票价格的信息。"[233]

详言之,就"关联人员"而言,承认间接证据的作用在很大程度上与采用推定规则具有几乎相同的效果。另一方面,美国允许使用间接证据的做法在涉及"非关联人员"的内幕交易案件中也能适用。因此,尤其在被告属于"非关联人员"的情况下,美国的做法相较于新加坡的做法更有优势。

6.5.3 利用内幕信息:美国的"持有说"与"利用说"之争

如前所述,若要使被告承担内幕交易法律责任,被告必须是满足持有内幕信息并知道其持有信息属于内幕信息的主观故意要件的内幕人员。接下来的问题是,被告在交易之时仅仅持有内幕信息(即知悉内幕信息)是否足以使其承担法律责任?承担内幕交易法律责任是否还必须以被告实际利用了该信息为先决条件?换言之,公诉人或原告是否需要证明持有内幕信息与被告的证券交易行为之间存在因果关系?美国法院以及学者并没有很好地解决这一问题,出现了所谓的"持有说"与"利用说"的争论。[234]

---

[231] See In re Worlds of Wonder Sec. Litig., 35 F.3d 1407, (9th Cir. 1994).

[232] See *SEC v. Mario*, 51 F.3d 623, 633 (7th Cir. 1995).

[233] *SEC v. Monarch Fund*, 608 F.2d 938, 941(2d Cir. 1979).

[234] 参见 *United States v. Smith*, 155 F.3d 1051, 1066 (9th Cir. 1998).该案探讨这一争议; Donna M. Nagy, "The 'Possession v. Use' Debate in the Context of Securities Trading by Traditional Insiders: Why Silence Can Never by Golden" (1999) 67 *University of Cincinnati Law Review* 1129; Jennifer L. Neumann, "Insider Trading: Does 'Aware' Really Resolve the 'Possession' v. 'Use' Debate"(2001) 7 *Washington University Journal of Law & Policy* 189; Allan Horwich, "Possession versus Use: Is There a Causation Element in the Prohibition on Insider Trading" (1997) 52 *Business Lawyer* 1235; Karen Schoen, "Insider Trading: The 'Possession Versus Use' Debate"(1999) 148 *University of Pennsylvania Law Review* 239; John H. Sture & Catharine W. Cummer, "Possession vs. Use for Insider Trading Liability" (1998) 12 No.6 Insights 3; Bryan C. Smith, Note, "The Possession versus Use: Reconciling the Letter and the Spirit of Insider Trading Regulation under Rule 10b-5" (1999) 35 *California Western Law Review* 371。

需要注意,虽然美国的内幕交易案例众多,但少有案例直接处理了"持有说"与"利用说"之间如何选择的问题。[235] 原因在于,在诸多案件中,法院并没有必要直接处理这一问题,因为通常而言,在内幕人员利用内幕信息这一问题上并没有太多争议。[236] 尽管在绝大多数案件中,区分"利用"与"持有"的意义不大,然而对于某些特殊情形来说,这种区分对于案件的裁判结果举足轻重。考虑到内幕交易有可能导致严厉的法律责任,该问题更值得仔细研究。

6.5.3.1 中国规管内幕交易法律的立场

中国规管内幕交易法律对于应采用"持有说"还是"利用说"的立场并不明晰。对于被告承担内幕交易法律责任是否需要内幕信息与交易行为之间存在因果关系这一问题,我国《证券法》中虽有规定,但存在诸多不一致。

一方面,《证券法》第73条(2019年《证券法》第50条)规定:"禁止证券交易内幕信息的知情人和非法获取内幕信息的人利用内幕信息从事证券交易活动。"[237] 从中似乎可以推知,承担内幕交易法律责任需要证明被告"利用"了内幕信息。[238] 另一方面,《证券法》第76条(2019年《证券法》第53条)的规定又似乎表明,仅需持有内幕信息便可要求行为人承担责任。该条款规定:"证券交易内幕信息的知情人和非法获取内幕信息的人,在内幕信息公开前,不得买卖该公司的证券,或者泄露该信息,或者建议他人买卖该证券。"[239] 这些相互冲突的条款在实践中会引发诸多严重的问题,因此有必要仔细考察。

本节将从国际视角出发,对上述问题的各种法律处理做出分析。总体而言,法律处理可以分为两个路径,即"利用标准"和"持有标准"。[240] 然而,更精确地讲,本节将上述两个路径细分为四个标准,即"严格的持有标

---

[235] See *SEC v. Adler*, 137 F.3d 1325, 1334.奇怪的是,很少有法院直接强调第10(b)条与10b-5规则是否要求内幕信息与内幕交易之间存在因果关系,或者在知悉内幕信息的情况下进行交易是否就足以导致内幕交易法律责任。

[236] 参见Langevoort,前注[29],§3.04,第3—22页。该文认为:"在典型案件中,毫无疑问内幕人员一般是为了利用未公开重大信息而进行交易。"

[237] 《证券法》第73条(2019年《证券法》第50条)。

[238] 参见王利明:《我国证券法中民事责任制度的完善》,载《法学研究》2001年第4期;冯果:《内幕交易与私权救济》,载《法学研究》2000年第2期。

[239] 《证券法》第76条(2019年《证券法》第53条)。

[240] 美国的"持有说"与"利用说"之争从定义上涵盖这两种标准。参见Neumann,前注[234]; Ryan D. Adams, "When there is a will, there is a way": the Securities and Exchange Commission's Adoption of Rule 10b-5 (2001) 47 *Loyola Law Review* 1133, 1149。

准"(strict possession standard)、"严格的利用标准"(strict use standard)、"修正的持用标准"(modified possession standard)以及"修正的利用标准"(modified use standard)。本节将对这些标准进行比较分析,并给出中国应采用哪种标准的建议。

6.5.3.2 四个不同的处理标准

6.5.3.2.1 严格的持有标准

第一种做法是"严格的持有标准",它仅要求在交易之时行为人明知其所获得的信息属于内幕信息就可以触发法律责任。至于行为人是否利用了该信息在所不问。新加坡等国家便采取了这一标准。该国法律规定:"无须公诉人或原告证明被控方或被告意图违反内幕交易法律而实际上利用了相关的内幕信息。"[241]

在 re Sterling Drug, Inc.案中,[242]SEC 也采纳了这一标准。在该案中,多个董事在获知公司销售业绩下滑,并在这一信息公开前,将其所持有的股票卖掉。在 1974 年 11 月 1 日召开的董事会中,董事获得了公司 1974 年第一个月业绩下滑的具体情形。该公司业绩表明,尽管 Sterling 总体销售额增长 13.3%,净利润增加 10.5%,但其中两个主要国内部门表现不佳,销售增长是在其他部门表现优异的情况下创造的。会后两个董事卖出了其所持有的股票。[243]

在辩护理由中,被控董事认为内幕信息与销售股票之间并不存在关联性。[244] SEC 则认为,二者之间是否存在关联性并不重要,在交易之时,被控董事已持有内幕信息便足以确认其已违反了证券法。法院进一步指出:"10b-5 规则并没有要求原告需证明内幕人员利用了非公开、重大信息而出售证券。在公开市场中的证券购买者应当依据在交易时公众所知悉的信息而进行交易。如果内幕人员在出售其所持有的证券时持有相关的内幕信息,那么,便可以认为内幕人员利用其特殊地位损害了公众利益。"[245]

美国联邦第二巡回上诉法院在 1993 年也支持这一严格的持有标准。

---

[241] The Securities and Futures Act (Singapore) s 220(1).
[242] See In re Sterling Drug, Inc., [1978 Transfer Binder] Fed. Sec. L. Rep. (CCH) 81,570, at 80,295 (Apr. 18, 1978).
[243] 同上⑳,第 297 页。
[244] 同上⑳,第 298 页。这三个董事还表示,其之所以卖出公司证券与公司业绩并无关联关系。
[245] 同上⑳,第 298 页。

在 United States v. Teicher 案中,[246]被判证券欺诈罪的两个被告提起上诉,认为地区法院错误地向陪审团指示仅持有内幕信息便足以做出有罪判决。[247]尽管巡回上诉法院没有直接依据"明知持有标准"(knowing possession test)做出裁决,[248]但是,法院在审理本案时,列举了数个支持"明知持有标准"的考量因素。

首先,法院认为,第 10(b)条及 10b-5 规则中的"关联"(in connection with)一词应当进行灵活解释。[249]其次,"明知持有标准"与"披露或戒绝规则"是最相一致的。[250]再次,从定义上看,内幕人员与其他交易者相比具有信息上的优势。[251]最后,法院认为"利用标准"会给 SEC 在提起执法诉讼时造成很大的困难。[252]

同时,这一标准也得到了美国两部内幕交易法律的支持,即 1984 年的《内幕交易制裁法》和 1988 年的《内幕交易及证券欺诈执行法》。这两部法律对于 1934 年《证券交易法》进行了修订,并分别成为其第 21A 款与第 20A 款。[253]该法第 21A(a)(1)条及第 20A(a)条均规定:"任何人在持有重大未公开信息的情况下买卖证券,从而违反(或已违反)本条或本条下的规定或规章……"这种语言表述使学者认为,它"支持在内幕交易案件中适用更为宽泛的(持有)标准来确定法律责任"。[254]

---

[246] See United States v. Teicher, 987 F.2d 112 (2d Cir. 1993).

[247] 同上注,第 114 页。被告辩称:"地区法院错误地指示了陪审团。该指示认为陪审团可仅基于被告持有经欺诈获得的未公开重大信息这一点就将其定性为证券欺诈,但没有留意该信息是否是证券买卖的实际原因。"同上。

[248] 同上注,第 120—121 页。需要注意,在 Teicher 案中有关"持有说"与"利用说"之争的讨论仅存在于法官的裁判理由之中。尤其值得注意的是,法院认为:"对陪审团的意见进行整体考量并审查相关记录,我们认为没有必要确定证券欺诈的认定是否需要存在因果关系,因为法官给陪审团的指示中存在的那些瑕疵无疑都不重要。"同上,第 120 页。

[249] 同上注,第 120—121 页。

[250] 同上注。"披露或放弃"规则是由 SEC 所确立,它要求公司内幕人员要么披露未公开的内幕信息,要么放弃相关的交易活动。Cady, Roberts & Co. 40 S.E.C. 907 (1961).这一规则得到了后续司法观点的支持,理由是非个人间的证券交易在重大信息方面应当享有平等的准入机会。SEC v. Texas Gulf Sulphur Co . 401 F.2d 833 (2nd Cir. 1968).

[251] See United States v. Teicher, 987 F.2d 112, 120-121 (2d Cir. 1993).

[252] 同上注。

[253] See 15 U.S.C §78u-1, §78t-1.

[254] Langevoort,前注[29],§3.04,第 3—23 页。然而,有学者认为"当持有时"(while in possession)这一表述可能没有表达立法者对"持有说"与"利用说"之争的态度,因为其中可能存在多种解释。Wang and Steinberg,前注[26],§4.4.5,第 182—184 页。该文认为选择"当持有时"这一表述要么是对更为宽泛的标准的支持,要么是拒绝在两种标准(即"持有标准"与"利用标准")中选择。同上,第 184 页。

6.5.3.2.2 严格的利用标准

第二种方法是"严格的利用标准"。根据这一标准,公诉人必须证明内幕人员事实上利用了内幕信息。例如,1996 年之前,加拿大联邦立法规定,假如内幕人员"利用特定的内幕信息获取私利或优势",那么,这些内幕人员就要承担法律责任。㉙ 因此,公诉人或原告应承担两方面的证明责任:既要证明被告持有某个未公开的内幕信息,又要证明其实际利用了该信息从事交易活动。

6.5.3.2.3 修正的利用标准

为了减轻严格的利用标准带来的举证负担,美国联邦第十一巡回上诉法院在 SEC v. Adler 案中引入"强力推定规则"(strong reference rule)以修正严格的利用标准。㉚ "修正的利用标准"由此诞生。由于该案发生在 1998 年,晚于上述的 1993 年联邦第二巡回上诉法院所审判的 United States v. Teicher 案,所以,它更能代表美国有关"持有说"与"利用说"之争的司法态度。

在 Adler 案中,法院承认,在"持有说"和"利用说"之间做出取舍是极为困难的,但最终还是总体上选择了"利用标准"。㉛ 同时,法院也认识到在"严格的利用标准"下,SEC 的执法行动将面临重大困难。据此法院认为,如果内幕人员在获知内幕信息的情况下从事交易行为,则可以推定其利用了该信息。这一做法可减少 SEC 的举证负担。㉜ 对于这一问题,法院认为:"当内幕人员持有某一未公开重大信息而实施交易行为时,就可以强力推定其实际上利用了该信息进行交易。内幕人员可通过反证的方式推翻这一推定……"㉝

根据这一规则,法院驳回了 SEC 提出的关于举证责任过重问题的担忧,并认为"利用标准"是最符合现行法律规定的。㉞ 因此,Alder 案的判

㉙ Industry Canada, "Insider Trading Discussion Paper" (February 1996), para. s [131] - [135].1970 年,加拿大首次在联邦层面引入规管内幕交易的法律。相关法律先是作为《加拿大公司法》(Canada Corporations Act)的一部分,后来成为 1975 年出台的《加拿大商事公司法》(Canada Business Corporations Act)的一部分。

㉚ See SEC v. Adler, 137 F.3d 1325, 1337 (11th Cir. 1998).

㉛ 同上注。"我们认为美国联邦最高法院的裁判理由以及基层法院的相关先例表明'利用标准'是一种适当的方法。"另一地区巡回上诉法院在某案件中支持了该裁判观点。United States v. Smith, 155 F.3d 1051 (9th Cir. 1998).

㉜ See SEC v. Adler, 137 F.3d 1325, 1340 (11th Cir. 1998).

㉝ 同上注。

㉞ 同上注,第 1338 页。

决是推定规则与"严格利用标准"的一个混合物。

值得指出,有些国家选择修正"严格的持有标准",而不是修正"严格的利用标准",虽然修正路径不同于美国,但从效果上看二者殊途同归。前者通过在"严格持有标准"中增加一个一般性的"没有利用"抗辩(a general non-use defence),使其实际上变成了"修正的利用标准"。首先,"没有利用"抗辩将焦点放在了信息的利用问题上,只要被告证明自己没有利用该信息进行交易便无须承担法律责任。其次,将举证责任转移到被告身上,从而解决原告举证责任过重的问题。

英国就是最好的例子。该国法律并没有要求公诉人去证明被告实际上利用了内幕信息,而是规定,如果"一个人交易了与某一项内幕信息相关的证券",且这个人在交易时"知悉内幕信息",那么此人就将违反内幕交易法律。[261] 然而,法律还提供了一个"没有利用"抗辩,即内幕人员可主张其并没有利用该信息进行交易。其总体效果是,表面上的"持有标准"转化成了"修正的利用标准"。具体来说行为人需要证明,"即使在没有知悉内幕信息的情况下,他也会进行相同的交易行为",只有这样他才能免受内幕交易的法律责任。[262] 这一抗辩本质上是"修正的利用标准",因为它认为实际使用信息是承担责任的前提条件。

6.5.3.2.4 修正的持有标准

在美国,SEC 于 2000 年 8 月发布了 10b5-1 规则。该规则旨在解决长期以来的"持有说"与"利用说"之争,最终成为法院的审理标准。[263] 该规则采纳的方法可称为"修正的持有标准",因为其以"持有标准"为一般性原则,同时增加了一些抗辩事由,从而克服了"严格的持有标准"过于宽泛的问题。[264]

10b5-1 规则明确规定,在证券交易中,当行为人"知悉"重大未公开信息而进行交易时,则应承担内幕交易法律责任。[265] 同时,为了避免此标准过于宽泛产生的弊病,10b5-1 规则规定了一些抗辩事由。这些抗辩允

---

[261] Criminal Justice Act 1993 (UK) s 52(1).

[262] 同上注,s 53(1)(c)。

[263] See 17 C.F.R § 240.10b5-1 (2000); see also Final Rule: Selective Disclosure and Insider Trading, Release No. 33-7881, available at http://www.sec.gov/rules/final/33-7881.htm (last visited on 6 April 2005).

[264] 有关缘何可称 10b5-1 条款为"修正的持有标准"的分析,参见本章第 6.5.3.4.2 部分。

[265] See 17 C.F.R §240.10b5-1(b)."假如行为人从事证券交易行为时知悉相关的重大且未公开信息,则认为证券发行人的交易行为是基于该重大且未公开信息。"同上。

许行为人提前制定交易证券的计划和策略,这些计划和策略可以在任何未来的时间实施,即使后来获知了相关内幕信息,也可以实施这些交易计划而不构成内幕交易。前提是行为人在制订上述交易计划时并不知悉相关的内幕信息。另外,在获知内幕信息之后,不能对于原来的交易计划进行更改。[266]

需要注意,与规管先前的内幕交易法律条款不同,10b5-1 规则没有使用"持有"(possession)和"利用"(use)等表述,而是使用了"知悉"(aware)一词。当然,这并不意味着 10b5-1 规则采取了一种全新的判断标准。相反,这只是 SEC 特意采取的语言技巧。"知悉"与"持有"两个术语在 SEC 的词汇库中具有同样的意思,可以交换使用。[267] SEC 选择"知悉"而不是"持有"的个中缘由非常有趣,值得一提。

据闻,SEC 制定 10b5-1 规则是对 *SEC v. Adler* 案、*United States v. Smith* 案的不利判决所做出的回应。[268] 如前所述,在这些案件中,法院明确反对采用"持有标准",导致公诉人最后败诉。可以理解,面对诉讼中的挫败,SEC 需要通过巧妙地调整策略以重新引入其所支持的"持有标准",以便于实现其监管目标。因此,尽管实际上"知悉标准"就是之前的"持有标准",但 SEC 为了避免法律冲突问题,有意地选择了"知悉"这一表述,以期先前被法院拒绝的"持有标准"能更容易被接受。[269]

澳大利亚对内幕交易法的修订基本上遵循了这种"修正的持有标准"。从文义上看,澳大利亚《公司法》第 1043A 条款采纳了"持有标准",规定公诉人或原告并不需要证明获知内幕消息的人在交易相关证券时实际上已利用该信息。[270] 然而,1991 年对规管内幕交易法律进行改革

---

[266] See 17 C.F.R § 240.10b5-1(c).其中列举了一些积极抗辩的情形。

[267] See Selective Disclosure and Insider Trading, Sec. Act Rel. 33-7787, 71 SEC Docket 7 (CCH) 7,at 746 (20 December 1999).需要注意的是,SEC 指出:"我们认为基于知悉持有(knowing possession)、知悉(awareness)的绝对标准在某些方面的确过于严格。"同上。

[268] 参见 Adams,前注[240],第 1150 页。该文认为 10b5-1 条款的"知悉(awareness)标准"实际上就是法院所反对的"持有(possession)标准"。这一领域在历史上主要靠案例的发展来推进,该先例在其中会扮演什么样的角色尚有待观察。

[269] 参见 Neumann,前注[234],第 189 页。该文认为,"10b5-1 规则成功地解决了巡回上诉法院在'持有说'与'利用说'之争上的分歧"。当然,10b5-1 规则所引入的抗辩使判断的标准从原来的"持有标准"转变为"修正的持有标准"。现在就断论这一条款将终止原有的"持有说"和"利用说"之争还为时尚早,只有时间会告诉人们,SEC 的这一策略是否会在未来赢得司法界的支持。

[270] See Corporations Act 2001 (Australia) s 1043A(1)(a).某人一旦持有内幕信息,法律便禁止其从事证券交易,而并不需要利用该信息这一要件。

时,澳大利亚政府认为,公诉人只需证明行为人知悉内幕信息,并从事了相关的证券交易活动,就可合理地推定行为人基于该信息进行了证券交易。[271] 这一态度本质上是"修正的利用标准",与立法所采用的"持有标准"并不相同,因为它暗示了被告可通过提供自己没有利用内幕信息的证据以免责。非常遗憾的是,在这一问题上,目前尚没有判例可提供更多的指导。

为了消除以上疑惑,澳大利亚官方的研究报告还专门讨论了这一问题,[272]并最终给出了采纳类似SEC发布的10b5-1规则的建议:"如果知情人根据一个先前的交易计划进行交易,且对此计划没有裁量权,在此类情形下知情人应当被豁免……除了这个有限的豁免情形之外,规管内幕交易法律不应当引入'利用标准'或'没有利用'抗辩。"[273]

6.5.3.3 "严格的持有标准"和"严格的利用标准"之不合理性

6.5.3.3.1 反对"严格的持有标准"之观点

"严格的持有标准"存在规管范围过宽的弊端,并不是一个合适的选择。在美国,对于国会的立法原意是否采纳了"利用标准",审理 Adler 案的法院指出,第10(b)条、10b-5规则旨在禁止虚假行为、市场操纵和欺诈行为,[274]但同时也表达了以下担忧:如果仅因信息知情人持有内幕信息而被定性为内幕交易,将使得立法的打击面过宽,不当地"禁止那些本身不具有欺诈性的行为"。[275]审理 Smith 案的法院随后也表达了类似观点,即基于"严格的持有标准",打击内幕交易的范围将"不会仅限于那些确实存在故意欺诈的情形"。[276]

这一标准规管范围过宽的特征将很有可能阻碍合法的交易行为。根据这一标准,如果善意的行为人在做出交易决定之后又获知相关的内幕

---

[271] See Government response to Report of the House of Representative Standing Committee on Legal and Constitutional Affairs, "Fair Shares for All: Insider Trading in Australia" (11 October 1990) (Australia).

[272] See Corporations and Markets Advisory Committee(Australia),前注[71], s 2 第 142—152 页。

[273] Corporations and Markets Advisory Committee (Australia),前注[80], s 3.8 (Recommendation 23).

[274] See *SEC v. Adler,* 137 F.3d 1325, 1333 (11th Cir. 1998).法院认为,"第10(b)条、10b-5规则的用语暗示着其对证券欺诈、市场操纵及虚假行为的关注"。

[275] 同上注,第 1338 页。

[276] *United States v. Smith,* 155 F.3d 1051, 1067-1068 (9th Cir. 1998). See also *SEC v. Adler,* 137 F.3d 1325, 1338 (11th Cir. 1998)."我们并不相信 SEC 的'知悉持有标准'会一直局限于涉及欺诈的情形。"

信息,则可能无法按原计划进行交易。例如,审理 Smith 案的法院指出,尽管投资者之后持有了某一内幕信息,但他实施的交易是按照之前的投资计划进行的,如果基于"严格的持有标准",他有可能被起诉。显然,这种情况下的行为人并不存在"从事欺诈或虚假行为的意图"。[277]

从概念上讲,仅持有内幕信息本身并没有错误,而利用该信息进行交易才构成欺诈行为。正如审理 Smith 案的法官所言:"假设内幕人员在交易中并没有利用内幕信息,那么,与其交易的相对人就不会处于一种不利的地位。也就是说,假如内幕人员仅持有内幕信息而并没有利用该信息,交易的双方就处于平等的竞争环境;假如内幕人员仅持有内幕信息而没有利用它,交易双方均是基于不完全的信息而作出决定。"

毫无疑问,如果人们确信同其交易的主体仅是持有该信息,而没有实际地利用该信息进行交易,没有人会感到受骗。然而,现实中通常很难查明内幕人员是否利用了内幕信息而获益。如下文将要阐述的那样,这一问题恰恰显示了"修正的持有标准"的优势。[278]

"严格的持有标准"规管范围过宽也引发了有关正当程序(due process)的担忧。有学者认为,在"利用标准"下,如果没有证明利用信息,则不得以欺诈为由起诉持有信息的人,这就保护了后者的正当程序的权利。[279] 正当程序原则意味着,一个人享有一种宪法赋予的权利,也即对任何可能在案件中影响其法律权利问题的重大事实提出质疑,"如果法律对一个人在事实认定问题或法律责任问题方面进行了不利的终局性推定,这就违反了法律的正当程序原则"。[280] 从这个意义上讲,"严格的持有标准"并不能确保行为人受到正当程序的保护,因为它仅证明了行为人持有该信息并进行了交易,而没有进一步证明行为人实际利用了信息做出欺诈行为。换言之,"严格的持有标准"会引发正当程序方面的担忧,因为

---

[277] United States v. Smith, 155 F.3d 1051, 1068 (9th Cir. 1998).这一问题在澳大利亚可能更为严重。因为该国规管内幕交易的法律适用范围很广泛,从传统的证券和类股票期货产品扩展到包括商品、互惠购买协议、票据交易、利率掉期和期权,等等。Corporations Act 2001 (Australia) s 1042A.投资者在其获知内幕信息时仍然不能从事此前计划好的交易。而这种困难严重影响甚至会摧毁这些附加金融产品的交易。

[278] 参见第六章第 6.5.3.4.2 部分。

[279] See David W. Jolly, "Knowing Possession vs. Actual Use: Due Process and Social Costs in Civil Insider Trading Actions" (1999) 8 George Mason Law Review 233, 251–253.

[280] TRM, Inc. v. United States, 52 F.3d 941, 943 (11th Cir. 1995) [citing Black's Law Dictionary 500 (6th ed. 1990)].

它对持有内幕信息之人存在欺诈行为做出了终局性的推定。[281]

6.5.3.3.2　反对"严格的利用标准"之观点

如前所述,如果内幕人员没有利用内幕信息,则不会造成损害。这使得"利用标准"在理论上更容易被接受。然而,这一标准存在举证责任过重的问题,从而使其不可能成为一种合适的立法选择。在对这一问题展开细致阐述之前,有必要先对"利用"这一表述进行讨论,因为该表述被视作支持"利用标准"的一个核心论据。

(1)先例中对"利用"这一表述的不当依赖

在美国,审理 SEC v. Adler 案的联邦第十一巡回上诉法院是第一个倡导"利用标准"的法院。[282] 在该案之后不久,第九巡回上诉法院在审理 United States v. Smith 案时同样采用了"利用标准"。[283] 这两个法院均认为,在之前的内幕交易相关案件中美国联邦最高法院使用了"利用"这一表述,这正是支持"利用标准"的直接证据。有学者对此表示赞同,认为这一表述显示,要让交易者承担内幕交易法律责任,就必须证明其事实上利用了这一信息。[284]

审理 Adler 案的美国联邦第十一巡回上诉法院认为,利用标准"与第10(b)条、10b-5 规则的表述最契合,也与美国联邦最高法院的先例相一致"。[285] 该法院首次提到,"利用"这一表述在美国联邦最高法院的 Chiarella v. United States、[286] Dirks v. SEC、[287] United States v. O'Hagan[288] 等重大案件的裁决中均使用过。例如,在 Chiarella 案中,美国联邦最高法院认为,"根据第10(b)条的规定,仅持有非公开的市场信息并不必然要承

---

[281]　如前所述,"修正的持有标准"为被告提供了抗辩的机会,从而打消了对正当程序的顾虑。

[282]　See SEC v. Adler, 137 F.3d 1325, 1337 (11th Cir. 1998)."我们认为美国联邦最高法院的裁判理由及基层法院遵循的先例表明'利用标准'是恰当的标准。"

[283]　See United States v. Smith, 155 F.3d 1051, 1051 (9th Cir. 1998)."我们认为主流意见是支持'利用标准'的。"

[284]　See Denis J. Block & Jonathan M. Hoff, "Insider Trading Liability: 'Use vs. Possession'" New York Law Journal 29 October 1998, 5; Harvey L. Pitt & Karl A. Groskqufmanis, "The Supreme Court Has Upheld the Misappropriation Theory, But How Far the SEC Will Take the Ruling is Anything But Clear" National Law Journal 4 August 1997, B4.

[285]　SEC v. Adler, 137 F.3d 1325, 1338 (11th Cir. 1998).

[286]　See Chiarella v. United States, 445 U.S. 222 (1980).

[287]　See Dirks v.SEC, 463 U.S. 646 (1983).

[288]　See United States v.O'Hagan, 521 U.S. 642 (1997).

担信息披露义务";[29]在 Dirks 案中,"禁止内幕人员基于其优势地位利用尚未公开的公司信息谋取私利";[30]在 O'Hagan 案中,"判断受托人欺诈行为的完成时点,不在于受托人何时获得内幕信息,而是在于未告知委托人的情况下,他何时利用了该信息进行证券交易。"[31]于是联邦第十一巡回上诉法院便认为,美国联邦最高法院在司法裁判中的语言表述"多次强调了对欺诈、虚假行为的关注",[32]而"持有标准"未能体现这种关注。[33] 同样,审理 Smith 案的联邦第九巡回上诉法院也认为,通过考察美国联邦最高法院在 O'Hagan 案、Dirks 案、Chiarella 案中使用"利用"这一术语的情形,可断定美国联邦最高法院是支持"利用标准"的。[34]

乍一看,美国联邦最高法院在这些案件中选择"利用"这一表述似乎表明其是支持"利用标准"的。然而,仔细考察后便会发现,美国联邦第十一巡回上诉法院和第九巡回上诉法院对于美国联邦最高法院在上述案例中的相关表述的解读有断章取义之嫌,这种做法既不可靠,也不恰当。

首先,在美国联邦最高法院审理的上述案件中,并没有出现有关"持有说"与"利用说"之争所涉及的法律问题。而在审理内幕交易其他方面的问题时,美国联邦最高法院在使用"利用"这一表述时并没有经过仔细考虑。实际上,美国联邦最高法院很有可能因为在这些案件中不涉及"持有说"还是"利用说"的争议,于是未经斟酌便有点随意地使用了"利用"这一表述。[35]

---

[29] Chiarella v.United States, 445 U.S. 222, 235 (1980).而且,在本案中的其他地方也随处可见"利用"的字眼。同上,第229页。"联邦法院已发现公司内幕人员'利用'内幕信息获取私利,而这违反了第10(b)条的规定。"同上,第230页。"在交易前强制披露的义务确保公司内幕人员……不会通过'利用'重大未公开信息获取私人利益。"同上,第231页。"根据第10(b)条的规定,申请人'利用'内幕信息并没有构成欺诈行为,除非其履行在交易前积极披露义务。"

[30] Dirks v.SEC, 463 U.S. 646, 659 (1983). 法院在意见中也使用了类似的措辞。同上,第656页。"要求股东和利用内幕信息进行交易的人之间存在特定的关系。"同上。该案讨论,"信息领受人何时会承担 cady,Robert(内幕人员)所要求承担的内幕交易责任"。

[31] United States v.O'Hagan, 521 U.S. 642, 656 (1997).在其他地方同样多次使用"利用"这一表述。例如,同上,第655—656页。法院认为,"第10(b)条中要求信息盗用者欺诈性地'利用'内幕信息"应与"证券买卖关联起来"。同上,第656页。法院提及,"信息盗用人基于未公开重大信息进行交易的行为"。

[32] SEC v.Adler, 137 F.3d 1325, 1338 (11th Cir.1998).

[33] 同上注。法院指出,"我们认为 SEC 所主张的知悉标准并不必然地局限于有关欺诈的情形中"。

[34] See United States v. Smith, 155 F.3d 1051, 1067 (9th Cir. 1998).

[35] 甚至 Adler 案与 Smith 案的法院都承认美国联邦最高法院这一表述仅是法官的裁判理由。SEC v. Adler, 137 F.3d 1325, 1334 (11th Cir. 1998); United States v.Smith, 155 F.3d 1051, 1067 (9thCir.1998).

因此，在"持有说"与"利用说"之争的语境之外使用"利用"这一表述并不能真正地代表美国联邦最高法院的立场。

其次，由于同一语言表述可以在不同的语境中用于不同的目的，因此，当我们意图确定其具体含义的时候，必须将其放在具体的语境之中来理解。[㉖] 换言之，我们不能脱离语境来理解语言的含义。例如，当美国联邦最高法院在判决书中写道，"根据第10(b)条的规定，仅持有内幕信息并不需要承担信息披露义务"，[㉗]它实际上表达的意思是：根据第10(b)条和10b-5规则，如果行为人在交易前不存在信义义务，那么即使他未披露相关信息就进行交易仍不构成欺诈。[㉘] 换言之，法院的判词只是强调，只有当持有内幕信息的人负有信义义务的情况下，他才需要承担内幕交易责任。此时，法院并不支持"利用标准"。

最后，*O'Hagan*案、*Dirks*案和*Chiarella*案的共同特征是，案件中的被告均明确地利用了其所持有的信息。[㉙] 因此，美国联邦最高法院在案件中使用"利用"这一表述是自然而然的，法院可能仅仅是在描述被告在案件中的所作所为。由于"利用标准"对内幕人员承担责任的要求高于"持有标准"，法院使用"利用"这一术语可能意味着，假如存在利用内幕信息的情形，内幕人员毫无疑问就应承担责任，但是，我们不能进一步推论，只有在内幕人员实际利用了内幕信息时，法院才让其承担责任。因此，使用"利用"这一表述并不意味着，美国联邦最高法院在"持有说"与"利用说"之争中支持"利用标准"。[㉚]

总之，过于依赖美国联邦最高法院在先例中对"利用"这一语言表述的使用似乎是不恰当的，因为这些案件中并没有探讨有关"持有说"与

㉖ 参见 Schoen，前注㉔，第267页。该文认为，"当分析美国联邦最高法院所使用的语言时，必须具体考察法院所论述的语境，以及法院所试图表达的观点"。

㉗ *Chiarella v. United States*, 445 U.S. 222, 235 (1980).

㉘ 同上注。当一项欺诈指控是建立在怠于披露之上时，那么，如果披露方没有披露义务，也就不存在欺诈了。

㉙ See *Chiarella v. United States*, 445 U.S. 222, 245 (1980).本案提到 Chiarella 的证言中显示他"利用内幕信息作为购买证券的依据"。*Dirks v. SEC*, 463 U.S. 646, 648(1983).该案认定 Dirks"向投资者披露信息，而投资者则根据此交易公司股票"。*United States v. O'Hagan*, 521 U.S. 642, 648 (1997).该案认定，O'Hagan"为自身交易之目的利用有关 Grand Met 计划收购这一重大且未公开信息"。

㉚ Loss and Seligman,参见前注㉙，vol. Ⅶ，第3504—3505页。该文认为："当交易中行为人毫无疑问地实际利用了内幕信息时——现实中也通常如此——那么，人们就会很自然地使用'基于信息或利用信息'这些表述，但这并不必然意味着仅持有内幕信息不会承担内幕交易责任。"

"利用说"之争的法律问题。由于不涉及上述争议,美国联邦最高法院在用语上也许并没有仔细斟酌。因此,虽然先例中采纳了"利用"这一表述,但这并不能代表美国联邦最高法院在"持有说"与"利用说"之争中所持的立场。

(2) 证明实际利用的困难

经过前文的讨论,我们理解了过分依赖美国联邦最高法院先例中脱离语境的表述是值得怀疑的。既然美国联邦最高法院并没有表达过支持"利用标准"的态度,本书将考察"利用标准"的优劣,并认为这一标准的根本问题是,公诉人或者原告难以证明行为人实际上利用了内幕信息。换言之,"利用标准"使得公诉人或原告的举证责任过重,进而导致内幕人员容易逃避应负的法律责任。

在"利用标准"下,公诉人或原告不仅要证明被告持有内幕信息,而且还要证明该信息直接导致了交易行为。现实中,这样的举证责任显然过重。正如审理 *Adler* 案件的法院所言:"内幕人员作出交易决定的动机是很难证明的,通常只存在于交易者的头脑里。"[301]SEC 执法部门主任 William Mclucas 也指出,执法部门"不能超自然地进入某人的大脑,同时辨认是大脑里的哪些因素直接导致了交易的发生"。[302]

严格的双重举证责任负担过于沉重,以至于公诉人很难达到相应要求。这个问题不仅妨碍了公诉人对内幕交易行为人提起诉讼,也阻碍了规管内幕交易法律的有效执行。由于证明行为人实际利用内幕信息的困难,公诉人追究行为人内幕交易责任的能力和积极性都急剧下降。这降低了司法效率,阻碍了规管内幕交易法律的实施,也因此不可避免地增加了大量的社会成本。[303] 实际上,"严格的利用标准"可能会导致规管内幕交易法律制度的瘫痪。正如近期对澳大利亚规管内幕交易法律的一份官方研究报告所言:"任何试图证明引发交易的主因是利用了未公开信息而非其他原因的做法注定是徒劳的。这将会极大地妨碍规管内幕交易法律的有效执行,同时也与资本市场的公平原则相背离。"[304]

实践中,即使是那些采用了"严格的利用标准"的国家也似乎已经对

---

[301] SEC v. Adler, 137 F.3d 1325, 1337 (11th Cir. 1998).

[302] Phyllis Diamond, "'Mclucas Hails O'Hagan Ruling, But Says Issuers over Reach of Theory Remain", (1997) 29 *Securities Regulation Law Journal*.1097, 1098.

[303] 参见 Jolly,前注㉙,第 254 页。

[304] Corporations and Markets Advisory Committee (Australia),前注㉚, s 3.8.2.

该标准失去了兴趣。如前所述,加拿大联邦法律就采纳了"严格的利用标准"。然而,在 1996 年对该法的评估中,评估人严肃地表达了对举证责任过重及其阻碍规管内幕交易法律的有效执行的担忧。㉕ 鉴于此,加拿大相关法律已修改为倾向于"持有标准"。㉖ 显然,中国不应该引入早已被证明不适合的"严格的利用标准"。

6.5.3.4　中国选择:"修正的持有标准"优于"修正的利用标准"

如上所述,无论是"严格的利用标准",还是"严格的持有标准"都不适合中国。在本节中,笔者将考察"修正的持有标准"和"修正的利用标准",从而找到一个更适合中国的标准。乍一看,这两种标准极为相似,也很容易被混淆,因为它们都旨在解决"严格的利用标准"证明责任过重的问题以及"严格的持有标准"规管范围过宽的问题。通常认为,这两种标准在实践中达到了几乎相同的效果。㉗ 然而,仔细考察后便会发现,这两种标准实际上存在着重大差异:一个旨在实现举证责任倒置;另一个则设置相应的抗辩事由。经过仔细分析,本书认为,"修正的持有标准"优于"修正的利用标准"。

6.5.3.4.1　"修正的利用标准"之举证责任倒置问题

在美国,"修正的利用标准"依据强力推定规则将举证责任转移至被告,因而减轻了公诉人和原告的举证责任。审理 Alder 案件的法院认识到了"严格的利用标准"的举证责任过重问题,所以,它引入了强力推定规则。这一规则假定被告利用了其所持有的信息,但同时被告可举证推翻这一假定。因此,如该法院所言:"推定规则允许 SEC 无须更多的直接证据去证明内幕信息与交易行为之间存在因果关系,从而完成案件的初步认定。"㉘很显然,缓解举证责任过重这一问题的方法实际上是依赖举证倒置机制,由被告举证证明其没有利用内幕信息。然而,强力推定规则带

㉕　See Industry Canada, "Insider Trading Discussion Paper" (February 1996), para. s[131]–[135].1996 年 2 月,加拿大工业协会发布了一份对内幕交易行为的研究报告。该研究报告考察联邦层面规管内幕交易的法律是否有存在的必要,如有必要,应做出怎样的调整。

㉖　See Canada Business Corporations Act (Canada) s 131(4).该条规定:"知道(with knowledge of) 秘密信息并买卖公司证券的内幕人员……应承担法律责任。"

㉗　参见 Jolly,前注㉙,第 220 页。该文认为:"尽管审理 Adler 案件的法院探讨了'利用标准',法院最后的裁判结果与 10b5–1 条款密切相关……法院所担忧的问题通过 10b5–1 条款得以解决。"该学者发现,"10b5–1 条款解决了巡回上诉法院在'持有说'与'利用说'问题上的分歧。"

㉘　SEC v. Adler, 137 F.3d 1325, 1338 (11th Cir. 1998).有学者对推定规则的作用做出了积极评价。参见 Horwich, 前注㉔,第 1270 页; Jolly,前注㉙,第 255 页。

来的举证责任倒置机制存在两个严重的问题。

第一,"修正的利用标准"是否实际上支持举证责任倒置尚不清晰。"修正的利用标准"的倡导者承认,审理 Adler 案件的法院仅在某种程度上支持举证责任倒置。原因在于,在公诉人已经证明了被告"明知持有信息"的情况下,法院并没有很明确地将被告没有利用内幕信息的证明责任转移到被告身上。⑨ 在法院并没有明确表示举证责任是否转移的情况下,强力推定规则的法律效果仍不确定。

实际上,法院并不确定强力推定规则是否能够实质性地增强 SEC 对于内幕交易案件提起诉讼的能力。所以法院建议,当 SEC 觉得"利用标准"可能过度地限制其执法能力时,它可提出采纳"明知持有标准"。⑩ 这使得一些学者担心 Adler 案件判决所确立的规则在未来的适用前景。⑪

第二,推定规则不能在刑事案件中适用,这也是更为重要的一个问题。在 Smith 案中,法院采纳了 Adler 案所确立的"利用标准"。⑫ 然而,法院拒绝采纳审理 Adler 案的法院所提出的强力推定规则,因为在刑事案件中,这一推定将引发人们对正当程序问题的担忧。⑬ 审理 Smith 案件的法院特别指出:"我们处理的是一个刑事诉讼案件,与 Adler 案涉及的民事程序不同。因此,我们不能随意地采用一个推定被告利用了信息的做法。"⑭

因此,尽管不得不承认"利用标准"将导致"政府在刑事诉讼中更难完成举证责任",但是,审理 Smith 案件的法院最终还是放弃了 Alder 案件中所试图确立的强力推定规则。

简言之,在民事案件中,强力推定规则所确立的举证责任倒置的效果在很大程度上并不确定,并且基于正当程序问题的考虑,推定规则在刑事案件中基本不能适用。因此,这一规则在解决举证责任过重这一问题上所发挥的作用非常有限。相较而言,"修正的持有标准"并不存在这样的

---

⑨ 参见 Jolly,前注㉙,第 256 页。
⑩ See SEC v. Adler, 137 F.3d 1325, 1337 n.33 (11th Cir. 1998).这一建议在 SEC 采纳 10b5-1 规则时可能发挥着重要作用。
⑪ 参见 Jolly, 前注㉙,第 258 页。该文指出:"没有对 Adler 案件之后的诉讼情况进行调查研究,因此,很难说 Adler 案件所确立的规则是否被其他案件采纳。"
⑫ See United States v. Smith, 155 F.3d 1051, 1067 (9th Cir. 1998)."我们认为主流意见支持'利用'标准。"
⑬ 同上注,第 1069 页。
⑭ 同上注。

问题。

6.5.3.4.2 "修正的利用标准"之抗辩问题

(1) 抗辩的范围

如前所述,强力推定规则的举证责任倒置效果并不清晰。实际上,即使举证责任倒置的效果明显,也不意味着"修正的利用标准"就没有其他瑕疵了。实际上,"修正的利用标准"还有其他严重问题,特别是在抗辩机制方面。在这一标准下,当推定被告内幕人员利用了内幕信息之后,被告可以通过反证推翻这一推定。而"修正的利用标准"下的抗辩范围与"修正的持有标准"下的抗辩范围大不相同,这正是判断两种标准优劣的一个决定性因素。

英国的立法就是最好的例子。它采用了"修正的利用标准",不同于美国 Adler 案中的做法,它明确要求被告举证证明其没有利用内幕信息。尤为特别的是,英国规定了没有利用内幕信息的一般性抗辩,即如果被告能证明其在没有内幕信息的情况也将实施同样的行为,那么被告将被免除相应的责任。[315] 因此,被告将竭力证明,虽然其知悉该内幕信息,但并没有利用它。相较而言,美国 10b5-1 规则仅提供了一些具体列举的抗辩事由,而且有严格的限制。[316] 英国立法的抗辩范围在很多方面都要宽于美国 10b5-1 规则所规定的范围。

首先是可予以抗辩的时间期限不同。根据美国 10b5-1 规则,如果要形成一个有效的抗辩,在被告获悉相关内幕信息之前就应该存在书面的交易计划。换言之,假如被告是在持有内幕信息之后制订的交易计划,那么,即使被告在制订其计划时事实上没有利用该信息,这一交易计划也不能有效地保护被告免于承担法律责任。因此,一旦被告持有了内幕信息,其事实上有没有利用该内幕信息进行交易都变得无关紧要;对于这种情况,美国 10b5-1 规则并没有提供相应的抗辩,这也解释了为什么 10b5-1 规则实际上是"修正的持有标准"。

然而,在英国法上,无论制订交易计划是早于还是晚于持有内幕信息,被告均可通过证明其实际上并没有利用该信息来进行抗辩。换言之,被告可以更灵活地适用抗辩机制,如果他们能成功说服法院相信其并没有利用所持有的内幕信息来制订其交易计划,则可以免除法律责任。

---

[315] See Criminal Justice Act 1993 (UK) s 53(1)(c).

[316] 参见第六章第 6.5.3.2.4 部分。

该判断标准的核心是被告是否实际上利用了内幕信息,这也是英国立法在本质上属于"修正的利用标准"的原因。简言之,"修正的利用标准"(例如英国立法)的抗辩范围要宽于"修正的持有标准"(比如美国10b5-1规则)的抗辩范围,后者仅在交易者持有内幕信息之前制订交易计划的情形下才能适用抗辩。

其次,"修正的利用标准"与"修正的持有标准"在有效抗辩事由的类型上也有所不同。具体而言,与"修正的利用标准"相比,"修正的持有标准"在有效抗辩事由的构成要件方面更加严格。

美国10b5-1规则列举了可进行抗辩的几种情形,包括签订具有约束力的契约、告知他人进行交易或者在知悉内幕消息之前制订交易计划。⑰而且,该规则还要求证券的交易数量、交易价格和交易时间等细节应在合同、指示或计划中予以明确规定。⑱另外,根据该规则,假如内幕人员后来知悉了内幕信息,那么,其不能修改先前已确定的交易计划。⑲

相较而言,英国法上没有这些限制性规定,仅规定被告有权反证其事实上并没有在交易中利用其持有的内幕信息。根据这一标准,被告可以尽可能通过提供相应证据证明其在交易中并没有利用内幕信息来为自己辩护。当然,法院会综合考虑所有的相关证据,并在此基础上进行自由裁量得出最终结论。在此过程中,法院无须关注相关抗辩情况是否满足10b5-1规则那样的具体要求。在实践中,被告交易者可以证明自己没有利用内幕信息的抗辩理由通常包括:为满足紧迫的资金需求而进行的交易行为;为履行到期合同义务而进行交易;⑳遵循独立的专业建议而进行交易;㉑或交易是根据长期以来的一般性交易策略。㉒

---

⑰ See Rule 10b5-1 (c)(1)(i)(A).
⑱ See Rule 10b5-1 (c)(1)(i)(B).
⑲ See Rule 10b5-1 (c)(1)(i)(B)(3).
⑳ See Paul L. Davies, *Gower's Principles of Modern Company Law* (Sweet & Maxwell Ltd, 6th ed.,1997), p. 470.
㉑ See Barry A. K. Rider and Michael Ashe QC, *Guide to Financial Services Regulation* (CCH Group Ltd, 3rd ed., 1997), p. 234-235.
㉒ See P Mitchell, Insider Dealing in UK Butterworths Corporate Law Service: Corporate Transactions.该文第8章的8.14段有这样一个例子:X决定基于其投资策略,增加在欧洲股票市场的投资组合,并选取了价值正在上升期的Y公司股票。X也获知了对Y公司股票价格非常敏感的信息但并非出于该原因购买该公司的股票。这种"没有故意"(lack of intention)的抗辩应予以适用……X认为其所持有的Z公司证券价值有所下降,并且决定卖掉整个投资组合。后来他掌握了有关Z公司的相关情况,这一信息将导致其股票比市场上其他公司股票下滑得更快。在这里,"不可避免的交易"(inevitable transaction)抗辩应予以适用。

（2）没有利用信息的一般性抗辩的缺陷

如前所述，"修正的利用标准"下的抗辩范围要比"修正的持有标准"下的抗辩范围更宽。然而，抗辩范围是更宽好还是更窄好？我们需要进一步回答该问题。通常认为，由于如下两方面的原因，"修正的利用标准"下更宽的抗辩制度存在更大缺陷。

第一，一般性的抗辩将会留下巨大的法律漏洞。现实中，虽然内幕人员实际上利用了该信息，但他们往往能够轻而易举地主张其并没有利用内幕信息。事实上，没有利用信息的一般性抗辩可能为内幕人员确立一种貌似合理的屏障，从而掩饰其真实的交易动机。正如 SEC 所言，"事实上基于内幕信息进行交易的个人经常试图捏造其他原因作为其进行交易的理由"。[323] 因此，抗辩范围更宽的机制将为那些基于内幕信息进行交易的人提供捏造理由从而辩护的机会。

举例而言，如 *Adler* 案所表明的那样，被告证明其只交易了其所持有目标公司的一小部分股份，并以此轻而易举地推翻了其利用内幕信息的推定。从某种意义上讲，被告的这一交易方式确实是有悖常理的，因为在通常情况下，投资者为了确保其财富不受影响，会将其所持有的正在下跌的股票全部出手。[324] 然而，这种反常情况也很有可能是被告故意为之，其目的就在于掩盖真实意图，以备抗辩，从而减少承担法律责任的风险。如果被告利用这些策略可轻易地逃脱法律责任，那么，这将与规管内幕交易法律的意旨与精神相悖。显然，即使被告的收益较少，那也算是从内幕信息中获益了。尤其在被告所持股票数量巨大时，虽然只是出售一小部分，其获得的收益也是十分可观的。而且，被告若将这一信息告诉他人，且信息领受人也采取同样的策略，即只交易其持有的部分证券，同样可达到逃避法律责任的目的。这种做法可能积少成多，造成的后果将是非常严重的，对市场的整体影响也是巨大的。

正因如此，评估澳大利亚规管内幕交易法律的一份官方报告仔细讨论了上述问题，表示反对一般性的没有利用信息之抗辩，并明确指出："交易者可以轻而易举地凭借其事后洞察力，编造出其当初没有利用所持有的内幕信息进行交易的多种理由。这种抗辩可能造成不公平的异常现象。例如，有两个人

---

[323] Proposed Language for Inclusion in Committee Report on Insider Trading Definition, 20 (1998) *Securities Regulation & Law Report* 279, 280.

[324] 在 *Adler* 案中，被告主张其只是卖掉了其所持有的 869897 股中的 20000 股。*SEC v. Adler*, 137 F.3d 1325, 1329 (11th Cir. 1998).

都是在知悉相同内幕信息的基础上卖出其所持有的股票。其中一人仅因为抗辩理由与另一人不同而逃脱法律的制裁，比如他强调其是出于需要紧急用钱等不得已的原因卖出证券，所以并没有在交易中'利用'内幕信息。"㉕

第二，另一个重要的原因是：只要被告交易的主因不是内幕信息，"修正的利用标准"还允许被告从持有的信息中或多或少地获益。"修正的利用标准"将"信息的利用"几乎等同于"交易的决定性原因"。㉖因此，在修正的利用标准下，只要被告持有的内幕信息不是其交易的决定性因素，那么，被告就能从该信息中获得利益，这显然是不公平的。

确实，我们很难甚至是几乎不可能去准确地评估内幕信息在被告交易中到底起到了什么作用。如审理 Teicher 案的法院所言："不同于已装弹且时刻待命，但最终没有被使用的武器，重大信息不可能完全在人的大脑中闲置不用。"㉗正因如此，有学者认为，尽管被告能成功地证明其交易是基于合法理由而不是因为持有内幕信息，但是，内幕信息极有可能或不可避免地会以某种方式影响其交易行为。㉘假设某人预先暂定出售其股票用于缴纳女儿的学费。一个很有可能的现实情况是，当其知悉内幕信息后，尽管还可能存在其他筹集资金的方式，但此人会更加坚定地执行其计划，将所持有的股票变现，且最终卖出的股份也有可能比先前计划的更多。此人会辩解说，该交易行为是基于其女儿学费这一刚性需求而非内幕信息，从而在一定程度上将其从信息优势中所获得的收益合法化。此时，尽管内幕信息可能没有在交易中起到核心的作用，但行为人还是从中获得了不公正的收益。

相反，以上两个问题在"修正的持有标准"中都不存在。根据 10b5-1 规则，被告必须在获知内幕信息前就已经形成了相关交易方案。由于被告在制订交易计划时并不持有相关内幕信息，所以，可以肯定地说，被告并没有实际地利用该信息，且不可能从内幕信息中获益。10b5-1 规则排除了被告捏造貌似合理的托辞来主张其在持有内幕信息时并没有利用该信息进行交易的机会。另外，即使内幕信息并不是被告从事交易的决定性因素，10b5-1 规则也不允许被告从内幕信息中以任何方式获取收益。

㉕　Corporations and Markets Advisory Committee(Australia),参见前注㉚, s 3.8.3。

㉖　Criminal Justice Act 1993 (UK) s 53(1)(c).该条规定："内幕人员即使没有内幕信息，他也会作出同样的行为。"

㉗　*United States v. Teicher*, 987 F.2d 112 (2d Cir. 1993).

㉘　参见 Schoen,前注㉔,第 281 页。

简言之，10b5-1规则对合理抗辩的构成规定了严格的条件，从而确保抗辩机制用于真实、合法的商业目的。事实上，当SEC向社会征集对于10b5-1规则草案的意见时，有学者表达了其抗辩范围可能过窄的担忧。㉙然而，在最后版本中，SEC坚持拒绝扩大抗辩的范围，其理由是扩大抗辩范围将会削弱该规则的确定性。㉚ 实际上，正是该规则的确定性才避免了与"修正的利用标准"类似的漏洞。例如，10b5-1规则要求在交易计划中写明证券交易的数量、交易价格、交易时间等细节。㉛ 这意味着，被告在获知内幕信息后无法随意改变其原有的计划。

6.5.4　结论

在内幕交易法律中，内幕交易的主观要件是一个非常重要但还没有被人们深入研究的问题。在中国规管内幕交易的法律中，这一问题就更为突出。本节基于域外经验，对这个问题进行了深入分析，并为中国提出了立法改革建议。

本节首先考察了故意这一法律概念，然后将其作为主线贯穿于与主观要件密切关联的具体问题的讨论之中。第一个问题是，在内幕交易案件中，内幕人员承担法律责任是否必须以持有重大且未公开信息为先决条件，继而研究如何证明的问题。紧接着，本节讨论了内幕人员是否必须知道其所持有的信息属于内幕信息的问题。一般认为，当被告持有内幕信息且知悉其性质时，就应承担法律责任。为减轻举证上的负担，本书建议推定被告持有信息且知悉内幕信息之性质。

然后，本节仔细考察了内幕人员承担法律责任是否应当取决于其实际上利用了该信息的问题。笔者采用比较分析的方法，对不同法域在这一问题上的法律处理方法进行了研究，特别是美国的"持有说"与"利用说"之争。总体而言，对待这一问题的传统做法可以分为两个标准，即"利用标准"和"持有标准"。但是，笔者认为，更好的做法是将其细分为四个标准，即"严格的持有标准""严格的利用标准""修正的利用标准"和"修正的持有标准"。对于这四个标准进行深入的对比研究后，笔者指出了它们的各自特征和优缺点，并认为对于中国而言，"修正的持有标准"是最合

㉙　See Selective Disclosure and Insider Trading, Securities Act of 1933 No. 7881 [August 11, 2000-August 17, 2000 Releases] 73 SEC Docket (CCH) 1, at 19 (18 September 2000).
㉚　同上注，第19页。
㉛　See Rule 10b5-1 (c)(1)(i)(B).

适的标准。

6.6 规管的证券类型

《证券法》第 2 条（2019 年《证券法》第 2 条）规定，在中华人民共和国境内，股票、公司债券和国务院依法认定的其他证券的发行和交易，适用本法。㉜ 其中，股票是内幕交易案件最为高发的证券类型。如本书第二章所述，所有公开报道的内幕交易案件均涉及股票交易。㉝

然而，在交易其他类型的证券时，也同样会发生内幕交易。规管内幕交易法律同样适用于公司债券。在 2005 年修订之前，《证券法》规定的内幕人员包括发行股票或发行债券的公司的董事和高管，表明内幕交易法律既适用于股票交易，也适用于债券交易。然而，当时的法律仅将内幕交易规管范围扩大至发行股票公司的控股公司的高管，但没有包括发行债券公司的控股公司的高管。这个问题在 2005 年《证券法》的修订中得到了解决，修订后的《证券法》第 74 条第 3 项（2019 年《证券法》第 51 条第 3 项）将发行人控股公司的董事及高管均视作内幕人员，而对其发行证券的类型在所不问。

除了股票、公司债券，"国务院认定的其他证券类型"也在规管之列。然而，这个兜底条款到底包括哪些其他证券，目前并不清晰。毫无疑问，上市交易的政府债券以及证券投资基金份额也属于《证券法》的调整范围，除非在法律或行政法规中另有规定。㉞ 因此，规管内幕交易法律也适用于政府债券和证券投资基金。但是，《证券法》并不适用于证券衍生品的发行与交易，它们由国务院制定的特别行政法规予以调整。㉟

毫无疑问，对于任何国家而言，在决定何种金融产品属于规管内幕交易法律的调整范围时，必须考虑本国国情，尤其要考虑其金融市场中金融产品的发展情况。同时，考虑到金融市场的未来发展，规管内幕交易法律涵盖的金融产品范围应具有一定的灵活性。

这一点体现在《证券法》第 2 条（2019 年《证券法》第 2 条）"国务院依法认定的其他证券"这一授权性条款上。这一规定属于开放式立法，让国

㉜ 参见《证券法》第 2 条第 1 款（2019 年《证券法》第 2 条第 1 款）。
㉝ 参见第二章第 2.3.1 节。
㉞ 参见《证券法》第 2 条第 2 款（2019 年《证券法》第 2 条第 2 款）。
㉟ 同上注。

务院有权决定哪种类型的证券属于这一类别。尽管存在一定的不确定性,但更重要的是,这一条款具有必要的灵活性,让规管内幕交易法律能够更好地发挥其效用。这个灵活性可以避免《证券法》所列举的证券类型挂一漏万,从而出现法律漏洞。这在中国尤为重要,因为在目前条件下,中国金融市场仍处于发展的初级阶段,很多金融产品还有待进一步发展。毋庸置疑,随着市场的不断发展,中国将会出现很多新的证券类型。此时,如果对于投资者保护而言是有必要的或者是恰当的,国务院就可以根据授权条款快速做出反应,将新的证券类型纳入内幕交易规管法律的调整范围。

第七章 内幕交易的民事责任

7.1 导 论

本章旨在基于域外经验探究内幕交易的民事责任问题,并为中国提出相关的立法完善建议。截至目前,中国仍然主要依赖政府的执法行为来打击内幕交易,而内幕交易的受害方不能提起要求赔偿的民事诉讼。这是导致中国内幕交易的规管成效不高的重要因素之一。通常认为,在防止内幕交易时,以民事诉讼为代表的私力救济是以政府监管为代表的公力救济的必要补充。然而,在公开的市场环境下,内幕交易的民事责任还存在不少难点问题。正如 Clark 教授所言:"法院承认 10b-5 规则提供了一个默示的私法诉权后,注定还要经历一个艰难发展的过程。这是因为法院需在一个新的情境中确立侵权行为的构成要件并定义它们的内涵和外延。谁是民事诉讼的适格原告?谁是适格的被告?被告承担相关义务的标准是什么?怎样证明义务的违反与原告的损害之间存在因果关系?如何计算损害赔偿金?"[①]

鉴于民事诉讼的重要性及复杂性,笔者认为有必要专门用一章来集中阐述这一问题。前面章节已阐述了内幕交易刑事责任和民事责任的基础性构成要件,例如,内幕人员的概念、内幕信息的范围以及相应的主观要件。本章将重点阐述内幕交易民事诉讼的特有的构成要件。在内幕交易民事救济领域,有两个极为重要且相互关联的问题:第一,哪些投资者是适格的原告?第二,原告应获得多少数额的损害赔偿金?本章第二部分阐述中国内幕交易民事诉讼的发展现状及存在的问题。第三部分考察在证券欺诈诉讼中损害赔偿金的计算方法。第四部分深入分析谁应是有权提起内幕交易民事赔偿诉讼的适格原告。最后一部分对民事责任的抗辩事由以及诉讼时效等相关问题进行探讨。

---

① Robert C. Clark, *Corporate Law* (Boston: Little, Brown and Company, 1986) §8.10, p. 316.

7.2 中国内幕交易的私法救济

截至目前,中国针对内幕交易的法律应对手段包括刑事制裁与行政规管。② 触犯内幕交易、泄露内幕信息罪将被处以有期徒刑或拘役,并处或单处罚金。③ 证监会有权对内幕交易的行为人作出行政处罚,例如没收违法所得和罚款。④ 但内幕交易的受害人在现实中尚无法获得民法上的救济。

虽然《证券法》第 76 条第 3 款(2019 年《证券法》第 53 条第 3 款)对内幕交易民事责任作出了原则性的规定:"内幕交易行为给投资者造成损失的,行为人应当依法承担赔偿责任。"⑤然而,《证券法》并没有为内幕交易民事诉讼提供可操作性的具体规则,比如原告的适格要求,损害赔偿金的计算方法等。这可能是因为证券法上的民事责任问题极为复杂,还需要更多的研究。⑥ 其结果就是,尽管投资者因内幕交易受到损失,却无法依据《证券法》得到应有的赔偿。虽然人们可依据合同法或者侵权法等传统民法基础提出民事诉讼,但由于证券市场具有公开性和匿名性的特殊禀赋,很难基于传统的因果关系和信赖利益的法理来主张损害赔偿。因此,虽然证券法中规定了民事赔偿责任优先于刑事罚金和行政罚款的原则,但在现实中这一原则很难落实。

在中国,受害的投资者不能对内幕人员提起民事诉讼的问题引起了广泛关注。国内诸多学者认为,由于民事救济手段的缺失,《证券法》无法实现其保护投资者、遏制违法行为、促进市场健康发展等立法宗旨。⑦ 在

---

② 对这一问题的详细阐述参见第三章第 3.3.3.1 节。
③ 参见《刑法》第 180 条。
④ 参见《证券法》第 202 条(2019 年《证券法》第 191 条)。
⑤ 《证券法》第 76 条(2019 年《证券法》第 53 条)。该法第 232 条(2019 年《证券法》第 220 条)还规定:"违反本法规定,应当承担民事赔偿责任和缴纳罚款、罚金,其财产不足以同时支付时,先承担民事赔偿责任。"
⑥ 2002 年 1 月 25 日,最高人民法院宣布针对证券虚假陈述案件的民事诉讼将得到法院的受理。参见《最高人民法院关于审理证券市场因虚假陈述引发的民事赔偿案件的若干规定》,法释〔2003〕2 号,已失效。然而,在其他证券欺诈行为中,尤其在内幕交易案件中,并没有提供这一民事救济途径,因为这类案件过于复杂,还不到让法院审理这一类案件的时机。参见李国光、贾纬编著:《证券市场虚假陈述民事赔偿制度》,法律出版社 2003 年版,第 37 页。
⑦ 参见王利明:《我国证券法中民事责任制度的完善》,载《法学研究》2001 年第 4 期。该文认为民事诉讼有助于赔偿受害投资者的损失,强化证券法的威慑效果;冯果:《内幕交易与私权救济》,载《法学研究》2000 年第 2 期。该文认为民事救济可强化投资者保护的目标。

实践中,投资者会因为没有民事救济手段而没有能力,也不愿意协助中国证监会打击内幕交易。⑧ 尤其令人不安的是,中国证监会并没有足够的资源去独立地承担起规管内幕交易的重任。⑨ 相较而言,美国的民事救济制度激励投资者有足够的动机通过民事诉讼维护自身权益,并且民事救济已被广泛视为公力救济的重要补充。⑩ 与此相类似,澳大利亚也允许对于内幕交易提起民事诉讼。⑪ 为了强化对内幕交易的规管效果,保护投资者的正当权益和证券市场的健康发展,中国正在努力建立内幕交易民事责任制度。⑫ 本书赞成这一做法。

7.3 证券欺诈行为损害赔偿金的计算方式

7.3.1 面对面交易中损害赔偿金的计算

在发达国家(尤其是美国),证券欺诈案件中损害赔偿金的计算方法是多种多样的。这些计算方法传统上是为了在面对面交易中的受欺诈方而设计的,所以可能只有部分方法适用于内幕交易。总体而言,这些方法可大致分为以下几类:净损差额赔偿法(the out-of-pocket measure)、修正

---

⑧ 参见叶林编著:《中国证券法》,中国审计出版社1999年版,第414页。
⑨ 关于证监会监管资源不足的论述,参见第三章第3.3.2.4节。
⑩ 参见 Basic Inc.v.Levinson, 485 U.S. 224, 230 (1988).司法解释及其适用、立法默许以及时间的推移使得人们不再质疑民事诉讼的诉因包括违反第10(b)条、10b-5规则,民事诉讼甚至成为了执行1934年《证券交易法》的必要手段; de Haas v. Empire Petroleum Co., 435 F.2d 1223,1230 (10th Cir. 1970). 鉴于 SEC 资源有限,证券法提供民事救济手段实有必要; Donald C. Langevoort, "Capping Damages for Open-Market Securities Fraud" (1996) 38 *Arizona Law Review* 639, 652,该文强调民事救济实有必要。非常重要的是,在美国证券领域的集团诉讼中,起诉并不是由投资者决定的,而往往是由其律师来作出决定。法律准许投资者基于其损失主张赔偿并且法律还允许通过集团诉讼的方式来累加投资者们所主张的赔偿额度,这两点使得富有企业家精神的原告律师们可以有效地推动证券法的民事救济,使之成为公力执法的重要补充手段。See John C. Coffee, Jr., "Understanding the Plaintiff's Attorney: The Implications of Economic Theory for Private Enforcement of Law Through Class and Derivative Actions" (1986) 86 *Columbia Law Review* 669, 684—690; John C. Coffee, Jr., "Rescuing the Private Attorney General: Why the Model of the Lawyer as Bounty Hunter Is Not Working" (1983) 42 *Maryland Law Review* 215-230.
⑪ 参见 Corporations and Markets Advisory Committee (Australia), "Insider Trading Report (November 2003)" recommendation 9.建议法院向受损害方(aggrieved person)提供民事救济。对于招股说明书的披露责任,澳大利亚法律赋予受损害方就损失或损害主张赔偿的权利,从而威慑相关违法者。Corporations Act 2001 (Australia) s 729.
⑫ 参见第二章第2.3.3.3节。

的净损差额赔偿法(the modified out-of-pocket measure)、赔偿期待利益法(the benefit-of-bargain measure)、赔偿间接损失法(the measure of consequential damages)、补进法(the cover measure)、撤销交易或撤销性赔偿金法(the measure of rescission or rescissory damages)以及"吐出"非法利润法(the windfall-profits measure)。值得指出,出于政策和法律上的原因,美国通常不适用惩罚性损害赔偿(punitive damages)。[13]

7.3.1.1 净损差额赔偿法

在证券欺诈民事诉讼中,净损差额赔偿法是最常见的计算损害赔偿金的方式。[14] 法律上通常将其表述为"交易合同价格或支付价格与出售之日实际价值的差额"。[15] 这一计算方式源于传统的欺诈侵权行为,将赔偿额限定于原告实际损失的范围内,符合侵权法上的赔偿原则。至于其他原因(尤其是市场变动)给原告造成的损失,则不在赔偿范围之内。[16] 下面的例子能很好地说明净损差额赔偿法。假设被告欺诈原告以100美元价格购买实际价值只有80美元的股票。交易完成之后,市场情况转差,股票整体价格开始下滑。在公司进行修正性披露时,该股票的价格只有每股60美元。从概念上看,原告的实际损失是购买价与实际价值之间的差值,在该例中即是20美元(100美元减去80美元)。换言之,原告不

---

[13] 关于这方面的最新发展,参见 John Beaulieu Grenier "Damages For Insider Trading in the Open Market: A New Limitation on Recovery Under Rule 10b-5" (1981) 34 *Vanderbilt Law Review* 797, 810; *Gould v. American-Hawaiian S.S.Co.*, 535 F.2d 761, 784 (3d Cir. 1976); *de Haas v. Empire Petroleum Co.*, 435 F.2d 1223,1230-1232 (10th Cir. 1970)。在美国,州层面的侵权法支持惩罚性赔偿,但这与当前(规管内幕交易)的目标并不契合。如 *Hecht v. Harris, Upham & Co.*, 283 F. Supp.417 (N.D. Cal. 1968), modified, 430 F.2d 1202 (9th Cir. 1970)。

[14] 参见 *Hackbart v. Holmes*, 675 F.2d 1114, 1121 (10th Cir. 1982).计算违反 10b-5 规则所造成的损失通常适用的是净损差额赔偿法。*Randall v. Loftsgaarden*, 478 U.S.647, 662 (1986).在证券出售者违反第 10(b)条进行欺诈的案例中,法院通常使用净损差额赔偿法计算损失;Robert B. Thompson, "The Measure of Recovery Under Rule 10b-5: A Restitution Alternative to Tort Damages" (1984) 37 *Vanderbilt Law Review* 349, 356.违反 10b-5 规则造成的损失,通常用净损差额赔偿法计算。

[15] *Estate Counseling Serv., Inc. v. Merrill Lynch, Pierce, Fenner & Smith, Inc.*, 303 F.2d 527, 533 (10th Cir. 1962); see also *Madigan, Inc. v. Goodman*, 498 F.2d 233 (7th Cir. 1974).该案中法院阐述了净损差额赔偿法。

[16] 参见 *Sharp v. Coopers & Lybrand*, 649 F.2d 175, 190 (3d Cir. 1981)."我们在损害赔偿金的计算方面所设定的目标是精准赔偿上诉人因被上诉人违法行为所造成的直接损失"; *Huddleston v. Herman & MacLean*, 640 F.2d 534, 549 (5th Cir. 1981)"假如投资决定是因受到重大虚假陈述或重大信息遗漏的诱导并且索赔人信赖该信息,则能够获得相应赔偿;但如果该信息不是索赔人经济损失的近因,则根据该规则索赔人不能获得赔偿"。

能主张由于市场整体价格下跌造成的另外 20 美元的损失。如前所述,净损差额赔偿法关注的是交易时股票的实际价值,而让原告承担交易后由市场波动产生的风险。

尽管净损差额赔偿法在概念上很清楚,但在实践中,确定交易时的股票实际价值并不容易。对于那些在证券市场上挂牌交易的股票,它们的价格信息是公开的,我们很容易得知交易时的股票价格以及后来更正披露时的价格。然而,我们并不知道交易之时股票的实际价值,即如果没有欺诈行为时股票的价格。

虽然人们想方设法去估算交易时股票的真实价值,但实际的结果并不令人满意。在这一领域中,最常用的方法是基于现代金融学的"事件研究法"(event study)。[17] 通常而言,"事件研究法"从信息披露后的股票价格变动开始回溯追踪,利用回归分析,将隐瞒信息产生的影响与其他可能影响股票价格的因素(例如市场的整体变化)进行分离。这一方式可用以估算从信息披露之日到交易之日这段时间内证券在没有虚假信息影响情况下的真实价值及其对应的市场价格。通过对比从欺诈行为之时至修正性披露之日的价格曲线与价值曲线,法院就可以适用净损差额赔偿法。但是人们在使用这一方法时仍面临比较棘手的问题,因为它建立在各种富有争议性的假设前提之上。[18] 这些假设前提未必符合现实情况,而且,不同的学者可能选用不同的假设前提以及数据,从而使得估算的结果也可能差异很大,导致令人难以接受的不确定性。

7.3.1.2 修正的净损差额赔偿法

如前所述,净损差额赔偿法需要估算交易时股票的真实价值,这在实践中和理论方法上都存在很大的困难。为应对这些问题,人们修正了净损差

---

[17] See Bradford Cornell and R. Gregory Morgan, "Using Finance Theory to Measure Damages in Fraud on the Market Cases" (1990) 37 *UCLA Law Review* 883, 899–900; Daniel R. Fischel, "Use of Modern Finance Theory in Securities Fraud Cases Involving Actively Traded Securities" (1982) 38 *Business Lawyer* 1, 17–19.

[18] See Bradford Cornell and R. Gregory Morgan, "Using Finance Theory to Measure Damages in Fraud on the Market Cases" (1990) 37 *UCLA Law Review* 883, 894–897; Janet Cooper Alexander, "The Value of Bad News in Securities Class Actions" (1994) 41 *UCLA Law Review* 1421, 1454—1458.有观点认为事件研究法并不充分,因为信息披露的价格效应与隐藏信息的价格效应并不等同。Janet C. Alexander, "Rethinking Damages in Securities Class Actions" (1996) 48 *Stanford Law Review* 1487, 1492 n.12.该文认为信息披露时股票价格的变化可能还包括其他因素,例如,公司对诉讼成本的预期,对披露意料之外的负面信息可能带来的过激反应等。

额赔偿法,即选择一个交易后更容易确定股票价值的日期,然后以该日的股票价格来替代交易时股票的价值。在实践中,这个替代性的日期通常要么是公众发现欺诈行为之日,[19]要么是原告发现或应当发现该欺诈行为之日。[20] 这个方法被称作"修正的"(modified)或"权宜的"(expedient)的净损差额赔偿法。[21]

尽管修正的净损差额赔偿法起源于"纯正的"(pure)净损差额赔偿法,但从实践的角度看,二者之间却存在重大差异。这种差异体现在,将交易后证券价格变化的风险在当事人之间进行分配的方式不同。证券价格变化部分源自欺诈行为,但诸如交易后证券市场的总体变动等因素也有可能影响股价变化。[22] 聚焦于交易时证券的真实价值,纯正的净损差额赔偿法只允许原告索赔因欺诈造成的损失,而其他因素造成的损失则排除在外。相反,修正的净损差额赔偿法是基于交易后的某个日期计算,允许原告主张非因欺诈行为所造成的损失。

人们对于修正的净损差额赔偿法的效果有不同的看法。一方面,有人批评该方法允许原告主张非因欺诈行为所造成的损失,致使原告可能享有意外之财:"尽管修正的净损差额赔偿法能够提供一个具体数据,来反映假如没有欺诈行为时的证券真实价值,但这一计算方法却忽视了其他许多因素对普通股票或特定股票价格波动带来的影响。原告有可能就市场波动所引起的损失要求赔偿而获益,同时

---

[19] 参见 *Harris v. American Investment Co.*, 523 F.2d 220, 227 (8th Cir. 1975), cert. denied, 423 U.S. 1054 (1976).在审判中,原告 Harris 可通过证据证明在欺诈被公众知悉之日所造成的损失来作为替代的赔偿依据;Alan R. Bromberg and Lewis D. Lowenfels, *Bromberg and Lowenfels on Securities Fraud and Commodities Fraud* (West Publishing Company, 2nd ed., 1998) §9.1, p. 228。在公开市场中,最好的证据(对股票真实价值而言)是当虚假陈述或重大遗漏被纠正时的市场价值。

[20] See *Richardson v. MacArthur*, 451 F.2d 35, 43-44 (10th Cir. 1971); *Esplin v. Hirschi*, 402 F.2d 94, 104-105 (10th Cir. 1968), cert. denied, 394 U.S. 928 (1969)。

[21] 参见 Robert B. Thompson, "The Measure of Recovery Under Rule 10b-5: A Restitution Alternative to Tort Damages" (1984) 37 *Vanderbilt Law Review* 349, 361-365.该文探讨了"修正"的净损差额赔偿法;William K.S. Wang & Marc I. Steinberg, *Insider Trading* (Aspen Publishers, 1996) §4.8.2.2。该文区分了两种方法,一种是使用修正后披露的市场价格来测算股票价格的"权宜的"净损差额赔偿法,另一种是利用交易之时的真实价值的"纯正"净损差额赔偿法。

[22] 在某些情况下,非欺诈因素对价格变化的影响可能近乎没有或者可以忽略不计。如果真是这样,股票在信息披露之后的市场价格与交易之时股票的真实价值会大体相近。Robert B. Thompson, "'Simplicity and Certainty' in the Measure of Recovery Under Rule 10b-5" (1996) 51 *Business Lawyer* 1177, 1182.

被告可能需要承担的赔偿数额会远超过因其欺诈行为所造成的损失。"㉓

实际上,采纳这一做法的一些法院都有上述感受。但是法院也承认,要想排除市场整体走势对特定股票价格的影响,是一件极为困难的工作,因此,也就接受了将信息披露之后相关股票的价格作为在当初交易时该股票的真实价值的替代指标。㉔ 换言之,法院选择适用修正的净损差额赔偿法是法院面对现实困难的权宜之计,而非出于逻辑上的考虑。在这个意义上,修正的净损差额赔偿法与纯正的净损差额赔偿法在基本法律原则上是一致的,即原告仅有权主张因被告欺诈造成的损失,而只是因为估算股票真实价值的技术性困难而不得不选择其他日期的价格作为替代,就此而言,该方法存在法理基础的先天不足,从而易于受到批评,认为该方法使原告获得了过度的赔偿。

另一方面,让原告可以对于市场整体变动所引起的损失主张赔偿又有其理论上的合理性,因为交易之后的市场整体变动与欺诈行为存在一定的因果关系。在原告被欺诈而卖出证券的情况下,有法院认为,要不是存在欺诈行为,原告可能继续持有该股票,从而能够获得由于整个市场行情上涨而产生的收益。㉕ 由于交易之后的市场整体变化与欺诈行为存在一定的因果关联,因此,允许原告就此主张赔偿似乎合情合理。这一逻辑思路同样适用于原告作为买方而被欺诈的情形。如若不是存在欺诈行为,原告就不会购买相关股票,从而也不会因嗣后市场整体行情的下跌而遭受损失。根据这一理论,确定股票真实价值的困难并不是采用交易后的某一日期的股票价格作为替代股票在交易时真实价值的唯一或主要原因。该理论的核心在于,即使能确定在交易之时股票的真实价值,但市场后续变化的风险也应由被告承担。简言之,该理论可将修正的净损差额赔偿法与纯正的净损差额赔偿法真正区分开来,因为这一理论认为投资者作为原告对于非因被告的欺诈行为造成的损失主张赔偿是正当的。

㉓ *Bonime v. Doyle,* 416 F. Supp. 1372, 1384 (S.D.N.Y. 1976);还可参见 In re Warner Communications Sec. Litig., 618 F. Supp. 735, 744-745 (S.D.N.Y. 1985)。

㉔ See Robert B. Thompson, "'Simplicity and Certainty' in the Measure of Recovery Under Rule 10b-5"(1996) 51 *Business Lawyer* 1177, 1182.

㉕ See *Dupuy v. Dupuy,* 551 F.2d 1005, 1024-25 (5th Cir. 1977), cert. denied, 434 U.S. 911(1977); *Myzel v. Field,* 386 F.2d 718, 744-45 (8th Cir.), cert. denied, 390 U.S. 951 (1968).

7.3.1.3 赔偿期待利益法

根据赔偿期待利益法,证券欺诈行为的受害者可以获得的赔偿数额是其转让或售出证券的价格与假如不存在虚假陈述时其潜在收益之间的差值。不同于净损差额赔偿法,这一方式注重的是原告的期待利益而不是实际损失。正如下例所示,假设在一起要约收购案件中,一个股东被欺诈出售了其股票,收购人给出的欺诈价格为每股 50 美元,但该股东最终售出的价格是每股 40 美元,而股票的实际价值是每股 45 美元。此时,赔偿期待利益法会以每股差价 10 美元的方式计算原告的损害赔偿金(潜在收益 50 美元减去实际售价 40 美元)。相较而言,净损差额赔偿法会基于股票的实际价值而以每股差价 5 美元的方式来计算原告的损害赔偿金(实际价值 45 美元减去实际售价 40 美元)。[26] 在美国,尽管很多州在欺诈性的侵权案件中都采取这一方法,但是,联邦法院由于诸多原因在证券领域中并不支持这一做法。[27]

第一个原因是对于相关法条的解读问题。学者认为,赔偿期待利益法与 1934 年《证券交易法》第 28(a)条所使用的"实际损失"(actual damages)一词不相符,因为这一方法所允许的赔偿范围包括尚未实现的期待利益,超出了实际损失。[28] 更重要的问题是,这一计算方法在本质上具有高度的不确定性。正如 Thompson 教授所指出:"在涉及欺诈的交易中,相较于其他财产,证券在本质上具有波动性以及更大的不确定性。在合同未履行完时评估证券的预期价值要远远比确定有形资产的价值困难得多。也正因该不确定性,赔偿期待利益法不能作为计算损害赔偿金的基础。"[29]

然而在某些特殊情形下,倘若交易中的预期损失具有"合理的确定

---

[26] See Ronald B. Lee, "The Measure of Damages under Section 10(b) and Rule 10b-5" (1987) 46 *Maryland Law Review* 1266, 1274.

[27] See Robert B. Thompson, "The Measure of Recovery Under Rule 10b-5: A Restitution Alternative to Tort Damages" (1984) 37 *Vanderbilt Law Review* 349, 358-360.该文指出法院不支持这一做法的原因包括对法律的解释、历史沿革以及政策考量。

[28] See *Astor Chauffeured Limousine Co. v. Rumfield Inv. Corp.*, 910 F.2d 1540, 1551-1552 (7th Cir. 1990); *Levine v. Seilon, Inc.*, 439 F.2d 328 (2d Cir. 1971); *Estate Counseling Serv., Inc. v. Merrill Lynch, Pierce, Fenner & Smith, Inc.*, 303 F.2d 527, 533 (10th Cir. 1962).

[29] Robert B. Thompson, "The Measure of Recovery Under Rule 10b-5: A Restitution Alternative to Tort Damages" (1984) 37 *Vanderbilt Law Review* 349, 360; William K.S. Wang & Marc I. Steinberg, *Insider Trading* (Aspen Publishers, 1996) §4.8.2.6.鉴于其不确定性特征,法院更少使用赔偿期待利益法,相比之下更常使用净损差额赔偿法。

性"(reasonable certainty),法院也会适用赔偿期待利益法。㉚ 这些情形包括但不限于要约收购领域。㉛ 如果法院将民事诉讼的目的认定为避免被告的不当得利而不是防止对原告的实际损害,那么更有可能采用这一方法。㉜ 然而,在内幕交易案件中通常不涉及虚假陈述,因此,这一方法似乎并不适合内幕交易民事责任。㉝

7.3.1.4 赔偿间接损失法

除了在交易时股票价格与其真实价值之间的差值之外,欺诈还可能会给原告带来其他成本。这些其他成本也可以间接损失的方式主张赔偿。通常而言,这些成本主要包括:交易之前尽职调查的成本、㉞被欺诈的原告卖掉股份而造成的分红损失、㉟资本利得税㊱和欺诈交易相关的中介费。㊲ 一般而言,间接损失可与其他损害赔偿金的计算方法一并提出,比如前文提到的净损差额赔偿法和后文将要提到的撤销性赔偿金法。

尽管赔偿间接损失法的适用范围很广,但也存在两个限制性条件。首先,基于侵权法的原则,间接损失只包括与欺诈行为具有近因关系的损失。㊳ 因此,原告主张赔偿间接损失时必须证明其与欺诈行为具有相当确定的近因关系。其次,如果间接损失与其他损害赔偿相重合,则不会为法

㉚ See *McMahan & Co. v. Wherehouse Entertainment Inc.*, 65 F.3d 1044, 1049-1050 (2d Cir.1995).在使用赔偿期待利益法时,关键问题出在损害赔偿金计算结果的确定性程度上; *Commercial Union Assurance Co. v. Milken*, 17 F.3d 608, 614 (2d Cir.),cert. denied, 115 S. Ct. 198 (1994)。依据10b-5规则提起的诉讼中,赔偿期待利益法是不适用的,除非其计算结果具有合理的确定性; *Osofsky v. Zipf*, 645 F.2d107, 112 (2d Cir. 1981).当然,当且仅当依据赔偿期待利益法计算给原告的损害赔偿金具有合理的确定性时,该方法才是适用的。

㉛ See *Osofsky v. Zipf*, 645 F.2d 107, 114 (2d Cir. 1981).在一起要约收购案中使用赔偿期待利益法; *McMahan & Co. v. Wherehouse Entertainment Inc.*, 65 F.3d 1044, 1049 (2d Cir. 1995)。该案法院认为,"赔偿期待利益法在10b-5规则有关的收购案件中尤为适用"。

㉜ See *Hackbart v. Holmes*, 675 F.2d 1114, 1122 (10th Cir. 1982).该案法院认为赔偿期待利益法是必要的,以防止被告不当得利。

㉝ See William K.S. Wang & Marc I. Steinberg, *Insider Trading* (Aspen Publishers, 1996) §4.8.2.6,p.244.

㉞ See Robert B. Thompson, "The Measure of Recovery Under Rule 10b-5: A Restitution Alternative to Tort Damages" (1984) 37 *Vanderbilt Law Review* 349, 360.

㉟ See *Glick v. Campagna*, 613 F.2d 31 (3d Cir. 1979).

㊱ See *Stevens v. Abbott, Proctor & Paine*, 288 F. Supp. 836, 851 (E.D. Va. 1968).

㊲ See *Rolf v. Blyth, Eastman, Dillon & Co.*, 570 F.2d 38, 50 (2d Cir.), cert. denied, 439 U. S. 1039 (1978).

㊳ See Robert B. Thompson, "The Measure of Recovery Under Rule 10b-5: A Restitution Alternative to Tort Damages" (1984) 37 *Vanderbilt Law Review* 349, 360.

院所承认。㊴ 需要提及,在某些情形下,欺诈交易发生后的市场整体下跌也可能包括在原告的间接损失范围内。㊵ 当然,原告须证明,市场整体下跌与欺诈行为造成的损失之间存在一定的因果关系,证明方法就是,若不存在欺诈行为,原告不可能购买该股票,当然也就不会陷入市场整体下跌的困境。㊶

7.3.1.5 补进法

根据补进法㊷,原告作为买方被欺诈时可以主张的赔偿是,其购买股票实际支付的价格与股票从欺诈行为被发现或者应当被发现起的合理期间内的最低实际价值之间的差值。㊸ 举例来说,被欺诈的原告以每股100美元的价格购买了实际价值只有每股80美元的股票,并在修正性披露之后的合理期间内将该股票以每股60美元出手(市场整体下跌导致该股票每股价格进一步下跌了20美元)。依照补进法,原告可主张每股40美元的损失(100美元减去60美元)。相反,按照前文的净损差额赔偿法,原告只能主张每股20美元的损失(100美元减去80美元)。

不同于净损差额赔偿法,补进法将交易之后市场变动的风险转移到被告身上。这样处理的原因是,市场变动与欺诈行为之间存在一定的因果关系。该计算方法认为,如果没有被告的欺诈行为,原告当初是不会购买该股票的,自然也就不会受到市场整体下跌的拖累。㊹

㊴ See Ronald B. Lee, "The Measure of Damages under Section 10(b) and Rule 10b-5" (1987) 46 *Maryland Law Review* 1266, 1277.

㊵ See Robert B. Thompson, "The Measure of Recovery Under Rule 10b-5: A Restitution Alternative to Tort Damages" (1984) 37 *Vanderbilt Law Review* 349, 361.

㊶ See *Garnatz v. Stifel, Nicolaus & Co.*, 559 F.2d 1357, 1361 (8th Cir. 1977), cert. denied, 435 U.S. (1978).如果原告能证明其投资决定是"因被告欺诈行为导致的自然的、直接的和可预见的后果",法院则允许原告就一般性的市场下跌所造成的损失主张赔偿。

㊷ "补进"(cover)这一术语来源于财产转换(conversion)所引发的损害赔偿金。See Thomas J. Mullaney, "Theories of Measuring Damages in Security Cases and the Effects of Damages on Liability" (1977) 46 *Fordham Law Review* 277, 285.

㊸ 相反,在原告是被欺诈的卖方时,损害赔偿金则是受害者卖出的价格与欺诈被披露或应当被披露后的合理期间内最高股价间的差价。需要说明,有学者认为"补进法"既可用于卖者,也可用于买者。See William K.S. Wang & Marc I. Steinberg, *Insider Trading* (Aspen Publishers, 1996) § 4.8.2.3."'补进法'既可适用于被欺诈的买者,也可适用于被欺诈的卖者。" 相反,有学者认为这一方法只适用于卖方被欺诈的情形。Comment, "The Measure of Damages under Section 10(b) and Rule 10b-5" (1987) 46 *Maryland Law Review* 1266, 1277."'补进法'只是在被欺诈的卖者要求赔偿时适用。同一术语为人们在不同语境下所使用是造成证券类案件中与民事救济相关的法律产生混淆的重要原因。"

㊹ William K.S. Wang & Marc I. Steinberg, *Insider Trading* (Aspen Publishers, 1996) § 4.8.2.3,p232.

在美国,采用这一方法的典型案例是 *Mitchell v. Texas Gulf Sulphur Co.*案。㊺ 在该案中,被告 Texas Gulf Sulphur 公司发现了一座重要的矿山,但在新闻发布会上却否认了这一事实。Mitchell 及其他投资者基于这一陈述卖出了其所持有的股份,然而公司在第二次陈述时却承认当时发现了矿山。对此,法院说道:"我们认为,损害赔偿金的计算方法应当赔偿理性投资者在知悉 4 月 16 日修正性披露后的合理期间内原本可能会投资 Texas Gulf Sulphur 公司的金额……另外,还应当给一个合理的期限让投资者决定是否顺应螺旋上升的市场趋势而'补进'投资……赔偿金额应包括继续投资可能获得的收益,而且要假定这种追加投资没有亏损也没有被迫卖掉……因此,损害赔偿金的计算基础应当是从周一 4 月 20 日及其之后的一个合理期间内 Texas Gulf Sulphur 股票的最高价值。"㊻

尽管这一方法将交易之后可能发生的市场风险转移到被告身上,但它并没有任意扩大风险。相反,为了限制原告针对交易之后的市场变化作出投机行为,该方法对原告施加了一项义务:在修正性披露之后的"合理期限"内,原告须以反向交易的方式减轻其损失。在上述的假设案例中,原告有义务卖出该股票以阻止损失的进一步扩大。如果原告在"合理期限"内没有卖出股票,且股票价格继续下跌至每股 50 美元,那么此时他/她只能主张每股 40 美元而不是每股 50 美元的损失(100 美元减去 50 美元)。简言之,只有在合理期限内发生的市场风险才能转移到被告身上,而合理期限之后的风险仍是原告来承担。这一做法反映了避免责任与损害不相一致的司法理念。

当然,确定"合理期限"的长短也是一件困难的事情。这一问题并没有一个放之四海而皆准的答案。法院需要具体到个案中进行考察。㊼ 根据美国判例法,"合理期限"的时间终点可以是信息被披露并为人所知悉之日、诉讼日期或判决日期等。总体而言,"合理期限"的时间跨度短则一日,长则至两个月不等。㊽ 有学者认为,法院不应使用基于理性投资者

㊺ See *Mitchell v. Texas Gulf Sulphur Co.*, 446 F.2d 90 (10th Cir.), cert. denied, 404 U.S. 1004 (1971).

㊻ 同上注,第 105 页。

㊼ See Ronald B. Lee, "The Measure of Damages under Section 10(b) and Rule 10b-5" (1987) 46 *Maryland Law Review* 1266, 1279.

㊽ 同上注,第 1278—1279 页。参见 *Nye v. Blyth, Eastman, Dillon & Co.*, 588 F.2d 1189 (8th Cir. 1978)。该案认为"合理期限"为两个月; *Baumel v. Rosen*, 412 F.2d 571, 576 (4th Cir. 1969).该案认为"合理期限"为一天。

投资决定的客观方法，相反，应当采用对于特别投资者特别对待的主观方法。㊾ 因此，在决定何为“合理期限”时，法院应当综合考虑各种因素，包括原告是否为成熟的投资人、原告的投资数额、欺诈类型以及市场条件等。㊿

7.3.1.6　撤销交易或撤销性赔偿金法

作为替代净损差额赔偿法的救济方法，法院还可以允许原告撤销欺诈交易，让原告主张恢复原状，如果原告或被告已不再持有相关证券，使得恢复原状变得不可行或不可能时，那么原告可主张撤销性赔偿金。(51) 这一救济方式旨在消除欺诈行为所带来的影响，让原告尽可能回到交易之前的财务状态。撤销交易可以防止被告因违法行为而不当得利。(52) 由此可以看出撤销交易的方法与净损差额赔偿法的根本区别，即前者将赔偿额度限于被告所获收益，而后者则基于原告的损失。

撤销交易会产生如下三个法律效果。(53) 首先，即使没有证据表明被告的虚假陈述造成了原告的经济损失，原告也可撤销交易。其次，被告进行欺诈的故意并不是原告撤销交易后主张赔偿的先决条件，因此，无论被告有没有做出虚假陈述的故意，原告都可撤销交易。最后，与前文的补进法一样，撤销交易在法律效果上也是将交易后的市场整体下跌的风险从原

㊾ See Philip J. Leas, “The Measure of Damages in Rule 10b-5 Cases Involving Actively Traded Securities” (1974) 26 *Stanford Law Review* 371, 379.该文对长期投资者和短期投资者做出区分。

㊿ See Arnold S. Jacobs, *Litigation and Practice Under Rule 10b-5* (Deerfield, IL, Clark Boardman Callaghan, 2nd ed., 1981), pp. 15-40.

(51) See Robert B. Thompson, “The Measure of Recovery Under Rule 10b-5: A Restitution Alternative to Tort Damages” (1984) 37 *Vanderbilt Law Review* 349, 366-365.该文认为，尽管净损差额赔偿法是在与 10b-5 规则相关案件中常用的计算方法，但是大多法院认为原告可选择撤销交易或主张撤销性赔偿金；*Jordan v. Duff and Phelps, Inc.*, 815 F.2d 429, 441-442 (7th Cir. 1987)。法官在附带意见中声明，在证券案件中有两种计算损害赔偿金的方法，其中一种就是撤销交易；*Glick v.Campagna*, 613 F.2d 31, 37 (3d Cir. 1979)。该案法院认为，假如被告不再持有该股票或者撤销已不可能……法院可裁决撤销性赔偿金……；*Blackie v.Barrack*,524 F.2d 891, 909 (9th Cir. 1975)。尽管在涉及 10b-5 规则的诉讼中，净损差额赔偿法是常用的标准，但地区法院法官在恰当的情形下也有适用撤销交易法的自由裁量权。

(52) 参见 Robert B. Thompson, “The Measure of Recovery Under Rule 10b-5: A Restitution Alternative to Tort Damages” (1984) 37 *Vanderbilt Law Review* 349, 366；还可参见 *Jordan v. Duff and Phelps, Inc.*, 815 F.2d 429,441-442 (7th Cir. 1987)。撤销交易法系基于被告所获的收益来计算损害赔偿金。法院撤销了该交易行为，要求被告返还股票的买价或者交出其所获得收益；John Beaulieu Grenier “Damages For Insider Trading in the Open Market: A New Limitation on Recovery Under Rule 10b-5” (1981) 34 *Vanderbilt Law Review* 797, 806。

(53) See Robert B. Thompson, “The Measure of Recovery Under Rule 10b-5: A Restitution Alternative to Tort Damages” (1984) 37 *Vanderbilt Law Review* 349, 366-370.

告转移至被告。

从实践角度看,将市场的风险转移给被告使得撤销交易的做法与补进法更为相近,而有别于净损差额赔偿法。通过撤销交易,并恢复原状,实施欺诈行为的卖方将取回其售出的股票,而被欺诈的买方将取回其所支付的价款。假如由于整体市场下跌造成交易后相关股票价格下跌,那么撤销交易不仅能让原告躲过因欺诈所造成的损失,而且也能躲过因整体市场下跌而带来的损失。举以下例子进行阐明:假设原告以每股100美元的价格购买了实际价值只有每股80美元的股票,在修正性披露之后的一个合理期间内,该股票由于受到市场整体影响下跌至每股60美元。根据净损差额赔偿法,原告只能获得每股20美元的损失(每股100美元减去每股80美元);根据补进法,原告可获得的赔偿为每股40美元(每股100美元减去每股60美元);如果撤销交易,原告返还被告股票,当前市价为每股60美元,并取回当初每股100美元的价款,这实际上等同于让原告获得了每股40美元的损害赔偿金。

可见,撤销交易可以让原告主张欺诈所造成的损失范围之外的赔偿。为了避免滥用该救济方法,法院设定了其适用的一些限制条件。其中,最重要的要求是,原告在发现欺诈行为之后应及时提出撤销之诉。[54] 这类似于受害方需要满足采取措施减轻自己损失的要求。否则,原告可能会根据市场变化故意推迟提起诉讼以便进行投机,毕竟对其而言是一个稳赢的局面:如果市场下跌,他可选择撤销并要求赔偿;如果市场上涨,他可选择持有证券而获得相应利润。因此,通过引入原告必须及时起诉的要求,法院可将原告从事不正当投机行为的风险最小化。实际上,在所有计算损害赔偿金的方法中,这一问题都是法院重点关注的对象。[55]

另外,很多法院要求诉讼当事人之间存在直接的契约关系。[56] 正如下

---

[54] See *Baumel v. Rosen*, 412 F.2d 571 (4th Cir. 1969).该案没有适用撤销交易的方法是因为原告在欺诈行为被发现后延误了三年才起诉; *Hickman v. Groesbeck*, 389F. Supp. 769 (D. Utah 1974); Michael J. Kaufman, "The Real Measure of Damages Under Rule 10b-5" (1989) 39 *Catholic University Law Review* 29, 101-102。

[55] See *Hoxworth v. Blinder Robinson & Co.*, 903 F.2d 186, 203 n.25 (3d Cir. 1990).美国联邦第三巡回上诉法院明确反对一种损害理论,根据该理论被欺诈卖家可以通过与欺诈无关的风险作为抗辩; *Myzel v. Fields*, 386 F.2d 718, 740 n.15(8th Cir. 1968), cert. denied, 390 U.S. 951 (1968)。

[56] See *Huddleston v. Herman & MacLean*, 640 F.2d 534, 554 (5th Cir. 1981).撤销交易的方法通常局限于原告和被告之间存在合同相对性的情形以及经纪人对其客户负有特定信义义务的情形; Michael J. Kaufman, "The Real Measure of Damages Under Rule 10b-5" (1989) 39 *Catholic University Law Review* 29, 101-102。

文将要讨论的，在内幕交易中，原告与被告之间通常不存在这种契约关系。(57) 因此，这种存在契约关系的要求致使在绝大多数内幕交易案件中都无法使用撤销交易这一救济方式。

7.3.1.7　“吐出”非法利润法

按照此方法，被欺诈的证券出卖人可获得被告在购买股票之后又转售而产生的非法利润。如同上文的撤销交易，这一方法仍聚焦于被告的非法利润，其理论基础是不当得利。在美国，最典型的案件莫过于 *Janigan v. Taylor* 一案。(58)

在该案中，原告股东受欺诈向公司的总裁卖出了其所持有的价值 40000 美元的股票。在不到两年的时间里，公司总裁以 700000 美元的价格卖掉了这些股票。法院允许原告向被告主张其转售股票所获净利润，认为“与其让实施欺诈行为的一方保留这笔意外之财，还不如让被欺诈的一方获得该收益”。(59) 很显然，这一判决表明，法院的裁判理由是基于不当得利理论。据此理论，原告可向被告主张其所获得的非法利润，即使这可能超出原告因交易而遭受的损失。该方法允许将意外之财归于原告，从而强化了证券民事诉讼的威慑效果。(60)

基于被告的非法利润与其欺诈行为之间的关系，法律对于原告就意外之财主张赔偿施加了一些限制，以确保赔偿金额属于不当得利的范围。在 *Janigan v. Taylor* 案中，法院认为，被告无须“吐出”与其个人努力直接有关且与欺诈行为没有关联关系的收益。(61) 为阐明这一观点，法院指出：“假如某艺术家通过欺诈获取了一些颜料，并用其创作了一幅价值不菲的画像，这并不意味着，被欺诈的一方有权获得该画像或售出该画像所获得的收益。”(62)

但上述“与欺诈无关的个人努力”（fraud - unconnected personal efforts）的例外情形要求非常严格，以至于只有被告付出了极为独特的努

---

(57) 参见第七章第 7.4.1 节。

(58) See *Janigan v. Taylor,* 344 F.2d 781 (1st Cir. 1965), cert. denied, 382 U.S. 879 (1965).

(59) 同上注，第 786 页。其他法院同样坚持这一观点，*Thomas v. Duralite,* 524 F.2d 577, 589 (3d Cir. 1975)。

(60) See *Nelson v. Serwold,* 576 F.2d 1332, 1339 (9th Cir. 1978), cert. denied, 439 U.S. 970 (1978).法院认为，“允许违法者从其违法行为中获取收益将削弱法律旨在实现的威慑效果”。

(61) See *Janigan v. Taylor,* 344 F.2d 781, 787 (1st Cir. 1965), cert. denied, 382 U.S. 879 (1965).

(62) *Janigan v. Taylor,* 344 F.2d 781, 787 (1st Cir. 1965).

力或天赋才满足这一条件。后续的案件表明，被告寻求适用该例外情况时可能存在很大困难。在 Rochez Bros., Inc. v. Rhoades 案中，[63]Rochez 与 Rhoades 皆是公司股东。Rhoades 基于欺诈行为购买了 Rochez 的股票，后来将其转售并获取了丰厚的利润。尽管 Rhoades 是一个积极进取的企业家，而 Rochez 是风险厌恶型的投资者，该投资习惯甚至造成了公司的贬值。但是，法院拒绝 Rhoades 以其企业家精神为由主张适用 Janigan v. Taylor 案中的例外规则，Rhoades 需要"吐出"其转售获得的全部非法利润。[64]

相较而言，在 SEC v. MacDonald 这一内幕交易案中，[65]法官对"吐出"非法利润法设置了一个更为实际的限制。在该案中，被告是一个境况不佳的投资信托机构的主席。该信托机构将签订一份有利可图的租赁协议，而被告基于这一内幕信息购买了该信托的份额。[66] SEC 根据 10b-5 规则提起诉讼，基层法院判决要求被告交出其转售信托份额所获得的收益。[67] 但在上诉案中，美国联邦第一巡回上诉法院推翻了原审法院采用的恢复原状的计算方法。该法院认为，被告应当交出"该信息在公众间传播后的合理期限内的证券增值"。[68] 这个"合理期限"的要求有效地限制了 Janigan v. Taylor 案中所确定的将非法利润全额"吐出"的方法。

司法上引入合理期限这一限制条件，旨在防止原告以损害被告的利益为代价进行市场投机。实际上，根据"吐出"非法利润法，市场变化的所有风险都转移至了被告，原告只是静待赔偿数额的攀升而选择起诉时机。因此，在 SEC v. MacDonald 案中，法院考虑了原告这种投机行为的不公平性，从而将合理期限之后的市场变化的风险转移至原告身上。[69] 其结果是，被告在任何情况下都只需要对合理期限内的风险承担责任，如此被告的利益也得到了保护。很明显，合理期限越短，对被告越有利。

然而，这一限制条件遭到了批评。有学者认为，审理 MacDonald 案的

---

[63] See Rochez Bros., Inc. v. Rhoades, 491 F.2d 402 (3d Cir. 1973).
[64] 同上注。
[65] See SEC v. MacDonald, 699 F.2d 47 (1st Cir. 1983).
[66] 同上注，第 48 页。
[67] 同上注。
[68] 同上注，第 52 页。
[69] 同上注，第 53 页。

法院施加这一限制条件,是过分地注重侵权法中要求的损害与欺诈行为之间的因果关系。(70) 确实,在引入合理期限这一限制条件时,*MacDonald* 案适用了恢复原状作为赔偿金的计算基础,而这与基于侵权法的损害赔偿法(比如补进法)在效果上是一样的。(71) 根据补进法,在发现欺诈行为后,原告不能就合理期限之后的整体市场波动产生的损失主张赔偿,因为原告有机会作出新的投资决定,从而使自己免受市场变化所带来的损失。据此,有学者认为审理 *MacDonald* 案的法院不恰当地将合同法、侵权法中的限制条件引入了以不当得利为返还基础的措施中:"*MacDonald* 案的判决实际上将基于原告可用于主张赔偿的合同法和侵权法上的诸多原则吸收到了不当得利这一法理中了,例如,避免损失与减轻损害这一原则禁止原告对于其本来应能避免的损害主张赔偿。然而,这些以原告为基础而创设的法律原则适用于以原告损害为关注点的合同法、侵权法的救济途径,但并不能很好地适用于以被告非法收益为关注点的不当得利、恢复原状的救济途径。"(72)

因此,在计算需要"吐出"的非法利润的数额时,法院应当采用撤销交易的相关案件中的做法,强调被告的非法得利与欺诈行为之间的因果关系。另外,法院应当要求原告在发现欺诈行为后就立即提起诉讼,防止原告借此投机。(73) 如果原告不合理地迟延行使撤销权,那么法律将不再视其为无辜之人,此时被告根据市场变化所获得的收益也不再是不当得利。另一方面,如果原告及时行使撤销权,那么在法院判决之前市场变化的风险仍旧由被告承担,因为原告并没有以推延诉讼的方式实施投机行为。当然,从实践角度看,如果原告提起诉讼的时点正好落在合理期限之内,那么 *MacDonald* 案所设定的限制条件的意义就不大;相反,如果起诉时点在合理期限之外,那么这一限制条件将会带来重大影响。非常遗憾的是,现实情况往往属于后者。一般在实践中,"合理期限"往往是指市场在修正性信息披露后市场消化该信息的时间,而实证研究表明这一期间

---

(70) See Robert B. Thompson, "The Measure of Recovery Under Rule 10b-5: A Restitution Alternative to Tort Damages" (1984) 37 *Vanderbilt Law Review* 349, 386-391.

(71) 有学者认为审理 *MacDonald* 案的法院明显是赞同补进法的。William K.S. Wang & Marc I. Steinberg, *Insider Trading* (Aspen Publishers, 1996) § 4.8.2.6,p241.

(72) Robert B. Thompson, "The Measure of Recovery Under Rule 10b-5: A Restitution Alternative to Tort Damages" (1984) 37 *Vanderbilt Law Review* 349, 386.

(73) 同上注,第 388 页。

往往很短。[74]

值得注意,澳大利亚在上述问题上走得更远,其在内幕交易案件中适用类似于净损差额赔偿法去计算被告所获利润,从而完全反对将被告所获得的意外之财纳入损害赔偿的范围。在澳大利亚法域之下,内幕人员承担的实际所获利润或避免的损失有一个最大赔偿限额,即证券的实际交易价格与假设内幕信息已披露情况下名义价格之间的差价。[75] 这实际上将被告的赔偿数额限定在被告从欺诈行为中所获得的直接收益之内,排除了被告因为其他因素诸如市场整体变化等带来的收益,更遑论被告因自身努力而获得的收益。如同净损差额赔偿法一样,这一方法需要面对的重大现实困难是,估算在内幕交易时假如内幕信息是公开的情况下证券的真实价值或名义价格。

最近,对于澳大利亚内幕交易法律的官方评估报告也关注到了这一问题。尽管该报告承认现行法在估算证券的名义价格时可能出现的复杂性与不确定性,然而,该报告仍建议继续适用现有的估算利润或损失的方法。[76] 该评估报告最终拒绝采用加拿大的相关做法,即要求法院使用"平均市场价格"(average market price)去估算原告的赔偿数额:(1)如果原告是买方,则估算损失为原告购买证券所支付的价格减去内幕信息公开披露后 20 个交易日内的平均市场价格;(2)如果原告是卖方,则估算利润为在内幕信息公开披露后 20 个交易日内的平均市场价格减去原告卖出证券的价格。[77]

有人反对上述做法的理由在于,它将产生在 20 个交易日内由于外部因素所造成的价格风险。[78] 笔者认为这一反对观点是值得商榷的。实际

---

[74] 这一解释背后的原理,是从信息被市场消化开始,内幕人可以合法地进行交易,其所获得的收益也不再属于非法所得。Jeffry L. Davis, "Disgorgement in Insider Trading Cases: A Proposed Rule" (1994) 22 *Securities Regulation Law Journal* 283.该文认为,"目前使用的信息被市场吸收的期限太长,法院应当根据实证研究的数据决定这一期限"。这一观点关注被告收益与欺诈之间的关系,但通过这种方式得出的结果系基于推测。相反,如果被告本可以合法进行交易,那么他应当采取必要的行动,例如再购买该公司额外的股票。Robert B. Thompson, "The Measure of Recovery Under Rule 10b-5: A Restitution Alternative to Tort Damages" (1984) 37 *Vanderbilt Law Review* 349, 389.

[75] See Corporations and Markets Advisory Committee (Australia), "Insider Trading Report (November 2003)" recommendation 9,para.3.18.1.

[76] 同上注,Recommendation 34.

[77] 同上注,para.3.18.2.

[78] 同上注,para. 3.18.3.

上,我们并不清楚,为什么要将外部因素从被告的得利中完全排除,毕竟"吐出"非法利润的理论基础就是不当得利。如上所述,在信息披露之后的合理期间内,由于外部因素给被告所带来的得利可以被视为不当得利,从而应当计算在原告的索赔范围之内。因此,加拿大立法的关键问题并不在于,它将由外部因素给被告带来的收益计算在原告可主张的赔偿范围之内。它的真正问题是:在实践中,限定信息披露之后的期限为20日似乎过于武断,而且将其适用于所有案件的做法也过于僵化。

7.3.2 损害赔偿金计算方法的分析

如前所述,在欺诈性的证券交易中,有多种计算损害赔偿金的方法以弥补受害原告股东的损失。有学者认为,针对这一问题的法律规定并不清楚,尚需进一步明晰化。[79] 因为10b-5规则是兜底条款,故相应的救济方法是逐步发展起来的,显得零碎而不成体系。[80] 实践中,美国法院是基于案件的具体情况进行具体分析,采用对其最适合的救济方法,因而这种方式注定是临时性的,法院并不会系统地阐述关于损害赔偿金的计算方法。美国1934年《证券交易法》第28(a)条将损害赔偿金的范围限定于"实际损失",即"任何有权根据本章条款提起赔偿之诉的人,不能通过一个或多个诉讼的判决去获取超过其由于被诉行为导致的实际损失总额的损害赔偿金"。[81]

在 *Affiliated Ute Citizens of Utah v. United States* 案中,美国联邦最高法院认为,上述条款针对证券欺诈案件提供了"计算损害赔偿金的正确方法"。[82] 然而,该条款并没有阐明何谓"实际损失"。正因没有清晰的指南,所以"实际损失"的准确含义尚不清晰。[83] 实践中,法院对"实际损失"

---

[79] See Robert B. Thompson, "The Measure of Recovery Under Rule 10b-5: A Restitution Alternative to Tort Damages" (1984) 37 *Vanderbilt Law Review* 349, 350; John Beaulieu Grenier "Damages For Insider Trading in the Open Market: A New Limitation on Recovery Under Rule 10b-5" (1981) 34 *Vanderbilt Law Review* 797, pp.798-799.

[80] See Robert B. Thompson, "'Simplicity and Certainty' in the Measure of Recovery Under Rule 10b-5" (1996) 51 *Business Lawyer* 1177, 1179.在关于10b-5规则的案例法中,对损害赔偿金的计算是"事后才想出来的"。

[81] 15 U.S.C. § 78bb(a).

[82] *Affiliated Ute Citizens of Utah v. United States*, 406 U.S. 128, 155 (1972).在美国,根据10b-5规则所提起的第一个民事诉讼案件是 *Kardon v. National Gypsum Co.*, 69 F. Supp. 512 (E.D. Pa. 1946).

[83] See William K.S. Wang & Marc I. Steinberg, *Insider Trading* (Aspen Publishers, 1996) § 4.8.2.,p225.无论是1934年美国《证券法》还是相关立法沿革都没有对"实际的损失"作出明确指引。

也存在解释论上的分歧,由此存在多种计算损害赔偿金的方法。

更为棘手的问题是,由于计算实际损失的标准不统一,导致最终赔偿的结果不一致。在有些情况下,不同理论方法之间的区分更多只具有理论意义,而不具有实践意义。比如,同一案例都可能被用于支持不同的计算方法。在为人熟知的 Janigan v. Taylor 案中,[84]其计算损害赔偿金的方法被归为不同的种类,比如,赔偿期待利益法[85]、修正的净损差额赔偿法[86]、撤销交易法[87]以及"吐出"非法利润法等。[88] 此外,同一术语在使用时内涵可能也会大不一样,使得问题进一步复杂化。[89]

7.3.2.1 交易之后市场风险的转移

为了避免名称和术语带来的混淆,有必要专门讨论一下上述各种计算方法的实际差异。由于计算方法的不同,原告主张的正当性以及损害赔偿金的范围也有所不同。其实,各种计算方法之间的核心差异在于,如何在原被告之间分配交易之后股票价格波动的风险。为了理解这一点,可以参考被欺诈的买方在一个整体下跌的市场中主张损害赔偿金的例子。一方面,根据净损差额赔偿法,仅以交易日为基准日来计算因欺诈行为引发的损失,并以此为基础要求被告对原告进行赔偿。此时,交易后整体市场下跌的风险就落在了原告的身上。

另一方面,对于那些以交易后某一日期作为基准日的计算方法而言,原告可主张损害赔偿金的范围既包括因欺诈行为造成的损失,也包括因整体市场下跌而引发的损失。这便将在交易日与交易之后的基准日之间的市场变化风险转移到被告身上,而基准日之后的市场变化风险则仍由原告承担。从这一意义上讲,所有将计算基准日选定为交易之后某一日期的计算方法均有相似的转移市场风险的法律效果:"修正的净损差额赔偿法、补进法以及撤销交易法……之间的差别在实践中常常很小,因此,不管计算损害赔偿金的理论基础是什么,法院往往按照欺诈行为被揭露时的证券市场价格(如果原告在揭露之日前将证券卖出,则是证券的转

---

[84] See *Janigan v. Taylor*, 344 F.2d 781 (1st Cir. 1965), cert. denied, 382 U.S. 879 (1965).
[85] See *Rochez Bros., Inc. v. Rhoades*, 491 F.2d 402, 415 (3d Cir. 1973).
[86] See *Myzel v. Fields*, 386 F.2d 718, 747 (8th Cir. 1967).
[87] See *Gottlieb v. Sandia Am. Corp.*, 304 F. Supp. 980, 990 (E.D. Pa. 1969).
[88] See *Thomas v. Duralite*, 524 F.2d 577, 589 (3d Cir. 1975).
[89] See Robert B. Thompson, "'Simplicity and Certainty' in the Measure of Recovery Under Rule 10b-5" (1996) 51 *Business Lawyer* 1177, 1179."补进法"就是一个明显的例子,参见前注[43]及相应正文。

售价格）与支付对价之间的差价计算损害赔偿金的数额。法院通过这种方式可以赔偿原告在交易后因市场下跌或因市场操纵而产生的损失。”(90)

因此，从风险转移的实际效果看，损害赔偿金的计算方法可大致分为两类：一类是无转移市场风险效果的方法，比如严格的净损差额赔偿法；另一类是有转移市场风险效果的方法，如修正的净损差额赔偿法、补进法以及撤销交易法。在后一类中，不同计算方法在转移市场风险效果的程度上可能有所差异，因为不同的计算方法所锚定的交易后的计算基准日并不相同。如前所述，修正的净损差额赔偿法通常使用公开揭露欺诈行为之日或修正性披露之日作为计算损害赔偿金的基准日。相反，按照补进法，原告需要在修正性披露后的一个合理期间内减少损失，法院很有可能选择一个稍晚的日期作为计算损害赔偿金的时点，因为在修正性披露后，原告需要在一定的时间内撤销交易。(91) 显然，在上述情形中，越是选择往后的日期，原告就越有可能获得更高的损害赔偿金。

需要注意，将交易后市场变化的风险转移到被告身上并不必然地意味着有利于原告。在上述情形中，如果在一个整体下跌的市场里原告作为买方受欺诈，那么他就是风险转移的受益方，因为其可以对于市场下跌的损失主张损害赔偿。然而，假如欺诈行为之后出现一个上扬的市场行情，那么转移风险将会让市场上涨的收益抵消因欺诈而产生的损失。此时，原告选择适用不转移风险的计算方法（例如净损差额赔偿法）可能更有利。

下面两个例子能很好地说明这一点。假设被欺诈的投资者以每股100美元的价格购买了交易时实际价值只有每股80美元的股票。此后由于市场整体下跌，在一个合理期间内，该股票的价值只有每股60美元。此时，无转移风险效果的计算方法将会赔偿原告每股20美元的损失（每股100美元减去每股80美元），而具有风险转移效果的计算方法将赔偿每股40美元（每股100美元减去每股60美元）。但假设市场呈现出整体

(90) John Beaulieu Grenier, “Damages For Insider Trading in the Open Market: A New Limitation on Recovery Under Rule 10b-5” (1981) 34 *Vanderbilt Law Review* 797, 812-813；还可参见 Robert B. Thompson, “‘Simplicity and Certainty’ in the Measure of Recovery Under Rule 10b-5” (1996) 51 *Business Lawyer* 1177, 1185。该文认为修正的净损差额赔偿法与“撤销交易的方法在转移市场风险方面具有相同的效果”。

(91) 参见本章第7.3.1.5.节；William K.S. Wang & Marc I. Steinberg, *Insider Trading* (Aspen Publishers, 1996) § 4.8.2.3,p236。该文认为相较于修正的净损差额赔偿法，“补进法”更有可能利用一个较晚的日期来计算损失。

上涨的趋势，在交易后的一个合理期间内，该股票回到了每股 100 美元的价格。此时，根据无转移风险效果的计算方法，原告能获得每股 20 美元的损害赔偿金（每股 100 美元减去每股 80 美元）。但在具有转移风险的计算方法中，原告不会获得任何赔偿（每股 100 美元减去每股 100 美元）。

上述的二分法同样适用于买方是欺诈方的情形。市场上涨或下跌产生的效果与卖方为欺诈方的情形刚好相反。详言之，假如在一个上涨行情中买方是欺诈方，此时，卖方适用转移风险的方法（如撤销交易）比较有利，因为卖方可获得市场上涨的利益。假如是一个市场下跌的行情且买方是欺诈方，撤销交易将使得因市场下跌带来的损失抵消买方因欺诈行为所获收益。此时，对于作为卖方的原告而言，适用不具有转移风险效果的计算方法（如净损差额赔偿法）就是一个更好的选择，因为它能够涵盖被告从欺诈行为中所获得的所有收益。

以下两个例子有助于阐明这一问题。假设被欺诈的投资者以每股 100 美元的价格售出了实际价值为每股 120 美元的股票。由于交易之后市场整体上扬，该股票在合理期间内上涨至每股 140 美元。无风险转移的计算方法将产生每股 20 美元的损害赔偿金（每股 120 美元减去每股 100 美元）。然而，如若是转移风险的计算方法，损害赔偿金则为每股 40 美元（每股 140 美元减去每股 100 美元）。第二种情况大体相似，只不过后者的欺诈行为发生在一个市场下跌的环境中，且在交易后的一个合理期间内，股票价格仍为每股 100 美元。此时，按照不具有转移风险效果的计算方法，损害赔偿金仍然为每股 20 美元（每股 120 美元减去每股 100 美元），而按照具有转移风险效果的计算方法，损害赔偿金则为零（每股 100 美元减去每股 100 美元）。

可见，风险转移是否对原告有利，既有赖于欺诈活动类型（无论是卖方欺诈还是买方欺诈），也有赖于交易之后市场的变动方向。市场下跌且买方实施欺诈行为这一情形是学术文献中经常探讨，也是在实践中经常出现的情况。除非另有说明，这一情形也是本章讨论损害赔偿金计算方法的基本案型。

需要注意，美国 1995 年《证券民事诉讼改革法案》(92)（the Private Securities Litigation Reform Act of 1995）第 101（b）条在 1934 年《证券交易

---

(92) See Pub. L. No. 104-67, 109 Stat. 737 (1995).

法》(93)中新增了第21D(e)条。它给任何“企图根据证券市场价格来确立损害赔偿金数额”的计算方法规定了一个最高限额。(94) 根据该规定，最高限额为“购买价格或售出价格……与修正性信息披露之日起90日内股票的平均交易价格之间的差价”。(95) 根据美国国会的报告，这一条款的出台主要是担忧市场在修正性信息披露后可能因恐慌而产生的过度反应。因此，修正性信息披露后的市场价格并不能代表没有欺诈行为时股票的真实价格。(96) 在交易后的90日内，股票才有可能从最初的反应过激的情形回到正常状态。

显然，尽管上述立法意图的声明旨在将损害赔偿金的额度限定在“因欺诈行为而不是其他因素所引发的损失”之内，(97)但其并没有将由于市场波动导致的价格变化与因欺诈导致的价格变化区分开来。实际上，这一做法允许法院将交易日至修正性披露之后第90日这段期间的市场下跌风险转移到被告身上。然而，这一措施并未产生一种新的计算方法，而仅是规定了一个赔偿上限，法院有裁量权将市场波动排除在损害赔偿金的范围之外。所以如同该立法出台以前的情况一样，法院仍须在不同的计算办法之间权衡。

7.3.2.2　民事赔偿计算方法的适用及公开市场问题

通常而言，原告可以在有转移市场风险效果和没有这一效果的计算方法(比如净损差额赔偿法与撤销交易法)之间进行选择，前提是原告必须及时做出这种选择，当然上述两类计算方法都可以适用，存在竞合交叉情形。(98) 如果原告已经选择了一种计算方法，而之后市场没有如预期发

(93) See 15 U.S.C.A. § 78U-4 (West Supp. 1996).

(94) 这表明美国国会默认了基于证券市场价格计算损害赔偿金的做法。William K.S. Wang & Marc I. Steinberg, *Insider Trading* (Aspen Publishers, 1996) § 4.8.2.3.

(95) 15 U.S.C.A. § 78U-4(e) (West Supp. 1996).

(96) See H.R. Conf. Rep. No. 369, 104th Cong., 1st Sess. 42 (1995).

(97) See H.R. Conf. Rep. No. 369, 104th Cong., 1st Sess. 42 (1995).对于这一问题的详细阐述，参见Robert B. Thompson, “‘Simplicity and Certainty’ in the Measure of Recovery Under Rule 10b-5” (1996) 51 *Business Lawyer* 1177, 1193-1199。

(98) See *Estate Counseling Serv., Inc. v. Merrill Lynch, Pierce, Fenner & Smith, Inc.*, 303 F. 2d 527, 532(10th Cir. 1962).该案法院认为如果有即将发生的损害，买方作为原告可主张撤销交易；假如未来明显有收益，原告可主张放弃撤销交易的权利，但上述主张需要及时做出；Louis Loss, *Fundamentals of Securities Regulation* (Boston: Little, Brown and Company, 2nd ed., 1983),p. 1133。当然，在任何既定的案件中，并不是所有的计算方法都可使用，假如真的如此，也就不存在选择的问题。如前所述，撤销往往适用于被告与原告之间存在合同关系的情形，而不适用于公开市场中的交易活动中。参见第七章第7.3.1.6节。

展,原告也不能改用另一方法,以主张更多的赔偿,因为这种改变实际上是原告的投机行为,其从中获得的收益是以被告的损失为代价的。

从另一个角度看,为补偿受害者且威慑违法者,给予原告选择权似乎是恰当的做法。这意味着,无论交易之后的市场如何变化,原告总能选择一种对其有利的救济方式。假如市场下跌,被告必须赔偿市场下跌的损失;假如市场上涨,被告必须放弃市场上涨的利得。这将使得原告获得更多赔偿,同时进一步威慑被告。而且,在相关的证券案件中,对被告主观要件的更高要求也为这一机制提供了正当性。如学者所指出:"相比于被告承担责任所需的主观要件标准并不高的情况,在证券法中对欺诈行为的定性往往要求主观要件是直接故意或间接故意,这就让原告更应当有权去自由地选择救济方式了。"[99]

因此,实践中不存在统一适用的计算方法,而且也没有必要规定统一的计算方式。[100] 事实上,鉴于证券案件的多样性,也没有一种计算方法可广泛地适用于证券交易中各种不同的欺诈行为情形。为了能够在特定情形下选择一种合理的计算方法,我们应当在赔偿原告损失的目的与对被告施加过重责任的风险之间保持平衡。例如在选择一个适当的计算方法时,需要注意到证券发行中的欺诈行为就与二级市场中的欺诈行为迥然不同。[101] 在证券欺诈发行中,作为被告的发行人因欺诈行为而直接获益。相较而言,在二级市场上典型的证券欺诈案件中,被告在市场中做出虚假陈述,但并没有直接与原告交易;原告的损失实际上对应着与其进行合法交易的投资者的收益。这意味着,在二级市场上被告因虚假陈述而需要赔偿的数额应低于一级市场上证券欺诈发行的赔偿额。[102]

美国法在证券相关案例中的适用情况似乎就考虑到了这一点。1933

---

[99] Robert B. Thompson, "'Simplicity and Certainty' in the Measure of Recovery Under Rule 10b-5" (1996) 51 *Business Lawyer*. 1177, 1183-1184.

[100] See Ronald B. Lee, "The Measure of Damages under Section 10(b) and Rule 10b-5" (1987) 46 *Maryland Law Review* 1266, 1292.

[101] See Frank H. Easterbrook and Daniel R. Fischel, *The Economic Structure of Corporate Law* (Cambridge, Harvard University Press, 1991), pp. 335-344.该书分别探讨了证券发行欺诈行为及二级市场欺诈的赔偿问题。

[102] 有学者甚至认为在实施虚假陈述行为的被告并没有与原告直接交易的案件中,补偿性赔偿是不合适的。See Janet Cooper Alexander, "The Value of Bad News in Securities Class Actions" (1994) 41 *UCLA Law Review* 1421, 1502-1504.

年《证券法》第 11 条[103]与第 12(a)(1)条[104]分别适用于需要注册的证券发行和豁免注册要求的证券发行中的欺诈问题,它们基本上都采用了撤销交易的计算方法。[105] 违反 SEC10b-5 规则的案件通常发生在二级市场,在此情况下法院往往将净损差额赔偿法作为计算方法。如前所述,如果被告欺诈性地售出证券之后市场普遍下跌,那么撤销交易法对于被告的实际效果就会比净损差额赔偿法更有威慑力,因为前者将市场下跌的风险转移到了被告身上。

更为重要的是,在面对面交易中的损害赔偿金计算方法可能并不适用于公开市场。在面对面交易中,法院能轻而易举地实现赔偿损失与阻遏不法的双重目标,因为原告的损失通常是等于被告的收益。然而,对于公开市场中的内幕交易案件而言,这种平衡经常被打破,威慑违法行为的目标就会因此与充分赔偿单个原告损失的目标相冲突。[106] 如下文所要讨论的,目前在公开市场中适用传统计算方法的最大问题是,潜在的赔偿额可能远超被告获得的收益或其行为的违法程度,因为每个原告在欺诈尚未被披露期间内的损失可能达到惊人的数额。为解决这一问题,各方已经提出了一些可能的方案来限制公开市场内幕交易案件中的赔偿额,同时也对原告的适格性进行了规定。下节将对这些方案进行详细介绍和分析。

7.4 适格的原告

确定谁可以作为适格的原告起诉内幕人员,是一项非常困难的工作。这种困难的源头在于,证券市场中的因果关系非常复杂,很难准确认定由内幕交易造成的损害。其中的政策考量进一步加剧了其中的复杂性,因为从政策上讲,有必要限制原告在公开市场内幕交易案件中所能主张的

---

[103] See 15 U.S.C. §77k (1994 & West Supp. 1996).严格地讲,这一条款下的赔偿方式为修正的撤销交易法,它与净损差额赔偿法相似;原告可获得支付的价格(一直到原始发行价)与案件被诉时股票价值(或价格)之间的差价,同时减去被告证明与欺诈行为无关的数额。15 U.S.C. §77k(e) (1994 & West Supp. 1996).

[104] See 15 U.S.C.A. §77l(a) (West Supp. 1996).

[105] See Robert B. Thompson, "'Simplicity and Certainty' in the Measure of Recovery Under Rule 10b-5" (1996) 51 *Business Lawyer* 1177, 1186-1189.

[106] See James P. Denvir, "Rule 10b-5 Damages: The Runaway Development of a Common Law Remedy" (1975) 28 *University of Florida Law Review* 76, 79.

赔偿额,从而避免个案中的不正义以及与被告的违法行为极度不成比例的补偿性损害赔偿金。本部分将讨论三种确定适格原告的方法,并给出相应的政策性建议。

7.4.1 如何确定适格的原告

7.4.1.1 "相对交易者"方法

"相对交易者"(privity traders)方法要求诉讼当事人之间存在直接相对的交易关系。根据这一方法,只有那些与内幕人员直接进行了交易的人才能被视作内幕交易的受害者,也才有资格提起诉讼。换言之,原告必须与作为被告的内幕人员之间存在直接的契约关系。这正是美国 *Fridrich v. Bradford* 案中的核心观点。[107] 澳大利亚也基本上采纳了这一观点。根据澳大利亚现行法律规定,只有内幕人员的交易对手方才有主张损害赔偿金的诉讼主体资格。[108]

7.4.1.1.1 *Fridrich v. Bradford* 案

在该案中,James Bradford Sr.是 Old Line Insurance Company 这家公司的董事,也是该公司一起并购计划业务的主要谈判者。在该并购交易的谈判于1972年6月29日公开前,Bradford 及其儿子于1972年4月购买了这家公司的股票。包括 Fridrich 及其他该公司的投资者在6月(即在公司公开披露并购信息不久前)卖出了他们所持有的公司股票,也因此并没有在随后的股价上涨中获利。[109] 美国地区法院根据《证券法》第10(b)条以及 SEC 的 10b-5 规则,认为 Bradford 在持有内幕信息之时进行了证券交易,认定 Bradford 应承担法律责任。更为重要的是,地区法院认为,在内幕信息未公开期间内,该公司所有的购买者均可以按照补进法主张赔偿。[110]

美国联邦第六巡回上诉法院撤销了这一判决,认为"合同相对性"(privity)是因果关系和法律责任的成立要件。[111] 在分析因果关系时,法院强调被告并没有购买原告股票;同时,被告的行为也没有影响到原告的交易决定。[112] 所以在法院看来,尽管被告在没有披露相关信息的情况下进

---

[107] See *Fridrich v. Bradford*, 542 F.2d 307 (6th Cir. 1976).
[108] See Corporations Act 2001 (Australia), ss 1043L(3), (4).
[109] See *Fridrich v. Bradford*, 542 F.2d 307, 309-311 (6th Cir. 1976).
[110] 同上注,第310—311页。
[111] 同上注,第318—319页。
[112] 同上注,第318页。

交易的行为违反了10b-5规则的规定,但是这一行为并没有造成原告的损失。⑬

美国联邦第六巡回上诉法院也从法政策的角度论述了其判决的正当性。它认为第10(b)条规定的民事诉讼主要是为了赔偿原告的损失,并质疑民事责任是否真的能强化证券法对被告的威慑效果。⑭ 法官要求被告行为与原告损失之间具有因果关系的立场似乎是因为担心被告会承担潜在的巨额赔偿责任。法院认为:"尽管10b-5规则的民事诉讼主要适用于面对面交易的情况,但其可能的适用范围通常是有限的。将民事救济的方式扩展到公开市场的交易模式时,由于原告既没有与被告直接交易,其交易决策也没有受到被告行为的影响,从而完全缺乏在面对面交易中存在的对损害赔偿金天然的限制。"⑮

---

⑬ 同前注⑩。在法院看来,被告交易行为造成的损失只是"影响了市场的公正性",同上。法院认为这一损害行为使得交易违法,并可通过政府执行方式予以解决,同上,第322页。

⑭ 同前注⑩。法院认为证券交易法提供非赔偿性惩罚措施以阻却内幕交易行为,同上,第322页。

⑮ 同前注⑩,第321页。有学者认为因果关系或者合同相对关系并不是主张赔偿的必要条件,因果关系和合同相对关系只是巧合而已。参见 Robert N. Rapp, " *Fridrich v. Bradford* and the Scope of Insider Trading Liability Under SEC Rule 10b-5: A Commentary" (1977) 38 *Ohio State Law Journal* 67, 86。该文认为在 *Fridrich* 案中,引入了相当于传统普通法中的合同相对关系的要素;George W. Dent, Jr., "Ancillary Relief in Federal Securities Law: A Study in Federal Remedies" (1983) 67 *Minnesota Law Review* 865, 931 n.299。"……很显现,需要证明存在合同相对关系或因果关系的证据……";Michael D. Persons, "Securities-Rule 10b-5-Traders with Inside Information on the Impersonal Market Are not Liable to Those Persons Trading After the Insider Has Ceased Trading but Before Public Disclosure" (1977) 8 *Texas Tech Law Review* 742, 745(1977)。该文认为这一标准要求原告证明要么存在内幕人员从原告那里购买股票的行为;要么存在内幕人员的交易行为影响了原告卖出股票的决定的情形……;这一观点得到了美国一些地区法院法官的支持。*O'Connor &Assocs. v. Dean Witter Reynolds. Inc.*, 559 F. Supp 800, 804 (S.D.N.Y. 1983); *Backman v.Polaroid Corp.*, 540 F. Supp. 667, 672 (D. Mass. 1982).然而,这里有不同的观点。有学者认为法院应当将因果关系和合同相对关系作为主张赔偿的法定要件。Frankel, "Implied Rights of Action" (1981) 67 *Virginia Law Review* 553, 557 n.123.美国联邦第六巡回上诉法院拒绝将合同相对关系作为内幕交易法律责任的前置要件来处理;Comment, "Securities Law-Rule 10b-5 Standing-Pledge of Securities in a Loan Transaction Held to Constitute a Sale- *Mallis v. Fdic*". (1977) 52 *New York University Law Review* 651, 657 n.41。"必须证明存在合同相对关系。"有学者认为因果关系是必要且充分条件。William K.S. Wang & Marc I. Steinberg, *Insider Trading* (Aspen Publishers, 1996) ,p463."如果原告能证明其损失是由被告行为所致,原告应该获得赔偿……而在不能证明存在因果关系的情况下,合同相对关系中的主体不应获得补偿。"Donald C. Langevoort, "Insider Trading and the Fiduciary Principle: A Post- *Chiarella* Restatement" (1982) 70 *California Law Review* 1, 36.然而,美国联邦第六巡回上诉法院对因果关系的强调似乎过多。事实上,在一个典型案件中并没有人被欺诈,即使他/她与内幕人员之间存在合同相对关系亦如此。

因此，本案中多数法官的考量在于：在公开市场的交易中，如若废除了合同相对性这一要求，那么被告可能被索赔的损害赔偿金“潜在数额几乎不受限制”。[116]

7.4.1.1.2 法官 Celebrezze 的观点

在 *Fridrich* 案中，法官 Celebrezze 虽然赞同其他多数法官的意见和判决结果，但对原告的民事诉权却有不同的论述。[117] 一方面，他反对纳入合同相对性这一要件，因为在公开市场中，认定原告与内幕人员之间存在合同相对性极为困难，甚至是无法实现的。[118] 在他看来，这一实际困难可能极大地妨碍民事起诉，影响民事诉讼补充 SEC 公力执法的效果。[119] 另一方面，法官 Celebrezze 同意在公开市场中对被告的法律责任加以必要的限制。据此法官 Celebrezze 也认同，被告的违法行为与原告的损失之间应当具有一定的因果关系，因为“原告的数量会很多，导致其主张的赔偿数额可能与内幕交易所造成的损失不相匹配”。[120]

至于如何平衡民事诉讼的客观需要与不成比例的损害赔偿金，法官 Celebrezze 建议，内幕人员只对同期的（contemporaneous）交易对手方承担民事责任。[121] 他的理据是：具有合同相对性的投资者应该落在那些同期与内幕人员从事反向交易的主体范围之内，“同期交易者”这一概念可以“代替那些真正与内幕人员进行了交易的人而作为原告”。[122] 该法官也承认，“同期交易者”的概念有可能覆盖面过宽，即涵盖了那些实际上并没有与内幕人员进行交易的投资者，但他同时认为，“为实现 10b-5 规则威慑不法与赔偿原告的立法目的，在界定原告资格时，范围过宽要比过窄更为合适”。[123] 尽管法官 Celebrezze 不能准确界定所谓“同期”的时间跨度，但他认为，内幕交易发生几周后的时间点无疑太晚了，因此，他赞同其他多数法官的意见，即最终判决不认可原告的诉讼主体资格。[124]

---

(116) *Fridrich v. Bradford*, 542 F.2d 307, 321 (6th Cir. 1976).

(117) 同上注，第 323—327 页(Celebrezze, J., concurring)。

(118) 同上注，第 324 页（6th Cir. 1976）。“在公开市场这一机制下，几乎不可能确认内幕人员究竟在与谁交易。”

(119) 同上注。

(120) 同上注，第 323 页 (Celebrezze, J., concurring)。

(121) 同上注。

(122) 同上注，第 326 页，n.11。

(123) 同上注。

(124) 同上注，第 326 页。“他们（原告）在上诉人（被告）交易结束数周后进场，其所持有的股票几乎没有被上诉人购买的可能性。”

7.4.1.2 "同期交易者"的方法

据此方法,原告并不限于与内幕人员具有合同相对性的当事人。相反,该方法涵盖所有与内幕人员在同一期间进行交易的市场相对方,至于其真正的交易对手方是否就是被告,则在所不问。实务中,认定原告是否与内幕人员具有合同相对性通常存在很大困难,而这一方法旨在解决这一问题,以同期交易的标准替代交易相对性的要件,即认为可能具有相对性的交易者都可以成为原告。

7.4.1.2.1 Wilson 案以及后续的判例发展

如前所述,法官 Celebrezze 在美国联邦第六巡回上诉法院 Fridrich v. Bradford 案[125]中的观点系第一次在司法裁判中出现的支持"同期交易者"方法的意见。五年之后,美国联邦第二巡回上诉法院在 Wilson v. Comtech Telecommunications. Corp.案中采纳了几乎相同的方法。[126] 在该案中,原告 Wilson 在内幕人员卖出股票的一个月后、相关信息披露之前购买了该股票。[127] 法院赞成法官 Celebrezze 的观点,将适格的原告规定为"同期交易者"。该法院指出:"内幕人员只对'同期交易者'负有信息披露义务。'非同期交易者'没有与掌握信息优势的内幕人员进行交易并遭受不利后果,所以,他们不能主张适用'披露或戒绝'规则来保护其利益。"[128]需要指出,这一判例仍然没有界定"同期"的准确内涵。不过,由于 Wilson 是在内幕人员卖出股票一个月后才交易该公司股票,因此法院认为他不属于"同期交易者"。[129] 此后,"同期交易者"的方法为美国诸多法院所采纳。[130]

与"相对交易者"的方法相似,由司法裁判发展出的"同期交易者"的方法旨在通过限定原告的范围以解决损害赔偿金数额过大的问题。如果内幕交易的赔偿责任的计算范围扩展到远远超过内幕交易的时间点,那么就会使得内幕人员承担责任的范围很大,甚至需要对全部的投资者负

---

[125] 同前注[119],第 307 页。

[126] See *Wilson v. Comtech Telecommunications. Corp.*, 648 F.2d 88 (2d Cir. 1981).

[127] 同上注,第 94—95 页。

[128] 同上注,第 95 页,citing *Fridrich v. Bradford*, 542 F.2d 307, 326 (6th Cir. 1976) (Celebrezze, J., concurring).

[129] 同上注。

[130] See *Neubroner v. Milken*, 6 F.3d 666 (9th Cir. 1993); *Laventhall v. General Dynamics Corp.*, 704 F.2d 407 (8th Cir.), cert. denied, 464 U.S. 846 (1983); *Colby v. Hologic*, Inc., 817 F. Supp. 204 (D. Mass. 1993); *Abelson v. Strong*, 644 F. Supp. 524 (D. Mass. 1986); *Backman v. Polaroid Corp.*, 540 F. Supp. 667 (D. Mass. 1982).

责。⑬¹ 然而,判例法并没有很好地解决"同期交易者"的外延问题,即如何界定期间的起始点和结束点。⑬² 截至目前,只有为数不多的法院(而且多为联邦地区法院)阐释了"同期"的内涵。⑬³ 从时间上看,最先是法官 Celebrezze 提出了"同期交易者"的方法,但他对"同期交易者"的内涵只是原则性地进行阐述。在他看来,"同期交易者"是指市场上有可能成为内幕人员的交易对手方的人。⑬⁴ 而且,他倾向于认为"同期"的时间范围应当截至内幕交易后不久。⑬⁵ 可见,法官 Celebrezze 并没有明确地界定"同期"的时间范围。此后的判例法也没有在这一问题上取得太大进展。

一方面,在内幕交易发生之前进行交易的投资者是否有原告资格?对于"同期"的起始时间问题,法律并没有给出明确的答案。在美国,有几个联邦地区法院认为,在内幕交易之前进行交易的主体不能视作"同期交易者"。⑬⁶ 比如,在 O'Connor & Associates. v. Dean Witter Reynolds. Inc. 案中,⑬⁷尽管原告仅早于被告几个小时进行交易,法院还是驳回了原告的起诉。⑬⁸ 在法院看来,在内幕交易之前进行交易的人,其损失与内幕交易行为之间并没有因果关系。⑬⁹ 其他法院也认可这一观点。⑭⁰ 然而,一些学者对此观点有所质疑。⑭¹

另一方面,计算"同期交易者"的截止时间则更为不确定。如前所述,在 Wilson 案中,美国联邦第二巡回上诉法院认为一个月的时间太长,因而不应算在"同期"的范围内。⑭² 毫不奇怪,美国联邦第九巡回上诉法院认为"在确定同期的期间问题上,主张同期交易跨度为三年的观点显

---

⑬¹ See *Wilson v. Comtech Telecomm. Corp.*, 648 F.2d 88, 95 (2d Cir. 1981).

⑬² See William K.S. Wang & Marc I. Steinberg, *Insider Trading* (Aspen Publishers, 1996), p443.该文认为"同期"的含义仍旧没有被明确确定。

⑬³ 同上注,第 443 页。

⑬⁴ See *Fridrich v. Bradford*, 542 F.2d 307, 326 (6th Cir. 1976) (Celebrezze, J. concurring).

⑬⁵ 同上注,324 n.5。

⑬⁶ *Alfus v. Pyramid Technology Corp.*, 745 F. Supp. 1511, 1522 (N.D. Cal. 1990).该案法院认为,原告交易行为必须发生在内幕交易行为作出后。

⑬⁷ See *O'Connor & Associates. v. Dean Witter Reynolds. Inc.*, 559 F. Supp 800 (S.D.N.Y. 1983).

⑬⁸ 同上注,第 802 页。

⑬⁹ 同上注,第 803 页。

⑭⁰ See *Moskowitz v. Lopp*, 128 F.R.D. 624 (E.D. Pa. 1989); In re VeriFone Sec. Litig., 784F. Supp. 1471 (N.D. Cal. 1992).

⑭¹ See Donald C. Langevoort, *Insider Trading: Regulation, Enforcement, and Prevention* (West Group) (ed. looseleaf) §9.02[1], p. 10.在实际情况下,没有令人信服的理由说明为什么在内幕交易行为发生之前同其进行交易的人不具有诉讼资格,因为他们同样存在信息不利的情况,从字面的意思上看,这种交易也具有"同期性"。

⑭² See *Wilson v. Comtech Telecomm. Corp.*, 648 F.2d 88, 94-95 (2d Cir. 1981).

然是站不住脚的"。⑭ 地区法院这一级别在认定同期的期间跨度这一要件时变得越来越严格。法院曾裁定在内幕交易后的四个月、⑭八个交易日、⑮七个交易日、⑯四个交易日、⑰甚至两个交易日都不足以视作"同期"。⑱ 近年来,诸多案例均裁定原告的交易必须与被告的内幕交易发生在同一天。⑲ 当然,也存在一些持不同观点的判例。⑳

7.4.1.2.2 "同期交易者"方法的成文化

1988 年,"同期交易者"的方法为美国国会制定的《内幕交易和证券欺诈执行法》所采纳。㉑ 尽管该项立法创设了明示的诉权,但没有明确地以其替代或限制法院所创设的默示诉权。㉒ 就明示的诉权而言,该法案并没有明确规定"同期"这一概念的认定标准,而是将这一任务交给法院。㉓

---

⑭ *Neubroner v. Milken*, 6 F.3d 666, 670 (9th Cir. 1993).

⑭ See *Sanders v. Thrall Car Mfg. Co.*, 582 F. Supp. 945, 949–950 (S.D.N.Y. 1983).

⑮ See *Colby v. Hologic, Inc.*, 817 F. Supp. 204, 215 (D. Mass. 1993).

⑯ See *Kreindler v. Sambo's Restaurant, Inc.*, [1981–1982 Transfer Binder] Fed. Sec. L. Rep. (CCH)Para. 98,312 at 91,960–91,961 (S.D.N.Y. 1981).

⑰ See *State Teachers Retirement Board v. Fluor Corp*, 589 F. Supp. 1268, 1270–1272 (S.D.N.Y. 1984).

⑱ See *Backman v. Polaroid Corp.*, 540 F. Supp. 667, 669 (D. Mass. 1982).

⑲ See In re Aldus Sec. Litig., [1992–1993 Transfer Binder] Fed. Sec. L. Rep. (CCH) para. 97,376 at 95,987 (W.D. Wash. 1993); In re Stratus Computer, Inc. Sec. Litig., No. 89–2075–Z, 1992 U.S. Dist. LEXIS 22481 (D. Mass. 1992); In re AST Research Securities Litigation, 887 F.Supp. 231, 234 (C.D. Cal. 1995).有学者甚至认为"同期"的期限应该非常短,是内幕交易之后的一个小时或几分钟。William K.S. Wang & Marc I. Steinberg, *Insider Trading* (Aspen Publishers, 1996),p442.

⑳ See In re Cypress Semiconductor Sec. Litig., 836 F. Supp. 711, 714 (N.D. Ca. 1994)."内幕人卖出股票后的五日内符合'同期'要件";*Feldman v. Motorola*, Inc., [1993–1994 Transfer Binder] Fed. Sec. L. Rep. (CCH) para. .98,133 at 98,974 (N.D. Ill. 1994)。该案法院认为"内幕交易发生后四日内的交易都视作同期交易"。

㉑ See Pub.L.No.100–704,102 Stat.4677 (1988)[codified at 15 U.S.C. §§78c(a), 78o, 78t–1, 78u(a), 78u–1, 78ff(a), 78kk, 80b–4a(1994)].根据第 20A(a)条规定:任何知悉重大非公开信息且购买或者售出证券者,如若违反本章下的条款、规则和规定的,应对同期交易者承担法律责任。15 U.S.C. §78t–1(a) (1994)。

㉒ See 15 U.S.C. §78t–1 (1994). 根据第 78t–1(d)条规定:本款中的任何规定都不能解释成限制或制约任何人就本章的要求提起诉讼,也不能解释或限制或制约任何本章下默示诉权的可行性。因此,自 1988 年之后,投资者仍然可以基于默认诉权提起诉讼。*Neubroner v. Milken*, 6 F.3d 666 (9th Cir. 1993); *Alfus v. Pyramid Technology Corp.*, 745 F.Supp. 1511 (N.D. Cal. 1990). 然而,同期交易者是否可以依据第 20A 款规定的明示诉因与 10b–5 规则下的默示诉因主张双倍的损害赔偿金并不清晰。对于这一问题的探讨,参见 William K.S. Wang & Marc I. Steinberg, *Insider Trading* (Aspen Publishers, 1996) pp400–412。

㉓ See Report of the House Committee on Energy and Commerce on the Insider Trading and Securities Fraud Enforcement Act of 1988, H.R. Rep. No. 100–910, 100th Cong., 2d Sess. 27 (9 September 1988).该文认为这一法案并没有明确界定"同期"的法律内涵,而是把这一任务交由判例法处理。

这一做法的优点是,可以让法院根据不断变化的市场实践和交易技术来解释"同期"的内涵。例如,有的法院认为,交易量大的证券要比交易量小的证券的"同期"跨度短。[154] 简言之,尽管《内幕交易和证券欺诈执行法》为内幕交易设定了明确的诉权,但该法并没有清楚阐释到底谁有权起诉。其他法域(如南非)也采纳了这一方法,南非将"同期交易者"的外延限定在同一天的交易者,至于交易时间在内幕人员之前或之后,则在所不问。[155]

《内幕交易和证券欺诈执行法》的一个重要发展是,针对"同期交易者"的损害赔偿金设定了最高限额。它规定,提起民事诉讼所主张的赔偿数额应限于内幕人员交易实际所获利润或应避免的损失。[156] 如前所述,为了避免被告承担过重的责任,判例法主要通过"同期交易"这一要件来限定适格原告的范围,但并未限定损害赔偿金的最高数额。《内幕交易和证券欺诈执行法》通过限定损害赔偿金的最高额度,在解决潜在赔偿金数额过高的问题上又给出了一剂良方。导致有学者认为:通过采纳"同期交易"要件以及限定赔偿金的最高数额,该法可能限制了目前主流的默示诉权,进而削弱其进一步加强规管内幕交易行为的立法目的。[157]

笔者认为,同期交易这一要件与限定损害赔偿金相结合的做法具有很高的正当性。"同期交易者"的方法认为交易相对方才是适格的原告,但因为实务中难以准确认定相对方,所以将可能处于相对关系的交易者均视作原告。[158] 这一折中的办法可以解决实务中难以认定交易相对方

---

[154] See *Kreindler v. Sambo's Restaurant, Inc.*, [1981-1982 Transfer Binder] Fed. Sec. L. Rep. (CCH)Para. 98,312 at 91,961 (S.D.N.Y. 1981).

[155] See Insider Trading Act 1998 (South Africa) s 6(6).根据本款的规定,原告包括:与内幕人员在同一天(无论发生在内幕交易之前或是之后)交易同一股票或金融工具的市场交易对手方。

[156] See 15 U.S.C. § 78t-1(b)(1) (1994). 根据第(b)项规定也应该根据被告向 SEC 交出的非法所得酌减相应的损害赔偿金。同上,§ 78t-1(b)(2)。

[157] See Veronica M. Dougherty, "A [Dis]semblance of Privity: Criticizing the Contemporaneous Trader Requirement in Insider Trading" (1999) 24 *Delaware Journal of Corporate Law* 85, 126-127.

[158] See *Fridrich v. Bradford*, 542 F.2d 307, 326 n.11 (6th Cir. 1976) (Celebrezze, J., concurring); In re AST Research Securities Litigation, 887 F. Supp. 231 (C.D. Cal. 1995)."同期"这一概念成为普通法中合同相对性的替代概念; *Buban v. O'Brien*, No. C94-0331 FMS,1994 U.S. Dist. LEXIS 8643 (N.D. Cal. 1994) at * 7. "同期"的要件是为替代传统原告与被告之间合同相对性要件发展而来的; Deborah I. Mitchell, "*Laventhall v. General Dynamics Corporation*: No Recovery for Plaintiff-Option Holder in a Case of Insider Trading Under Rule 10b-5" (1984) 79 *Northwestern University Law Review* 780, 806. 那些与被告同期交易的股东具有原告资格,因为股东与内幕人员之间可能存在合同相对性关系;Veronica M. Dougherty, "A [Dis]semblance of Privity: Criticizing the Contemporaneous Trader Requirement in Insider Trading"(1999) 24 *Delaware Journal of Corporate Law* 85, 92. 由于在公开市场的交易中,很难确定存在合同相对关系的当事人,同期交易要件成为合同相对性要件的替代概念。

的困难,但可能导致适格原告的范围远超过实际的交易相对方。换言之,"同期交易者"可能包括实际上没有与内幕人员进行交易的人,而这些人本来就不属于内幕交易的受害者。被告可能会因此承担过重的法律责任,故有必要对内幕交易人员所承担的损害赔偿金责任范围进行一定限制。[159] 从这一意义上讲,设定损害赔偿金的最高限额是在扩张适格原告范围与维护被告合法权益之间保持一个平衡。

《内幕交易和证券欺诈执行法》设立损害赔偿金上限的做法得到了与其一起通过的美国众议院委员会相关报告的进一步确认。该报告还特别指出,如果被告不是通过"同期交易者"的方法进行界定,那么损害赔偿金的上限规定就不适用:"委员会认为,如果原告能证明其遭受被告内幕交易的欺诈,并且其实际损失与被告的不法行为存在法律上的近因关系,那么,就不宜适用'同期交易者'方法中有关限定最高赔偿额度的规定。"[160] 简言之,当内幕交易造成的损失能够在一定程度上被精确计算时,在"同期交易者"方法中设立损害赔偿金上限的做法就不应适用,因为该做法是为了避免原告范围的模糊性而导致被告承担过于严苛的赔偿责任的问题。

7.4.1.3 "信息未披露阶段交易者"的方法

"信息未披露阶段交易者"(non-disclosure-period traders)的方法是笔者自创的术语。据此方法,自内幕交易行为之日至内幕信息披露之日的期间内,所有从事相关不利交易的人都有权提起诉讼。在美国,支持这一方法的主要判例当属 Shapiro v. Merrill, Lynch, Pierce, Fenner & Smith, Inc. 案[161]。如下所述,这一做法摈弃了交易相对性这一要件,理由在于合同相对性不仅在实务中难以证明,而且在理论上也欠缺正当性。"信息未披露阶段交易者"的方法与"同期交易者"的方法同样形成鲜明对比,因为后者本质上是基于在公开市场中难以证明交易相对性而发展出的替代性方法。

---

[159] See Robert C. Clark, *Corporate Law* (Boston: Little, Brown and Company, 1986) § 8.10, pp. 336-337.该文认为存在一种尽管法官 Celebrezze 在判例中从表面上同意了合同相对性的限定,但被告承担的责任仍很可能超过其非法所得的可能。

[160] Report of the House Committee on Energy and Commerce on the Insider Trading and Securities Fraud Enforcement Act of 1988, H.R. Rep. No. 100-910, 100th Cong., 2d Sess. 28 (9 September 1988).

[161] See *Shapiro v. Merrill, Lynch, Pierce, Fenner & Smith, Inc.*, 495 F.2d 228 (2d Cir. 1974).

7.4.1.3.1 Shapiro 案

在本案中,原告购买了在纽约证券交易所上市的一家公司的股票,在同一时段,几个机构投资者基于重大非公开信息售出了大量股票。⑯ 针对原告所主张的损害赔偿金,被告认为法院应当驳回这一诉求,因为原告没有证据证明其与被告之间存在交易关系。⑯ 换言之,被告抗辩的理由是原告损失与被告的内幕交易之间缺乏因果关系。对此,美国联邦第二巡回上诉法院并不赞同。法院认为,因为被告的交易是在内幕信息没有被披露的情况下进行的,所以事实上存在因果关系。⑯

显然,法院的观点是,被告没有及时披露信息而交易的行为给原告造成了损失,⑯因为假如该信息能及时披露,原告就可能会改变其交易行为。⑯ 美国联邦第二巡回上诉法院认为,被告有义务披露其在交易时拥有的相关内幕信息,⑯而且这一信息披露义务的对象:"不仅包括那些实际上购买了被告所出售股份的买方(当然,这些人是很难认定的),还包括那些与内幕人员同一时期在公开市场中购买 Douglas 公司股票(内幕交易中所涉及的股票)且未被告知其所知悉的内幕信息的所有人。"⑯

据此,法院驳回了被告所主张的抗辩,即被告仅对具有相对性的交易对手方造成了损失,也仅对他们负有赔偿义务。⑯ 该案件发回重审时,地区法院认为,"在同一时期"的交易者是指那些介于内幕交易和信息披露之间的交易方,因为他们在这一时段都会受到信息不披露的影响。⑰

这一方法与"同期交易者"的方法明显不同。审理 Shapiro 案的法院并不接受"同期交易者"方法所依据的法理基础,即只有那些具有合同相对性的交易方才是适格的原告,仅因实务中认定存在合同相对性的困

---

⑯ 同前注⑯,第 232—233 页。
⑯ 同上注,第 236 页。
⑯ 同上注,第 238 页。
⑯ 同上注。
⑯ 同上注,第 240 页。该案法院认为,原告主张假如他们知晓被告已获悉的内幕信息,他们就不会购买 Douglas 的股票,而这一主张符合 10b-5 规则对于有关事实因果关系的要求。
⑯ 同上注,第 238 页。如被告所援引的法院规则那样,"交易行为并不是欺诈行为……欺诈的本质是被告在选择售出股票的时候并没有披露重大信息"。
⑯ 同上注,第 237 页。
⑯ 同上注,第 239 页。
⑰ See *Shapiro v. Merrill, Lynch, Pierce, Fenner & Smith, Inc.*, [1975-1976 Transfer Binder] Fed.Sec. L. Rep. (CCH) 95,377, at 98,877-78 (S.D.N.Y. 1975).

难,才将诉权范围拓展至"同期交易者"作为替代。恰恰相反,Shapiro案的法院明确表明,内幕交易人不仅对具有合同相对性的交易方承担信息披露义务,还对在同一时期的相关交易方都负有披露义务。[171] 这表明,在法院看来,所有"未披露信息期间"的交易方都是内幕交易的受害者,是真正的而不是替代性的诉权主体。简言之,法院并没有创设一类潜在可能与内幕人员进行交易的人(即推定与内幕人员具有合同相对性的人)来划定原告范围,而是直接拒绝了合同相对性这一概念,[172]同时利用"信息未披露阶段交易者"方法确定原告范围。

Shapiro案之后还出现了一系列相关案件,其中最出名的当数 Elkind v. Liggett & Myers, Inc.案。[173] 在该案中,民事诉讼针对的是被告泄露内幕信息的行为。[174] 美国联邦第二巡回上诉法院认为,确定原告范围的起算时点应是消息的领受人从事内幕交易之时,而不是被告泄露内幕信息之时,[175]而终结时点应为信息披露之时。[176] 对此,有学者认为,"法院明显赞同了 Shapiro案在扩展原告范围方面的做法"。[177] 需要注意,为避免被告承担过重的法律责任,法院对裁定原告所获之损害赔偿金设定了上限,这一做法后来被《内幕交易和证券欺诈执行法》所吸纳。[178] 法院对此认为:"赔偿额度应当限定在消息领受人因提前卖掉股票而不是等信息披露出来之后才交易所获得的收益……假如受影响的购买者基于其所持有的股票数量和价格而主张的赔偿额度超过被告所获得的收益,那么其赔偿额度(限定在收益范围内)只能按比例分配。"[179]

---

[171] See *Shapiro v. Merrill, Lynch, Pierce, Fenner & Smith, Inc.*, 495 F.2d 228, 237 (2d Cir. 1974).

[172] See Donald C. Langevoort, *Insider Trading: Regulation, Enforcement, and Prevention* (West Group) (ed. looseleaf) §9.02[1], p.8.

[173] See *Elkind v. Liggett & Myers, Inc.*, 635 F.2d 156 (2d Cir. 1980); see also *Stromfeld v. Great Atl. &Pac. Tea Co.*, 496 F. Supp. 1084, 1088 (S.D.N.Y. 1980).

[174] See *Elkind v. Liggett & Myers, Inc.*, 635 F.2d 156, 161 (2d Cir. 1980).

[175] 同上注,第169页。法院认为,在内幕信息被领受人利用之前,并没有产生损害。

[176] 同上注,第173页。

[177] William K.S. Wang, "Trading on Material Nonpublic Information on Impersonal Stock Markets: Who is Harmed, and Who can Sue Whom Under SEC Rule 10b-5?" (1981) 54 *Southern California Law Review* 1217, 1275.

[178] See Donald C. Langevoort, *Insider Trading: Regulation, Enforcement, and Prevention* (West Group) (ed. looseleaf) §9.02[1], p.13.该文认为 Elkind 判例的观点随后被吸纳到《内幕交易和证券欺诈执行法》中。

[179] *Elkind v. Liggett & Myers, Inc.*, 635 F.2d 156, 172 (2d Cir. 1980).

7.4.1.3.2 美国法学研究所的《联邦证券法典》

在美国法学研究所编写的《联邦证券法典》中,[180]对于涉及内幕交易的民事诉讼,实际上采纳了"信息未披露阶段交易者"的方法来确定适格原告的范围。[181] 该法典第 1703 条规定了有关内幕交易的民事诉讼问题,[182]其中第 1703(b) 款规定适格的原告为:"自被告开始违法买卖证券至所有重大事实为公众所知悉这一期间内买卖证券的主体。"[183]可见,这一表述基本上等同于审理 Shapiro 案件的地区法院的观点,将原告的范围扩展到自发生内幕交易至信息披露这段时间内所有的交易主体。[184]

《联邦证券法典》的起草者将市场交易与非市场交易区分开来,认为就市场交易而言,合同相对性这一要件并不具有正当性。[185] 然而,这一方法背后的逻辑与"同期交易者"方法并不一致。"同期交易者"方法旨在解决公开市场交易场合下认定存在相对关系的困难,而《联邦证券法典》的理念是:在公开市场中,交易匹配具有偶然性,这使得合同相对性这一要件仅在理论上具有正当性。[186]《联邦证券法典》起草者可能认为,既然在公开市场交易中合同相对性具有偶然性,那么如果法律只允许具有合同相对性的主体(假定实务中可以识别出这些人)有权主张赔偿,就会给他们带来不应得的意外之财。[187] 因此,《联邦证券法典》明确反对"任何合同相对性的

---

⑱ See Federal Securities Code (ALI 1980) (US).

⑱ See See Veronica M. Dougherty, "A [Dis]semblance of Privity: Criticizing the Contemporaneous Trader Requirement in Insider Trading" (1999) 24 *Delaware Journal of Corporate Law* 85, 118.该法典采纳了联邦地区法院在 Shapiro 案中确定潜在原告的方法;William K.S. Wang, "Trading on Material Nonpublic Information on Impersonal Stock Markets: Who is Harmed, and Who can Sue Whom Under SEC Rule 10b-5?" (1981) 54 *Southern California Law Review* 1217, 1307。这一分类方法大致上与 Shapiro 案、Elkind 案的做法相一致。

⑱ See Federal Securities Code (ALI 1980) (US), s 1703.

⑱ 同上注,s1703(b)。

⑱ 《联邦证券法典》规定的原告范围包括在被告之前从事内幕交易的主体,尽管发生在同一天,因为原告范围的自"被告首次非法买卖证券的那一天起"计算。Federal Securities Code (ALI 1980) (US), s 1703(b).如前所述,美国很多法院认为提起民事诉讼的主体不宜扩展至内幕交易发生前的交易主体。参见第七章第 7.4.1.2 节。相较而言,司法判例的观点似乎更加合理,如学者所言:"从逻辑上讲,在欺诈行为发生之前,受害者并没有出现。"William K. S. Wang & Marc I. Steinberg, *Insider Trading* (Aspen Publishers, 1996) pp417.

⑱ See Federal Securities Code (ALI 1980) (US), xlix(10).该法典要求在面对面交易中存在合同相对关系。同上注 s 1702(a).

⑱ 同上注,s 1702(e) cmt. 4(b)s 1702(e) cmt. 4(b)."坚持……原告与被告之间需存在合同相对关系……是不切实际且没有意义的……";Ibid xlix(10)。该条指出在公开市场交易中,"买卖双方的匹配具有偶然性"。

⑱ 同上注,xlix(10)。该条认为在有组织的市场中追溯交易联系会产生"完全偶然性的结果"。

概念",⁽¹⁸⁸⁾而不是像"同期交易者"方法那样去寻找合同相对性的替代性标准。

而且,对第1703(b)款的评论解释了为什么《联邦证券法典》将原告范围的截止期限延长至内幕信息披露之时:"根据这一规则(同一天交易的期限要求),那些购买了被告卖出的股票并且在内幕信息公开前将所购买股票再次卖出的人将有资格主张赔偿,但往往无法证明其遭受了实际损失……如果购买了上述主体再次卖出的股票的人一直持有股票到信息披露之时,那么他们可以证明自己遭受了损失,但没有主张赔偿的资格;其结果就是,被告不需要承担任何责任。"⁽¹⁸⁹⁾

因此,《联邦证券法典》明确反对"同一天交易"的期限要求,这是同期交易要件的限制性版本。⁽¹⁹⁰⁾根据如上评论,即使我们假定具有合同相对性的当事人(也包括同期交易者这一替代性主体)是内幕交易的最初受害者,而投资者在信息披露之前进行了抵销交易,这种损害就可能会转嫁到其他投资者身上。

如前所述,在一定程度上无论是交易相对性要件,还是同期交易要件,都是为了缓解潜在损害赔偿金数额过大的担忧。《联邦证券法典》对于原告范围采纳了一个更加宽松的界定方法,把原告放宽为信息未披露阶段的交易者,而不是去限制原告的范围。因此,正如判决 Elkind 案的法院一样,《联邦证券法典》也在公开市场这一情境下对损害赔偿金的数额作出了限制,否则将出现"在公开市场情境下交易的被告在整体上会承担比面对面交易情境下更重的责任"的问题。⁽¹⁹¹⁾

7.4.1.4 总结

如前所述,对于如何确定针对内幕交易行为所提起的民事诉讼中适格原告的范围,主要有三种方法。这些方法充分表明,若将民事诉讼从面对面交易的情境拓展至公开市场交易的情境时,谁拥有诉讼权利在理论与实践中都会产生法律争议。考虑到受害者应当有权得到相应的损害赔偿金,且考虑到私力救济在补充公力救济方面的必要性与正当性,⁽¹⁹²⁾美国

---

⑱⑧ 同前注⑱⑤,xliv(b)。合同相对性的概念没有意义。
⑱⑨ 同上注,1703(b) cmt.2。
⑲⓪ 参见第七章第7.4.1.2.1节。该节讨论"同期"的概念只是合同相对性的替代概念,有些法院将拥有诉权的主体限定为与被告在同一天交易的主体。
⑲① Federal Securities Code (ALI 1980) (US), xlix(11).
⑲② See *Fridrich v. Bradford*, 542 F.2d 307, 324 (6th Cir. 1976).法官 Celebrezze 同样提到民事诉讼有补偿和威慑的双重功能,同上注,第326页。实际上,SEC 自己也承认它并没有足够多的资源而成为执行证券法的唯一主体。H.R. Rep. No. 100-910, at 14 (1988).引自 SEC 前主席 Ruder 在《内幕交易与证券欺诈执行法》立法听证会上的发言。

法院逐渐默许了当事人依据第 10(b) 条来提起内幕交易的民事诉讼。但鉴于在公开市场的情境下认定内幕交易与损失之间存在因果关系的复杂性，且内幕交易行为所引发损失的性质比较特殊，会出现一些极为棘手的概念性问题。诚然，界定内幕交易所造成损失的内涵是确定民事诉讼中适格原告的关键所在。[193] 这一棘手问题所带来的困扰集中体现在上述三种方法的发展历程中。

显然，"相对交易者"方法的理念是：只有具有合同相对性的交易方才遭受了损失，且其损失与内幕交易行为之间具有相当的关联性。[194] 据此方法，只有那些实际上与内幕人员进行了交易的人才有资格提起诉讼。这一点易于理解，因为在美国法院，起初建立的默示的民事诉权就是基于普通法的原则，即任何因不法行为而遭受损失的一方都有权主张损害赔偿。[195] 而且，创设这一方法还有一个重要的公共政策考量，即如果没有合同相对性这一要件，被告将因内幕交易行为面临超额索赔。[196] 然而，由于实务中难以证明原被告之间存在合同相对性，以及在公开市场中系统撮合某人与内幕人员的交易时存在很大的偶然性，因此在证券市场这样的公开市场中，这一方法就变得极为不便与低效了。如果严格的合同相对性要件不适当，那就有必要寻找另一种标准去限制诉讼主体的数量，否则"被告承担责任的范围将过宽"。[197] 尽管选择了不同的路径，"同期交易者"方法和"信息未披露阶段交易者"方法均试图解决这一问题。

为解决实务中难以证明合同相对性这一问题，"同期交易者"方法将适格原告的主体限定为可能与内幕交易人具有合同相对性关系的交易者。[198] 这一方法的法理基础在于推定的合同相对性。它认为，存在合同相对性的交易方是唯一的适格原告，但由于很难在实务中证明合同相对性，因此有必要将有权提起民事诉讼的主体放宽至"同期交易者"这一范围。其结果是，尽管没有完全解决如何认定适格原告的棘手问题，"同期"

---

[193] See Robert C. Clark, *Corporate Law* (Boston: Little, Brown and Company, 1986) §8.10, p. 316..该文认为判例法的发展表明对内幕交易损害的不同理解的重要性。

[194] 同上注，参见第七章第 7.4.1.1 节。

[195] See Arnold S. Jacobs, *Litigation and Practice Under Rule 10b-5* (Deerfield, IL, Clark Boardman Callaghan, 2nd ed., 1981), §8.02[a]。

[196] 参见第七章第 7.4.1.1 节。

[197] *Fridrich v. Bradford*, 542 F.2d 307, 323 n.2 (6th Cir. 1976) [quoting *Globus v. Law Research Serv., Inc.*, 418 F.2d 1276, 1292 (2d Cir. 1969)]。

[198] 参见第七章第 7.4.1.2 节。

这一术语限定了主体范围,排除了那些不可能与内幕人员进行交易的主体,同时有人建议对于交易量大的证券,原告范围限定在与内幕交易的同一个交易日进行交易的主体。

与此不同,虽然"信息未披露阶段交易者"方法并没有仅因为在实务中难以证明合同相对关系而将原告范围突破了具有合同相对性的主体。据此方法,在证券交易中,内幕人员信息披露的义务并不局限于与其具有合同相对性的主体,还包括自内幕交易发生至信息披露这一期间内所有的交易者。[199] 因此,该方法认为不仅是具有合同相对性的交易者,在信息未披露阶段的所有投资者均是内幕交易的受害者,均有权成为适格的原告。从这一意义上讲,"信息未披露阶段交易者"方法与"相对交易者"方法之间存在明显的差异。

尽管"同期交易者"方法与"信息未披露阶段交易者"方法的差异性明显,人们往往因以下方面将它们混淆。一方面,从表面看来,它们都设定了一个时间范围来限定有权主张损害赔偿的适格原告的范围。这使得人们产生一种错觉,认为这两种方法只有程度上的差异,并无根本区别。确实,有些人将"信息未披露阶段交易者"方法视作"另一个更加宽泛的'同期交易者'标准"。[200] 另一更重要的方面是,即使在美国(这两种方法的发源地),也鲜见有关它们是基于何种法理、何种立法目以及如何进行法律适用方面的明确指引。[201]

以下两个例子可以表明,人们没有很清晰地区分这两种方法。第一,如前所述,在 *Elkind* 案中,美国联邦第二巡回上诉法院采纳了"信息未披露阶段交易者"方法,并设定了损害赔偿金的上限。然而设置损害赔偿金上限的做法被采用"同期交易者"方法的《内幕交易和证券欺诈执行法》所吸纳,并且同样适用于与该法创设的明示诉权并存的任何默示诉权。[202] 第二,另一个例子是,在《内幕交易和证券欺诈执行法》的立法过程

---

[199] 参见第七章第 7.4.1.3 节。

[200] Corporations and Markets Advisory Committee (Australia), "Insider Trading Discussion Paper (June 2001)" para. 3.40.

[201] See Veronica M. Dougherty, "A [Dis]semblance of Privity: Criticizing the Contemporaneous Trader Requirement in Insider Trading" (1999) 24 *Delaware Journal of Corporate Law* 85, 95; William K.S. Wang & Marc I. Steinberg, *Insider Trading* (Aspen Publishers, 1996), pp.442–443. 该文认为 *Wilson* 案这一确立"同期交易者"方法的关键判例中并没有提及 Celebrezze 法官在 *Fridrich* 案附随意见中的理据。

[202] See William K.S. Wang & Marc I. Steinberg, *Insider Trading* (Aspen Publishers, 1996), pp.247–48.

中,为了定义"同期交易"这一要件而引用了 O'Connor 案,但事实上该案采用的是"信息未披露阶段交易者"方法。[203] 诚然,O'Connor 案主要是因为明确以内幕人员开始交易的时点作为"同期"的起算点而闻名。[204] 但 O'Connor 案实际上采用了"信息未披露阶段交易者"方法。在该案中,法院明确反对被告的如下抗辩:损害赔偿的诉求应当满足合同相对性这一要件。法院认为,"基于内幕信息交易的法律责任应扩展至那些自被告卖出股票至内幕信息披露之时的期间内所有的交易者"。[205] 进而言之,法院明确表示,实务中难以证明存在合同相对性并不是放弃该要件的关键原因,即使被告可以确认与其交易的主体,拥有诉权的主体也不仅限于与其存在合同相对性的交易者。[206]

然而,以上阐述并不意味着,既然 Elkind 案和 O'Connor 案本质上采纳了"信息未披露阶段交易者"方法,那么这些判决的任何部分就完全与"同期交易者"方法不兼容,不能为"同期交易者"方法所吸纳。相反,这两种方法经常为人们所混淆,使得对比分析二者的优缺点变得异常困难。简言之,这两种方法的差异是质的方面,而不仅仅是量的方面;如果我们没有认识到这一点,就无法实现确定适格原告的范围这一目标。

7.4.2 因果关系:内幕交易行为对个人投资者的损害

内幕交易是证券欺诈行为之一。针对内幕交易行为提起的民事诉讼是基于违反反欺诈的规定来定义的,尽管它与普通法中的相关概念有很多相似之处,但反欺诈规定在损害赔偿和违法威慑方面与普通法存在重大差异。[207] 实际上,尽管美国《证券法》第 10(b)条和 SEC10b-5 规则有关反欺诈的规定与普通法有关欺诈的规定不尽相同,[208]但美国法院通常还是

---

[203] H.R. Rep. No. 100-910, at 27 n.22 (1988)(citing to Shapiro, Wilson and O'Connor).

[204] 参见第七章 7.4.1.2.1 节。

[205] *O'Connor & Assocs. v. Dean Witter Reynolds. Inc.*, 559 F. Supp 800, 803 (S.D.N.Y. 1983){citing *Shapiro v. Merrill, Lynch, Pierce, Fenner & Smith, Inc.*, [1975-76 Transfer Binder] Fed. Sec. L. Rep. (CCH) 95,377, at 98,878 (S.D.N.Y. Dec. 5, 1975)}.

[206] 同上注,第 805 页。

[207] See Janet C. Alexander, 'Rethinking Damages in Securities Class Actions' (1996) 48 *Stanford Law Review* 1487, 1488."当今的证券集体诉讼与普通法中欺诈与虚假陈述侵权行为之诉差异巨大。"

[208] See *Meyers v. Moody*, 693 F.2d 1196, 1214 (5th Cir. 1982)."普通法对欺诈规定的要件要比 10b-5 规则更加严格。"

会引用普通法中的诉因作为依据。[209] 在涉及内幕交易在内的证券欺诈案件中,投资者在主张私力救济时,必须依据侵权法的基本原则,即原告必须因被告的违法行为而受到损害。[210] 因此,法院在赋予投资者针对内幕交易行为的民事诉权时,采纳了各种侵权法的基本原则,例如信赖、因果关系和诉讼资格等。在这一过程中,立法者和法院的努力探索推动了上文中讨论的三种确定原告范围方法的发展。

在这一方面,内幕交易行为所造成损害的性质是争论和混淆的源头。如第四章中所言,内幕交易行为会对证券市场造成损害,因为它会削弱投资者信心,使得越来越少的投资者进入这一市场。进而降低证券市场规模及流动性,从根本上降低公司为生产活动进行融资的能力。然而,这充其量只是政府规管内幕交易行为的正当化根据;就民事诉讼而言,仍有必要回答某一个具体的内幕交易行为到底给谁造成了损害。[211] Langevoort 教授富有洞察力地指出:"当 SEC 执法时或者司法部门启动刑事程序时,通常没有必要去准确地认定被告的内幕交易行为欺诈的具体对象是谁;我们只要大概地阐述说,内幕交易者对于市场中的有些人而言承担信息披露义务而且违反此义务导致了损害,至于说这些受害者是否有起诉资格的问题,对于政府的公力执法而言并不重要……但是,在民事诉讼中,我们必须回答内幕人员究竟对谁负有信息披露的义务,因为只有这些义务的对象才能主张自己是欺诈行为的受害者。"[212] 据此,下文将讨论到底谁是内幕交易的受害者这一棘手难题。

7.4.2.1 内幕交易行为:无受害人的欺诈行为?

有人认为,那些通常被视为内幕交易受害者的人,即内幕交易的对手方,其实是交易失败者,他们并没有在交易中遭受损失,因为无论市场中

---

[209] See *Basic Inc. v. Levinson,* 485 U.S. 224, 253 (1988).White 法官部分表示赞同,部分有异议。"总体而言,与美国《证券法》第 10(b)条和 SEC10b-5 规则相关的判例法在法院发展的基础是法官所熟悉的普通法中有关欺诈和欺骗的教义。" *Blue Chip Stamp v. Manor Drug Store,* 421 U.S. 723, 744 (1975)."当我们思考 10b-5 规则下有关买卖双方诉讼资格的法政策问题时,提及虚假陈述或欺诈这两种侵权行为是恰当的,因为二者具有一定的关联关系。"

[210] See Robert C. Clark, *Corporate Law* (Boston: Little, Brown and Company, 1986) §8.10.

[211] 实际上,到底谁是内幕交易受害者的问题不仅对于就内幕交易行为提起民事诉讼来说非常重要,而且从更广泛的意义上讲,对于是否需要规管内幕交易行为这一基本问题也极为重要。假如没人因内幕交易遭受损害,则有关内幕交易行为将削弱投资者信心这一论点将站不住脚。

[212] Donald C. Langevoort, *Insider Trading: Regulation, Enforcement, and Prevention* (West Group) (looseleaf) §9.01, p.2.

是否存在内幕交易,他们都要进行交易。㉓ 换言之,这些投资者的损失并不是由内幕人员造成的,而是他们自己独立投资决策的结果。该观点进一步认为,内幕交易实际上可能有利于这些交易对手方,因为在一定程度上,它使得股票价格向内幕信息所暗示的方向移动,从而使得股价对交易对手方来说更加有利。㉔ 以下的例子有助于说明这一点。

假设一个没有获知内幕信息的投资者正考虑买入一支股票,愿意接受每股 10 美元的当前市场价格。在这个投资者按照市场价格购买该股票的时候,一个内幕人员获知了不利的重大未公开信息,卖出了该股票以避免损失。在该信息披露之后,股票价格下跌至每股 6 美元。在这一事件中,尽管未获知内幕信息的那个投资者遭受了每股 4 美元的损失,而内幕人员获取了每股 4 美元的收益。但是,那个投资者的损失并不是由于内幕人员的交易所造成的,因为即使没有内幕交易的存在,投资者也会进行交易,并遭受同样的损失。恰恰相反,内幕人员的出售行为可能导致股价有所下跌,比如跌到 9 美元,让那个投资者以这个价格买到了股票,在内幕信息披露后股价跌到 6 美元,此时投资者的损失为每股 3 美元,与证券市场中没有内幕人员相比,外部投资者所遭受的损失减少了。如此看来,投资者的损失并不是由内幕交易造成的。

然而,上述推理具有严重的逻辑缺陷。首先,认为所有外部投资者的投资决策都独立于内幕交易活动的观点过于简单化了。其次也是最为重要的是,上述推理是从交易的角度来观察内幕交易,而没有从信息未披露的角度来理解,但信息未披露恰恰是内幕交易属于欺诈行为的本质所在。下文将详细探讨这两点。

7.4.2.2 内幕交易的受害者

上文讨论了内幕交易属于无受害者的欺诈行为的观点,其理据是投资者做出投资决定的过程是独立于内幕交易行为的。然而,这一观点过于武断。根据加州大学哈斯汀法学院的 Wang 教授提出的"证券守恒定律"(law

---

㉓ See Henry G. Manne, *Insider Trading and the Stock Market* (New York, the Free Press, 1966), pp. 99–103; Jonathan R. Macey, "Insider Trading: Economics, Politics, and Policy" (The AEI Press, 1991), pp. 24–25; Saul Levmore, "Securities and Secrets: Insider Trading and the Law of Contracts" (1982) 68 *Virginia Law Review* 117, 125; Michael P. Dooley, "Enforcement of Insider Trading Restrictions" (1980) 66 *Virginia Law Review* 1, 33. 这一观点得到了某些法院的认可,参见 *Fridrich v. Bradford*, 542 F.2d 307 (6th Cir. 1976)。

㉔ 对内幕交易作为一种信息传播方式的阐述,参见第四章第 4.2.1.2 节。

of conservation of securities),内幕人员出售的股票将会被外部投资者所持有。[215] 因此,在负面的内幕消息披露后,股价下跌导致损失,但内幕人员可以通过提前卖出股票将损失转嫁到外部投资者身上。在这一意义上,要不是因为市场中存在内幕交易,上述股票是不会被交易到外部投资者手中的。

在仔细考察公开证券市场的交易机制和运作机理的基础上,Wang 教授对内幕交易受害者的认定问题进行了深入的分析。他认为,因内幕交易行为而遭受损失的投资者要么是"被诱导的交易者"(induced traders),要么是"被抢先的交易者"(preempted traders)。[216] 首先,"被诱导的交易者"是指那些受到内幕交易的诱导而进行不利交易的人。如果没有内幕人员的交易行为,他们就不会做出投资决定。其次,"被抢先的交易者"是指那些因内幕交易而丧失交易机会的人。假如没有内幕人员的交易行为,他们本可做出有利的投资行为。

譬如,假定在某一特定的时间点,某一股票的价格为每股 10 美元,在内幕人员基于非公开的负面消息而交易卖出之后,股价可能轻微地跌至每股 9.95 美元。[217] 假设 A 先生打算在低于每股 10 美元时购买股票,而价格的下滑可能会诱导其作出购买的决定。作为一个被诱导的交易者,A 先生可能成为内幕交易的受害者。或者,假定 B 先生持有一些股票,并且想以不低于每股 10 美元的价格售出其所持有的股票。由于内幕人员的卖出行为导致股价跌到 9.95 美元,B 先生就没有卖出其持有的股票,而是

---

[215] See William K.S. Wang, "Trading on Material Nonpublic Information on Impersonal Stock Markets: Who is Harmed, and Who can Sue Whom Under SEC Rule 10b-5?" (1981) 54 *Southern California Law Review* 1217, 1234-1235.

[216] 同上注,第 1230—1241 页。还可参见 William K.S. Wang, "Stock Market Insider Trading: Victims, Violators and Remedies-Including an Analogy to Fraud in the Sale of a Used Car with a Generic Defect" (2000) 45 *Villanova Law Review* 27, 28-40; William K.S. Wang & Marc I. Steinberg, *Insider Trading* (Aspen Publishers, 1996), § 3.3.

[217] 根据王教授的分析,证券市场的定价功能主要是由作为中介的股票交易经纪人和做市商完成的。William K.S. Wang & Marc I. Steinberg, *Insider Trading* (Aspen Publishers, 1996), § 3.3.6.该文认为,"内幕交易可能直接或间接地影响到中介机构的股票存货,这反过来可能形成一种不同的报价模式,从而给股票存货带来新的平衡"。此外,内幕交易的效果可能会被跟随趋势的投机者放大。参见 Ronald J. Gilson and Reinier Kraakman, "The Mechanisms of Market Efficiency"(1984) 70 *Virginia Law Review* 549, 569-579。该文指出,"解释市场效率的机制包括一群能有效评估信息的成熟交易方,这里的信息就包括他人(尤其是内幕人员)的交易活动;这些'善于解读消息的交易者'(decoding traders)的积极交易加速了由内幕交易引起的价格波动"。Roy A. Schotland, "Unsafe at Any Price: A Reply to Manne, Insider Trading and the Stock Market" (1967) 53 *Virginia Law Review* 1425, 1453.该文认为内幕交易会引起市场变动,从而可以为那些仔细追踪市场变动的投机者提供指导。

一直持有到负面的内幕信息公开披露之时,最终遭受股价大跌带来的损失。在此情况下,B先生本来是能够卖出股票的,但由于内幕人员抢先交易而失去交易机会,成为"被抢先的交易者"因内幕交易受到了损害。

另外,从逻辑上讲,还有一类受害者,即所谓的"同一类型交易者"(same-type traders)。这些投资者的交易类型与内幕人员相同,且因内幕交易行为而受到损害,因为假如没有内幕交易行为的话,他们可以获得更多的收益。[218] 在如上例子中,"同一类型交易者"就是以每股9.95美元卖出股票的投资者,因为假如没有内幕人员的交易行为,他们能够以每股10美元的价格卖出。当然,这一类型的交易者并没有引起多少共鸣。[219] 实际上,他们与内幕人员一道避免了损失,只是内幕交易引起的价格变动让他们减少了收益而已,他们已经很幸运地获得了意外之财。此外,从技术上讲,如果要对他们进行赔偿,就需要准确计算内幕交易行为对股票价格的实际影响,但这几乎不可能。[220] 因此,赔偿这类交易者由于内幕交易而遭受的损失既不可能,也没必要。

总之,内幕交易可能诱发本来不会出现的交易行为,或者阻却本来会发生的同一类型的交易行为,因此,受害人主要包括"被诱导的投资者"和"被抢先的投资者"。然而,有学者反对将这两类交易者认定为受害者,主要是因为他们不是长期的价值投资者,而是不值得被保护的短期的寻租投机者。例如,Manne教授将外部投资者分为两类:一类是"时间决定型交易者"(time function traders)与"价格决定型交易者"(price function traders)。[221] 前者通常依据其生活中的储蓄状况与消费模式来决定其交易,并不太关注市场中的价格变动。[222] 因此,"时间决定型交易者"并不会因内幕交易行为而遭受损失,因为他们本来就要交易。

相比之下,"价格决定型交易者"基于价格信号作出投资决定,他们认为借助价格信号可以发现那些价值被低估的股票。[223] 他们是内幕交易行

---

[218] See William K.S. Wang & Marc I. Steinberg, *Insider Trading* (Aspen Publishers, 1996), §3.3.6, p69.

[219] 同上注,3.3.6, p71。"同一类型"交易受害者相对而言不值得同情。

[220] 任何"同一类型"的交易者所遭受的损失都是由于内幕交易行为所引发的股价变动造成的。市场中的股价变动往往不可测量,并且无论如何这种损失与内幕人员的非法所得之间绝对没有关联关系。

[221] See Henry G. Manne, *Insider Trading and the Stock Market* (New York, the Free Press, 1966), pp.95-96.

[222] 同上注。

[223] 同上注。

为的受害者,因为内幕交易行为致使股票价格产生波动,导致他们错误认为股票价值被低估。从概念上讲,"价格决定型交易者"相较于"时间决定型交易者"更可能属于投机性的交易者。当然,在现实生活中,所有的投资者都对价格有一定的敏感度,也就是价格会影响他们的交易决定,所以在关键时刻,任何投资者都可以说是"价格决定型交易者"。[24] 假如交易者的心理价位与市场价格颇为相近(如上述例子中的 A 先生、B 先生),其投资决定在很大程度上会受到内幕交易所引起的市场价格变动的影响。完全不受价格影响的交易者是不存在的,而且全部由这类交易者组成的市场不会是一个有效的市场。[25] 因此,无论是"受诱导的交易者"还是"被抢先的交易者",均有权主张其因内幕交易行为而遭受的损失,获得相应的损害赔偿金。

尽管从理论上讲,以上两类交易者均是内幕交易的受害者,但在实务中要分析所有实际交易者甚至潜在交易者的主观动机,显然是一件极为困难甚至是不可能完成的任务。[26] 为了认定那些"受诱导的交易者"或者"被抢先的交易者",我们必须测算内幕交易行为在多大程度上影响到了价格,并评估公众是如何对价格变动做出反应的。在现实世界中,这些信息很难为人们所获知。[27] 进而言之,在很多情况下,外部投资者的投资决定并不是简单的完全不交易,也不是以其全部资金进行交易,而是存在交易量的细微差别,这种情况使得认定相关受害者的任务变得更为棘手。内幕交易行为对股票价格的影响可能会逐渐增加或减少外部投资者意愿购买或售出该股票的数量,而不是全有或全无的极端差异,即诱导一笔本不会发生的交易或组织一笔本会发生的交易。[28] 简而言之,我们难以从现

---

[24]　See Ian B. Lee, "Fairness and insider trading" (2002) 2002 *Columbia Business Law Review* 119, 164.

[25]　See Ronald J. Gilson and Reinier Kraakman, "The Mechanisms of Market Efficiency" (1984) 70 *Virginia Law Review* 549, 569-579. 该文认为有效市场的机制还是需要一些对价格敏感的投机者。

[26]　在某些特殊情况下,可能有机会能够追溯到交易链条并确定内幕交易的受害者。例如,机构从事的大宗交易。Louis Loss and Joel Seligman, *Securities Regulation* (Boston: Little, Brown and Company, 3rd ed., 1991), vol. V, pp. 2573-2577; William K.S. Wang & Marc I. Steinberg, *Insider Trading* (Aspen Publishers, 1996), § 3.3.7,p75. 此外,对于交易很不活跃的股票而言,其交易的数量很小且分散,因此交易者可主张,如果没有内幕交易的出现,其将不会做出交易的决定。

[27]　See William K.S. Wang & Marc I. Steinberg, *Insider Trading* (Aspen Publishers, 1996), § 3.3.7,p73-678. 该文探讨实务中认定存在内幕交易行为受害者的困难。

[28]　See Ian B. Lee, "Fairness and insider trading" (2002) 2002 *Columbia Business Law Review* 119, 164-165,n.118.

实层面上确定内幕交易行为的受害者。

以上分析的逻辑基础是,内幕交易的损害是由内幕交易的积极行为所造成的。而事实上,内幕交易作为一种证券欺诈行为,其不法性不仅来自交易的积极行为,也来源于不披露内幕信息的消极行为。例如,假定C先生是内幕人员,D先生是外部人员,他们在同一时间卖出了相同数量的股票。如前所述,C先生的行为可能诱导了他人购买该股票,或者阻却了他人提前出售该股票,或者二者兼而有之。从对市场价格的影响而言,D先生出售股票也会在客观上引发同样的情形。然而从法律的角度讲,我们应当将C先生与D先生区别对待:C先生对他人造成了不法损害(包括"受诱导的交易者"和"被抢先的交易者"),而D先生却没有给他人带来任何不法损害——尽管D先生的交易行为在客观上带来的诱导性和阻却性效果与C先生完全相同,但二者的合法性截然不同。问题在于:为什么会产生如此大的差异?很显然,C先生与D先生之间的重要差异在于前者利用了内幕信息,从而给投资者和市场带来了额外的或不正常的投资风险。

因此,与其说内幕交易的不法性源自其"交易"行为,不如说是"未披露信息而进行交易"的行为。这与"披露或戒绝"的规则一致:当内幕人员获知重大未公开信息时,其应在交易之前披露该信息,或者在该信息被披露之前不从事相关交易活动。㉙ 内幕人员本来并不负有披露信息这一积极义务,但假如他选择了交易,信息披露义务就由此产生。㉚

由上可见,因果关系不仅取决于原告在没有内幕交易的情况下是否会进行交易,更取决于原告是否会在内幕人员披露信息的情况下进行交易。显然,我们可以认为:假如内幕人员披露了相关信息,原告将不会实施相关交易或者至少不会按原来的条件来交易。㉛ 从这一意义上讲,内幕

㉙ See *SEC v. Texas Gulf Sulphur Co.*, 401 F.2d 833, 848 (2d Cir. 1968).这是一个重要的案例。对"披露或戒绝"规则发展的详细探讨,参见第五章第5.3.2节。

㉚ 另外,内幕人员可以选择在该信息披露之前不从事相关交易,此时他便无须承担信息披露义务。在实践中,这经常是最可行的选择,因为为了公司经营的正当目的,绝大多数内幕信息都是不公开的。参见第五章第5.3.2节。

㉛ See *Shapiro v. Merrill, Lynch, Pierce, Fenner & Smith, Inc.*, 495 F.2d 228, 240 (2d Cir. 1974).该案法院认为,"当原告主张假如其知道被告所获悉的内幕信息,他们将不会购买Douglas的股票,此时即符合10b-5规则下事实因果关系的要求";但是,有学者反对该观点,比如,Robert B. Thompson, "The Measure of Recovery Under Rule 10b-5: A Restitution Alternative to Tort Damages" (1984) 37 *Vanderbilt Law Review* 349, 393。该文认为那种基于信息不披露的因果关系"将严重扭曲传统的侵权赔偿法理逻辑"。

人员的不法行为(未披露信息而进行交易)确实引发了损害原告利益的交易。换言之,在被告负有披露义务的情况下原告可以主张,假如其获得了相关信息,就不会以同样的价格去交易该股票,据此将其损失与被告的不法行为联系在一起。

然而,被告应对谁履行信息披露义务尚不确定。[222] 截至目前,美国法院认为:内幕人员可能对与其存在合同相对性的当事人,或者在同一时期参与交易的不知情投资者负有信息披露的义务。

法官 Celebrezze 在 *Fridrich* 案的判决中认为,"披露或戒绝"规则意味着内幕人员只对与其存在合同相对性的当事人负有信息披露义务。[223] 这一理念本质上考察的是面对面交易的情境。诚然,假如内幕人员能提前在公开市场中认定具有合同相对性的当事人并向其披露相关重大信息,后者就肯定会以不同的价格进行交易或者放弃交易,从而消除内幕人员利用信息优势所带来的不公。然而,这种情况在现实中并不常见。因此,法官 Celebrezze 赞同绝大多数法官的意见,认为虽然合同相对性是一个恰当的要件,但是鉴于其在实务中难以被证明,他建议将民事诉权赋予那些潜在的可能与内幕人员存在合同相对性的替代性主体。[224] 换言之,他认为理论上信息披露义务的主体确实只限于那些实际上与内幕人员进行交易的投资者,只是因为证明的困难,故将适格原告的范围扩展至"同期交易者"。

相对而言,在 *Shapiro* 案中,美国联邦第二巡回上诉法院在理论上并

---

[222] 根据王教授的观点,内幕人员对四类人负有信息披露义务:其一,同内幕人员存在合同相对性的当事人;其二,假如具有合同相对性的当事人通过回购或转售来恢复其原来的状态,承接其所转移损害之人;其三,内幕交易本身的受害者;其四,全球范围内的投资者。然而,在以上每一类情形中,存在着不少理论上的难题与实务中的困难。William K.S. Wang, "Trading on Material Nonpublic Information on Impersonal Stock Markets: Who is Harmed, and Who can Sue Whom Under SEC Rule 10b-5?" (1981) 54 *Southern California Law Review* 1217, 1248-1255;William K.S. Wang & Marc I. Steinberg, *Insider Trading* (Aspen Publishers, 1996), § 3.4.

[223] See *Fridrich v. Bradford*, 542 F.2d 307, 326 (6th Cir. 1976) (Celebrezze, J., concurring). "信息披露义务旨在保护与内幕人员交易的匿名投资者的合法权益。"有观点认为审理 *Chiarella v.United States* 案时联邦最高法院支持了这一说法。参见 William K.S. Wang, "Trading on Material Nonpublic Information on Impersonal Stock Markets: Who is Harmed, and Who can Sue Whom Under SEC Rule 10b-5?" (1981) 54 *Southern California Law Review* 1217, 1270-1271。"法官 Powell 强烈认为在股票市场中,内幕交易如同面对面交易一样,内幕人员只对存在合同相对性的当事人负有信息披露义务。"

[224] See *Fridrich v. Bradford*, 542 F.2d 307, 324-326 (6th Cir. 1976).

不认为具有合同相对性的交易者是"披露或戒绝"规则的唯一受益者,而是明确认定内幕人员对"同期交易者"都有信息披露的义务。[235] 其内在的逻辑是:如果将信息披露的义务仅限定在具有合同相对性的主体,那么实际上就是将"披露或戒绝"规则限定适用于非公开市场的交易者范围内。[236] 在面对面交易中,内幕人员可以在交易发生之前通过向对方披露信息的方式履行其披露义务。[237] 但在公开市场中,内幕人员并不知道其交易对手方,从而要求其向交易对手方披露信息是不现实的。[238] 因此,内幕人员应当对所有在信息披露情况下会改变其投资决定的投资者负有信息披露义务。[239]

7.4.3 对中国立法的完善建议

如前所述,关于谁有权对内幕交易提起民事诉讼的问题,目前一共有三种不同的处理方法。基于先前对内幕交易所造成损害的考察,这一部分将对上述方法的相对优劣予以阐述,并在此基础上结合中国国情,提出对中国立法的完善建议。

7.4.3.1 "相对交易者"方法的缺陷

这一方法的法理基础是合同相对性,该方法将合同相对性作为必备要件并且认为只有具有合同相对性的交易者才遭受了内幕交易行为的损害。[240] 这也是法院从最初依据侵权法的原则创设默示的民事诉权以来一贯的做法。[241] 诚然,这一方法的主要优点在于,人们基于传统侵权法的法律常识,易于从概念上理解该方法。然而,这一方法无论从理论上还

---

[235] 法院判决写道:"我们认为被告负有一种义务,违反该义务则要承担这起民事诉讼中的损害赔偿责任,这个义务的对象不仅包括实际上购买了被告所卖股票的投资者(假设他们能够被识别出来,当然,这是几乎不可能的),还包括所有在公开市场中不知悉内幕信息而购买该股票的同期交易者。" See *Shapiro v. Merrill, Lynch, Pierce, Fenner & Smith, Inc.*, 495 F. 2d 228, 237 (2d Cir. 1974)(emphasis added).

[236] 同上注,第236—237页。

[237] 同上注。有意思的是在这里会出现一个困境,即向交易对手方披露内幕信息可能需要承担泄密责任。William K.S. Wang & Marc I. Steinberg, *Insider Trading* (Aspen Publishers, 1996), § 3.4.3.1, pp90-92.

[238] See *Shapiro v. Merrill, Lynch, Pierce, Fenner & Smith, Inc.*, 495 F.2d 228, 236-237 (2d Cir.1974).

[239] 同上注。

[240] 参见第七章第7.4.1.1节。

[241] See Veronica M. Dougherty, "A [Dis]semblance of Privity: Criticizing the Contemporaneous Trader Requirement in Insider Trading" (1999) 24 *Delaware Journal of Corporate Law* 85, 89.

实践上,都有严重的缺陷。

首先,该方法所坚持只有与内幕人员建立合同相对关系的当事人才是适格原告的理念,而该理念源于面对面交易的情境,在公开市场匿名交易的情境下没有多少意义。在面对面的交易中,交易对方易于认定。然而,在公开市场中,证明相对关系的存在有着不可逾越的障碍。正如有学者指出:"在公开市场的买卖中,总是很难证明,有时甚至不可能证明在交易者之间存在合同相对关系。这里有几重困难。其中一个困难是:在有些情况下,经纪人会以本人的独立身份(注意仅仅是在法律上视作本人)直接参与到交易之中,处在原告与实施违法行为的被告之间。另一个困难是:在公开市场交易中,对客户分配交易的程序是在买卖双方经纪人的后台完成的,其在分配交易的过程中较为自由……此外,这种分配可能是基于买单和卖单的相互抵消而加总的最终净值,至少在机构投资者参与的情形下是如此。这就可能会导致以下结果:尤其是当交易活跃时,即使把所有的、复杂的交易事实都呈现在法院的面前,原告仍然无法证明其与被告存在合同相对性。"[242]

其次,这一方法的认为内幕交易导致损失的观点遭遇到了理论上的挑战。如前所述,因内幕交易行为而遭受损害的交易者要么是"被诱导的交易者",要么是"被抢先的交易者",或二者兼而有之。[243] 因此,并不一定是那些与内幕人员存在合同相对关系的主体才遭受损害。详言之,允许那些存在合同相对关系的交易者(假定能在实务中准确识别出他们)提起诉讼,并不一定能够让"被诱导的交易者"都获得赔偿,因为他们有可能并不是内幕人员的交易相对方,而是与其他投资者交易。[244] 同时,尽管"被抢先的交易者"也是内幕交易的受害者,他们也因合同相对关系的缺失而

---

[242] H. A. J Ford, et al., Ford's Principles of Corporations Law (Australia, Butterworths, 12th ed., 2005) at [9.690];还可参见 William H. Painter, "Inside Information: Growing Pains for the Development of Federal Corporation Law Under Rule 10b-5?" (1965) 65 Columbia Law Review 1361, 1372. 该文认为让原告证明与被告存在合同相对关系是极为困难甚至是不可能的; William K. S. Wang, "Trading on Material Nonpublic Information on Impersonal Stock Markets: Who is Harmed, and Who can Sue Whom Under SEC Rule 10b-5?" (1981) 54 Southern California Law Review 1217, 1284. "Fridrich 案中的方法在实务中最大的问题是无法认定交易的受害者。"

[243] 参见第七章第 7.4.2.2 节。

[244] 那些与内幕人士存在合同相对关系的主体并不一定是被内幕交易诱导的交易者,因此也并不一定遭受内幕交易带来的损失。例如,内幕人员可能同做市商进行交易,后者可能又会与被诱导的交易者进行交易。对这一问题的探讨,参见 William K.S. Wang & Marc I. Steinberg, Insider Trading (Aspen Publishers, 1996), §§3.3.3-3.3.4。

无法获得救济。㉕

最后,在公开市场中,交易匹配具有很大的偶然性,因此,将原告限定在与内幕人员存在合同相对关系的交易者之间的做法就变得毫无意义。在公开市场中,某个交易者是与内幕人员匹配交易还是与其他同期的交易者进行匹配交易,基本上是一个随机事件。正如有学者指出:"假如内幕人员只限于对与其直接交易的主体负有法律责任,那么鉴于交易的偶然性,原告获得的赔偿算是一笔意外之财。"㉖

诚然,具有合同相对关系的交易并不意味着,这一无辜投资者的损失与那些在内幕交易行为发生的同一期间不存在合同相对关系的交易者的损失有任何不同。因此,在公开市场的内幕交易案件中,任何试图将原告限定在与内幕人员具有合同相对关系的交易者范围内从而限制赔偿额度的做法,都必然要以一定程度的偶然性与不公平为代价。这是"相对交易者"方法的根本缺陷。

因此,在公开市场环境下,"相对交易者"方法并不是确定内幕交易民事诉讼原告的适当标准。如前所述,澳大利亚目前采用这一方法,但合同相对性这一要件已经成为妨碍内幕交易民事责任制度有效实施的重要障碍。㉗ 事实上,在澳大利亚,涉及内幕交易的民事诉讼并不多见,因为针对内幕交易行为获得民事救济的努力是"极度令人感到挫败的"。㉘ 而且,在澳大利亚,绝大多数针对内幕交易行为提起的民事诉讼都是出现在以其他商事诉讼为背景的案件中,而不仅仅是为了内幕交易行为主张民事赔偿。㉙ 例如,在

㉕ 从法律上来讲,即使可以认定"被抢先的交易者",但是他们却没有资格提起诉讼,因为 *Blue Chip Stamp v. Manor Drug Store*, 421 U.S. 723 (1975)案确立了"卖者/买者"要件,该案法院认为美国《证券法》第 10(b)款与 SEC10b-5 规则中确立的民事原告诉讼必须是实际上买卖证券的人。

㉖ See David S. Ruder and Neil S. Cross, "Limitations on Civil Liability Under 10b-5" (1972) 1972 *Duke Law Journal*. 1125, 1132;还可参见 William K.S. Wang & Marc I. Steinberg, *Insider Trading* (Aspen Publishers, 1996), §6.6,p463。该文认为,在公开市场交易的很多情况中,存在合同相对关系是偶然的;允许具有合同相对关系的主体主张赔偿将会使其收获不应得的意外之财;Paul L. Davies, *Gower's Principles of Modern Company Law* (Sweet & Maxwell Ltd, 6th ed., 1997), p. 457。该文认为给那些最终碰巧与内幕人员进行匹配交易的人提供民事救济,不赔偿对那些在同一时期进行类似交易的人,是有些随意的。

㉗ See Charles Zhen Qu, "The Efficacy of Insider Trading Civil Liability Regime in the Corporations Act" (2002) 14 *Australian Journal of Corporate Law* 161, 174.

㉘ 同上注,第 161 页。

㉙ See Corporations and Markets Advisory Committee (Australia), "Insider Trading DiscussionPaper (June 2001)" para. 3.40.para.3.25, n. 310.

Crafter v. Singh 案中,[29]被告试图撤销购买股票合同,因为对手方进行了内幕交易。*Exicom Limited v. Futuris Limited* 案涉及公司权利之争[30],收购人试图以涉嫌内幕交易为由阻止目标公司的一个反收购措施,即目标公司向第三方定向发行新股票的行为。在 *Ampolex Ltd v. Perpetual Trustee Company (Canberra) Ltd* 案中,[31]对于内幕交易的指控是在特定可转换证券的转换率这一大的争议背景下提出的。

澳大利亚对其内幕交易法的官方评估涉及了这一点,最终的评估报告建议放弃严格的合同相对性要件。该报告认为,"立法应当让法院扩展市场交易者中有权主张民事赔偿的主体范围,通过引入'受损害方'(aggrieved persons)这一概念,使拥有诉权的主体不限于内幕人员在市场中的直接交易对手方"。[32] 值得注意,尽管该报告反对"相对交易者"方法,但并没有提出新的应对办法。相反,它将该问题交给了法院,建议通过判例法去探索解决这一问题的方法,"法院可以决定在何种情况下应当把起诉匿名市场中内幕交易的适格原告范围扩展到内幕人员的直接交易对手方之外"。[33] 诚然,尽管上述报告建议摒弃"相对交易者"方法,但其同样对"同期交易者"方法持反对态度。该报告认为,"修改法律从而纳入'同期交易者'的方法可能会使法律变得过于复杂,而且在某些情形下,还可能导致出现人为的或者反常的结果"。[34] 评估报告没有对如何认定适格原告给出一个明确的观点,反而可能将这一问题带入一种不确定状态,最终导致提升内幕交易民事责任制度效果的努力落空。

7.4.3.2 "同期交易者"方法的缺陷

在公开市场内幕交易的情境下,"同期交易者"方法旨在解决实务中难以认定与内幕人员存在合同相对性的交易者的问题,该方法将具有"推定的合同相对性"的交易者划入了有权针对内幕交易提起民事诉讼的适格原告的范围。[35] 另外,在匿名的交易市场中,这一方法也能克服买卖订单随机匹配的问题。然而,这一方法还是存在如下缺陷。

---

[29]　See (1990) 2 ACSR 1.
[30]　See (1995) 18 ACSR 404.
[31]　See (1996) 20 ACSR 649.
[32]　See Corporations and Markets Advisory Committee (Australia),'Insider Trading Report (November 2003)' recommendation 9.
[33]　同上注,para. 1.10.3。
[34]　同上注。
[35]　参见第七章第 7.4.1.2 节。

首先,这一方法仍是建立在只有与内幕人员存在合同相对关系的交易者才是适格原告的这一错误理念之上。该方法承认了实务中准确识别内幕人员交易相对方的困难,从而找到一个替代性主体,赋予其提起诉讼的权利。所以,该方法与"相对交易者"方法在基本理念上是一样的,也就存在同样的问题。例如,"同期交易者"方法也把"被抢先的交易者"等内幕交易受害者排除在民事诉讼救济之外。[㉗] 据此,如果说"相对交易者"方法有理论上的缺陷,那么其替代方法(例如"同期交易者"方法)也会有同样的问题。

更为重要的是,"同期"的时间跨度通常被严格解释,排除了那些不可能与内幕人员产生交易关系的主体。但这一做法忽视了如下事实:在股票价格受到相关信息的影响之前,起初与内幕人员存在合同相对关系的当事人遭受的损害可能会传递到其他交易者身上。内幕交易可能会损害那些与内幕人员的交易相对方,但如果在信息披露之前,该交易相对方转售或回购相关股票,前者会将损害传递到他人身上,而后者同样可以再次传递损害。[㉘] 在内幕信息公开披露且被市场价格充分体现时,持有相关股票的人是最终的"接盘侠",也是最终的受害者。[㉙] 因此,尽管其可能与内幕人员之间不存在合同相对关系,他也应当有权提起诉讼主张损害赔偿。

因此,鉴于内幕交易损害具有高度的可传递性,"同期交易者"方法可能同时存在范围过宽和过窄的问题。一方面,它可能将那些没有遭受损害的人也囊括进原告范围。因为内幕交易造成的损害可能发生转移,超出那些与内幕人员具有合同相对关系的主体(甚至是仅仅可能与其存在合同相对关系的主体),最终落在与内幕人员没有合同相对关系的其他主体身上,真正与内幕人员建立过合同相对关系的主体可能实际上并没有遭受损失。另一方面,那些最终在信息披露时持有股票的真正受害者反而可能被排除在适格原告的范围之外。

当然,解决上述问题的一个办法是:假如与内幕人员具有合同相对关系的交易者再次交易,并在内幕信息披露之前完全恢复到原初状态,比如,将原来买的股票全部卖掉,或将原来卖的股票全部买回来,那么他的

㉗ See William K.S. Wang, "Trading on Material Nonpublic Information on Impersonal Stock Markets: Who is Harmed, and Who can Sue Whom Under SEC Rule 10b-5?" (1981) 54 *Southern California Law Review* 1217, 1283.

㉘ See William K.S. Wang & Marc I. Steinberg, *Insider Trading* (Aspen Publishers, 1996), §3.4.3.2.

㉙ 同上注。

诉权就应当转移给后来的交易者。㉕ 这一诉权流转过程可持续进行。比如，如果第二个人在信息披露之前也同样地进行了反向交易，那么他的诉权就随之流转。

然而，这一解决方法在理论上与实务中都存在问题。首先，在法律层面上，这种诉权能否随着交易的进行而自动流转，即内幕交易损害赔偿的请求权是否可在相关证券易手之后而移转，目前并不清楚。㉛ 其次，即使诉权自动转移的规则得以建立，后手交易方在实务中也难以在经过公开市场的匿名交易后认定其交易对手方。这个认定需要追踪在诉权的流转期间内相关股票每一笔交易的历史记录，而这几乎是一项无法完成的任务。

在上述的追踪过程中，后手交易方需要认定与其直接交易的对手方，并且很有可能还需要进一步追踪在信息披露之前所有参与交易的人员直至最初享有诉权的人，即那个与内幕人员具有合同相对关系的交易者。㉜ 如果认定直接交易的对手方已经是一件困难的事情，那么确认那个最初享有诉权的人将更加困难，因为这需要在一个可能很长的交易链中，去逐一认定所有参与交易的当事人。在诸多案件中，交易链条上的交易者甚至可能将自己起初交易的股票进行了分割，并将其中的一部分再次交易到不同人手上，这种情况无疑将会使得确认原告的任务变得更加复杂。㉝ 简言之，"同期交易者"方法存在巨大的困难，因为与内幕人员具有合同相对关系的当事人所遭受的损害可能在内幕信息被披露且该信息融入股票价格之前转移至他人身上。

7.4.3.3 建议采用"信息未披露阶段交易者"方法

根据"信息未披露阶段交易者"方法，适格原告包括自内幕交易行为作出之日起截至内幕信息被披露期间内所有与内幕人员交易方向相反的交易者。㉞ 相较于上文讨论的两种方法，即"相对交易者"方法与"同期交易者"方法，这一方法更加科学，因为它综合考虑了内幕交易所造成的损害情

㉕　同前注㉓，§6.13。

㉛　同上注，§6.13.2，认为对于10b-5规则下索赔主张是否能自动转移这一问题，美国联邦法律规定得并不清晰。

㉜　同上注，§6.13.3, 526。

㉝　See Veronica M. Dougherty, "A [Dis]semblance of Privity: Criticizing the Contemporaneous Trader Requirement in Insider Trading" (1999) 24 *Delaware Journal of Corporate Law* 85, 139, n.352.

㉞　据此方法，"被抢先的交易者"仍然不能获得赔偿，不过他们也是无法识别的。参见第七章第7.4.1.3节。

况及其不法行为的欺诈本质。它消除了实务中认定内幕人员交易相对方的难处,并且通过追踪信息披露之前内幕人员所交易的股票的全部交易链条来锁定损害的最终承担者。㉕ 因此,这一方法得到了很多学者的支持。㉖

这一方法的理论基础可以从两个角度来理解。其一,如 Shapiro 案所示,内幕人员对于所有从内幕交易行为之日起截至信息披露的这一期间内进行相关交易的投资者负有信息披露义务。㉗ 假如内幕人员在交易之前没有披露相关信息,那么在信息未披露之前所有参与交易的投资者都因信息未披露而遭受了损失,他们都应当有权主张损害赔偿金。㉘ 其二,信息未披露阶段的交易者显然包括信息披露时的最终持股者。另外,"信息未披露阶段交易者"方法还能够很好地解释最初与内幕人员交易的相对方在信息披露之前再次交易股票使损害转移的情况。从这一意义上讲,"信息未披露阶段交易者"是用以替代损害的实际承担者,即在信息披露时的最终持股者。㉙

然而,如果没有配套措施的话,"信息未披露阶段交易者"方法可能引发严重的实践问题,即可能导致内幕人员承担过重的赔偿责任。㉚ 诚然,这

㉕ 在同期交易者方法下,一个实际的问题是"同期"的期限是不确定的,会根据不同案件而发生变化。参见第七章 7.4.1.2.1 节。

㉖ See William K.S. Wang, "Trading on Material Nonpublic Information on Impersonal Stock Markets: Who is Harmed, and Who can Sue Whom Under SEC Rule 10b-5?" (1981) 54 *Southern California Law Review* 1217, 1311.该文对美国法学研究所制定的《联邦证券法典》有着积极的评价,该法典采纳了"信息未披露阶段交易者"方法; Veronica M. Dougherty, "A [Dis] semblance of Privity: Criticizing the Contemporaneous Trader Requirement in Insider Trading" (1999) 24 *Delaware Journal of Corporate Law* 85, 140.该文支持"信息未披露阶段交易者"方法。

㉗ 参见第七章第 7.4.1.3.1 节.

㉘ 这将进一步支持用信息机会平等理论来构建内幕交易案件中的法律责任。根据该理论,在匿名交易中,所有投资者都应有相对平等的知悉重大信息的机会。对这一理论的详细介绍,参见第五章第 5.3.2 节。

㉙ See Veronica M. Dougherty, "A [Dis] semblance of Privity: Criticizing the Contemporaneous Trader Requirement in Insider Trading" (1999) 24 *Delaware Journal of Corporate Law* 85, 139-141.根据这一理解,"信息未披露阶段交易者"方法和"同期交易者"方法只是程度上存在差异,并没有质的不同。在这一意义上,它们都属于真正受害者的替代主体。这可能使得这两种方法的边界更加模糊。参见第七章第 7.4.1.4 节。

㉚ See *Shapiro v. Merrill, Lynch, Pierce, Fenner & Smith, Inc.*, 495 F.2d 228, 242 (2d Cir. 1974).该案法院认为"信息未披露阶段交易者"方法可能创设"非常严格的法律责任"; William K.S. Wang, "Trading on Material Nonpublic Information on Impersonal Stock Markets: Who is Harmed, and Who can Sue Whom Under SEC Rule 10b-5?" (1981) 54 *Southern California Law Review* 1217, 1283。

一方法可能赋予很多类别的投资者以诉权,包括交易链条上从内幕交易发生之日起直至信息披露时期间的最终持股者,以及那些虽然没在交易链条上但交易了同种股票的人。因此,所有这些人主张的赔偿总额将要远远超出内幕人员的违法所得。如果内幕交易涉及的股票交易量很大,且从内幕交易发生之日至信息公开披露的期间很长,那么上述问题将尤其严重。[271]

对上述问题的一个可能回应是:无论赔偿数额有多大,都是合理的或者说是正当的。有观点曾主张,原告的范围宁宽毋窄,因为惩罚和赔偿都是内幕交易法律的立法目的。[272]此外,如果我们假定内幕人员对信息未披露阶段的所有交易者都负有信息披露义务,那么从理论上讲,尽管这会导致内幕人员承担巨大的责任,但这是为了保护原告投资者,让他们遭受的损害得到充分救济。[273]然而,这一论点是站不住脚的,因为无论赔偿额度的算法多么符合逻辑,但极度不成比例的巨额损害赔偿金无疑是没有道理的。然而,根据前文第2节所述的理由,对内幕交易在公开市场中所造成的损害进行一些补偿毋庸置疑。[274]接下来的问题是,如何确保赔偿数额

---

[271] 事实上,在"同期交易者"方法中,也存在法律责任过重的问题,因为原告的范围扩展至那些与内幕人员在相近时间段交易的主体。并不是所有的同期交易者都与内幕人员进行了交易并遭受了损失。然而,尽管通过严格解释"同期"这一概念来限定原告的数量不能完全解决这一问题,但在很大程度上有效地缓解了这一担忧。参见第七章第7.4.1.2 节,该部分讨论"同期交易者"要件在解释上越来越严苛。

[272] See *Fridrich v. Bradford*, 542 F.2d 307, 326 n.11 (6th Cir. 1976) (Celebrezze, J., concurring);Veronica M. Dougherty, "A [Dis] semblance of Privity: Criticizing the Contemporaneous Trader Requirement in Insider Trading" (1999) 24 *Delaware Journal of Corporate Law* 85,141.该文认为巨额的损害赔偿金"是被告选择违法交易要承担风险"。

[273] See Donald C. Langevoort, *Insider Trading: Regulation, Enforcement, and Prevention* (West Group) (ed. looseleaf) §9.02[2], p. 11."尽管这可能会招致巨额的损害赔偿金……然而,这却是补偿被欺诈者的唯一方法。"这也表明将信息披露义务扩展至信息未披露阶段所有交易者的做法是值得质疑的。正如王教授所言,假如巨额的损害赔偿金并不合理,符合逻辑的处理办法是限定义务的范围,而不是武断地限定损害赔偿金的数额。William K.S. Wang, "Trading on Material Nonpublic Information on Impersonal Stock Markets: Who is Harmed, and Who can Sue Whom Under SEC Rule 10b–5?" (1981) 54 *Southern California Law Review* 1217, 1261.然而,另一方面,设立损害赔偿金的上限可以从不当得利的角度构建理论上的正当性。Robert B. Thompson, "The Measure of Recovery Under Rule 10b–5: A Restitution Alternative to Tort Damages" (1984) 37 *Vanderbilt Law Review* 349, 393。

[274] 参见第七章第7.2 节。需要注意,有观点认为当在内幕交易案件中认定适格原告存在困难时,简单地排除掉民事诉因可能是一种选择。Dennis S. Karjala, "Statutory Regulation of Insider Trading in Impersonal Markets" (1982) 1982 *Duke Law Journal* 627, 636.该文认为"补偿……既不可能,也不可取,并不需要设计特定的监管机制来补偿他们"。Veronica M. Dougherty, "A [Dis] semblance of Privity: Criticizing the Contemporaneous Trader Requirement in Insider Trading" (1999) 24 *Delaware Journal of Corporate Law* 85,137.认为"这一选择(排除民事诉讼)的问题在于私力救济被视作SEC 执法的必要补充"。

的合理性,从而实现证券法保护投资者利益和维护市场公平秩序的立法目标。

相较而言,更合理的方式是通过限定内幕人员需要承担的赔偿数额,以解决法律责任过重的问题。诚然,如前所述,"相对交易者"方法与"同期交易者"方法均旨在解决损害赔偿金额可能过高的问题,但它们解决问题的方式都是限制适格原告的范围。㉕ 但如前所述,这两种方法并不适当,存在很多缺陷。把损害赔偿金额过高当作一个单独的问题,并运用其他方法(比如设定赔偿金的上限)来应对才更为合理,而不是通过扭曲因果关系去限缩适格原告的范围。如前所述,《联邦证券法典》采纳了"信息未披露阶段交易者"方法,并通过设立赔偿金额上限来消解这一方法可能导致的严苛责任。㉖ 赔偿数额上限的标准应当是被告利用内幕信息所获利润或所避免损失的数额,也就是通常所指的被告获得的非法收益数额。㉗ 诸多学者支持这一做法,并指出:"损害赔偿金上限的规定正当地设定了一个损害赔偿金的最高额度。据此方法,如果被告的赔偿额度不足以全额赔偿所有原告的损失,那就根据比例赔付他们。而且,在很多情况下,原告是可能获得全额赔偿的……因为原告人数并不一定总是很多,被告的收益也并不一定总是与原告的损失不成比例。"㉘

然而,这一解决办法也有其自身的缺陷。实际上,人们曾质疑该方法没有发挥民事诉讼的威慑和赔偿功能。一方面,有观点认为每个原告所获得的赔偿数额只是其全部损失的一小部分,有时甚至少到微不足道。㉙ 其结果是,民事诉讼未能实现其补偿性,且由于赔偿数额太小,原告将没

㉕ 同前注㉔,参见第七章第 7.4.1.4 节。

㉖ 同上注,参见第七章第 7.4.1.3.2 节。

㉗ See *Elkind v. Liggett & Myers, Inc.*, 635 F.2d 156 (2d Cir. 1980).将原告可主张的赔偿额度限定在被告所获利润范围内。这一方法为 1988 年《内幕交易和证券欺诈执行法》所采纳。

㉘ John Beaulieu Grenier, "Damages For Insider Trading in the Open Market: A New Limitation on Recovery Under Rule 10b‐5" (1981) 34 *Vanderbilt Law Review* 797, 828; Note, "Limiting the Plaintiff Class: Rule 10b‐5 and the Federal Securities Code" (1974) 72 *Michigan Law Report* 1389, 1429‐1430.该文认为《联邦证券法典》的解决办法值得仔细考量。

㉙ See Dennis S. Karjala, "Statutory Regulation of Insider Trading in Impersonal Markets" (1982) 1982 *Duke Law Journal* 627, 640;Corporations and Markets Advisory Committee (Australia), "Insider Trading Discussion Paper (June 2001)" para. 3.40; William K.S. Wang, "Trading on Material Nonpublic Information on Impersonal Stock Markets: Who is Harmed, and Who can Sue Whom Under SEC Rule 10b‐5?" (1981) 54 *Southern California Law Review* 1217, 1283.

有动力去提起民事诉讼。㉙ 另一方面,"吐出"非法利润的责任形式并不足以阻遏内幕交易的行为。㉚ 仅要求被告"吐出"违法所得,只是让其回到了内幕交易之前的经济状态,并没有真正地惩罚被告。这甚至可能助长内幕交易的发生,因为内幕人员可能会觉得,即使因内幕交易承担责任,他们也只需要交出违法所得;而假如侥幸逃脱,他们将获得不菲的收益。因此,假如说民事诉讼有赔偿和威慑的双重目标的话,上述方法在这两个目标层面都是有欠缺的。

  总体上看,尽管该方法有着上述种种缺陷,但设立损害赔偿金上限的方法对于平衡各方利益是最为公平的。作为《联邦证券法典》的起草人,Louis Loss 教授承认,设立损害赔偿金上限的做法可能会出现一些问题,但整体而言仍是最好的解决方案。㉜ 诚然,按比例分配损害赔偿金的

 ㉙ 为了应对这一问题,有学者建议,被交易股票所属的公司可以作为适格原告。Dennis S. Karjala, "Statutory Regulation of Insider Trading in Impersonal Markets" (1982) 1982 *Duke Law Journal*. 627, pp641-644; David L. Ratner, "Federal and State Roles in the Regulation of Insider Trading" (1976) 31 *Business Lawyer* 947, 957-960; Anne Graff Brown, "A Re-Evaluation of Federal and State Regulation of Insider Trading on the Open Securities Market" (1980) 58 *Washington University Law Quarterly* 915, 941-943.美国法院对于这一建议存在分歧。在 *Diamond v. Oreamuno*, 24 N.Y.2d 494, 301 N.Y.S.2d 78, 248 N.E.2d 910 (1969) 案中,纽约上诉法院基于公司资产理论(corporate asset theory)认为,内幕信息可以视为公司资产,滥用这一资产进行交易意味着内幕人违反了对公司的信义义务。然而,其他法院并不赞同这一观点。*Freeman v.Decio*, 584 F.2d 186 (7th Cir. 1978); *Schein v. Chasen*, 313 So.2d 739 (Fla. 1975). 公司享有诉权的最大问题是,在绝大多数情况下,在公开市场中内幕交易所造成的损害是由交易者或者由市场整体来承担的,而不是股票被交易的那个公司。如果采纳 Diamond 案所确定的规则,公司获得的赔偿实际上是意外之财,因为公司并没有直接遭受任何损害或损失。这一点清晰地体现在美国判例法中,即根据 10b-5 规则提起民事诉讼的原告必须是证券的实际交易者。*Blue Chip Stamp v. Manor Drug Store*, 421 U.S. 723 (1975).然而,在其他司法管辖区如澳大利亚,尽管公司不是交易对手方,公司有权收回因内幕人员在任一涉及其股份的交易中所获利润或所避免的损失。Corporations Act 2001 (Australia), ss 1043L(2), (5).这一条款在澳大利亚受到过评估,但最终的评估报告仍建议保留这一做法,因为"索赔的权利使公司有动力去监督涉及其股票的交易"。Corporations and Markets Advisory Committee (Australia), "Insider Trading Discussion Paper (June 2001)" para. 3.19.新西兰和加拿大也允许股票被交易的公司主张民事赔偿。New Zealand Securities Amendment Act 1988 ss 7(2)(c), 9(2)(g), 11(2)(c), 13(2)(g), 18; Ontario Securities Act s 134(4).

 ㉚ See Dennis S. Karjala, "Statutory Regulation of Insider Trading in Impersonal Markets" (1982) 1982 *Duke Law Journal* 627, 638; William K.S. Wang, "Trading on Material Nonpublic Information on Impersonal Stock Markets: Who is Harmed, and Who can Sue Whom Under SEC Rule 10b-5?" (1981) 54 *Southern California Law Review* 1217, 1283,n.254.

 ㉜ 参见 Federal Securities Code (ALI 1980) (US), §1703(b) cmt. 1; ibid, §1702(b) cmt. 2-3;还可参见 *Elkind v. Liggett & Myers, Inc.*, 635 F.2d 156, 173 (2d Cir. 1980)."在考量各种方法之后,最终支持"吐出"非法利润这一方法。

方法还是能给受害者提供一定的补偿,尽管这一补偿的数额不多,但总比没有强。进而言之,正如一些学者所认为的那样,在公开市场交易中,相比于补偿原告,法院的首要目标应当是阻遏不法行为。㉓ 设立损害赔偿金上限的理念与此相契合,该方法在处理全额赔偿原告损失和合理阻遏不法行为的目标冲突中更偏向于后者。

此外,如果通过惩罚性赔偿来增加这一方法的威慑效果并强化受害者的诉讼积极性,这一方法将会进一步得到改善。㉔ 假如有必要激励人们提起民事诉讼从而威慑未来可能的违法行为,那么我们可以通过设置一个赔偿的倍数提高损害赔偿金的上限。这一上浮的具体倍数应根据案件的具体情况以及更广泛意义上内幕交易法律的实施效果等因素而综合决定。㉕ 例如,美国法学研究所编写的《联邦证券法典》的初稿将被告赔偿金额限定在以下范围:若"所有原告……仅购买(或出售)了被告售出(购买)的股票的数量"产生的损害赔偿金额。㉖ 在 SEC 的要求下,《联邦证券法典》对于这一条款进行了修改,被告的赔偿上限变成内幕人员所获非法收益的 1.5 倍,法院在此范围内可以自由裁量。㉗ 多倍赔偿能够强化民事诉讼的威慑效果,降低内幕交易的发生概率,从而让全体投资者都受益。

总之,"信息未披露阶段交易者"方法与合理设计的损害赔偿金上限规定两相结合,可以在界定适格原告范围和避免被告承担过重责任的两个方面提供一个适当的解决办法。设立损害赔偿金上限的规定将鼓励人

㉓ See Janet C. Alexander, "Rethinking Damages in Securities Class Actions" (1996) 48 *Stanford Law Review* 1487, 1487.该文指出在证券规管领域民事诉讼制度将赔偿作为首要目标所存在的问题,认为应当将威慑作为首要目标;James P. Dennir, "Rule 10b-5 Damages: The Runaway Development of a Common Law Remedy" (1975) 28 *University of Florida Law Review* 76, 100-101; Federal Securities Code (ALI 1980) (US), § 1711(j), cmt 7 (a). 此理论再次认为,"民事诉讼只有在现实可行的情形下才应当以赔偿为目标,而在一般情况下,应当以威慑和避免不当得利作为民事诉讼的目标"。

㉔ 为了能更好地威慑证券欺诈行为,一些学者建议使用惩罚性赔偿这一方法。William F. Highberger, "Common Law Corporate Recovery for Trading on Non-public Information" (1974b) 74 *Columbia Law Review* 267, 295-296;John Beaulieu Grenier, "Damages For Insider Trading in the Open Market: A New Limitation on Recovery Under Rule 10b-5" (1981) 34 *Vanderbilt Law Review* 797, 829;David S. Ruder and Neil S. Cross, "Limitations on Civil Liability Under 10b-5" (1972) 1972 *Duke Law Journal* 1125, 1169.

㉕ See Robert C. Clark, *Corporate Law* (Boston: Little, Brown and Company, 1986) § 8.10, p. 339.

㉖ See Federal Securities Code (ALI 1980) (US), § 1708(b)(3).

㉗ 同上注, § 1708(b)(4)(c)。

们对内幕人员提起民事诉讼并获得合理的损失赔偿,同时也能够很好地解决赔偿责任过苛带来的不公平问题。当然,该方法也有一些不足之处,但应该是目前所有的可选方法中最为合适的。

7.5 结　论

在规管内幕交易方面,民事诉讼作为私力救济的主要形式是公共执法的必要且恰当的补充。目前,这一针对内幕交易问题的有效法律工具在中国还没有得到真正运用。为提升内幕交易法律的有效性,中国正在积极考虑引入针对内幕交易行为的民事诉讼机制。

然而,针对内幕交易的民事诉讼制度还存在很多尚待解决的棘手问题,包括如何准确计算损害赔偿金的数额以及如何确定适格原告的范围。在证券欺诈类案件中,目前有多种计算损害赔偿金数额的方法。本章已阐明在这一领域中所存在的概念混淆问题,以及不同计算方法在实务中是如何处理交易后的市场风险的分配问题。更为重要的是,面对面交易中有关损害赔偿金的计算方法对于在公开市场背景下的内幕交易案件并不适用,否则将导致被告需要承担与其非法所得极度不成比例的赔偿责任。这就需要我们解答如何确定适格原告的范围。

在针对内幕交易行为而提起的民事诉讼中,如何确定适格原告的范围确实是一件棘手的事情。在把传统侵权法中有关因果关系和损害赔偿的规则移植到证券交易这一场景的艰难过程中产生了各种问题。而且,在公开市场的内幕交易案件中,为避免被告承担过苛的赔偿责任而需要限定赔偿数额,这使得问题变得更加复杂。

对于适格原告的范围问题,目前主要有三种解决方法。"相对交易者"方法认为,与内幕人员存在合同相对关系的交易者是遭受损害的主体,但在实务中,我们很难识别那些交易者。为解决这一问题,"同期交易者"方法将诉讼权利赋予了在同期进行交易的所有投资者,作为"相对交易者"的一个替代。但是,这一方法仍然忽视了公开市场中因果关系的复杂性和内幕交易造成损害的特殊性。相较而言,美国法学研究所编写的《联邦证券法典》采纳了"信息未披露阶段交易者"方法,根据这一方法,自内幕交易发生之日起至信息披露的期间内,所有与内幕交易方向作出相反的交易行为的交易者均被视作适格的原告。这考虑到了如下事实:在内幕信息公开披露并被股票价格所体现之前,存在合同相对性的交易者可能进行后续交易,从而将其最初所遭受的损害传递到他人身上。尽管"信息未披露阶段交易者"方法会使得原告范围过宽,进而导致赔偿数额也随之大增,但这一问题可通过设立损害赔偿金上限的方式予以解决。总之,"信息未披露阶段交易"这一要件与设立损害赔偿金上限的规定两相结合,能够有效地平衡各方利益,使得民事诉讼成为一项重要且适当的内幕交易法律执行机制。

第八章 结论与展望

自20世纪70年代末实行改革开放政策以来,中国经济发生了巨变。在过去的这段时间里,中国迅速崛起,成为全球经济发展的一个最为重要和强劲的推进器之一。① 中国的经济发展在全球及区域的各个层面上都不可逆转地影响着世界贸易与投资。在此背景下,中国证券市场得以建立并取得了迅猛发展。

然而,中国证券市场尚处发展的初级阶段,并存在诸多问题。内幕交易在中国就是一个明显的例子。当下,非常猖獗的内幕交易行为已然成为影响中国证券市场健康发展的一个痼疾。本书考察了中国公开报道的典型内幕交易案例,并通过访谈等实证研究方法分析了中国内幕交易行为的特征,包括内幕交易的主体、内幕信息的种类、内幕交易的行为模式以及内幕交易可能发生的场景等。

在内幕交易的问题上,中国顺应了世界潮流,在20世纪90年代设立证券交易所之初就开始规管内幕交易。确实,中国对内幕交易的规管是与证券市场的建设同步进行的,中国从一开始就努力通过立法规管内幕交易的态度给人以深刻的印象。当然,这也并不令人意外,因为中国人普遍认为内幕交易具有重大危害性,内幕交易在中国几乎是"老鼠过街,人人喊打"的程度。然而,域外对于内幕交易的认识要更为多元,认为其有利有弊,这对域外内幕交易法律的构建产生了重大影响。因此,本书从理论与实证两个维度考察了内幕交易的利弊,并得出内幕交易弊大于利的结论,赞同中国禁止内幕交易的做法。

实际上,中国内幕交易法律制度的建设主要是基于国外尤其是美国的相关经验,充分发挥了后发优势,在较短的时间内取得了很大成绩。经过二十余年的发展,中国内幕交易法律制度已从最初简单的、笼统的政治式声明逐步形成符合法治原则的、相对连贯的一套规则体系。为了提升

---

① See Department of Foreign Affairs and Trade (Australia), "Australia-China Free Trade Agreement Joint Feasibility Study" available on http://www.dfat.gov.au/geo/china/fta/china_fta_study_brochure.pdf(last visited on 30 March 2005).

投资者信心并吸引更多资金,中国还在不断努力,力求其证券法律制度与世界先进水平接轨。

尽管中国内幕交易法律制度的建设取得了长足进步,但仍存在诸多问题,严重削弱了监管机制的有效性。其中一个主要原因是,中国在引入国外经验以满足自己的立法需求时,并没有认真地检视这些经验的发展历史、立法背景、相互关系和实践情况等,导致出现对域外立法理解不全面甚至错误的问题。中国立法者认为,中国证券市场的成功发展必须配备诸如美国等发达市场那样的相关法律制度。这种思维对于中国内幕交易法律制度的建设产生了重大影响,以至于全面照搬域外的经验,而没有深入考察相关规则在中国国情下是否具有必要性、应当在多大程度上引入以及其效果会如何等重大问题。

以上问题在内幕人员的范围界定上就体现得淋漓尽致,从根本上讲,这与中国立法者对于内幕交易责任理论的理解混乱和理解偏差很有关系。中国匆忙地引入了域外关于内幕交易的很多规管理论,比如"信息机会平等理论",以及包括"古典理论"与"盗用理论"等在内的以信义义务为基础的理论,由于在引入过程中比较草率,几乎是不加甄别地照单全收,导致立法者并没有注意到这些理论之间的关系,特别是理论之间存在的冲突。仔细分析便会发现,作为全球第一个规管内幕交易的国家,美国在不断摸索和反复试错,其内幕交易法律制度也在相应地不断改变,甚至出现过推倒重来的颠覆性变化,先后采用了几种不同的理论基础。笔者认为,美国现行法律采用的以信义义务为基础的理论存在严重的问题,而且与中国当下的国情条件并不契合。相较而言,美国曾经采用的、后来被很多其他国家承继的"信息机会平等理论"更适合中国。另外,澳大利亚在界定内幕人员范围时采用的"信息联结"方法不仅具有理论上的正当性,而且在实践中也易于操作,值得中国认真对待和借鉴。

本书还在具体的规则层面对于内幕交易的核心构成要件进行了分析,包括信息的重大性标准以及信息在何种情况下才算公开等。另外,本书对内幕交易的主观要件进行了剖析。主观要件经常导致公诉人或原告举证困难,这也是实践中内幕交易执法面临的一个重要问题,但是目前学者对于中国内幕交易法中的这个要件关注还不多。笔者认为,只有当被告获知内幕信息的内容并且知悉该信息属于内幕信息的性质时,才应承担内幕交易责任。为克服举证困难问题,笔者建议在某些情况下采纳可反驳的推定规则。笔者还进一步分析了是否需要证明内幕人员不但拥有信息而且还在交易中实际利用了信息,并提出了相关的立法完善建议。

另外,笔者用专章全面分析了内幕交易的民事责任问题。这是一个复杂的问题,在中国具有重要的实践意义。作为私力救济途径,民事诉讼是公力贯彻执行内幕交易法律的一个重要且恰当的补充。虽然中国《证券法》很早就在书面上规定了内幕交易的民事责任,但一直没有真正地付诸实施。为提高内幕交易法律实施的有效性,中国目前正在积极考虑引入内幕交易的民事责任制度。

实际上,即使是在美国等发达市场,内幕交易的民事责任制度长期以来便存在诸多棘手的争议问题,比如赔偿金额的计算与原告范围的界定等。在证券案件中,损害赔偿的计算方式有很多种,但这些方式主要适用于传统的面对面交易的情形,将它们直接适用于证券领域并不合适,因为这样计算出来的赔偿金额可能会远远超过被告获得的非法收益。这又进一步引出了如何界定适格原告范围的问题。本书详细探讨了目前在域外适用的三种主要的界定方法,包括"相对交易者"方法、"同期交易者"方法以及"信息未披露阶段交易者"方法,经过比较分析,本书建议采用"信息未披露阶段交易者"方法,即原告应当包括从内幕交易发生之日起至信息披露期间内所有的与内幕交易方向相反的交易者。

需要指出,对于内幕交易问题,中国应采用一种全面和系统的规管方法。本书深入分析了中国内幕交易发生的缘由,发现除了法律上的问题外,诸如社会伦理、文化传统、政治体系以及经济诱因等非法律因素也在很大程度上促成了内幕交易在中国的发生。例如,证券行业的职业道德规范整体上较为薄弱,政府在证券市场中的角色冲突等。因此,笔者认为只有在分析过程中结合内幕交易发生的社会大背景,才能更好地理解和应对中国的内幕交易问题。

最后,本书指出了未来研究的课题和方向。限于篇幅,本书提及了一些问题,但并未给出解决方案。本书提出的改革思路将为其他问题的分析及解决方案的设计提供坚实基础。正如澳大利亚对于内幕交易法律制度的官方评估报告所表明的那样[2],未来需要解决的一个问题是,内幕

---

[2] See Corporations and Markets Advisory Committee (Australia), *Insider Trading Report (November 2003)*, Part 4.

交易法律的适用范围是否应当从传统的股票市场扩展至包括期货、利率期权等在内的其他类型的金融产品市场；如果需要进行这种扩展，那么是否应当对法律作出一些调整，以确保其能够有效地适用于这些不同的金融市场。可以预见，随着中国金融市场的持续快速发展，并不断融入全球大市场，上述问题迟早将在中国出现。

续章：中国内幕交易规管三十年（1990—2020）：检讨与完善

一、导言

在实现中国式现代化的过程中，我们需要进一步完善金融市场，以支撑经济的高质量发展。法学与金融学的相关研究表明，投资者保护的法治水平是影响金融市场发展的主要因素。[1] 这些研究引起了许多争议，其中主要的批评观点在于其过于注重法律条文而忽视了法律执行。[2] 法律的生命在于执行，制定良好的法律条文无疑很重要，但法律制度的有效性最终取决于执法。执法问题在证券市场内幕交易的规管上尤为突出，因为内幕交易非常隐蔽，素以发现难、侦破难和处罚难而著称，同时执行不到位又会严重损害投资者利益和市场信心。因此，如果只有内幕交易法律但执行不力，则无法有效遏制内幕交易活动。[3]

自我国从20世纪90年代初成立上海和深圳两个证券交易所以来，就积极借鉴域外经验逐步建立了内幕交易法律体系，主要包括《证券法》的相关条款，[4]以及一些法规、司法解释和指引性文件等，比如2007年证监会制定的《证券市场内幕交易行为认定指引（试行）》（以下简称《内幕交易行为认定指引》）[5]和

---

[1] See E.g., Rafael La Porta et al., *Legal Determinations of External Finance*,(1997) 52 J. Fin. 1131; Rafael La Porta et al., *Law and Finance*, (1998) 106 Journal of Political Economy. 1113.

[2] See E.g., John C. Coffee, Jr., *Law and the Market: The Impact of Enforcement*,(2007) 156 University of Pennsylvania Law Review 229.

[3] See Utpal Bhattacharya & Hazem Daouk, *The World Price of Insider Trading*,(2002) 57 Journal of Finance 75, 78.

[4] 由于续章的实证研究截至2019年《证券法》出台前，因此，除非特别指出，续章所称《证券法》为2005年修订并于2014年修正的《证券法》。

[5] 参见《中国证券监督管理委员会关于印发〈证券市场操纵行为认定指引（试行）〉及〈证券市场内幕交易行为认定指引（试行）〉的通知》（证监稽查字〔2007〕1号）。该通知本质上是证监会的一份内部指引文件，旨在帮助其工作人员更好地理解和执行内幕交易法律。需要指出，2020年10月《中国证券监督管理委员会关于修改、废止部分证券期货制度文件的决定》（中国证券监督管理委员会公告〔2020〕66号），废除了该指引。

2012年最高人民法院、最高人民检察院联合发布的一个处理内幕交易刑事案件的司法解释(以下简称《内幕交易罪司法解释》)等。[6] 我国内幕交易法律的执行情况如何？执法力度在国际上处于什么水平？影响执法力度的因素有哪些？我国内幕交易法律应当如何继续完善？

针对上述问题，本章收集了截至2019年《证券法》出台前我国所有与内幕交易相关的案件，运用描述统计和多元回归等方法，对于我国内幕交易执法情况进行全面和深入的实证研究，并与相关境外法域进行比较，包括美国、英国、澳大利亚、加拿大、新加坡和中国香港，最后，对于2019年《证券法》修订的得与失进行评估，指出未来继续完善的方向。

二、研究背景和问题

(一)构成要件和法律渊源

内幕交易的构成要件主要包括内幕人员、内幕信息、行为类型和主观状态等。首先，我国内幕交易法是以传统的内幕人员为中心，然后将内幕人员的范围逐步扩大。2005年《证券法》第73条概括地禁止证券交易内幕信息的知情人和非法获取内幕信息的人利用内幕信息从事证券交易活动。第74条列举了一些被视为"证券交易内幕信息的知情人"的人员，可分为以下三类。第一类是传统公司内幕人员，又可细分为三种，包括：1.上市公司及其子公司的董事、监事、经理、副经理和其他高管人员；2.除了高层管理人员外，能够获得与工作有关的内幕信息的下级员工；3.持有一家上市公司5%以上股份的股东和实控人，及其董事、监事、高管人员。第二类是所谓的临时或推定内幕人员，即根据法定职责或私人合同参与证券交易的市场人士，如承销商、会计师和律师等。第三类是证券监管官员，即证监会官员等。

需要注意，第74条还有"国务院证券监督管理机构规定的其他人"的兜底条款。《内幕交易行为认定指引》列举了五种可能属于上述兜底条款的人，包括：1.发行人、上市公司本身；2.发行人、上市公司的控股股东、实际控制人控制的其他公司及其董事、监事、高管人员；3.上市公司并购重组参与方及其有关工作人员；4.因履行工作职责而获取内幕信息的人；5.上

---

[6] 参见《最高人民法院、最高人民检察院关于办理内幕交易、泄露内幕信息刑事案件具体应用法律若干问题的解释》，法释〔2012〕6号。

述自然人的配偶。⑦

此外,第76条将非法获取重大非公开信息的人也纳入内幕人员的范围。《内幕交易行为认定指引》对该条款涵盖的人员进行了列举,包括:1.根据《证券法》第74条的规定,父母、子女以及其他因亲属关系获取内幕信息的人;2.利用骗取、套取、偷听、监听或者私下交易等非法手段获取内幕信息的人;3.通过其他途径获取内幕信息的人。⑧ 另外,《内幕交易罪司法解释》规定了刑事诉讼中认定"非法获取证券、期货交易内幕信息"的三种情形:1.利用窃取、骗取、套取、窃听、利诱、刺探或者私下交易等手段获取内幕信息的;2.主要内幕信息知情人员的近亲或者与主要内幕信息知情人员有其他密切关系的人;3.在内幕信息敏感期内与主要内幕信息知情人员有接触的人。⑨

《证券法》第75条第1款规定,内幕信息是指"证券交易活动中,涉及公司的经营、财务或者对该公司证券的市场价格有重大影响的尚未公开的信息",然后,该条第2款列举了内幕信息的一些具体类型,包括在持续性信息披露制度下第67条所列的"重大事件",以及公司分配股利或者增资的计划、公司股权结构和债务担保等方面的重大变化等。另外,内幕信息的界定也有一个兜底条款,即中国证监会规定的"其他信息"。

内幕交易责任的主观要件包括以下三个方面。第一,内幕人员确实拥有内幕信息。第二,内幕人员知道或应当知道其所拥有的信息是内幕信息。从法理上讲,这两点没有理论争议,主要是证明难度的问题,因此,中国证监会和法院一直在探索举证责任倒置的解决方式。根据《内幕交易行为认定指引》第20条,如果行为人有正当理由相信内幕信息已公开或者事先不知道泄露的信息为内幕信息,则可以免除内幕交易责任。同样,《内幕交易罪司法解释》对刑事诉讼中的举证责任倒置做出了规定:首先,《证券法》第74条所列举的董事、高管人员等将被推定为拥有相关内幕信息;⑩其次,如果相关交易"明显异常",拥有内幕信息的推定同样适用于内幕信息知情人员的近亲属,或者与内幕信息知情人员有其他密切关系的人,或者在内幕信息敏感期与内幕信息知情人员有接触的人。⑪

---

⑦ 参见《内幕交易行为认定指引》第6条第2款。
⑧ 参见《内幕交易行为认定指引》第6条第3、4、5款。
⑨ 参见《内幕交易罪司法解释》第2条。
⑩ 参见《内幕交易罪司法解释》第1条。
⑪ 参见《内幕交易罪司法解释》第2条。

在判定交易何时可视为"明显异常"时,需要综合考虑交易的总体情况。[12]最后,如果被告能够证明其对看似异常的交易有正当的理由或正当的信息来源,则上述对被告持有内幕信息的推定可以被推翻。

主观要件第三个方面关注的是,在交易时内幕人员仅拥有内幕信息是否足以使其承担法律责任,还是需要进一步证明内幕人员实际使用了该信息。这一问题在国际上被称为"持有说"与"利用说"之争,主要有四种不同观点。[13]《证券法》在这一问题上比较模糊,但《内幕交易行为认定指引》第 20 条第 1 款规定,内幕人员证明证券买卖行为与内幕信息无关的,可以免除责任。此外,《内幕交易罪司法解释》第 4 条规定,如果交易是按照事先订立的书面合同、指令、计划从事的,或基于其他正当理由或者正当信息来源的,则由持有内幕信息的人所进行的交易将不被视为内幕交易。因此,通常情况下拥有内幕信息就足够产生法律后果,但内幕人员可以通过反证其没有利用内幕信息而免责。

最后,就内幕人员的行为类型而言,除了交易行为,泄露信息和建议买卖行为也被禁止。[14]

(二)法律责任和研究对象

法律执行的保障和后果是法律责任,我国内幕交易的法律责任有三种类型,包括行政责任、刑事责任和民事责任,前两种统称为公法上的责任,第三种称为私法上的责任。根据《证券法》第 202 条,内幕交易的行政责任包括责令依法处理非法持有的证券、没收违法所得和罚款等。然而,"违法所得"一词的含义并不清楚。第一,"违法所得"是否包括通过内幕交易避免的损失?有学者似乎把"违法所得"理解为"违法利润",认为应当修改第 202 条,以便将该条适用于避免损失的案件。[15] 第二,《证券法》第 202 条对如何计算违法所得没有具体规定。对于上述两个问题,《内幕交易行为认定指引》提供了一些指导,该指引第 21 条规定,违法所得是指行为人实施内幕交易行为获取的不正当利益,即行为人买卖证券

---

[12] 参见《内幕交易罪司法解释》第 3 条。

[13] See Hui Huang, "The Insider Trading 'Possession versus Use' Debate: An International Analysis", (2006) 33 *Securities Regulation Law Journal*. 130.

[14] 参见《证券法》第 76 条。

[15] See Charlie Xiaochuan Weng & Jingwei Jia, "Assessing the Administrative Sanctions Regime for Insider Trading in China: An Empirical Approach" (2016) 10 *Asian Journal of Comparative Law* 343, 347.

获得的收益或规避的损失。《内幕交易行为认定指引》第 22 条和第 23 条进而对于如何计算违法所得提供了指导。因此,《证券法》第 202 条似乎可以用来处理避免损失的案件,本章将通过案例数据来检验这一推测。

《刑法》第 180 条规定了内幕交易的刑事责任,包括罚金、拘役和有期徒刑等。《内幕交易罪司法解释》对"情节严重"[16]和"情节特别严重"[17]等进行了界定,规定相关考量因素包括累计交易金额、获利或避免损失数额以及内幕人员的违法次数,包括交易、泄露信息和建议他人交易等,因此,本章将对相关案例进行回归统计分析,以检验上述因素的影响。

《证券法》笼统地规定了证券违法行为的民事责任,甚至给予其优先地位,但没有提供具体指导。[18] 2003 年 1 月 9 日,最高人民法院发布司法解释,为证券虚假陈述民事赔偿案件的审理提供了指导,但该解释不适用于内幕交易等其他类型的证券欺诈案件。因此,虽然实践中已有数例涉及内幕交易的民事案件,但由于缺乏诉讼主体、因果关系认定和损害赔偿标准等方面的指导,这些案件基本上没有原告胜诉。[19] 因此,与行政责任、刑事责任相比,民事责任在目前我国内幕交易法的执行中作用不彰,且限于篇幅,故不作为本章实证研究的对象。[20]

(三)研究方法和数据收集

本章有三个主要研究目标,并根据这些目标,在研究方法上进行了创新。第一,对相关案件的时间分布、内幕人员的身份、内幕信息的性质和刑事处罚的运用等进行描述性统计。这方面已有一些研究,但研究时间较早,案例样本不够全面。例如,2006 年的一个早期研究考察了我国截至 2003 年底的所有内幕交易案件;[21]该研究后来在 2012 年更新(以下简称"2012 年研究"),将样本扩大到截至 2011 年 5 月。[22] 近年来,我国加大了

---

[16] 参见《内幕交易罪司法解释》第 6 条。
[17] 参见《内幕交易罪司法解释》第 7 条。
[18] 参见《证券法》第 232 条。
[19] 例如,2008 年陈宁丰诉陈建良案撤诉,2009 年陈祖灵诉潘海深案和 2012 年李岩诉黄光裕案均未成功。2015 年 9 月 30 日,光大证券内幕交易民事案件在上海市第二中级人民法院宣判,6 名原告胜诉,成为首例胜诉的内幕交易民事案件,但该案情况特殊,不具有普遍意义。
[20] 参见《最高人民法院关于审理证券市场因虚假陈述引发的民事赔偿案件的若干规定》,法释〔2003〕2 号,已废止。
[21] See Hui Huang, *International Securities Markets: Insider Trading Law in China* (London, Kluwer Law International, 2006).
[22] See Hui Huang, "Insider Trading and the Regulation on China's Securities Market: Where Are We Now and Where Do We Go From Here?" (2012) 5 *Journal of Business Law* 379.

对内幕交易的执法力度,笔者认为有必要及时跟进研究,因此,本章将研究区间扩展到 2020 年 3 月 1 日(2019 年修订的《证券法》生效之日),[23]时间跨度约为 30 年,是目前案例覆盖较为全面的研究。[24] 为了揭示近年来的新情况,本章将与"2012 年研究"的相关发现进行纵向对比;另外,也将我国情况与其他法域进行横向对比。[25]

第二,通过观察中国证监会和法院对内幕交易实施处罚的类型、幅度和频率来衡量公共执法的强度。2017 年,澳大利亚墨尔本大学法学院一个研究团队提出了一个用于测算内幕交易处罚力度的量化模型。[26] 该模型首先根据各类处罚的严厉程度确定相应的等级体系,然后进行基本赋值,并根据处罚的具体规模或持续时间,对基本赋值进行加权调整。[27] 例如,民事或行政罚款的基本值是 4,然后根据其金额大小,进行加权以确定最终值。[28] 该量化模型已经用以测算多个法域的内幕交易执行力度,效果很好,且积累了很多相关的数据,因此,本章利用该模型来研究中国案例,可以对中国执法情况进行一个比较科学的测算,并能够与已有的境外数据进行对比。

第三,对影响内幕交易处罚力度的相关因素进行识别、测算和分析。第二个研究目标已经对于处罚力度进行了赋值量化,这里将采用多元回归分析方法,构建一个数学模型,其中的因变量就是处罚力度,属于连续变量,而自变量就是法条提及的各种影响因素,该数学模型能够检验这些因素是否以及在多大程度上对于执法力度产生了具有统计学意义的显著影响。

---

[23] 以 2019 年《证券法》生效时间作为截止日的主要考虑是,一方面通过研究 2019 年《证券法》生效之前的案例去揭示先前的执法情况,以解读新证券法的改革背景和得失;另一方面,将来时机合适,可以对生效前后两个阶段进行对比研究,以评估新证券法的实效。

[24] 近年来国内出现了一些关于内幕交易案件的实证研究,比如,彭冰:《内幕交易行政处罚案例初步研究》,载《证券法苑》2010 年第 2 期;蔡奕:《我国证券市场内幕交易的法学实证分析——来自 31 起内幕交易成案的统计分析》,载《证券市场导报》2011 年第 7 期;邢会强:《证券欺诈规制的实证研究》,中国法制出版社 2016 年版;彭志等:《中国资本市场 20 年内幕交易行为案例综述》,载《财经研究》2017 年第 12 期。这些研究有重要价值,但研究区间大都较早,且研究方法限于描述性统计,国际比较分析不足。

[25] See Victor Lei & Ian Ramsay, "Insider Trading Enforcement in Australia", (2014) 8(3) *Law and Financial Markets Review* 214; Hong Kiu Chan, Raymond Siu Yeung Chan and John Kong Shan Ho, "Enforcement of Insider Trading Law in Hong Kong: What Insights Can We Learn From Recent Convictions?" (2013) 28 *Australian Journal of Corporate Law* 271.

[26] See Lev Bromberg, George Gilligan and Ian Ramsay, "The Extent and Intensity of Insider Trading Enforcement—An International Comparison", (2017) 17(1) *Journal of Corporate Law Studies* 73.

[27] 同上注,第 104—107 页。描述该模型的工作原理。

[28] 同上注,第 106 页。该文制作了一个有用的表格,列出各种处罚的价值。

因此,本文收集了 1990 年上海和深圳两地的证券交易所成立之后,截至 2020 年 3 月 1 日(2019 年《证券法》生效之日)前的相关内幕交易案件。为了获取尽可能完整的案例样本,笔者使用了不同的搜索方法。首先,笔者在证监会官方网站上搜索了内幕交易行政处罚案件。其次,笔者通过多个不同的数据库收集案件,特别是刑事案件,包括北大法宝和北大法意等常用的数据库,[29]以及最高人民法院设立的中国裁判文书网。[30]

需要指出,与其他对于案例的实证研究一样,本文的案例样本可能由于各种原因受到选择偏差问题的影响。首先,一些内幕交易案件可能是通过不太正式的途径处理的,没有进入到最终的行政处罚或刑事判决阶段。其次,一些案件由于某些原因没有公开。最后,虽然本文使用了多个数据库,但数据库不可避免地存在不足之处,譬如其完整性和时效性等方面存疑。因此,笔者还在关注媒体报道和检索互联网上的资料,以查漏补缺。另外,笔者还与法官、证监会工作人员、律师和其他相关人员进行访谈,以获取进一步信息。笔者相信,通过综合运用上述多种收集数据的方法,数据质量足以支持本章的研究。

三、内幕交易执法的特征:描述统计

(一)总体情况:案例数量和类型

在研究期间内,本文发现了 410 起案件,与"2012 年研究"发现的 39 起相比,案件数量大幅增加。[31]这表明我国近年来内幕交易的执法力度有了显著提高。本章将研究期间以五年窗口为限进行划分,以显示案件的时间分布。

表1 1991—2020 年 30 年间内幕交易案件数量和比例

年份(年)	案件数量(个)	比例(%)	行政案件(个)	比例(%)	刑事案件(个)	比例(%)
1991—1995	1	0.24	1	0.29	0	0.00
1991	0	0.00	0	0.00	0	0.00

---

[29] 参见北大法宝,https://Chinalawinfo.com,最后访问日期:2020 年 2 月 18 日;北大法意,https://www.lawyee.net/,最后访问日期:2020 年 2 月 18 日。

[30] 参见中国裁判文书网,https://wenshu.court.gov.cn/,最后访问日期:2020 年 2 月 18 日。

[31] See Hui Huang, "Insider Trading and the Regulation on China's Securities Market: Where Are We Now and Where Do We Go From Here"? (2012) 5 *Journal of Business Law* 379, 393.

(续表)

年份（年）	案件数量（个）	比例（%）	行政案件（个）	比例（%）	刑事案件（个）	比例（%）
1992	0	0.00	0	0.00	0	0.00
1993	0	0.00	0	0.00	0	0.00
1994	1	0.24	1	0.29	0	0.00
1995	0	0.00	0	0.00	0	0.00
1996—2000	7	1.70	7	2.04	0	0.00
1996	0	0.00	0	0.00	0	0.00
1997	1	0.24	1	0.29	0	0.00
1998	1	0.24	1	0.29	0	0.00
1999	4	0.97	4	1.16	0	0.00
2000	1	0.24	1	0.29	0	0.00
2001—2005	3	0.73	1	0.29	2	2.94
2001	0	0.00	0	0.00	0	0.00
2002	0	0.00	0	0.00	0	0.00
2003	2	0.48	0	0.00	2	2.94
2004	1	0.24	1	0.29	0	0.00
2005	0	0.00	0	0.00	0	0.00
2006—2010	26	6.34	20	5.84	6	8.82
2006	0	0.00	0	0.00	0	0.00
2007	1	0.24	1	0.29	0	0.00
2008	4	0.97	3	0.87	1	1.47
2009	8	1.95	6	1.75	2	2.94
2010	13	3.17	10	2.92	3	4.41
2011—2015	150	36.58	124	36.25	26	38.23
2011	17	4.14	10	2.92	7	10.29
2012	15	3.65	14	4.09	1	1.47
2013	38	9.26	33	9.64	5	7.35

(续表)

年份 (年)	案件数量 (个)	比例 (%)	行政案件 (个)	比例 (%)	刑事案件 (个)	比例 (%)
2014	55	13.41	48	14.03	7	10.29
2015	25	6.09	19	5.55	6	8.82
2016—2020	223	54.39	189	55.26	34	50
2016	62	15.12	56	16.37	6	8.82
2017	44	10.73	33	9.64	11	16.17
2018	52	12.68	45	13.15	7	10.29
2019	65	15.85	55	16.08	10	14.70
2020	0	0.00	0	0.00	0	0.00
共计	410	100.00	342	100.00	68	100.00

图1显示,自2011年以来,案件数量呈爆炸性增长,2011—2015五年期间的案例达到150个,2016—2019仅4年间案例高达223个。㉜ 因此,在2011年至2020年3月的9年多的时间内,案例总数为373个,而1991年至2010年的20年期间的案例总数仅为37个,不足前者的十分之一。

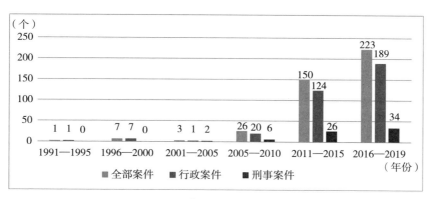

图1 案件的时间分布

从案件类型看,行政处罚案件为342起,约占全部案件的83.41%,表

㉜ 本文研究期间截至2020年3月1日,但2020年的前两个月没有案例,因此,案例的时间分布实际上是截至2019年底。

明我国在执行内幕交易法时非常依赖行政处罚。另外,刑事处罚也越来越多。在研究样本中,刑事案件共有 68 个,占比 16.59%。我国对内幕交易的刑事追诉起步缓慢,虽然刑事责任自 1997 年起就已存在,但直到 2003 年才在深深房一案中适用。㉝ 不过,自 2008 年以来,刑事案件数量明显增长,特别是自 2011 年以来,大多数年份的刑事案件数量都在 5 个以上,2017 年和 2019 年更是达到两位数。

(二)内幕人员的类型

由于在一些案件中有多名被告,因此,本章统计的被告数量有 666 个。上市公司的控制人、董事、高级管理人员等传统内幕人员占比 17.11%;加上其母公司和子公司的传统内幕人员,其总数仅为 136 人,占所有被告人数的 20.42%。与此相比,"2012 年研究"中最大的内幕人员群体是传统内幕人员,占比高达 70%。㉞

表 2 显示,本章研究中最大的内幕人员群体是推定的内幕人员。他们本身不是内幕人员,但由于参与了与相关上市公司的重大交易而获得了内幕信息,包括上市公司聘请的为重大交易提供专业服务的人员,如投资银行人士、会计师和律师等。本章统计的被告中共有 151 名推定的内幕人员,占比高达 22.67%,而在"2012 年研究"中,只有 5 名此类内幕人员,占比仅为 10%。㉟ 此外,监管官员在 3 起案件中成为内幕人员。㊱

表 2 内幕人员类型和数量

内幕人员类型	内幕人员数量(个)	比例(%)
传统内幕人员(在上市公司中)	114	17.11
推定内幕人员	151	22.67
政府官员	11	1.65
监管官员(证监会,证券交易所)	3	0.45

㉝ 参见叶环保、顾健内幕交易案,广东省深圳市罗湖区人民法院(2003)深罗法刑初字第 115 号刑事判决书。

㉞ See Hui Huang, "Insider Trading and the Regulation on China's Securities Market: Where Are We Now and Where Do We Go From Here?" (2012) 5 *Journal of Business Law* 379, 395.

㉟ 同上注。

㊱ 参见肖时庆受贿、内幕交易案,河南省郑州市中级人民法院(2011)郑刑一初字第 14 号刑事判决书(肖时庆时任中国证监会上市公司监管部副主任);《中国证监会行政处罚决定书(李洪骏)》,〔2014〕77 号(李洪涛当时在深圳证券交易所中小企业监管部工作)。

(续表)

内幕人员类型	内幕人员数量(个)	比例(%)
上市公司本身	2	0.30
上市公司母公司及其董监高	17	2.55
上市公司子公司及其董监高	5	0.75
上市公司姐妹公司及其董监高	2	0.30
《证券法》第76条所称"通过非法手段获取内幕信息的人"	19	2.85
《证券法》第76条所称"主要内幕人员的近亲或与主要内幕人员有其他密切关系的人"	222	33.33
《证券法》第76条所称"通过其他途径获取内幕信息的人"	110	16.51
其他	10	1.50
共计	666	100.00

《证券法》第74条第7项的兜底条款在实践中得到了积极适用。在11起案件中,此条款用以处罚了从事内幕交易的政府官员;㊲在2起案件中,处罚了上市公司的兄弟公司及其董事、监事和高级管理人员。㊳有10名被告被列为"其他人",因为很难将他们归入通常的内幕人员类别,主要涉及争议很大的光大证券案。�439;

如前所述,我国还引入了美国的盗用理论,以涵盖非法获取重大非公开信息的人员,主要包括三类人员:1.通过非法途径获取内幕信息的人员;2.主要内幕人员的近亲或者与主要内幕人员有其他密切关系的人员;3.通过其他途径获取内幕信息的人员。其中,第二类高达222名,占比为全部案件的三分之一,表明"管住身边人"的重要性,而第三类也有110名,其中一个重要子类是并购中的交易对方。

㊲ 参见刘宝春、陈巧玲内幕交易案,江苏省南通市中级人民法院(2010)通中刑二初字第5号刑事判决书(刘宝春时任南京市经济委员会主任);李启红等十人内幕交易、泄露内幕信息案,广东省广州市中级人民法院(2011)刑二初字第67号刑事判决书(李启红时任中山市市长)。

㊳ 参见《中国证监会行政处罚决定书(辽源得亨、辽河纺织、由春玲、赵利)》,〔2010〕22号;上海祖龙景观开发有限公司等内幕交易案,福建省高级人民法院(2010)闽刑终字第398号刑事判决书。

㊴ 参见《中国证监会行政处罚决定书(光大证券股份有限公司、徐浩明、杨赤忠等5名责任人)》,〔2013〕59号。

(三) 内幕信息的类型

表 3 显示,接近 60% 的案件的内幕信息涉及并购,主要原因有以下三个:首先,并购交易总能导致价格的重大波动,从而为内幕交易创造了机会;其次,并购活动通常涉及很多人,使得相关信息很容易泄露,增加了内幕交易的可能;最后,我国有关并购的法律制度还不够完善,特别是在信息披露方面,为内幕交易提供了温床。从比较法角度看,英国[40]和美国[41]等法域也有类似情况。

第二大类的内幕信息与重大合同或投资有关,相关案件共有 84 起,占比为 18.22%。本章也发现了涉及其他内容的内幕信息,例如股利分配方案、增资或收益等。总体而言,上述发现与"2012 年研究"的结果相似。[42]

表 3　内幕信息的内容

内幕信息的内容	信息数量(条)	比例(%)
并购	272	59.00
重大合同或投资	84	18.22
收益	11	2.38
股利分配方案	33	7.15
增资	30	6.50
其他	23	4.98
共计	461	100.00

值得指出,在高达 95.87% 的相关案例中,内幕信息都是正面的利好消息,即如果信息被披露将推高相关证券的价格。基于正面的内幕信息,内幕人员通常会事先购买相关证券,在信息公开后再出售。美国等法

---

[40] See Paul Barnes, *Stock Market Efficiency, Insider Dealing and Market Abuse* (Farnham: Gower: 2009), pp.154-61; K. Alexander, *Chapter 37-Market Structures and Market Abuse*, in Handbook of Safeguarding Global Financial Stability (Gerard Caprio, Jr., et al. eds., 2013), p.386.

[41] See See Kenneth R. Ahern, "Information Networks: Evidence from Illegal Insider Trading Tips" (2017) 125 *Journal of Financial Economics*, 26, 31-32.

[42] See Hui Huang, "Insider Trading and the Regulation on China's Securities Market: Where Are We Now and Where Do We Go From Here?" (2012) 5 *Journal of Business Law* 379, 395.

域也有类似情况,但负面内幕信息的比例高于我国。㊸

表 4 内幕信息的类型

内幕信息类型	信息数量(条)	比例(%)
正面	442	95.87
负面	19	4.12
共计	461	100.00

我国鲜有涉及负面内幕信息的案件,这并不奇怪。一方面,这类内幕交易通常更难发现和证明,因为内幕人员的交易行为是单向的,只出售证券而避免损失。相比之下,基于正面信息的内幕交易需要"先买后卖",从而留下更多的侦查线索和证据。另一方面,在我国利用负面信息进行内幕交易的机会很少。现实中,基于负面信息的内幕交易主要有两种方式:1.内幕人员在负面信息公布之前出售自己持有的相关证券。然而,除了传统的内幕人员,比如控股股东和持有公司股份的董事等,其他类型的内幕人员不太可能持有相关证券。另外,对于董事、监事和高管人员,其持股情况受到严格监管,如有变更,必须予以披露。㊹ 实际上,这些传统内幕人员并不能随意出售股份。㊺ 2.从理论上讲,知情人也可以通过卖空相关证券而获利,即先借来相关证券并出售,然后在负面信息公开导致价格下跌后回购。我国从 2010 年开始允许融资融券交易,但有各种限制。例如,股票主要限于市值巨大的蓝筹股公司,而且交易数量有限制。㊻ 简言之,内幕人员很难通过负面消息进行交易而获利,因此该类案件数量不多。

(四)内幕交易行为的类型

表 5 显示了不同类型的内幕交易行为。"只交易"类别有 383 宗,占全部案件的 83.80%。㊼ 这一类型通常是最隐秘的,因为只有内幕人员自

㊸ See Kenneth R. Ahern, "Information Networks: Evidence from Illegal Insider Trading Tips" (2017) 125 *Journal of Financial Economics*, 26, 31-32. 该文发现负面的内幕信息占比大概 25%。

㊹ 2023 年修订的《公司法》第 160 条第 2 款。

㊺ 同上注。

㊻ 参见《证券公司融资融券业务管理办法》,中国证券监督管理委员会令第 117 号。该办法第 12 条规定了投资者的资格要求,第 18 条规定了允许交易证券的范围和要求。

㊼ 这里的全部案例数量大于样本案件数量是因为有些案件中涉及多个被告,且行为类型存在差异,统计时将某些差异性的被告类型进行了附加统计。

己进行了交易。近年来随着我国对内幕交易的监管越来越严厉,内幕人员变得越来越谨慎,通常选择"闷声发大财"式的交易,而不是泄露信息或建议他人交易。

表5 内幕交易的行为类型

行为类型	案件数量(个)	比例(%)
只交易	383	83.80
只泄露信息	12	2.62
只建议交易	1	0.21
交易和泄露信息	50	10.94
交易和建议交易	7	1.53
泄露信息和建议交易	1	0.21
交易、泄露信息和建议交易	3	0.65
共计	457	100.00

表6聚焦于"只交易"的案例类别,探究内幕人员使用他人账户进行交易的情况。由于2008年以前的案例数太少,无法进行统计分析,因此本章选择从2008年开始比较。关于该部分数据的处理需要注意三点:第一,如果知情人同时使用自己的账户和他人的账户,则该案件被归入"使用自己账户"的范畴;第二,被告的总数大于表5所示的"只交易"案件的数目,是因为在许多案件中有多个被告;第三,有些案例中不清楚被告是使用自己账户还是他人账户,因此,某些年份的"使用自己账户"和"使用他人账户"的数目加起来并不等于被告的总数。

表6 用于交易证券的账户归属情况(从2008年统计)

年份(年)	使用自己账户(起)	使用他人账户(起)	所有被告人(起)	比例(%,使用他人账户/所有被告人)
2008	4	0	4	0.00
2009	9	3	13	23.07
2010	8	12	22	54.54
2011	14	7	26	26.92
2012	12	9	22	40.90

续章：中国内幕交易规管三十年（1990—2020）：检讨与完善 313

（续表）

年份（年）	使用自己账户（起）	使用他人账户（起）	所有被告人（起）	比例(%,使用他人账户/所有被告人)
2013	25	19	49	38.77
2014	36	24	60	40.00
2015	11	12	27	44.44
2016	30	29	60	48.33
2017	31	15	49	30.61
2018	24	34	63	53.96
2019	34	41	76	53.94
共计	238	205	471	43.52

上表显示，2008年使用他人账户进行交易的案例为零，但在随后几年中，这一比例大致上升到20%至40%之间，2014年后更是逐步攀升，2016年达到48.33%，2018年和2019年更是超过50%。这表明，利用他人账户进行交易的问题很普遍，而且近年来日益严重，使得内幕交易更为隐蔽，查处难度进一步增加。图2更形象地描绘了这一发展趋势。

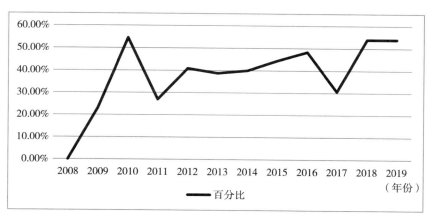

图2 使用他人账户进行交易的被告人比例（自2008年起）

（五）违法收入的计算

金钱性处罚措施是重要的行政和刑事责任的承担方式，包括纠正性金钱处罚(没收违法所得)和惩罚性金钱处罚(罚款与罚金)。这些处罚方式都是以违法所得为参照,但如何理解和计算违法所得存在争议。

表7显示,在总共666名被告中,391名通过内幕交易获得了正利润,占比近60%,这些案件都是将实际利润数额作为处罚依据,在没收利润的基础上又进行罚款。另一方面,125名内幕人员的最终利润为负,一个主要原因是,在内幕信息披露后,内幕人员继续持有证券,希望价格进一步上涨,但随后由于市场总体走势或其他原因导致价格下跌,内幕人员最终反而赔钱。这些案件大都是以名义利润作为处罚依据,但由于没有实际利润,就只执行了罚款。比如,在黄光裕内幕交易案中,黄光裕在内幕消息公布后的账面盈利是3亿元,但黄光裕一直持有该股票,后来由于2008年国际金融危机导致股市大跌,不但没有盈利,反而倒亏65%,因此,黄光裕被判处罚金6亿元,是其当初账面浮盈的两倍。㊽

与获得违法利润的案件相比,规避损失案件非常少(只有24起),仅占全部案件的3.60%。这是因为规避损失通常是利用负面的利空信息,而如前所述,在我国利用负面的内幕信息进行内幕交易的机会很少,而且更难发现。㊾ 在这些案件中,由于内幕人员没有获得违法利润,通常只受到了罚款的处罚。

表7 违法所得的计算

计算方法	被告人数量(个)	比例(%)
正利润	391	58.70
负利润	125	18.76
规避损失	24	3.60
无收益	88	13.21
不清楚	38	5.70
共计	666	100.00

上表还列举了"无收益"和"不清楚"两类。"无收益"是指内幕人员没有直接获益。譬如,内幕人员只是向他人泄露内幕消息或建议买卖,但自己并没有通过交易获利;上市公司以单位名义进行内幕交易,但相关负

㊽ 参见国美电器有限公司、北京鹏润房地产开发有限责任公司单位行贿、黄光裕非法经营、内幕交易案,北京市第二中级人民法院(2010)二中刑初字第689号刑事判决书。

㊾ 参见续章第三(三)部分。

责人员并没有直接获利。"不清楚"的案件主要是证监会没有明确提及违法所得数额,通常处以定额的罚款。㊿

四、内幕交易执法的强度:比较法角度

本部分借鉴了澳大利亚墨尔本大学法学院研究团队对内幕交易执法强度的一项重要研究(以下简称"墨大研究"),该研究对于内幕交易的各种处罚方式进行了量化赋值,并比较了六个重要法域的执法强度,包括澳大利亚、加拿大(安大略省)、新加坡、英国、美国和中国香港。㉛ 由于该研究涵盖了从2009年1月1日至2015年12月31日这7年时间的数据,因此为了具有可比性,本文使用我国的同期数据进行研究,并根据国情对数据进行相应调整。

(一)总体特征

1.被告人数

表8显示了因内幕交易而受到处罚的被告人数和内幕交易案件的数量。由于一些案件中有多个被告,故被告人数大于案件数量。我国内地的被告总人数非常多,仅次于美国,是被告人数排名第三的英国的6倍多。此外,除美国外(数据不可获得),我国内地的案件数量是最多的。

表8 被处罚的被告及相关内幕交易案件数量

法域	被告人总数(个)	内幕交易案件总数(起)
澳大利亚	30	21
中国香港	20	15
加拿大(安大略省)	24	11
新加坡	20	16
英国	53	25
美国	535	数据无法获得
中国内地	334	171
共计	1016	不清楚

㊿ 参见《中国证监会行政处罚决定书(顾振其、穆彩球)》,〔2013〕1号;《中国证监会行政处罚决定书(张明续)》,〔2014〕63号。
㉛ See Lev Bromberg, George Gilligan & Ian Ramsay, "The Extent and Intensity of Insider Trading Enforcement—An International Comparison" (2017) 17(1) *Journal of Corporate Law Studies* 73.

由于各个法域的证券市场规模不同,直接比较被告和案件的数量可能不太适当。因此,为了更好地比较各个法域的执法强度,我们根据各自的证券市场规模对于被告人数进行了调整,并以美国为基准计算相对值。具体而言,美国被告人数除以美国证券市场规模的值定为 1.0,而其他法域的值是其相对值。另外,各个证券市场的规模是根据其 2006 年和 2015 年的规模计算平均值。㊾

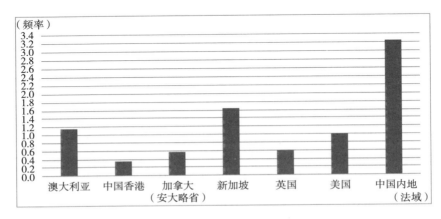

图 3　处罚频率(按市值大小调整,相对于美国)

图 3 显示,虽然美国内幕交易被告的"原始"人数最高(535 人),但我国在调整后数值最高(是美国的 3 倍多)。调整后,新加坡成为处罚频率第二高的法域,但仍明显落后于我国内地,差距高达 50%。究其原因,一方面,与其他六个法域不同,我国内地是一个新兴市场,存在上市公司治理普遍薄弱和交易投机气氛总体浓厚等问题,可能更容易发生内幕交易等市场失当行为。㊿ 另一方面,如前所述,我国内地采取了举证责任倒置以加强打击内幕交易。相比之下,这一规则在其他法域不适用。例如,根据最近中国香港的一个案例,虽然间接证据可以用来起诉内幕交易,但起诉方负有举证责任,且证据必须充分有力。㉾

　　㊾　数据来自交易所全球联合会(World Federation of Exchanges)。
　　㊿　See Hui Huang, *International Securities Markets: Insider Trading Law in China* (London, Klwwer Law International).
　　㉾　See *SFC v. Young Bik Fung and others*, HCMP 2575/2010 (15 January 2016), para 88.

2.处罚的类型和适用频率

"墨大研究"将处罚分为四大类,包括监禁刑(custodial sentences)、市场禁入(banning orders)、惩罚性罚款(punitive pecuniary sanctions)和纠正性/恢复性罚款(corrective/restorative pecuniary sanctions)。[55] 这种分类方法对我国也适用。如前所述,我国内地的内幕交易处罚类型包括有期徒刑(监禁刑)、市场禁入、行政罚款或刑事罚金(惩罚性罚款)、没收违法所得(纠正性/恢复性罚款)。

表9中处罚的数目明显高于表8中的被告人数,是因为许多被告受到一种以上的处罚。上述数据可以明确,美国的处罚数最高,出现这种情况有两方面的原因:一方面是美国的被告人数最多,另一方面与其处罚的适用类型偏好有关。如前所示,我国内地有334名被告,约占美国的62.4%(535人)。就监禁刑而言,我国内地的使用率约为美国的72.9%,这与被告人数的比例差异不是很大。我国内地惩罚性罚款的使用率约占美国的82.3%,明显高于两地被告人数的比例,然而,我国内地实施纠正性罚款的频率较低(仅占美国的34.4%),实施市场准入禁令的频率更低(不到美国的10%)。

表9 处罚的适用频率

法域	监禁刑(人)	惩罚性罚款(人)	纠正性罚款(人)	市场禁入(人)	总数(人)
澳大利亚	19	14	11	3	47
中国香港	9	12	3	11	35
加拿大(安大略省)	1	21	16	23	61
新加坡	1	20	1	2	24
英国	27	24	36	9	96
美国	85	395	524	107	1111
中国内地	62	325	180	10	577
共计	204	811	771	165	1951

为了更清楚地显示这四类处罚的普遍性差异,本文计算了在我国内

---

[55] See Lev Bromberg, George Gilligan & Ian Ramsay, "The Extent and Intensity of Insider Trading Enforcement—An International Comparison" (2017) 17(1) *Journal of Corporate Law Studies* 73.

地每种处罚占各种处罚总数的比例,并将其与其他法域进行比较。第一,我国内地约有18.6%的被告被判处监禁刑。从绝对值来看,这一监禁率似乎高于美国的15.9%,但两者之间没有统计学上的显著差异。㊾ 这一数字在某些法域中明显较高,例如澳大利亚(63.3%)、英国(50.9%)和中国香港(45%),但在其他法域较低,包括新加坡(5%)和加拿大(安大略省)(4.2%)。"2012年研究"对我国内地、美国和英国的监禁刑绝对数量进行了比较,结论是我国内地比英国更多地使用了该处罚方式,但比美国少。㊿ 然而,本节的结果与之相反,我国内地使用监禁刑的次数实际上可能落后于英国,但与美国类似。

第二,惩罚性罚款是我国内地最常见的处罚类型,几乎所有被告(97.3%)都受到了该处罚,这一数字明显高于其他法域。最后,我国内地约53.9%的被告受到了纠正性罚款,使用该处罚最频繁的是美国,比例高达97.9%。从统计学上看,我国内地的使用纠正性罚款的频率与其他六个法域的情况大体一致(这些法域的平均比例约为45.6%)。㊽ 最后,市场禁入是在我国内地使用频率最低的处罚措施,比例只有3%。虽然在其他法域,该比例差异比较大(加拿大安大略省95.8%、中国香港55%、美国20%、英国17%、澳大利亚和新加坡10%),但都高于我国内地。这里可能有两方面原因,一方面,在我国内地对于市场禁入的法律性质一直有争议,从而影响证监会适用该措施。㊾ 根据《证券法》,市场禁入是对更严重的违法行为单独规定的特别处罚。㊿ 然而,我国《行政处罚法》并没有将市场禁入明确列为行政处罚。㊶ 另一方面,市场禁入在我国的实际效果存疑。由于文化等原因,我国人际关系有其特殊性,一个人即使被市场禁入,但很容易通过其他人作为"白手套"而进行规避。

㊾ 应用卡方检验,中国和美国的监禁率在传统水平上的差异没有统计学意义(p=0.306)。

㊿ See Hui Huang, " Insider Trading and the Regulation on China's Securities Market: Where Are We Now and Where Do We Go From Here?" (2012) 5 *Journal of Business Law* 379, 398.

㊽ 应用卡方检验,中国与其他五个法域的数据在传统水平上的差异不具有统计学意义(p=0.093)。

㊾ 参见黄辉、李海龙,《强化监管背景下的中国证券市场禁入制度研究:基于实证与比较的视角》,载《比较法研究》2018年第1期。

㊿ 参见《证券法》第233条。

㊶ 参见2021年修订的《行政处罚法》第9条。

(二)各类处罚的强度

1.监禁的强度

上文讨论了处罚的总体特征,包括处罚类型和适用频率,本节将对于各类处罚的强度进行具体分析。

首先是计算我国内地监禁刑期的最高、最低、平均和中位数,并与澳大利亚、中国香港、英国和美国进行比较。新加坡和加拿大安大略省排除在外,因为在研究期间这两个国家的样本数不足,只判处了一个监禁刑。

图4显示,境外法域总体的监禁刑期约为两年,而我国内地的平均数和中位数均高于其他四个法域(平均数3.34年,中位数3年),最长刑期为9年,低于美国的17年,最短刑期为5个月。

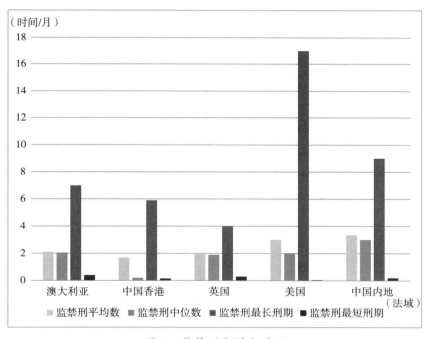

图4 监禁刑期横向对比

需要指出,监禁刑可能存在缓刑,而缓刑分为全面或部分两种。在澳大利亚,19项监禁刑中有一半以上被判处全面缓刑,这是所有法域中最高的。如表10所示,我国内地的情况与澳大利亚相似,约半数被告获判全面缓刑。

表 10 监禁刑全面缓刑的比例

法域	监禁刑数量（起）	全面缓刑的数量（起）	全面缓刑的比例（％）
澳大利亚	19	11	58
中国香港	9	1	11
加拿大（安大略省）	1	0	0
新加坡	1	0	0
英国	27	4	15
美国	85	不清楚	不清楚
中国内地	62	29	53

除了与其他法域进行横向比较外,表11展现了本节对我国内地监禁刑期逐年变化情况的纵向研究结果。从2003年我国内地开始有刑事案件后,早期(2003年至2009年)的平均监禁时间约为25个月,但2010年后这一数字已增至30个月以上,显示近年来加强打击内幕交易的趋势。

表 11 中国内地监禁刑期的纵向变化

年份(年)	平均数(月数)	中位数(月数)
2003	32.0	36.0
2008	22.0	18.0
2009	27.0	21.0
2010	38.6	36.0
2011	46.6	36.0
2012	36.0	36.0
2013	32.4	30.0
2014	33.6	36.0
2015	33.8	22.0
2016	34.7	36.0

2.市场禁入的强度

根据期限的不同,市场准入禁令可分为定期禁令和终身禁令。样本中我国有6个定期禁令和4个终身禁令。定期禁令与终身禁令的比例与海外情况基本一致。[62] 图5提供了定期禁令的平均期限、中位数期限、最长期限和最短期限的比较。在我国内地，最长的禁令为10年，平均期限为5.5年，这与其他法域特别是美国的做法大体相似。加拿大的禁令期限最长，结合表9可以发现在所有处罚中其施加禁令的被告比例最高，表明了其打击内幕交易时大量使用了禁令。

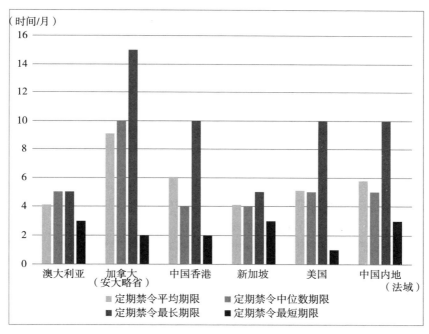

图5 定期禁令的期限

3.经济处罚的强度

本节研究经济处罚的规模及其与违法所得之间的关系，经济处罚包括惩罚性罚款和纠正性/恢复性罚款。与"墨大研究"不同，本节没有对惩罚性罚款和纠正性罚款分别进行比较，原因是各个法域对二者的法律规定方式不同。与美国类似，我国内地对于二者是分别规定，可以同时适

---

[62] See Lev Bromberg, George Gilligan & Ian Ramsay, "The Extent and Intensity of Insider Trading Enforcement—An International Comparison" (2017) 17(1) *Journal of Corporate Law Studies* 73, 93-94 (2017).

用,但在其他一些法域如英国和新加坡,倾向于在不施加纠正性罚款的情况下实施惩罚性罚款。从功能上看,英国和新加坡惩罚性罚款的威慑效果类似于中美两国的两种罚款之和。因此,本文对总体的经济处罚进行比较。另外,由于惩罚性罚款通常是参照违法所得计算的,比如我国《证券法》第202条规定惩罚性罚款的幅度在违法所得的一倍到五倍之间,本节将在"墨大研究"的基础上进行创新,扩展调查惩罚性罚款与违法所得之间的比例情况。

(1) 总体罚款

表12列出了我国内地对被告实施的总体罚款的总数、平均数和中位数的结果。表中有两行来自我国内地的数据:中国内地(a)涵盖所有案件;而中国内地(b)排除了两个最大罚款的案件,即黄光裕案和光大银行案。表13显示,这两个案件的罚款都很大,二者之和大于我国内地所有其他案件的总和,也远大于其他法域(美国除外)的所有罚款,从统计学方法上,需要排除极端值,以免扭曲数据和影响比较的有效性,因此,本节采用中国内地(b)的数据进行分析。[63]

我国内地的罚款总额约为9.07亿元人民币,约为1.41亿美元,低于美国,但远高于其他法域。需要指出,我国内地罚款总额的平均数远大于中位数,是因为一些巨额罚款扭曲了平均数。如上所述,本文已经剔除了两个最大的罚款,否则平均数和中间数之间的差距就会更大。然而,本文不能排除更多的案件,否则将影响罚款总额的样本量。鉴于上述情况,本文使用中位数作为比较项目。该表显示我国内地罚款的中位数最低。

表12 以当地货币和美元计算的罚款总数、平均数和中位数

法域	罚款总数（当地货币）	罚款总数（美元）	综合罚款的平均数（美元）	综合罚款的中位数（美元）
澳大利亚	10357292 澳元	7351606	386927	38861
中国香港	74508088 港元	9611543	686539	28380
加拿大（安大略省）	11588652 加元	8920944	405497	338431
新加坡	17468993 新元	12235582	611764	61985

---

[63] 出于同样原因,"墨大研究"也将美国的一些特大案例排除在外。

(续表)

法域	罚款总数 （当地货币）	罚款总数 （美元）	综合罚款 的平均数 （美元）	综合罚款 的中位数 （美元）
英国	21462002 英镑	31447198	669089	258256
美国[a]	925166767 美元	925166767	1869024	176926
中国内地(a)	2029756293 人民币	315998987	990592	26030
中国内地(b)[b]	906470625 人民币	141122262	445181	26030

[a] 排除了 SAC Capital Advisers, Barry Minkow 和 CR Intrinsic Investors；
[b] 排除了黄光裕案和光大银行案。

由于各法域的情况差异，直接比较罚款数额可能不适当，因此，我们根据各自证券市场的规模对于罚款数额进行调整。图 6 显示，调整后的我国内地数字低于美国，但远高于其他法域。

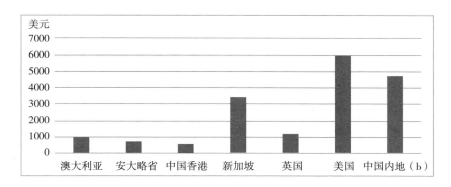

图 6　根据股票市值调整后的年度罚款总额

（2）罚款占违法收入的比例

除了比较罚款的绝对数额外，罚款与违法所得的比率也是衡量罚款强度的一个重要指标。表 13 显示，我国内地的平均罚款比率是 311.18%，高于大多数其他法域，包括美国（280.90%）、英国（287.48%）、澳大利亚（102.24%）和中国香港（85.04%），但低于新加坡（913.13%）和加拿大安大略省（590.18%）。总体而言，我国内地的平均数和中位数与美国和英国大体相近。

表 13　违法所得与罚款规模之间的关系（括号内为案件数）

法域	罚款总额的平均数与利润的比例(%)	罚款总额的中位数与利润的比例(%)	惩罚性罚款总额的平均数与利润的比例(%)	惩罚性罚款总额的中位数与利润的比例(%)
澳大利亚	102.24(n=16)	100	90.84(n=7)	100.00
中国香港	85.04(n=8)	100.00	78.41(n=6)	81.25
加拿大（安大略省）	590.18(n=18)	289.84	547.13(n=17)	199.84
新加坡	913.13(n=12)	252.92	913.13(n=12)	252.92
英国	287.48(n=24)	215.18	296.79(n=11)	198.64
美国[a]	280.90(n=426)	200.00	185.63(n=323)	100.00
中国内地(b)[b]	311.18(n=197)	200.00	247.95(n=194)	100.11

[a] 排除了 SAC Capital Advisers, Barry Minkow 和 CR Intrinsic Investors；
[b] 排除了黄光裕案和光大银行案。

表 14 是对我国内地违法所得和罚款比率的纵向研究结果。如前所述，我国规定罚款金额是违法所得的一倍至五倍。近年来处罚机关更多地将罚款数额定为违法所得的较高倍数，甚至做顶格处罚，表明我国内地对内幕交易的规管越来越严厉。

表 14　中国内地违法所得与罚款关系的纵向变化[64]

年份(年)	平均比例(%)	中位数比例(%)
1997	116.94	116.94
1998	116.39	116.39
1999	124.91	117.83
2003	101.71	102.56
2008	238.87	200.00
2009	270.57	213.04
2010	300.83	200.00
2011	212.99	200.00

[64]　在表中列出的每一年中，笔者删除顶部和底部的一个数据，以去掉极端值。

(续表)

年份(年)	平均比例(%)	中位数比例(%)
2012	346.39	233.86
2013	298.46	200.00
2014	262.37	200.00
2015	228.64	203.76
2016	300.23	286.45
2017	313.28	370.00

(三)整体处罚的强度

上一节分别研究了各种处罚的强度,本节将从整体上对其进行研究。事实上,不同类型的处罚可能在威慑效果方面相互替代。当监管机构或法院决定处罚的方式时,他们通常会考虑对同一被告采取处罚措施的整体效果。为了衡量执法的整体强度,笔者借鉴"墨大研究"的量化模型,并进行一些必要调整。该模型建立了不同类型处罚的等级体系,并为每个处罚赋值。根据我国内地与其他法域经济发展水平的差异,本节根据人均 GDP 对相关数据进行了调整。[65]

表 15 处罚强度计算表

处罚	基本值	处罚强度的倍数调整				最终的强度值				
		低	中	高	非常高					
		1	1.1	1.2	1.3	低	中	高	非常高	特殊情况
监禁刑	18	0—11 个月	12—23 个月	24—35 个月	36 个月+	18	19.8	21.6	23.4	25.74
刑事罚金(人民币)	12	0—8000	8001—20000	20001—79999	80000+	12	13.2	14.4	15.6	17.16
刑事恢复原状令,即没收违法所得的命令	11	不适用				11				12.1

[65] 人均 GDP 的数值取自世界银行(https://data.world bank.org/indicator/NY.GDP.PCAP.CD)发布的数据,并根据 2009 年至 2015 年这 7 年中每一年的比率计算平均数。

（续表）

处罚	基本值	处罚强度的倍数调整				最终的强度值				
		低	中	高	非常高	低	中	高	非常高	特殊情况
		1	1.1	1.2	1.3					
社区服务命令	10	不适用					10			不适用
全面缓刑的监禁刑	9	不适用					9			不适用
独立的有罪保释	8	不适用					8			不适用
永久/无限期市场禁入	7	不适用					7			不适用
定期的市场禁入	5	0—48个月	49—83个月	84—119个月	120—180个月	5	5.5	6	6.5	不适用
民事、行政罚款（人民币）	4	0—20000	20001—60000	60001—200000	200000+	4	4.4	4.8	5.2	5.72
民事赔偿令，即返还违法所得的命令	3	不适用					3			不适用
独立的违例声明	1	不适用					1			不适用

表16显示，我国内地的处罚强度总值为3449.23，仅次于美国，远高于其他法域；经市值调整后的处罚总值则是所有法域中最高的，几乎是美国的三倍，而位列第二的澳大利亚也明显落后于我国内地。需要注意，虽然我国内地处罚强度的总值很高，但平均数和中位数均位列倒数第二，这表明除了某些大案要案之外，我国内地对内幕交易的处罚并不严厉。

表 16　处罚总值、经市值调整的处罚值、处罚值的平均数和中位数

法域	处罚总值	市值调整的处罚总值	处罚值的平均数	处罚值的中位数
澳大利亚	492.30	0.456	16.41	18.20
加拿大（安大略省）	325.22	0.184	13.55	14.15
中国香港	343.80	0.145	17.19	17.35
新加坡	153.80	0.302	7.69	4.60
英国	731.26	0.194	13.80	12.20
美国	6742.12	0.303	12.60	7.80
中国内地	3449.23	0.809	10.81	7.80

五、内幕交易执法的强度及其影响因素：多元回归

(一) 研究假设与检验模型

本部分利用多元回归方法探讨内幕交易处罚的影响因素。由于处罚可以分为行政处罚和刑事处罚两大类且二者存在着较大的差别，因此需要对它们分别进行研究。在行政处罚中，罚款是主要的处罚类型，本章将首先研究影响罚款数额的各种因素，然后将各种行政处罚类型加总进行研究。同样，对于刑事案件，首先研究作为主要刑事处罚类型的监禁刑期的影响因素，然后将各种刑事处罚作为一个整体进行研究。这就有四个不同的因变量：1.行政罚款；2.行政处罚的总值，包括行政罚款和其他类型的行政处罚；3.监禁刑期；4.刑事处罚的总值，包括有期徒刑和其他类型的刑事处罚。这些因变量的数值通过前文中的赋值计算得出。

在确定自变量时，首先根据前文对于我国内幕交易法律的讨论，假设以下五个因素可能对处罚有影响。第一，违法所得，体现为实际利润、名义利润或规避损失；第二，行为特征，体现为是否存在交易、泄露信息、建议买卖等多种违规行为，或同一类违规行为多次发生；第三，内幕人员身份，体现为内幕人员是否为董事、监事、高级管理人员或者证监会工作人员；第四，是否造成特别恶劣的社会影响；第五，是否存在自首、供述、立功等减轻处罚因素。

除了以上五个因素之外，笔者在阅读判决的基础上，增加了另外两个潜在因素。第一，受内幕交易影响的上市公司的身份，即上市公司是否为

国有控股公司。内幕信息是上市公司的财产,内幕交易实质上侵犯了上市公司的财产权。⑯ 因此笔者的假设是,涉及国有控股上市公司的内幕交易可能受到更严厉的惩罚。第二,如前所述,内幕人员越来越多地选择使用他人账户进行交易,以逃避责任。理论上讲,处罚对违法者的威慑效果是处罚强度和被处罚概率的函数。由于使用他人账户可能降低被抓被罚的概率,因此笔者的假设是,这种行为会被从重处罚,以达到预期的威慑水平。

综上,我们使用以下多元回归模型分别确定行政罚款、行政处罚总值、监禁刑期和刑事处罚总值的决定因素。

行政罚款/行政处罚/监禁刑期/刑事处罚 $=\alpha+\beta_1$ 违法所得$+\beta_2$ 违规数量$+\beta_3$ 内幕人员身份$+\beta_4$ 社会影响$+\beta_5$ 减轻因素$+\beta_6$ 上市公司身份$+\beta_7$ 账户$+\varepsilon$

其中,因变量为:

1.行政罚款 = 行政罚款数额;

2.行政处罚 = 证监会在案件中的所有行政处罚,包括行政罚款和其他行政处罚;

3.监禁刑期 = 以监禁月数计算的监禁刑期;

4.刑事处罚 = 刑事法庭在案件中的所有刑事处罚,包括有期徒刑和其他刑事处罚。

自变量为:

1.违法所得 = 内幕人员实际利润或名义利润或规避损失;

2.违规数量 = 如果存在多种类型的违规活动(包括交易、泄露信息和建议买卖)或同一类型违规活动多次发生,则虚拟变量设置为1,否则为0;

3.内幕人员身份 = 如果内幕人员是受影响公司的董事、监事、高级管理人员或证监会的工作人员,则虚拟变量设置为1,否则为0;

4.社会影响 = 如果内幕交易造成了特别恶劣的社会影响,则虚拟变量设置为1,否则为0;

5.减轻因素 = 如果存在自首、供述和立功等减轻因素,则虚拟变量设

---

⑯ See Henry Manne, *Insider Trading and the Stock Market* (New York, the Fress Press, 1966); Stephen M. Bainbridge, *Regulating Insider Trading in the Post-Fiduciary Duty Era: Equal Access or Property Rights?* In Stephen M. Bainbridge (ed.), Research Handbook on Insider Trading (Edward Elgar Publishing, 2013), pp.80-98.

置为1,否则为0;

6.上市公司身份 = 如果公司是国有控股公司,则虚拟变量设置为1,否则为0;

7.账户 = 如果内幕人员使用他人账户进行交易,则虚拟变量设置为1,否则为0;

α和βs(待估计的系数)是常数,而ε是残基变量(误差项)。

(二)行政罚款的影响因素

为了检验回归模型的有效性,特别是自变量的多重共线性问题,首先需要对回归模型中的所有变量进行 Pearson 相关性分析。表 17 显示,违法所得与社会影响之间的二元相关系数很大(0.140),在 0.01 水平上具有统计学意义(双尾)。[67] 所有自变量之间的最大相关系数在上市公司身份和账户之间(0.200),在 0.01 水平上(双尾)具有统计学意义。但是,所有其他自变量相关系数的绝对值都在 0.140 以下,且这些变量的最大方差膨胀因子(VIF)为 1.054,远低于 4-5 的经验阈值,表明没有严重的多重共线性问题。

表 17 以行政罚款为因变量的所有变量的 Pearson 相关分析

变量	(a)	(b)	(c)	(d)	(e)	(f)	(g)
(a)行政罚款							
(b)违法所得	0.688**						
(c)违规数量	−0.023	−0.034					
(d)内幕人员身份	−0.024	−0.017	0.040				
(e)社会影响	0.258**	0.140**	−0.052	−0.024			
(f)减轻因素	−0.026	−0.037	−0.023	0.069	0.048		
(g)上市公司身份	−0.085	−0.035	−0.027	0.112*	−0.073	0.020	
(h)账户	−0.009	0.054	0.010	−0.063	0.043	−0.040	−0.200**

* 相关性在 0.05 水平上显著(双尾);
** 相关性在 0.01 水平上显著(双尾)。

---

[67] "社会影响"有时可能对应着违法所得,但并非总是如此。即使在违法所得不高的情况下,可能仍有社会影响。在刑事案件样本中,有 12 起案件的违法所得为负,即内幕人员实际上没有获利,但法院仍然认为造成了严重的社会影响。

另外,表 17 显示,因变量与一些自变量(包括违法所得和社会影响)显著相关,为自变量对因变量的影响提供了一些初步支持。然而,Pearson 相关分析只关注因变量与各个自变量之间的孤立的相关性,但实际上多个自变量之间也会相互影响,所以需要进行多元回归模型来进一步分析。

表 18 显示了多元回归结果。回归模型的拟合效果很好,F 值为 164.461,其 p 值为 0.000,校正 R^2 为 0.767,表明该模型已经涵括了行政罚款的主要影响因素。另外,模型中四个自变量的系数具有统计学意义。其中,社会影响是最重要的因素[68];其次是违法所得[69]。违法所得系数为 0.903,p 值为 0.000,显示该变量与行政罚款数额高度相关,从而表明证监会通常基于违法所得进行罚款。

表 18 行政罚款决定因素的回归分析

自变量	系数(t 值)
截距	0.262 (1.013)
违法所得 (′000000)	0.903** (33.000)
违规数量	−0.423 (−0.673)
内幕人员身份	0.195 (0.557)
社会影响	2.488** (2.879)
减轻因素	−0.597 (−1.026)
上市公司身份	−0.588 (−1.670)
账户	0.830** (2.717)
校正 R^2	0.767
F 值	164.461

a. 样本总数为 349。因变量是行政罚款数额,以人民币万元为单位;自变量违法所得以人民币百万元为单位;

b. * $P<0.05$;** $P<0.01$。

需要注意,上市公司的身份对行政罚款的数额有显著影响,p 值为 0.096 ($p<0.1$)。其系数的负号表明,当上市公司为国有控股公司时,行政罚款显著较低。之前笔者预测涉及国有控股公司案件的处罚强度应该更大,但得

---

[68] t 值为 2.879,p 值为 0.004,具有统计学意义上的显著性。
[69] t 值为 2.717,p 值为 0.007,具有统计学意义上的显著性。

出的结果恰恰相反。对此有两种可能的解释。一种可能的解释是,国有控股上市公司的内幕人员通常具有强大的社会政治资源,因此能够获得从轻处罚。另一个解释来源于数据。如前所述,2010年后我国加大了对内幕交易的打击力度,导致案件增多,处罚强度加大。我国证券市场最初主要是为国有企业筹集资金而建立的,但2010年后国有企业大多已完成上市,非国有企业的上市比例越来越高。因此,上市公司身份的负系数有可能是由于涉及内幕交易的公司身份分布不均造成的。表19可以支持这一解释,表格显示自2006年以来,样本中涉案的非国有控股公司的比例显著增加。

表19　涉及内幕交易的上市公司是否为国有控股

年份(年)	国有(个)	非国有(个)	不清楚⑦(个)	所有被告(个)	非有公司占比(%)
1991—1995	0	0	1	1	0.00
1996—2000	10	0	11	21	0.00
2001—2005	5	0	0	5	0.00
2006—2010	20	32	0	52	61.54
2011—2015	81	178	31	290	61.38
2016—2019	45	232	20	297	78.11
共计	161	442	63	666	66.37

(三)监禁刑期的影响因素

本部分以41起刑事案件中87个被告的量刑数据为基础,对影响刑期的主要因素进行研究。同样,为了检验研究模型的有效性,特别是自变量的多重共线性问题,该部分首先对回归模型中的所有变量进行Pearson相关分析。与上文针对行政罚款进行的Pearson相关分析类似,表20显示,自变量中有三个具有统计显著性的相关系数,绝对值最大的是减轻因素和上市公司身份之间的相关系数(-0.626),在0.01水平(双尾)具有统计显著性。与上文研究结果一样,该系数为负值,表明当涉案公司为国有控股公司时,减轻因素的影响较小。我们认为,其主要原因还是研究期间

---

⑦ 现实中,一些公司的控制权归属不明确,主要有两个原因。一方面,在某些案件中,判决没有提供公司的全名,而是将其称为"某某公司";另一方面,在一些早期案例中,由于时间久远,已经无法检索到相关公司在处罚时的股权信息。

内国有企业与非国有企业的分布不均衡,而不是国有企业受到了特别保护。因此,本文将在回归模型中删除上市公司身份因子。[71]

所有其他自变量的相关系数绝对值均在 0.626 以下,且这些变量的最大方差膨胀因子(VIF)仅为 1.232,远低于标准阈值 5,多重共线性问题不明显。此外,因变量与违法所得、内幕人员身份、违规数量、减轻因素和账户等自变量都存在显著相关,为自变量对因变量的影响提供了初步支持。

表 20　以监禁刑为因变量的所有变量的 Pearson 相关分析

变量	(a)	(b)	(c)	(d)	(e)	(f)	(g)
(a)监禁刑							
(b)违法所得	0.279**						
(c)违规数量	0.218*	−0.145					
(d)内幕人员身份	0.370**	0.018	0.320**				
(e)社会影响	0.098	0.016	0.167	−0.055			
(f)减轻因素	−0.301**	−0.128	−0.107	−0.093	−0.088		
(g)上市公司身份	0.203	0.092	0.108	−0.096	0.165	−0.626**	
(h)账户	0.214*	0.044	−0.100	0.122	0.140	0.213*	−0.144

表 21 显示了回归结果。回归模型的 F 值为 6.826,p 值为 0.000,校正 R^2 为 0.289,具有很好的拟合性。这表明该模型已经涵盖了对监禁刑期的主要影响因素。模型中四个自变量的系数都具有统计学意义。其中,减轻因素最显著[72],而违法所得的系数为 0.437,表明了内幕人员每从交易中获得 1000000 元违法所得,就可能被多判处 0.437 个月的有期徒刑。

表 21　监禁刑期影响因素的回归分析

自变量	系数(t 值)
截距	25.392 (3.963)
违法所得('000000)	0.437** (2.692)
违规数量	9.921 (1.609)

---

[71]　另外,Pearson 分析显示,上市公司身份的自变量与监禁刑期的因变量没有显著相关,我们对其进行了回归分析,发现在传统水平上并不显著。

[72]　显著,t 值为−2.894,p 值为 0.005。

（续表）

自变量	系数(t 值)
内幕人员身份	14.331* (2.611)
社会影响	1.284 (0.237)
减轻因素	−14.413** (−2.894)
账户	13.173* (2.510)
校正 R^2	0.289
F 值	6.826

a.案例数=87 例。因变量为监禁刑期(以月为单位);自变量违法所得以百万元人民币为单位;
b.* $P<0.05$; ** $P<0.01$。

（四）行政/刑事处罚总值的影响因素

上文分别研究了行政罚款数额和监禁时间长短的主要影响因素。现实中,行政和刑事案件通常还有其他处罚措施,在决定如何惩罚内幕人员时,监管机构或法官会对各种处罚做整体考虑。因此,本节将行政或刑事处罚的总值作为因变量,应用以下回归模型来分别研究影响行政处罚和刑事处罚强度的因素:

行政处罚/刑事处罚的整体强度= α+ β1 违法所得+ β2 违规数量+ β3 内幕人员身份+ β4 社会影响+ β5 减轻因素+ β7 账户+ ε

表 22 显示了行政处罚总值的回归结果。回归模型的 F 值为 19.741,p 值为 0.000,校正 R^2 为 0.232,拟合性良好,表明已经涵括了对行政处罚总体强度的主要影响因素。模型中三个自变量的系数具有统计学意义,社会影响是其中最重要的因素[73];其次是减轻因素[74]。

表 22　行政处罚总体强度的影响因素的回归分析

自变量	系数(t 值)
截距	6.504 (34.110)
违法所得 (000000)	0.028 (1.816)
违规数量	−0.972 (−1.894)

---

[73] t 值为 7.069,p 值为 0.000,具有统计学意义上的显著性。
[74] t 值为−4.231,p 值为 0.000,具有统计学意义上的显著性。

(续表)

自变量	系数(t 值)
内幕人员身份	0.111 (0.393)
社会影响	4.259** (7.069)
减轻因素	−2.047** (−4.231)
账户	1.411** (5.816)
校正 R^2	0.232
F 值	19.741

a.案例数=390。因变量为行政处罚总值,来自前文对于处罚强度的赋值计算;自变量违法所得以百万元人民币为单位;

b.* P<0.05; ** P<0.01。

表 23 显示了刑事处罚总体强度的回归结果。回归模型的 F 值为 6.466,p 值为 0.000,校正 R^2 为 0.276,拟合性良好,表明已经涵括了对刑事处罚总值的主要影响因素。模型中四个自变量的系数具有统计学意义,账户是其中最重要的因素,[75]其系数为 6.337,说明如果利用他人账户进行交易,就会增加 6.337 的刑事处罚值。

表 23 刑事处罚强度总值的影响因素的回归分析

自变量	系数(t 值)
拦截	22.999 (10.766)
违法所得('000000)	0.130* (2.396)
违规数量	2.196 (1.068)
内幕人员身份	2.572 (1.405)
社会影响	1.321 (0.731)
减轻因素	−5.415** (−3.262)
账户	6.337** (3.622)
校正 R^2	0.276
F 值	6.466

a.案例数=87 例。因变量是刑事处罚总值,来自前文对于处罚强度的赋值计算;自变量违法所得以百万元人民币为单位;

b.* P<0.05; ** P<0.01。

---

[75] t 值为 3.622,p 值为 0.001,具有统计学意义上的显著性。

六、实证结果分析与建议

(一)主要实证发现及其意义

本书对我国内幕交易执法情况进行了全面而深入的实证分析,研究的时间起点为 20 世纪 90 年代初设立上海和深圳的证券交易所,截止时间为 2020 年 3 月新《证券法》生效,跨越大约 30 年的时间,并与六个重要的境外法域进行了比较,包括澳大利亚、加拿大(安大略省)、中国香港、新加坡、英国和美国。主要发现总结如下:

1. 近年来内幕交易案件数量显著增长。在 1991 年至 2010 年的 20 年中,总共只有 37 个案例。然而,2011 年至 2015 年 5 年期间的案件增长量为 150 起,2016 年至 2019 年 4 年期间的案件更是高达 223 件。在总共 410 个案件中,行政案件 342 起,占比为 83.41%,表明我国在执行内幕交易法规时非常依赖行政处罚。需要指出,虽然出现刑事处罚的案件数量相对不多,但近年来增速明显,显示出我国对内幕交易的打击力度不断加强。

2. 从内幕人员类型来看,董事、高管人员等传统内幕人员所占比例不断下降,而其他类型的内幕人员日益增多,尤其是中介机构人员。从内幕信息类型看,超过半数的案件都是与并购相关的内幕信息。此外,在超过 95% 的案件中,内幕信息都是正面的利多消息,显示了我国证券市场"单边市"的特征。从内幕交易行为类型看,"只交易"案件占比很高,此外,利用他人账户进行交易的趋势明显,表明内幕交易变得日益隐蔽。

3. 从执法强度看,我国的总体处罚强度仅次于美国,但远高于其他法域。根据证券市场规模调整后,我国的处罚总值在所有法域中位列第一,但平均数和中位数是倒数第二,表明除了一些大案要案外,大多数案件的处罚强度并不高。[76] 相比而言,目前已有研究在进行处罚强度的测算时通常只看某种或某几种处罚,比如罚款的数额与倍数,而忽视其他处

---

[76] 有学者提出,"证监会短期内应当着重查处知名、重大与复杂案件"。吕成龙、范良聪:《"触不可及"还是"近在咫尺"?——证监会内幕交易执法的风格与逻辑》,载《证券法苑》2019 年第 1 期。从本文实证数据看,现实中证监会早就采取了这种策略,以提升政绩,但掩盖多数案件处罚强度并不高的问题。

罚,比如市场禁入和有期徒刑等;⑰或者仅对各种处罚方式单独测算,而没有进行加总评估,⑱因此,本章通过赋值将所有处罚进行加总计算,更能准确反映我国内幕交易的处罚力度。

4.从影响处罚的因素看,行政罚款数额的主要影响因素包括违法所得和社会影响;监禁刑期的主要影响因素包括违法所得、内幕人员身份、减轻情节和利用他人账户交易等;行政处罚总体强度的主要影响因素包括社会影响、减轻情节和使用他人账户交易等;刑事处罚总体强度的主要影响因素包括减轻情节、使用他人账户交易和违法所得等。

上述实证结果具有重要的理论和现实意义。首先,其为评估我国内幕交易法律的执行情况提供了一手的数据和信息,并可用以进一步完善立法和提升执法水平。本书实证研究揭示了我国内幕交易行政处罚和刑事处罚的相关经验,特别是关于处罚影响因素的发现,可以作为以后监管机关和法院适用法律以及发布相关指引或司法解释的基础。另外,后文将根据这些实证发现对于我国内幕交易法律进行具体的评论,并提出立法建议。

其次,这些实证结果可以作为监督证监会系统执法水平的参考,同时促进证监会系统执法体系的优化。2010年中国证监会发布《中国证券监督管理委员会派出机构行政处罚试点工作规定》,赋予地方证监局行政处罚权,在上海、广东和深圳3个辖区开展试点,2015年发布《中国证监会派出机构监管职责规定》,将试点推向全国。然而,有学者指出,36个地方监管局"呈现出对同一类型违法行为处罚裁量幅度的各自偏好",建议制定统一的处罚裁量指引。⑲ 本书的数学模型可用以科学地检验各个地方证监局的处罚尺度是否有重大差异,并为中国证监会出台处罚裁量指引提供参考。

最后,本文的实证方法可用以预测实施内幕交易行为可能受到的法律处罚,这对于律师有重大意义,也能够影响潜在内幕人员的行为选择,实现精准防范和威慑。这是当前法律科技(legal tech)的一个核心功能,是大数据在法律研究和适用中的一个重要发展方向。

---

⑰ 参见吕成龙:《中国证监会内幕交易处罚的裁量之治》,载《法学评论》2021年第5期。

⑱ 参见张舫、李响:《对证监会执法强度的实证分析》,载《现代法学》2016年第1期。

⑲ 参见吕成龙:《证监会地方执法的绩效实证与机制改革》,载《行政法学研究》2021年第4期。

(二)对于2019年《证券法》修订的评价

2019年,我国对于《证券法》进行了重大修订,包括内幕交易制度的核心规则和外围规则,各界对于此次修订有各种评论,但大多是对文本的分析,主观性较强,而本文实证结果能够为评价本次对内幕交易相关规则的修订提供客观、坚实的数据基础。

第一,2019年《证券法》增加第51条第5款,在内幕人员范围中纳入"上市公司收购人或者重大资产交易方及其控股股东、实际控制人、董事、监事和高级管理人员",这契合本书的实证发现。从内幕人员和内幕信息的类型看,并购是内幕交易的高发场合,而且,以前该主体只能通过2014年修正的《证券法》第76条和《内幕交易罪司法解释》下的兜底条款("通过其他途径获取内幕信息的人")予以规管,[80]因此,很有必要将这类内幕人员单列出来进行明确规定,凸显其重要性,加强威慑效果。

第二,第51条新增第8款规定,内幕人员也包括"因法定职责对证券的发行、交易或者对上市公司及其收购、重大资产交易进行管理可以获取内幕信息的有关主管部门、监管机构的工作人员"。本书发现,现实中已经有不少案例涉及上述人员,但以前只规定了证监会工作人员是内幕人员,因此对于他们的内幕交易行为也只能援用兜底条款进行处理。比如,在2010年的刘宝春等人内幕交易案中,刘宝春当时担任南京市经济委员会主任;[81]在2011年的李启红等人内幕交易案中,李启红当时是中山市市长。[82] 从比较法来看,中国香港明确规定了内幕人员的外延涵括"任何公职人员或指明人士",比如行政会议成员、立法会议员、负有相关行政或监管职责的委员会或团体和交易所成员等。[83] 相对而言,内地股市受政策影响更大,甚至被称为"政策市",很多政府机关和监管机构都可能接触到重大非公开信息,因此,第8款具有合理性。但从逻辑上看,该款完全可以覆盖专门规定证监会人员的第7款,建议将来删除第7款。

第三,第191条大幅提高了内幕交易的行政罚款上限,包括绝对数额和相对倍数。一方面,虽然我国的处罚总值很高,但平均数和中位数很

---

[80] 参见续章第三(二)、(三)部分。
[81] 参见刘宝春、陈巧玲内幕交易案,江苏省南通市中级人民法院(2010)通中刑二初字第5号刑事判决书。
[82] 参见李启红等十人内幕交易、泄露内幕信息案,广州市中级人民法院(2011)刑二初字第67号刑事判决书。
[83] 参见香港证券及期货事务监察委员会(SFC)颁布的《证券及期货条例》第248条。

低,这表明除了一些大案要案外,我国大多数案件的处罚强度并不高。因此,在罚款的数额方面,第191条体现了我国在内幕交易规管领域既要打"大老虎",也要打"苍蝇"的决心,从而提升案件的总体执法强度。但另一方面,提高罚款的倍数可能意义不大。2019年之前罚款金额的上限规定为违法所得的5倍,而本书发现,现实中这一比例很低,绝大多数案件是1倍,近年来3倍罚款更多出现,只有少量案件出现了顶格的5倍罚款。从比较法看,海外法域基本上都是1倍。[84] 因此,原来的5倍上限基本够用,2019年修订将倍数提高到10倍,并无太大必要,而且大幅提高行政罚款的倍数还可能影响民事责任的追究,不利于投资者的赔偿救济,应当慎用。

第四,第58条将不得"出借自己的证券账户或者借用他人的证券账户从事证券交易"的禁止性规定从原来的法人大幅扩展到了"任何单位和个人"。有人认为,此条过于宽泛,有不当限制交易权利之虞。从比较法上看,海外法域确实也没有类似的规定。然而,此条的扩张在中国国情下有其合理性。虽然此条不是直接规管内幕交易,但属于内幕交易法律的重要配套规则。本书发现,近年来我国内地出现借用他人账户以逃避内幕交易责任的趋势明显,给内幕交易的执法造成严重困难,所以中国证监会和法院在进行处罚量刑时,通常会将借用他人账户从事内幕交易作为一个重要考量因素。[85] 中国香港也有类似的做法。比如,在著名的杜军内幕交易案中[86],上诉法官在量刑时,特别提到了杜军是通过自己的账户交易,显示欺诈性不强,是最终减刑的一个重要考量因素。

(三)完善建议

内幕交易法律可以说是证券法中最复杂的制度,时至今日还有很多问题没有完全解决。美国是最早规管内幕交易的国家,但迄今也没有将内幕交易法律成文化,而是一直通过判例法进行动态发展,从比较法来看,内幕交易法律也是证券法中各国差异最大的一个领域。因此,我国当下不能奢望《证券法》在一次修订中就能解决所有问题,这必将是一个长期的过程,需要通过未来的监管实践以及理论发展逐渐完善。此节根据

---

[84] See Lev Bromberg, George Gilligan & Ian Ramsay, "The Extent and Intensity of Insider Trading Enforcement—An International Comparison" (2017) 17(1) *Journal of Corporate Law Studies* 73.

[85] 参见续章第五(四)部分。

[86] See HKSAR v Du Jun [2012] HKEC 1280.

本文实证结果，择其要者提出一些完善建议和未来课题。

1. 内幕人员的界定方法⑰

我国《证券法》在内幕人员的界定路径上存在重大缺陷，包括逻辑上的冲突和技术上的繁复，从而影响法律适用。2019年《证券法》继续对于内幕人员的界定问题采用了列举方式，使得内幕人员的名单一再增长，即使这样，仍难免不周全，存在法律漏洞。前文述及，2019年《证券法》增加了第51条第8款，将内幕人员范围扩展到证监会之外的其他监管机构和政府机关，从而可以"覆盖"2011年原中山市市长李启红案中出现的情形，而无需援引兜底条款。然而，在不断"打补丁"的过程中，新条款与老条款之间容易出现抵牾，比如，新增的第8款实际上可以涵括针对证监会官员的第7款，毕竟证监会也是"因法定职责对证券的发行、交易或者对上市公司及其收购、重大资产交易进行管理可以获取内幕信息的有关主管部门、监管机构"。另外，这种列举方式难免挂一漏万，比如，第51条第1款增加了发行人自己也是内幕人员的表述，第2款和第3款分别将发行人的母公司和子公司纳入内幕人员范围，但似乎遗漏了上市公司的兄弟公司。⑱ 现实中，为了弥补列举式立法的漏洞问题，中国证监会不得不通过《内幕交易行为认定指引》等内部文件的形式进行补足，而这在形式上难谓正当，该规范性文件的效力层级较低，引发合法性质疑。⑲ 最后，根据本书实证结果，即使在2019年《证券法》的"加长版"内幕人员名单下，有些人还是无法归入已有的内幕人员名单中，只能通过兜底条款予以涵括。⑳

这个问题实际上反映了我国内幕交易法律的构建体系问题。我国仍然采用了内幕人员与内幕信息分别界定的传统模式，容易出现内在的逻辑冲突。比如，2019年《证券法》第51条列举了各种内幕人员，但这些人都必然是内幕人员吗？他们一定都能接触到内幕信息吗？除了这些人，如果其他人知悉了内幕信息，是否也应当视为内幕人员？实际上，第

---

⑰ 关于该问题的详细讨论，参见第五章和第六章。

⑱ 如前所述，《内幕交易行为认定指引》将上市公司的兄弟公司列为内幕人员，但2020年10月，证监会发布《中国证券监督管理委员会关于修改、废止部分证券期货制度文件的决定》废除了该指引。

⑲ See Nicholas Calcina Howson, "Enforcement Without Foundation? —Insider Trading and China's Administrative Law Crisis", (2012) *American Journal of Comparative Law* 955. 不过，中国2014年《证券法》第74条授权证监会规定其他内幕人员类型的兜底条款，因此，证监会的内部指引在内幕交易人的范围上似乎并无逾越法律之处，但通过公开的、正式的部门规章进行规定更加适当。

⑳ 参见续章第三(二)部分。

51条是根据相关人员的身份与职位等界定内幕人员,带有强烈的贴标签色彩,被称为"个人联结"标准,是内幕人员界定的传统方法,以美国为代表。然而,近年来以澳大利亚为代表的更多国家开始采用"信息联结"标准,即以内幕信息为核心构建内幕交易法律体系,先界定内幕信息,然后将内幕人员定义为拥有内幕信息之人,至于其身份,在所不问。[91]

2.内幕交易的规管理论[92]

在更基本的层面上,内幕交易法律的构建模式反映了内幕交易的规管理论问题,从而导致立法技术上的路径依赖。2019年《证券法》第50条完全复制了2005年《证券法》第73条,规定了两类人员需承担内幕交易责任:一类是"内幕信息知情人",另一类是"非法获取内幕信息的人"。这两类人员的关系令人困惑。从语义上看,"内幕信息知情人"似乎能够完全涵括"非法获取内幕信息的人"。确实,一个人成为"内幕信息知情人",要么是合法获取内幕信息,要么是非法获取内幕信息。以数学的集合概念来表达,"非法获取内幕信息的人"是"内幕信息知情人"的一个子集,二者是包含关系。然而,第53条的表述似乎是将二者视为相互独立的并列关系,即"非法获取内幕信息的人"不在"内幕信息知情人"的范畴之内。[93] 那么,到底什么是"内幕信息知情人"和"非法获取内幕信息的人"?为何会出现这种明显的逻辑冲突?

如前所述,第51条通过列举的方式界定了"内幕信息知情人",根据相关人员的身份与职位等列举了各种内幕人员,实际上是借鉴了美国的内幕交易古典理论,而《内幕交易罪司法解释》界定了"非法获取内幕信息的人",实际上是运用了美国的盗用理论。这两个理论都是以交易过程中的信义义务关系为基础,故统称为"以信义义务为基础的理论"。[94]

实际上,美国基于信义义务的内幕交易理论存在很多缺陷,导致法律模糊不清、错综复杂,甚至有时相互矛盾等问题,因此,中国内幕交易法律

---

[91] See Hui Huang, *International Securities Markets: Insider Trading Law in China* (London, Kluwer Law International, 2006), Chapter 6.

[92] 关于该问题的详细论述,参见第五章。

[93] 很多学者认为,"知悉内幕信息的人员"与"其他非法获知内幕信息的人员"是相互独立的关系。参见冯果:《内幕交易与私权救济》,载《法学研究》2000年第2期;杨亮:《内幕交易论》,北京大学出版社2001年版,第210—211页;胡光志:《内幕交易及其法律控制研究》,法律出版社2002年版,第93页。

[94] Hui Huang, *International Securities Markets: Insider Trading Law in China* (London, Kluwer Law International, 2006), Chapter 5.

也出现类似问题便毫不为奇。而且,由于我国缺乏信义义务的法律理论基础,导致对于"非法获取内幕信息的人"的理解更为混乱。有学者认为,《内幕交易罪司法解释》中的"三大类非法获取内幕信息的情形,实际上远远超越了《证券法》规定的范围"。[95] 当然,由于我国证券法有兜底条款,即"国务院证券监督管理机构规定的其他人",因此,我国内幕人员的范围富有弹性,其概念的界定取决于证监会的自由裁量。本书实证研究发现,该兜底条款在实践中运用很频繁,[96]虽然有效打击了内幕交易,但也导致了法律的不确定性。

相较而言,上文提及的"信息联结"标准采用的是信息机会平等理论,即信息获取的机会必须平等。根据该理论,内幕交易责任适用于所有持有内幕信息的人,而不论其身份和职位。从逻辑上讲,该理论关注宏观层面的证券市场秩序维护,从而避开微观层面的个人关系问题,操作上也就更为简便。近年来,越来越多国家和地区选择采用该理论规管内幕交易,从2005年起,不断有学者提出,我国应该借鉴该理论对于内幕交易法律体系进行结构性的改革。[97]

需要注意,信息机会平等理论有别于信息对等理论,后者是指信息的对等,而非机会的平等。当然,虽然在概念上不难区分,但在操作上有时要区分二者并不容易。从逻辑上讲,机会的不平等导致信息的不对等,但如何判断信息不对等的原因是机会不平等造成的?如何理解"机会"的平等性?比如,如果一个交易员凭着聪明才智,依据公开的大数据信息对于股价做出正确预测而获利,通常大家都会认为是公平的,不能视为机会不平等。然而,如果大数据信息需要很高的费用才能获得或需要天价的专业版高速计算机才能处理,只有少数公司才能购置这些硬件设施,那么这算机会平等还是不平等?这个问题已经在部分非常依赖交易技术系统的高频量化交易中出现,法律应当如何对待这种技术优势,目前仍然不完全

---

[95] 陈洁:《内幕交易事实认定中自由裁量权的适用及其规制——以内幕交易"知悉"要件的推定为视角》,载《清华法学》2018年第6期。

[96] 参见续章第三(二)部分。

[97] 参见 Robin Hui Huang, "The Regulation of Insider Trading in China: A Critical Review and Proposals for Reform," (2005) 17(3) *Australian Journal of Corporate Law* 281;傅穹、曹理:《内幕交易规制的立法体系进路:域外比较与中国选择》,载《环球法律评论》2011年第5期;曾洋:《证券内幕交易主体识别的理论基础及逻辑展开》,载《中国法学》2014年第2期;吕成龙:《谁在偷偷地看牌?——中国证监会内幕交易执法的窘境与规范检讨》,载《清华法学》2017年第4期。

清楚。

3.违法所得的计算

从概念上看,违法所得可以分为两种主要形式,即违法利润和规避损失,而利润又可分为正利润和负利润。本书实证研究表明,中国证监会对内幕交易的正负利润采取不同处理方式:[98]在正利润案件中,中国证监会通常直接以实际利润作为违法所得,而在负利润案件中,则以名义利润为准。这种区别可能会导致处罚的不公平。

在中国香港,罚款都是以名义利润为准,而不管内幕人员最终获得的是正利润还是负利润。比如,在杜军内幕交易案中,杜军在内幕交易公布之前买入相应股票,然后在内幕信息公布之后分两批卖出,第一批获利3343万港币,但第二批由于2008年国际金融危机而亏损3134万港币,因此杜军实际只盈利大概200万港币。然而,法院没有以这个实际利润作为罚款基础,而是以名义利润为基础,也就是杜军在内幕信息公布后立即卖出全部股票可以赚取的利润,大概为2332万港币,并最终以这个数值为基础进行罚款。

如果杜军案发生在内地,可能会被视为正利润案件,从而没收违法所得200万港币,并进行一定倍数的罚款,其最终处罚力度将低于香港法院的判决。这将产生一个很反常的结果:如果内幕交易的实际利润很低,金钱处罚也就很低,而如果内幕交易产生亏损,则内幕交易人不但要承担投资损失,而且根据名义利润施加的金钱处罚还更高,就像黄光裕案一样,这显然不符合过罚相当的原则,也有失公平。

另外,即使是在负利润的情况下,中国证监会也并非总是以名义利润为参考进行处罚,而有可能处以定额罚款。比如,在与黄光裕案几乎同时期、案情也类似的赵建广内幕交易案中,赵建广本来有所获利,但没有及时卖出,最终由于市场大跌而倒亏35万元,证监会只对赵建广处以10万元罚款,而不是根据名义利润做出处罚,早在2010年就有学者对此提出批评,[99]不过,从本书实证数据看,中国证监会似乎已经意识到这一问题,近年来在处罚时主要以名义利润作为罚款的计算基础。

综上,本书建议内地统一采用名义利润作为惩罚性金钱处罚(罚款与罚金)的基础,而不管内幕交易的最终结果是正利润或负利润,但是对于

---

[98] 参见续章第三(五)部分。
[99] 参见彭冰:《内幕交易行政处罚案例初步研究》,载《证券法苑》2010年第2期。

纠正性金钱处罚(没收违法所得),则需要进行区分,只有当利润为正时才进行没收。另外,是否内幕人员的所有收益都应一律视为违法所得,包括其在内幕消息公布后继续持有而取得的收益?实践中,中国证监会对此表示肯定,不少学者也支持这种做法,一方面可以避免识别和分离市场因素影响的难题,另一方面也可以防止违法人的不当得利。然而,这种做法应当有个限度,否则对于被告人有失公平。美国法院对此施加了"合理期间"的限制,即被告人在内幕信息公布后一个合理期间内的收益可以视为违法所得,但在此之后的收益就不应涵括,毕竟这是被告人承担市场风险而取得的收益。⑩ 此限制较好地平衡了内幕交易的执法力度,值得我国借鉴。

4.举证责任与抗辩事由

实证研究发现,现实中一个比较突出的问题是举证责任的分配以及抗辩事由。根据最高人民法院 2011 年发布的《关于审理证券行政处罚案件证据若干问题的座谈会纪要》,法院在审理证券行政处罚案件时,应当考虑某些证券违法行为的特殊性,采用举证倒置方式,"由监管机构承担主要违法事实的证明责任,通过推定的方式适当向原告、第三人转移部分特定事实的证明责任"。⑩ 具体到内幕交易案件,如果监管机构提供的证据能够证明以下情形之一,且被处罚人不能做出合理说明或者提供证据排除其存在利用内幕信息从事相关证券交易活动的,法院就可以确认被诉处罚决定认定的内幕交易行为成立:(一)2005 年《证券法》第七十四条规定的证券交易内幕信息知情人,进行了与该内幕信息有关的证券交易活动;(二)2005 年《证券法》第七十四条规定的内幕信息知情人的配偶、父母、子女以及其他有密切关系的人,其证券交易活动与该内幕信息基本吻合;(三)因履行工作职责知悉上述内幕信息并进行了与该信息有关的证券交易活动;(四)非法获取内幕信息,并进行了与该内幕信息有关的证券交易活动;(五)内幕信息公开前与内幕信息知情人或知晓该内幕信息的人联络、接触,其证券交易活动与内幕信息高度吻合。⑩

总体而言,上述举证倒置规则极大减轻了监管机关的举证责任,对于

---

⑩ See Hui Huang, *International Securities Markets: Insider Trading Law in China* (London, Kluwer Law International, 2006), pp.265-268.
⑩ 《关于审理证券行政处罚案件证据若干问题的座谈会纪要》第 1 条。
⑩ 参见《关于审理证券行政处罚案件证据若干问题的座谈会纪要》第 5 条。

打击内幕交易发挥了重要作用,是我国处罚强度很高的重要原因,[103]但也存在一些问题。一方面,在内幕交易案件中,中国证监会和法院对于证据推定规则的依赖度很大,适用范围很宽,对于"基本吻合"和"高度吻合"等问题的论述比较笼统。这印证了有些学者对于证监会过度适用推定规则进行事实认定的担忧。[104]在法理上,监管机构或检控人应当承担举证责任,既可以是直接证据,也可以是间接证据或环境证据,而不管何种证据,都应当形成完整的证据闭环。而且,这种推定实际上包括了三个重要方面:第一,推定相关人员拥有相关信息;第二,推定这些人知道相关信息属于内幕信息;第三,推定这些人实际上使用了那些内幕信息。综上,这种推定规则在覆盖范围上很广泛,在推定后果上很严重,在适用标准上很模糊,因此,境外法域对适用推定规则非常慎重,在本章比较研究的六个境外法域中,除了新加坡,都没有采用举证倒置规则,而新加坡的推定规则也只适用于某些特定人群,比如董事等与公司有联系的传统内幕人员。[105]

另一方面,由于推定范围很宽,法律需要规定一些抗辩事由,以避免责任过苛。很多境外法域都明确规定了抗辩事由,比如澳大利亚、新加坡和中国香港等。[106]这些抗辩事由包括"中国墙"机制、[107]利用自身信息交易、[108]拥有信息但没有使用[109]和不以获利或减损为目标的交易等。在黄光裕内幕交易案中,其中一个抗辩理由就是其交易目的是长期持有而非套现获利,但法院认为:"无论黄光裕在买卖中关村股票时所持何种目的,只要作为内幕信息的知情者,在内幕信息价格交易敏感期内买卖该特定证券,无论是否获利,均不影响对内幕交易犯罪性质的认定。"[110]这个"不论

---

[103] 参见续章第四(三)部分。
[104] 参见陈洁:《内幕交易事实认定中自由裁量权的适用及其规制——以内幕交易"知悉"要件的推定为视角》,载《清华法学》2018年第6期。
[105] See Securities and Futures Act (Singapore), s 218(4).
[106] See Hong Kong Securities and Futures Ordinance, ss 271, 272 and 273; Securities and Futures Act (Singapore),ss222-230; Corporations Act 2001 (Australia), ss1043B to 1043K.
[107] 参见黄辉:《大型金融和市场机构中的中国墙制度——英美法系的经验与教训》,载《清华法学》2007年第1期。
[108] 参见陈洁:《"利用自身信息交易"作为内幕交易抗辩规则的建构——兼论我国内幕交易安全港规则的基本框架》,载《现代法学》2021年第5期。
[109] 参见 Robin Hui Huang, "The Insider Trading 'Possession versus Use' Debate: An International Analysis" (2006) 33(2) *Securities Regulation Law Journal* 130;曾洋:《证券内幕交易的"利用要件"》,载《环球法律评论》2013年第6期。
[110] 国美电器有限公司、北京鹏润房地产开发有限责任公司单位行贿,黄光裕非法经营、内幕交易案,北京市第二中级人民法院(2010)二中刑初字第689号刑事判决书。

目的"的观点值得商榷,未来立法应当增加抗辩事由的规定。

(四)未来课题

需要指出,本书对于我国内幕交易执法强度的结论不能简单地等同于执法有效性或适当性。前者是对于执法情况的一个客观水平的衡量,但至于这个水平是否在我国是最优的或适当的,还必须考虑我国的具体国情。因此,尽管本书实证研究表明,我国的内幕交易执法强度与其他六个法域相当,但这并不一定意味着这个强度水平对于我国就是有效的。作为一个新兴加转轨的法域和市场,我国存在很多独特的政治、经济和文化因素,使得我国的内幕交易发生率可能不同于(很可能是高于)其他法域,因此我国需要的执法强度水平也许应该更高,而不能只满足于国际平均水平。至于我国的最优执法强度应当是什么水平,是一个需要将来进一步研究的课题。

在研究执法强度时,还需要注意一个执法风格的问题。前文发现,近年来我国内幕交易刑事案件明显增长,特别是 2011 年以来,几乎每年的刑事案件数量都有 5—7 个。[111] 这类似于美国以处罚为主的硬性执法风格,而不同于英国强调以教化为主的柔性执法风格。在本书实证研究中,各种执法方式的赋值不同,刑事处罚的赋值远高于行政罚款和市场禁入等,比如,监禁刑的基本值高达 18,而终身市场禁入的基本值是 7,行政罚款的基本值更是只有 4。[112] 因此,在这个赋值方式下,美国的硬性执法风格强调刑事处罚,[113]其评分自然就高,在本文的执法强度榜单上排名第一。相对而言,具有绅士文化传统的英国倾向于"刑不上大夫",对于白领人士很少处以刑罚。虽然英国证券市场有几百年历史,内幕交易在 20 世纪 80 年代就已经入刑,但直到 2009 年才有第一起内幕交易刑事案件,[114]居然比我国还晚,数量更远少于我国,因此,英国在本文的榜单上排名倒数第三就不足为奇。然而,执法的目的不是简单的处罚,一罚了之不能解决问题,如何平衡执法的惩罚功能和教育功能,应当采取何种执法风格,需要进一步研究。

---

[111] 参见续章第三(一)部分。
[112] 参见续章第四(三)部分。
[113] See Illegal Insider Trading: How Widespread Is the Problem and Is There Adequate Criminal Enforcement?: Hearing Before the S. Comm. on the Judiciary, 109th Cong. 12 (2006).
[114] See B. Harris and A. Harnes, *Disciplinary and Regulatory Proceedings,* 5th ed (Jordans, 2009), Ch.17.

最后，内幕交易执法除了执法强度问题，还有执法效率问题。本章实证发现，内幕交易变得越来越隐蔽，查处难度越来越高，体现在内幕人员类型、内幕行为类型以及使用他人账户进行交易等方面。[115] 在法经济学上，违法成本可以简化表达为违法者被抓的概率与被抓后各种惩罚的乘积，即违法成本＝被抓概率×惩罚力度。[116] 本文主要研究了惩罚力度，对于被抓概率还需要进一步研究，这是被查案例与潜在案例（查处的违法案例和实际发生了但未被发现的案例）的一个比率，[117] 其数值越高，表明被查处的可能性越大，执法的效率就越高。近年来，境外法域加大了监管科技（reg tech）的运用，通过大数据和人工智能等科技手段提升执法效率，包括事前的监测、事中的介入和事后的检控，从而提高违法成本，形成"手莫伸，伸手必被捉"的心理威慑，从而阻吓违法行为的发生。当然，监管科技并不只限于内幕交易领域，而是一个普遍的金融监管课题，当前研究方兴未艾，值得关注。

---

[115] 参见续章第三（二）、（四）部分。
[116] See Hui Huang, *International Securities Markets: Insider Trading Law in China* (London, Kluwer Law International, 2006), Chapter 3.
[117] 该比率反过来对应违法暗数，即没被发现的违法案例占全部案例的比例，数值越高，表明漏网之鱼越多。白建军：《法律实证研究方法》（第二版），北京大学出版社2014年版，第322—323页。

附录1:实证研究方法

一、为什么采用定性研究?

本书采用定性的实证研究方法,通过半结构式的访谈方式获取有关中国证券市场内幕交易的信息和数据。① 访谈于2003年9月至10月在中国完成。当时,针对中国内幕交易展开实证研究的成果并不多见。本书的研究工作有助于直接且深入地理解中国证券市场的内幕交易问题。②

本书认可针对定性的实证研究方法的批评,即认为通过访谈获得定性数据仅代表部分受访者的"想法和观点","并不能代表事实的全部"。③ 然而,尽管这一方法无法产出具体的经济数据,但在收集有用信息方面,特别在涉及内幕交易领域,这一方法无疑是有巨大价值的。这是因为内幕交易从本质上讲属于极具隐蔽性的违法行为,其他形式的实证分析对此并不奏效。

内幕交易的违法性特征确实可能对实证研究造成严重阻碍。正如一位学者说的那样:"内幕交易的内在私密性决定了研究将缺乏重要的可供参考的数据。"④违法交易数据的唯一可能来源是公司内幕人员提供的交易报告,而他们不太可能主动报告其违法行为。就算部分内幕人员提供了交易报告,他们也往往无法囊括全部违法者。有学者曾言:"仅仅通

---

① 半结构式访谈是指"采访者询问事先准备的问题并记录受访者回答的访谈"。Michael Q. Patton, *Qualitative Evaluation and Research Methods* (Sage Publications, 3rd ed., 2001), p. 288.有关定性研究更多内容,参见 S. Sarantakos, *Social research* (Palgrave Macmillan, 3rd ed., 2005); W. Lawrence Neuman, *Social Research Methods: Qualitative and Quantitative Approaches* (Allyn & Bacon, 5th ed., 2002)。

② 1988年,Roman Tomasic 教授成功运用这一方法考察了澳大利亚资本市场中的内幕交易行为。参见 Roman Tomasic, *Casino Capitalism? Insider Trading in Australia* (National Gallery of Australia, 1991)。

③ Ashley Black, "The Reform of Insider Trading Law in Australia" (1992) 15(1) *The University of New South Wales Law Journal* 214, 218.

④ James D. Cox, "Insider Trading and Contracting: A critical Response to the 'Chicago School'" (1986) 1986 *Duke Law Journal* 628, 645.

过考察那些在这一领域中作出的为数不多的判例很难获知规管公司和证券市场有关法律的精确定义或解释。这些法律绝大部分并未得到法院的充分检验,因此法律报告并非理解这些法律的指南。因此,有必要去别处寻找对'法律实效'的理解。"⑤

不同于杀人、抢劫以及其他通常报道的犯罪行为,内幕交易领域并无常规的报道数据。因此,借助访谈获得的定性分析数据可帮助获得对内幕交易的总体理解。

此外,在评估内幕交易的泛滥程度以及内幕交易规管措施的有效性方面,访谈是一种极为有效的方法。就此而言,不能低估人们对内幕交易理解的重要性:"具体而言,决定个人投资者投资意愿的并不在于实际发生的内幕交易数量,而是潜在投资者认为可能发生的内幕交易的数量。"⑥

因此,如果内幕交易禁令让人们认为内幕交易较少,并因此增加投资者的信心,那么这项禁令在鼓励投资方面是成功的。换言之,假如虽然存在严厉的禁令仍无法有效遏制人们对内幕交易普遍存在的看法,则这项规管措施可能无法有效提升投资者的信心。基于此,涉及内幕交易泛滥程度的访谈数据与传统研究相比提供了一个更有意义的衡量指标。

二、准备工作

在访谈之前,本书作者查阅了大量相关文献资料。作者参加了2003年在新南威尔士大学艺术与社会科学系举办的有关定性研究方法的专题课程班。2003年完成访谈用的调查文件并经如下人员审核:

新南威尔士大学社会科学与政策学院艺术与社会科学系 Deborah Oxley 博士;

新南威尔士大学法学院 Angus Corbett;

新南威尔士大学艺术与社会科学系博士候选人 Ping Feng;

新南威尔士大学法学院 Scott Calan 博士。

而且,若干实验性的访谈在2003年9月初已开始。调查问卷在充分吸收参与实验性访谈的受访者提出的完善建议基础上最终确定。绝大多

---

⑤ Roman Tomasic, *Casino Capitalism? Insider Trading in Australia* (National Gallery of Australia, 1991),preface.

⑥ Franklin A. Gevurtz, "The Globalization of Insider trading Prohibitions" (2002) 15 *Transnational Lawyer* 63, 92 .

数来自澳大利亚的受访者在2002年9月前就已接洽好。

三、样本

2003年8月28日至2003年10月25日期间,在中国共实施31场半结构式访谈。受访者从不同职业群体中按比例挑选产生。他们包括证券监管机构官员、法官、学者、证券经纪人、律师、证券交易所官员、金融记者及普通投资者。为了平衡调研地区之间的差别,访谈在中国三个主要城市进行,包括中国北部的北京、中部的上海以及南部的广州。表1和表2分别列出受访者的职业与地域分布。

依据如下不同的标准对样本进行了精心设计:

根据监管机构监管功能的不同,访谈对象来自中国证监会的不同部门,包括法律部、发行监管部和市场监管二部。

上海证券交易所的官员来自不同的部门,如法律事务部以及市场监测部。

证券经纪人来自以上三座城市,且都是在中国排名前十的券商工作。银行家及基金经理也在受访之列。需要说明,如上三类职业在访谈项目中统称"证券从业者"。

证券律师主要来自如上三座城市的知名律师事务所。

资深法官主要来自北京和上海两地的中级及以上人民法院(包括最高人民法院)。

一名中国大型上市公司董事会秘书也接受访谈。

来自中国知名高校及研究机构的资深教授参与访谈。

挑选了来自北京、上海及广州的普通投资者。

表1 受访者的职业分布

序号	职业分布	受访人数
1	中国证监会官员(北京)	5
2	上海证券交易所官员(上海)	3
3	证券从业者	6
4	律师	2
5	金融记者	2
6	法官	2

（续表）

序号	职业分布	受访人数
7	学者	5
8	上市公司	1
9	普通投资者	3
	总计	31

表 2　受访者地域分布

序号	城市	受访人数
1	北京	14
2	上海	12
3	广州	5
	总计	31

四、访谈的开展与数据应用

访谈通常维持在一至两小时之间。每次访谈单独面对面进行。访谈地点考虑了受访者的方便，包括受访者办公室、住所、宾馆及其他地方。考虑到隐私保护，并未使用录音设备，这样会使受访者畅所欲言，然后笔者将其谈话记录下来。笔者在访谈期间尽力做好记录，并在访谈后立即进行事后整理和核实，为此花费了不少精力。遇到记录内容模糊的情形，笔者事后通过与受访者电话沟通的方式予以确认。

由于访谈是半结构式的，访谈数据需要事先分类，包括内幕交易的发生率、原因、影响、要素、责任以及规管程序。获取的数据用于支撑或反驳本书中的理论论证。

需要说明的是，囿于时间及支持基金的限制，受访者的规模并不大。因此，在归纳总结受访者的观点时要特别谨慎，尽管受访者针对中国内幕交易给出了清晰图景。无疑，这是一个好的开始，但未来仍有很多工作需要完成。

为支持访谈，笔者收集了大量文献资料并在做出相关结论时将访谈数据与文献资料（包括定量数据）结合起来，以强化分析的可靠性。

附录2：中国内幕交易案件统计表
（截至2003年）

案件名称	内幕人员	内幕信息	行为	获利（美元）	处罚（美元）	发生时间	处理时间
襄樊上证案	证券公司	并购	内幕交易	200万及5200股股票价值	没收违法所得；罚款25万；暂停营业2个月	1993年9月	1994年1月
宝安上海、宝安华阳与深圳宝灵案	大股东	并购	短线交易	24.6万股股票价值	将获利归入公司	1993年9月	1994年10月
张家界旅游公司案	上市公司	分红决议	交易	140万	没收违法所得；罚款25万；暂停营业1个月；对相关员工予以警告处分，并对员工处以4000或6000不等的罚款	1996年9月至11月	1997年3月
南方证券与北大车行案	证券公司、上市公司	增资、新项目投资	泄露内幕信息并交易	970万	没收违法所得；罚款80万；对相关员工予以警告处分；对主要负责人处以暂停营业6个月的处罚；对员工处以4000至6000不等的处罚		
轻骑集团案	上市公司	年报、并购	交易	300万	没收违法所得；罚款60万；对主要负责人处以终身市场禁入处罚；对四个负责人停业整顿3年；对相关员工处以4000至6000不等的处罚	1996年11月至1997年1月	1999年9月
戴礼辉案	高管	重组	交易	8.1776万	没收违法所得；罚款2万；警告	1997年11月	1999年5月
王川案	副总裁	并购	交易	7.439万	没收违法所得；罚款1.25万；警告	1998年2月至4月	1998年10月

（续表）

案件名称	内幕人员	内幕信息	行为	获利（美元）	处罚（美元）	发生时间	处理时间
俞梦文案	高管	重组	交易	0.9756 万	没收违法所得；罚款 6000	1998 年 3 月至 4 月	1999 年 6 月
高法山案	董事	并购	交易	2000 股股票价值	没收违法所得；警告	1999 年 6 月	2000 年 2 月
关维国案	证券监管机构工作人员	公司上市	亲属交易	9.3902 万	未认定构成内幕交易	1993 年	1994 年 9 月
深深房案	董事	项目投资	泄露内幕信息	9.5122 万	没收违法所得；刑事罚金 10 万；三年有期徒刑	2000 年 5 月	2003 年 3 月
长江控股案	大股东	盈利包装	交易	117 万	没收违法所得；刑事罚金 1.25 万；三年有期徒刑	2000 年 11 月	2003 年 10 月

参考文献

一、英文文献

(一) 论文

Acoba, Micah A., 'Insider Trading Jurisprudence After United States v. O'Hagan: A Restatement (second) of Torts § 551(2) Perspective' (1999) 84 Cornell Law Review 1356

Adams, Ryan D., '"When there is a will, there is a way": the Securities and Exchange Commission's adoption of Rule 10b-5' (2001) 47 Loyola Law Review 1133

Ainsworth, Janet E., 'Categories and Culture: On the "Rectification of Names" in Comparative Law' (1996) 82 Cornell Law Review 19

Akashi, Tomoko, 'Regulation of Insider Trading in Japan' (1989) 89 Columbia Law Review 1296

Aldave, Barbara Bader, 'Misappropriation: A General Theory of Liability for Trading on Nonpublic Information' (1984) 13 Hofstra Law Review 101

Alexander, Janet C., 'The Value of Bad News in Securities Class Actions' (1994) 41 UCLA Law Review 1421

Alexander, Janet C., 'Rethinking Damages in Securities Class Actions' (1996) 48 Stanford Law Review 1487

Anderson, Alison Grey, 'Fraud, Fiduciaries, and Insider Trading' (1982) 10 Hofstra Law Review 341

Anonymous, 'Rivkin: Witch-hunt or Justice Overdue' Australian Financial Review 11 June 2003

Anonymous, 'Rivkin Fined, Gets Periodic Detention' Australian Financial Review 29 May 2003

Avino, Graig R., 'China's Judiciary: An Instrument of Democratic Change?' (2003) 22 Penn State International Law Review 369

Ayres, Ian and Bankman, Joe, 'Substitutes for Insider Trading' (2001) 54 Stanford Law Review 235-294

Bailey, 'Insider, Inside information and the Securities Industry Act 1975' (1977) 5 Australian Business Law Review 269

Bainbridge, Stephen M., 'The Insider Trading Prohibition: A legal and Economic Enigma' (1986) 38 University of Florida Law Review 35

Bainbridge, Stephen M., 'Incorporating State Law Fiduciary Duties into the Federal Insider Trading Prohibition' (1995) 52 Washington and Lee Law Review 1189

Bainbridge, Stephen M., 'Insider Trading Regulation: The Path Dependent Choice between Property Rights and Securities Fraud' (1999) 52 SMU Law Review 1589

Barry, John F., 'The Economics of Outside Information and Rule 10b-5' (1981) 129 University of Pennsylvania Law Review 1307

Bauman, Todd A., 'Insider Trading at Common Law' (1984) 51 The University of Chicago Law Review 838

Baumhaut, 'How Ethical Are Businessman?' (1961) 39 Harvard Business Law Review 6

Bayne, David Cowan, 'Insider Trading: The Demise of the Misappropriation Theory - And Thereafter' (1997) 41 Saint Louis University Law Journal 625

Bebchuk, Lucian A., 'Managerial Power and Rent Extraction in the Design of Executive Compensation' (2002) 69 University of Chicago Law Review 751

Beeson, Jonn R., 'Rounding the Peg to Fit the Hole: A Proposed Regulatory Reform of the Misappropriation Theory' (1996) 144 University of Pennsylvania Law Review 1077

Bhattacharya, Utpal and Daouk, Hazem, 'The World Price of Insider Trading' (2000) available at http://papers.ssrn.com/sol3/papers.cfm? abstract_id 200914 (last visited on 8 February 2005).

Bhattacharya, Utpal, et al., 'When an Event is not an Event: The Curious Case of an Emerging Market' (2000) 55 Journal of Financial Economics 69

Black, Ashley, 'Policies in the Regulation of Insider Trading and the

Scope of Section 128 of the Securities Industry Code' (1988) 16 Melbourne University Law Review 633

Black, Ashley, 'The Reform of Insider Trading Law in Australia' (1992) 15(1) The University of New South Wales Law Journal 214

Black, Ashley, 'Regulating Market Manipulation: Sections 997–999 of the Corporations Law' (1996) 70 The Australian Law Journal 987

Black, Bernard S., 'The Legal and Institutional Preconditions for Strong Securities Markets' (2001) 48 UCLA Law Review 781

Black, Bernard S. and Kraakman, Reinier, 'A Self Enforcing Model of Corporate Law' (1996) 109 Harvard Law Review 1911–1982

Black, Bernard S. and Kraakman, Reinier, 'Delaware's Takeover Law: The Uncertain Search for Hidden Value' (2002) 96 Northwestern University Law Review 521–566

Black, Bernald S., et al., 'Russian Privatization and Corporate Governance: What Went Wrong?' (2000) 52 Stanford Law Review 1731

Block, Denis J. and Hoff, Jonathan M., 'Insider Trading Liability: "Use v. Possession"' New York Law Journal 29 October 1998

Bainbridge, Stephen M., 'The Law and Economics of Insider Trading: A Comprehensive Primer' 46, available at http://papers.ssrn.com/paper.taf?abstact_id261277 (last visited on 8 April 2005)

Bogert, George G., 'Confidential Relations and Unenforceable Express Trusts' (1928) 13 Cornell Law Review 237

Brudney, Victor, 'Insiders, Outsiders, and Informational Advantages Under the Federal Securities Law' (1979) 93 Harvard Law Review 322

Brudney, Victor, 'O'Hagan's Problems' (1997) 1997 Supreme Court Review 249

Carlton, Dennis W. and Fischel, Daniel R., 'The Regulation of Insider Trading' (1983) 35 Stanford Law Review 857

Charlie Xiao-chuan Weng and Jingwei Jia, 'Assessing the Administrative Sanctions Regime for Insider Trading in China: An Empirical Approach' (2016)10 Asian Journal of Comparative Law 343—347

Cheffins, Brian R. and Thomas, Randall S., 'The Globalization Trend for Executive Pay' (Paper presented at the Corporate Governance Conference,

Melbourne Australia, 13 February 2004)

Chin, Andrew, 'Accurate Calculation of Short- Swing Profits Under Section 16(b) of the Securities Exchange Act' (1997) 22 The Delaware Journal of Corporate Law 587

Chmiel, Michael J., 'The Insider Trading and Securities Fraud Enforcement Act of 1988: Codifying a Private Right of Action' (1990) University of Illinois Law Review 645

Coffee, John C. Jr., 'From Tort to Crime: Some Reflections on the Criminalization of Fiduciary Breaches and the Problematic Line Between Law and Ethics' (1981) 19 American Criminal Law Review 117

Coffee, John C. Jr., 'Law and the Market: The Impact of Enforcement' (2007) 156 University of Pennsylvania Law Review 229

Coffee, John C. Jr., 'Is Selective Disclosure Now Lawful?' (1997) New York Law Journal

Coffee, John C. Jr., 'Rescuing the Private Attorney General: Why the Model of the Lawyer as Bounty Hunter Is Not Working' (1983) 42 Maryland Law Review 215

Coffee, John C. Jr., 'Understanding the Plaintiff's Attorney: The Implications of Economic Theory for Private Enforcement of Law Through Class and Derivative Actions' (1986) 86 Columbia Law Review 669

Comment, 'Securities Law-Rule 10b- 5 Standing-Pledge of Securities in a Loan Transaction Held to Constitute a Sale-Mallis v. Fdic.' (1977) 52 New York University Law Review 651

Grenier, John Beaulieu, 'Damages For Insider Trading in the Open Market: A New Limitation on Recovery Under Rule 10b- 5' (1981) 34 Vanderbilt Law Review 797

Lee, Ronald B., 'The Measure of Damages under Section 10(b) and Rule 10b- 5' (1987) 46 Maryland Law Review 1266

Corbett, Angus, 'The Rationale for the Recovery of Economic Loss in Negligence and the Problem of Auditors' Liability' (1994) 19 Melbourne University Law Review 814

Corbett, Angus, 'The (Self) regulation of Law: a Synergistic Model of Tort law and Regulation' (2002) 25 no. 3 The University of New South Wales

Law Journal 616

Cornell, Bradford and Morgan, R. Gregory, 'Using Finance Theory to Measure Damages in Fraud on the Market Cases' (1990) 37 UCLA Law Review 883

Cox, Charles C. and Fogarty, Kevin S., 'Bases of Insider Trading Law' (1988) 49 Ohio State Law Journal 353

Cox, James D., 'Insider Trading and Contracting: A critical Response to the "Chicago School"' (1986) 1986 Duke Law Journal 628

Cox, James D., 'An Outsider's Perspective of Insider Trading Regulation in Australia' (1990) 12 Sydney Law Review 456

Cox, James D, 'United States Introduces Fair Disclosure and Insider Trading Reforms' (2001) The Australian Law Journal 286-288

Dalley, Paula J., 'From Horse Trading to Insider Trading: The Historical Antecedents of the Insider Trading Debate' (1998) 39 William and Mary Law Review 1289

Daly, Brian, 'Of Shares, Securities, and Stakes: The Chinese Insider Trading Law and the Stakeholder Theory of Legal Analysis' (1996) 11 American University Journal of International Law and Policy 971

Davis, Jeffry L., 'Disgorgement in Insider Trading Cases: A Proposed Rule' (1994) 22 Securities Regulation Law Journal 283

Dennis, Roger J., 'Materiality and the Efficient Capital Market Model: A Recipe for the Total Mix' (1984) 25 William and Mary law review 373

Deng, Xiaoping, Selected Works of Dengxiaoping(The Bureau for Compilation and Translation of works of Marx, Engles, Lenin and Stalin under the Central Committee of the Communist Party of China trans.)(1994)

Dent, George W. Jr.,'Ancillary Relief in Federal Securities Law: A Study in Federal Remedies' (1983) 67 Minnesota Law Review 865

Dessent, Michael H., 'Weapons to Fight Insider Trading in the 21st Century: A Call For the Repeal of Section 16(b)' (2000) 33 Akron Law Review 481

Depetris and Summit, 'The Insider-Trading Panic: Overlooked Element of Scienter' (1986) New York University Journal 1

Diamond, Phyllis, 'Mclucas Hails O'Hagan Ruling, But Says Issuers over Reach of Theory Remain' (1997) 29 Securities Regulation Law Journal 1097

Dooley, Michael P., 'Enforcement of Insider Trading Restrictions' (1980) 66 Virginia Law Review 1

Dougherty, Veronica M., 'A [Dis]semblance of Privity: Criticizing the Contemporaneous Trader Requirement in Insider Trading' (1999) 24 Delaware Journal of Corporate Law 85

Duggan, A., 'The Insider Trading Laws- An Unsprung Trap' (1997) 11 Commercial Law Quarterly 7

Dyer, Boyd Kimball, 'Economic Analysis, Insider Trading, and Game Markets' (1992) 1992 Utah Law Review 1

Easterbrook, Frank H., 'Insider Trading, Secret Agents, Evidentiary Privileges, and the Production of Information' (1981) 1981 Supreme Court Review 309

Eckstein, T. Andrew, 'The SEC's New Regulation FD: A Return to The Parity Theory?' (2001) 69 University of Cincinnati Law Review 1289

Eisenberg, Melvin Aron, 'The Structure of Corporation Law' (1989) 89 Columbia Law Review 1461

Elson, Charles M., 'Director Compensation and the Management- Captured Board- The History of a Symptom and a Cure' (1996) 50 SMU Law Review 127

Estevan- Quesada, C., 'The Implementation of the European Insider Trading Directive' (1999) 10 European Business Law Review 492

Fama, Eugene F., 'Efficient Capital Markets: A Review of Theory and Empirical Work' (1970) 25 Journal of Finance 383

Fisch, Jill E., 'Start Making Sense: An Analysis and Proposal for Insider Trading Regulation' (1991) 26 Georgia Law Review 179

Fischel, Daniel R., 'Use of Modern Finance Theory in Securities Fraud Cases Involving Actively Traded Securities' (1982) 38 Business Lawyer 1

Fischel, Daniel R., 'Insider Trading and Investment Analyst: An Economic Analysis of Dirks v. Securities and Exchange Commission' (1984) 13 Hofstra Law Review 127

Fischel, Daniel R. and Ross, David J., 'Should the Law Prohibit "Manipulation" in Financial Market?' (1991) 105 Harvard Law Review 503

Frankel, Tamar, 'Implied Rights of Action' (1981) 67 Virginia Law Review 553

Freeman, Milton, 'Comments at the Conference on Codification of the Federal Securities Laws' (1967) 22 Business Lawyer 793

Freeman, Mark A. and Adams, Michael A., 'Australian Insiders' Views on Insider Trading' (1999) 10 Australian Journal of Corporate Law 148

Fried, Jesse M., 'Reducing the Profitability of Corporate Insider Trading Through Pretrading Disclosure' (1998) 71 Social Science Law Review 303

Fu, Jian, 'Information Disclosure and Corporate Governance in Listed Companies in China: from Yinguangxia to Enron' (2004) 17(1) Australian Journal of Corporate Law 48

Gabaldon, Theresa A., 'Unclean Hands and Self-Inflicted Wounds: The Significance of Plaintiff Conduct in Actions for Misrepresentation Under Rule 10b-5' (1986) 71 Minnesota Law Review 317

Gevurtz, Franklin A., 'The Globalization of Insider trading Prohibitions' (2002) 15 Transnational Lawyer 63–98

Gilson, Ronald J. and Kraakman, Reinier H., 'The Mechanisms of Market Efficiency' (1984) 70 Virginia Law Review 549

Grasmick, Harold G. and Bursik, Robert J. Jr., 'Conscience, Significant Others, and Rational Choice: Extending the Deterrence Model' (1990) 24 Law & Society Review 837

Greenberg, Judith G., 'Insider Trading and Family Values' (1998) 4 William & Mary Journal of Women and the Law 303

Gu, Mingkang and Art, Robert C., 'Securitization of State Ownership: Chinese Securities Law' (1996) 18 Michigan Journal of International Law 115

Haddock, David D. and Macey, Jonathan R., 'A Coasian Model of Insider Trading' (1986) 80 Northwestern University Law Review 1449

Haft, Robert J., 'The Effect of Insider Trading Rules on the Interal Efficiency of the Large Corporation' (1982) 80 Michigan Law Review 1051

Halverson, Karen, 'China's WTO Accession: Economic, Legal and Political Implications' (2004) 27 Boston College International and Comparative Law Review 319

Hazen, Thomas Lee, 'Corporate Insider Trading: Reawakening the Common Law' (1982) 39 Washington and Lee Law Review 845

Heller, Harry, 'Chiarella, SEC Rule 14e-3 and Dirks: "Fairness" Versus Economic Theory' (1982) 37 Business Lawyer 517

Henning, Peter J., 'Between Chiarella and Congress: A Guide to the Private Cause of Action for Insider Trading Under the Federal Securities Laws' (1990) 39 University of Kansas Law Review 1

Hill, Jennifer G., et al., 'Corporate Governance and Executive Remuneration: Rediscovering Managerial Positional Conflict' (2002) 25 no. 2 The University of New South Wales Law Journal 294

Hill, Jennifer G., 'Deconstructing Sunbeam – Contemporary Issues in Corporate Governance' (1999) 67 no. 4 University of Cincinnati Law Review 1099

Holland, Kevin and Hodgkinson, Lynn, 'The Pre-Announcement Share Price Behaviour of UK Takeover Targets' (1994) 21 Journal of Business Finance and Accounting 46

Hong Kiu Chan, Raymond Siu Yeung Chan and John Kong Shan Ho, 'Enforcement of Insider Trading Law in Hong Kong: What Insights Can We Learn From Recent Convictions?' (2013) 28 Australian Journal of Corporate Law 271

Horwich, Allan, 'Possession Versus Use: Is There a Causation Element in the Prohibition on Insider Trading?' (1997) 52 Business Lawyer 1235

Howson, Nicholas Calcina, 'Enforcement Without Foundation? - Insider Trading and China's Administrative Law Crisis' (2012) 60 American Journal of Comparative Law 955

Huang, Hui, 'The Insider Trading "Possession versus Use" Debate: An International Analysis' (2006) 33 Securities Regulation Law Journal 130

Huang, Hui, 'China's Takeover Law: A Comparative Analysis and Proposals for Reform' (2005) 30 Delaware Journal of Corporate Law 145

Huang, Hui, 'The Regulation of Insider Trading in China: A Critical Review and Proposals for Reform' (2005) 17(3) Australian Journal of Corporate Law 281

Huang, Hui, 'Compensation for Insider Trading: Who should be Eligible

Claimants?' (2006) 20(1) Australian Journal of Corporate Law 84-115

Huang, Hui, 'Insider Trading and the Regulation on China's Securities Market: Where Are We Now and Where Do We Go From Here?' (2012) 5 Journal of Business Law 379

Huang, Hui, 'Enforcement of Chinese Insider Trading Law: An Empirical and Comparative Perspective' (2020) 68(3) American Journal of Comparative Law 517-575

Industry Canada, 'Insider Trading Discussion Paper' (February 1996)

Ishizumi, Kanji, 'Insider Trading Regulation: An Examination of Section 16(b) and A Proposal for Japan' (1979) 47 Fordham Law Review 449

James, Fleming Jr. and Gray, Oscar S., 'Misrepresentation - Part II' (1978) 37 Maryland Law Review 488

Jennings, Robert, 'Intraday Changes in Target Firm's Share Price and Bid-Ask Quotes around Takevoer Annoucements' (1994) 17 The Journal of Financial Research 255

Johnson, Kevin R., 'Liability for Reckless Misrepresentations and Omissions Under Section 10(b) of the Securities Exchange Act of 1934' (1991) 59 University of Cincinnati Law Review 667

Coffee, John C., Jr., 'Law and the Market: The Impact of Enforcement' (2007) 156 University of Pennsylvania Law Review 229

Jolly, David W., 'Knowing Possession vs. Actual Use: Due Process and Social Costs in Civil Insider Trading Actions' (1999) 8 George Mason Law Review 233

Jones, Carol A.G., 'Capitalism, Globalization and Rule of law: an Alternative Trajectory of Legal Change in China' (1994) 3 Social & Legal Studies 195

Jooste, R., 'The Regulation of Insider Trading in South Africa- Another Attempt' (2000) 117 South African Law Journal 284

Kahan, Marcel, 'Securities Laws and the Costs of "Inaccurate" Stock Prices' (1992) 41 Duke Law Journal 986

Karjala, Dennis S., 'Statutory Regulation of Insider Trading in Impersonal Markets' (1982) 1982 Duke Law Journal 627

Karmel, Roberta S., 'Outsider Trading on Confidential Information - A

Breach in Search of a Duty' (1998) 20 Cardozo Law Review 83

Karmel, Roberta S., 'Transnational Takeover Talk – Regulations Relating to Tender Offers and Insider Trading in the United States, the United Kingdom, Germany, and Australia' (1998) 66 University of Cincinnati Law Review 1133

Kaufman, Michael J., 'The Real Measure of Damages Under Rule 10b-5' (1989) 39 Catholic University Law Review 29

Kasznik, Ron, 'On the Association Between Voluntary Disclosure and Earnings Management' available at http://papers.ssrn.com/sol3/papers.cfm?abstract_id 15062 (last visited on 21 July 2004)

Kenny, Michael P. and Thebaut, Theresa D., 'Misguided Statutory Construction to Cover the Corporate Universe: The Misappropriation Theory of Section 10(b)' (1995) 59 Albany Law Review 139

Kenneth R. Ahern, 'Information Networks: Evidence from Illegal Insider Trading Tips' (2017) 125 Journal of Financial Economics 26, 31-32

Keown, Arthur J. and Pinkerton, John M., 'Merger Announcements and Insider Trading Activity: An Empirical Investigation' (1981) 36 Journal of Finance 855

Kidd, Ronald F., 'Insider Trading: The Misappropriation Theory versus an "Access to Information" Perspective' (1993) 18 Delaware Journal of Corporate Law 101

Klock, Mark, 'Mainstream Economics and the Case for Prohibiting Insider Trading' (1994) 10 Georgia State University law review 297

Keeton, W. Page, 'Fraud – Concealment and Nondisclosure' (1936) 15 Texas Law Review 1

Kenneth R. Ahern, 'Information Networks: Evidence from Illegal Insider Trading Tips' (2017) 125 Journal of Financial Economics , 26, 31-32

Klausner, Michael, 'The Limits of Corporate Law Reform' (Paper presented at the 21st Century Commercial Law Forum: Corporate Law Reform for a Global Competitive Economy, Beijing, 14-15 September 2002)

Kluver, John, 'Insider Trading' (Paper presented at the Corporate Law Teachers' Association Conference 2005, Sydney, 7-8 February 2005)

Kostritsky, Juliet P., 'Rationalizing Liability for Nondisclosure Under 10b-5: Equal Access to Information and United States v. Chiarella' (1980)

1980 Wisconsin Law Review 162

Kraus, Alan and Stoll, Hans R., 'Price Impacts of Block Trading on the New York Stock Exchange' (1972) 27 Journal of Finance 569

Krawiec, Kimberly D., 'Fairness, Efficiency, and Insider Trading: Deconstructing the Coin of the Realm in the Information Age' (2001) 95 Northwestern University Law Review 443

Kronman, Anthony Townsend, 'Mistake, Disclosure, Information, and the Law of Contracts' (1978) 7 The Journal of Legal Studies 1

Langevoort, Donald C., 'Insider Trading and the Fiduciary Principle: A Post- Chiarella Restatement' (1982) 70 California Law Review 1

Langevoort, Donald C., 'Words from on High about Rule 10b-5: Chiarella's History, Central Bank's Future' (1995) 20 Delaware Journal of Corporate Law 865

Langevoort, Donald C., 'Capping Damages for Open-Market Securities Fraud' (1996) 38 Arizona Law Review 639

Langevoort, Donald C., 'Rereading Cady, Roberts: The Ideology and Practice of Insider Trading Regulation' (1999) 99 Columbia Law Review 1319

Lev Bromberg, George Gilligan and Ian Ramsay, 'The Extent and Intensity of Insider Trading Enforcement—An International Comparison' (2017) 17(1) Journal of Corporate Law Studies 73

Lawson, Gary, 'The Ethics of Insider Trading' (1988) 11 Harvard Journal of Law & Public Policy 727

Lee, Ian B., 'Fairness and insider trading' (2002) 2002 Columbia Business Law Review 119

Levmore, Saul, 'Securities and Secrets: Insider Trading and the Law of Contracts' (1982) 68 Virginia Law Review 117

Levmore, Saul, 'In Defense of the Regulation of Insider Trading' (1988) 11 Harvard Journal of Law & Public Policy 101

Li, Oriana N., 'Note, United States v. Smith: The Use-Possession Debate in SEC Enforcement Actions Under § 10(b)' (1999) 74 Washington Law Review 395

Li, Xiuchi, 'Research on the Incidence of Insider Trading and Market Manipulation in the Case of Takeover on China's Stock Market' (2003) (unpublished working paper of China Securities Research Co Ltd, on file with the author)

Lipton, Martin and Mazur, Robert B., 'The Chinese Wall Solution to the Conflict Problems of Securities Firms' (1975) 50 New York University Law Review 459

Lobo, Gerald J. and Zhou, Jian, 'Disclosure Quality and Earnings Management' available at http://papers.ssrn.com/sol3/papers.cfm?abstract_id265550 (last visited on 10 August 2004)

Lorie, James H.,'Insider Trading: Rule 10b-5, Disclosure, and Corporate Privacy: A Comment' (1980) 9 Journal of Legal Studies 819

Macey, Jonathon R., 'From Fairness to Contract: The New Direction of the Rules Against Insider Trading' (1984) 13 Hofstra Law Review 9

Macey, Jonathan R., 'Securities Trading: A Contractual Perspective' (1999) 50 Case Western Reserve Law Review 269

Macey, Jonathan R. and Miller, Geoffrey P., 'An Economic Analysis of Conflict of Interest Regulation' (1997) 82 Iowa Law Review 965

Manne, Henry G., 'Insider Trading and the Law Professors' (1970) 23 Vanderbilt Law Review 547

Mannolini, J., 'Insider Trading- The Need for Conceptual Clarity' (1996) 14 Company and Securities Law Journal 151

Mendelson, Morris, 'The Economics of Insider Trading Reconsidered' (1969) 117 University of Pennsylvania Law Review 470

Meyer, Peter W. R., 'Fraud and Manipulation in Securities Markets: A Critical Analysis of Section 123 to 127 of the Securities Industry Code' (1986) 4 Company and Securities Law Journal 92

Mitchell, Lawrence E., 'The Fairness Rights of Corporate Bondholders' (1990) 65 New York University Law Review 1165

Moore, Jennifer, 'What is Really Unethical About Insider Trading?' (1990) 9 Journal of Business Ethics 171

Moran, 'Insider Trading in the Stock Market: An Empirical Test of the Damages to outsiders' (Center for the Study of American Business, Washington Univ., St. Louis, Working Paper No. 89, July 1984)

Morgan, Richard J., 'Insider Trading and the Infringement of Property

Rights' (1987) 48 Ohio State Law Journal 79

Mullaney, Thomas J., 'Theories of Measuring Damages in Security Cases and the Effects of Damages on Liability' (1977) 46 Fordham Law Review 277

Nagy, Donna M., 'Reframing the Misappropriation Theory of Insider Trading Liability: a Post-O'Hagan Suggestion' (1998) 59 Ohio State Law Journal 1223

Nagy, Donna M., 'The "Possession vs. Use" Debate in the Context of Securities Trading by Traditional Insiders: Why Silence Can Never be Golden' (1999) 67 University of Cincinnati Law Review 1129

Naylor, J., 'The Use of Criminal Sanctions by UK and US Authorities for Insider trading' (1990) 11 The Company Lawyer 53

Neumann, Jennifer L., 'Insider Trading: Does "Aware" Really Resolve the "Possession" Versus "Use" Debate?' (2001) 7 Washington University Journal of Law & Policy 189

Nnona, George C., 'International Insider Trading: Reassessing the Propriety and Feasibility of the U.S. Regulatory Approach' (2001) 27 North Carolina Journal of International Law and Commercial Regulation 185-253

Highberger, William F., 'Common Law Corporate Recovery for Trading on Non-public Information' (1974) 74 Columbia Law Review 267

Note, 'Limiting the Plaintiff Class: Rule 10b-5 and the Federal Securities Code' (1974) 72 Michigan Law Review 1389

Leas, Philip J., 'The Measure of Damages in Rule 10b-5 Cases Involving Actively Traded Securities' (1974) 26 Stanford Law Review 371

Denvir, James P., 'Rule 10b-5 Damages: The Runaway Development of a Common Law Remedy' (1975) 28 University of Florida Law Review 76

Brown, Anne Graff, 'A Re-Evaluation of Federal and State Regulation of Insider Trading on the Open Securities Market' (1980) 58 Washington University Law Quarterly 915

Coulom, Frank F. Jr. 'Rule 10b-5 and the Duty to Disclose Market Information: It Takes a Thief' (1980) 55 St. John's Law Review 93

Note, 'In Pari Delicto Under the Federal Securities Laws' (1987) 72 Cornell Law Review 345

Note, 'Insider Trading in Junk Bonds' (1992) 105 Harvard Law Review

1720

Parsons, Michael D., 'Securities – Rule 10b-5 – Traders with Inside Information on the Impersonal Market Are not Liable to Those Persons Trading After the Insider Has Ceased Trading but Before Public Disclosure' (1977) 8 Texas Tech Law Review 742

Mitchell, Deborah I., 'Laventhall v. General Dynamics Corporation: No Recovery for Plaintiff- Option Holder in a Case of Insider Trading Under Rule 10b-5' (1984) 79 Northwestern University Law Review 780

O'Connor, Marleen A., 'Toward a More Efficient Deterrence of Insider trading: The Repeal of Section 16(b)' (1989) 58 Fordham Law Review 309

Orts, Eric W., 'Shirking and Sharking: A Legal Theory of the Firm' (1998) 16 Yale Law & Policy Review 265

Painter, Richard W., 'Insider Trading: Insider Trading and the Stock Market Thirty Years Later' (1999) 50 Case Western Reserve Law Review 305

Painter, Richard W., et al., 'Don't Ask, Just Tell: Insider Trading After United States v. O'Hagan' (1998) 84 Virginia Law Review 153

Painter, William H., 'Inside Information: Growing Pains for the Development of Federal Corporation Law Under Rule 10b-5' (1965) 65 Columbia Law Review 1361

Palmieri, Nicola W., 'Good Faith Disclosures Required During Precontractual Negotiations' (1993) 24 Seton Hall Law Review 70

Pitt, Harvey L. and Groskqufmanis, Karl A., 'The Supreme Court Has Upheld the Misappropriation Theory, But How Far the SEC Will Take the Ruling Is Anything But Clear' (1997) Narional Law Journal 4 August

Poser, Norman S., 'Chinese Wall or Emperor's New Clothes? Regulating Conflicts of Interest of Securities Firms in the U.S. and the U.K.' (1988) 9 Michigan Yearbook International Legal Studies 91

Prakash, Saikrishna, 'Our Dysfunctional Insider Trading Regime' (1999) 99 Columbia Law Review 1491

Pritchard, A. C., 'United States v. O'Hagan: Agency Law and Justice Powell's Legacy for the Law of Insider Trading' (1998) 78 Boston University Law Review 13

Qu, Charles Zhen, 'An Outsider's View on China's Insider Trading

Law' (2001) 10 Pacific Rim Law and Policy Journal 327

Qu, Charles Zhen, 'The Efficacy of Insider Trading Civil Liability Regime in the Corporations Act' (2002) 14 Australian Journal of Corporate Law 161

Rafael La Porta, et al., 'Legal Determinations of External Finance' (1997) 52 Journal of Finance 1131

Rafael La Porta, et al., 'Law and Finance' (1998) 106 Journal of Political Economy 1113

Ramirez, Steven A. and Gilbert, Christopher M., 'The Misappropriation Theory of Insider Trading Under United States v. O'Hagan : Why Its Bark is Worse Than Its Bite' (1998) 26 Securities Regulation Law Journal 162

Ramsay, Ian M., 'Allocating Liability in Corporate Groups: an Australian Perspective' (1999) 13 no. 2 Connecticut Journal of International Law 329

Ramsay, Ian M., 'Corporate Governance, Shareholder Litigation and the Prospects for a Statutory Derivative Action' (1992) 15 The University of New South Wales Law Journal 149

Ramsay, Ian M., 'Directors and Officers' Remuneration: the Role of the Law' (1993) July The Journal of Business Law 351

Rapp, Robert N., 'Fridrich v. Bradford and the Scope of Insider Trading Liability Under SEC Rule 10b-5: A Commentary' (1977) 38 Ohio State Law Journal 67

Ratner, David L., 'Federal and State Roles in the Regulation of Insider Trading' (1976) 31 Business Lawyer 947

Redmond, Paul, 'The Reform of Directors' Duties' (1992) 15 The University of New South Wales Law Journal 86

Report of the House of Representative Standing Committee on Legal and Constitutional Affairs, Fair Shares for All: Insider Trading in Australia (11 October 1990, Australia)

Ribstein, Larry E., 'Federalism and Insider Trading' (1998) 6 Supreme Court Economic Review 123

Richards, Clay, ' "Selective Disclosure: 'A Fencing Match Conducted on a Tightrope" and Regulation FD- The SEC's Latest Attempt to "Electrify the Tightrope' ' ' (2000) 70 Mississippi Law Journal 417

Rosenbaum, Robert D. and Bainbridge, Stephen M., 'The Corporate Takeover Game and Recent Legislative Attempts to Define Insider Trading' (1988) 26 American Criminal Law Review 229

Ruder, David S., 'Securities Arbitration in the Public Interest: the Role of Punitive Damages' (1997) 92 Northwestern University Law Review 69

Ruder, David S. and Cross, Neil S., 'Limitations on Civil Liability Under 10b-5' (1972) 1972 Duke Law Journal 1125

Ruggiero, Eugenio, 'The Regulation of Insider Trading in Italy' (1996) 22 Brooklyn Journal of International Law 157

Ryan, Harley E. and Wiggins, Roy A., 'Differences in the Compensation Stuctures of the CEO and Other Managers' (2000) 6 Journal of Business & Economic Studies 22

Salbu, Steven R., 'The Misappropriation Theory of Insider Trading: A Legal, Economic, and Ethical Analysis' (1992) 15 Harvard Journal of Law & Public Policy 223

Scheppele, Kim Lane, '"It's Just Not Right": The Ethics of Insider Trading' (1993) 56 Law and Contemporary Problems 123

Schipani, Cindy A. and Liu, Junhai, 'Corporate Governance in China: Then and Now' (2002) 2002 Columbia Business Law Review 1

Schoen, Karen, 'Insider Trading: The "Possession versus Use" Debate' (1999) 148 University of Pennsylvania Law Review 239

Schotland, Roy A., 'Unsafe at Any Price: A Reply to Manne, Insider Trading and the Stock Market' (1967) 53 Virginia Law Review 1425

Schwert, William G., 'Markup Pricing in Mergers and Acquisitions' (1996) 41 Journal of Financial Economics 153

Scott, Austin W., 'The Fiduciary Principle' (1949) 37 California Law Review 539

Scott, Kenneth E., 'Insider Trading: Rule 10b-5, Disclosure and Corporate Privacy' (1980) 9 Journal of Legal Studies 801

Seligman, Joel, 'The Reformulation of Federal Securities Law Concerning Nonpublic Information' (1985) 73 Georgetown Law Journal 1083

Seligman, Joel, 'A Mature Synthesis: O'Hagan Resolves "Insider" Trading's Most Vexing Problems' (1998) 23 Delaware Journal of Corporate

Law 1

Semaan, Lori, et al. , 'Is Insider Trading a Necessary Evil for Efficient Markets? An International Comparative Analysis' (1999) 17 Company and Securities Law Journal 220

Shi, Donghui and Fu, Hao, 'The Regulation of Insider Trading in China: A Legal and Economic Study' (paper presented at the Symposium on ' "Behavioral Finance and Capital Market" ', Nanjing, China, 29 – 30 November 2003)

Smith, Bryan C., 'Possession Versus Use: Reconciling the Letter and the Spirit of Insider Trading Regulation Under Rule 10b-5' (1999) 35 California Western Law Review 371

Steinberg, Marc I., 'Insider Trading, Selective Disclosure, and Prompt Disclosure: A Comparative Analysis' (2001) 22 University of Pennsylvania Journal of International Economic Law 635

Steinberg, Marc I., 'Insider Trading Regulation – A Comparative Analysis' (2003) 37 The International Lawyer 153

Steinberg, Marc I. and Gruenbaum, Samuel H., 'Variations of Recklessness After Hochfelder and Aaron ' (1980) 8 Securities Regulation Law Journal 179

Stephen, J. Dormer Ⅲ, 'United States v. O'Hagan: The Misappropriation Theory Under Section 10(b) and Rule 10b-5 – Can the Judicial Oak Grow Any Higher?' (1998) 102 Dickinson Law Review 277

Stout, Lynne A., 'Are Stock Markets Costly Casinos? Disagreement, Market Failure, and Securities Regulation ' (1985) 81 Virginia Law Review 611

Strudler, Alan and Orts, Eric W., 'Moral Principle in the Law of Insider Trading' (1999) 78 Texas Law Review 375

Sture, John H. and Cummer, Catharine W., 'Possession vs. Use for Insider Trading Liability' (1998) 12 No. 6 Insights 3

Sutter, Robert G., 'Why does China Matter' (2003–4) 27(1) The Washington Quarterly 75

Taylor, Ellen, 'Teaching an Old Law New Tricks: Rethinking Section 16' (1997) 39 Arizona Law Review 1315

Thel, Steve, ' $850,000 in Six Minutes – The Mechanics of Securities Manipulation' (1994) 79 Cornell Law Review 219

Thomas, Randall S., 'Explaining the International CEO Pay Gap: Board Capture or Market Driven' (Paper presented at the Corporate Governance Conference, Melbourne Australia, 13 February 2004)

Thomas, Stephen C. and Ji, Chen, 'Privatizing China: The Stock Markets and Their Role in Corporate Reform' (2004) 31(4) China Business Review 58

Walter, Carl E. and Howiw, Fraser J. T., 'Privatizing China: The Stock Markets and Their Role in Corporate Reform' China Business Review July (2003)

Thompson, Robert B., 'The Measure of Recovery under Rule 10b-5: A Restitution Alternative to Tort Damages' (1984) 37 Vanderbilt Law Review 349

Thompson, Robert B., '"Simplicity and Certainty" in the Measure of Recovery Under Rule 10b-5' (1996) 51 Business Lawyer 1177

Thompson, Robert B., 'Securities Regulation in an Electronic Age: The Impact of Cognitive Psychology' (1997) 75 Washington University Law Quarterly 779

Thompson, Robert B., 'Insider Trading, Investor Harm, and Executive Compensation' (1999) 50 Case Western Reserve Law Review 291

Thompson, Robert B. and King, Ronald, 'Credibility and Information in Securities Markets After Regulation FD' (2001) 79 Washington University Law Quarterly 615

Tomasic, Roman, 'Chinese Walls, Legal Principle and Commercial Realtiy in Multi-severce Professional Firms' (1991) 14(1) UNSW Law Journal 46

Tomasic, Roman and Fu, Jian, 'The Securities Law of the People's Republic of China: An Overview' (1999) 10 Australian Journal of Corporate Law 268

Tomasic, Roman and Pentony, Brendan, 'Crime and Opportunity in the Securities Markets: The Case of Insider Trading in Australia' (1989) 7 Company and Securities Law Journal 186

Tyler, Tom R., 'Compliance With Intellectual Property Laws: A Psychological Perspective' (1996-1997) 29 New York University Journal of International Law and Politics 219

Tyler, Tom R., 'Public Mistrust of the Law: A Political Perspective' (1998) 66 University of Cincinnati Law Review 847

Utpal Bhattacharya and Hazem Daouk, 'The World Price of Insider Trading' (2002) 57 Journal of Finance 75-78

Victor Lei and Ian Ramsay, 'Insider Trading Enforcement in Australia' (2014) 8(3) Law and Financial Markets Review 214

Walton, Julie, 'WTO . . . Year 4' China Business Review 32(1) 1 January 2005

Wang, William K.S., 'Trading on Material Nonpublic Information on Impersonal Stock Markets: Who is Harmed, and Who can Sue Whom Under SEC Rule 10b-5?' (1981) 54 Southern California Law Review 1217

Wang, William K.S., 'Stock Market Insider Trading: Victims, Violators and Remedies - Including an Analogy to Fraud in the Sale of a Used Car with a Generic Defect' (2000) 45 Villanova Law Review 27

Weiss, Elliott J., 'United States v. O'Hagan: Pragmatism Returns to the Law of Insider Trading' (1998) 23 Journal of Corporation Law 395

Welle, Elaine A., 'Freedom of Contract and the Securities Laws: Opting Out of Securities Regulation by Private Agreement' (1999) 56 Washington and Lee Law Review 519

Wilgus, H. L., 'Purchase of Shares of a Corporation by a Director from a Shareholder' (1910) 8 Michigan Law Review 267

Yermack, David, 'Do Corporations Award CEO Stock Options Effectively?' (1995) 39 Journal of Financial Economics 237

(二)新闻报纸

Anonymous, 'Rivkin Deserves Jail: ASIC' *Illawarra Mercury* 2 June 2003

Anonymous, 'Turfing Insider-traders out' *Economist* 16 July 1994

Askew, Kate, 'Cell, Cell, Cell: Rivkin Goes Inside' *Sydney Morning Herald* 30 May 2003

Lampe, Anne, 'Rivkin Guilty but Vows Fightback' *Sydney Morning Herald* 1 May 2003

Kahn, Joseph, 'World Trade Organization Admits China Amid Doubts' *N.Y. Times* 11 November 2001

(三)著作

Ayres, Ian and Braithwaite, John, *Responsive Regulation* (New York, Oxford University Press, 1992)

Bainbridge, Stephen M., *Securities Law: Insider Trading* (West Publishing Company, 1999)

B. Harris and A. Harnes, *Disciplinary and Regulatory Proceedings* (Jordans, 5th ed., 2009)

Black, Julia, *Rules and Regulators* (New York, Oxford University Press, 1997)

Brazier, Gil, *Insider Dealing: Law and Regulation* (Cavendish Publishing Limited, 1996)

Bromberg, Alan R. and Lowenfels, Lewis D., *Bromberg and Lowenfels on Securities Fraud and Commodities Fraud* (West Publishing Company, 2nd ed., 1998)

Chen, Jianfu, Chinese Law: Towards an Understanding of Chinese Law, its Nature and Development (The Hague, Kluwer Law International, 1999)

Choper, J., et al., *Cases and Materials on Corporations* (Aspen Publishers, 6th ed., 2004)

Clark, Robert C., *Corporate Law* (Boston: Little, Brown and Company, 1986)

Easterbrook, Frank H. and Fischel, Daniel R., *The Economic Structure of Corporate Law* (Cambridge, Havard University Press, 1991)

Ford, H. A. J., et al., *Ford's Principles of Corporations Law* (Australia, Butterworths, 12th ed., 2005)

Frantz, Douglas, *Levine & Co: Wall Street's Insider Trading Scandal* (Avon Books, 1987)

Fischer, Monroe Carl, *The Relationship between Insiders' Transactions, the Price of the Common Stock of their Respective Companies: the Standard and Poor's Stock Price Index, and Price Stability* (1965)

Garner, Bryan A. (ed.), *Black's Law Dictionary* (West Publishing Company, 8th ed., 2004)

George, Richard T. De, *Business Ethics* (Prentice Hall, 4th ed., 1995)

Henry Manne, *Insider Trading and the Stock Market* (1966)

Hopt, Klaus J., *Insider Regulation and Timely Disclosure* (The Hague, Kluwer Law International, 1996)

Hamilton, James, and Motley, James, *A Guide to Short-swing Trading and Exemptions* (CCH Incorporated, 2nd ed., 1997)

Hui Huang, *International Securities Market: Insider Trading Law in China* (London, Kluwer Law International, 2006).

Hannigan, Brenda, *Insider Dealing* (Sweet & Maxwell Ltd, 1994)

K. Alexander, *Chapter 37-Market Structures and Market Abuse,* in Handbook of Safeguarding Global Financial Stability 386 (Gerard Caprio, Jr., et al. eds., 2013).

Hilton, Anthony, *City Without a State: A Portrait of Britain's Financial World* (London, I.B.Tauris & Co. Ltd., 1987)

Jacobs, Arnold S., *Litigation and Practice Under Rule 10b-5* (Deerfield, IL, Clark Boardman Callaghan, 2nd ed., 1981)

Keeton, W. Page, et al., *Prosser and Keeton on the Law of Torts* (West Group, 5th ed., 1984)

Langevoort, Donald C., *Insider Trading: Regulation, Enforcement, and Prevention* (West Group) (looseleaf)

Li, Yuwen, 'Court Reform in China: Problems, Progress and Prospects' in Jianfu Chen, Yuwen Li & Jan Michiel Otto (eds), *Implementation of Law in the People's Republic of China* (The Hague, Kluwer Law International, 2002)

Loss, Louis, *Fundamentals of Securities Regulation* (Boston, Little, Brown and Company, 2nd ed., 1988)

Loss, Louis and Seligman, Joel, *Securities Regulation* (Boston, Little, Brown and Company, 3rd ed., 1991)

Lu, Shen-Shin, Insider Trading and the Twenty-Four Hour Securities Market (The Christopher Publishing House, 1994)

Macey, Jonathan R., *Insider Trading: Economics, Politics, and Policy* (The AEI Press, 1991)

Manne, Henry G., *Insider Trading and the Stock Market* (New York, the Free Press, 1966)

Mcvea, Harry, *Financial Conglomerates and the Chinese Wall: Regulating Conflicts of Interest* (New York, Oxford University Press, 1993)

Neuman, W. Lawrence, *Social Research Methods: Qualitative and Quantitative Approaches* (Allyn & Bacon, 5th ed., 2002)

Parker, Christine, *The Open Corporation: Effective Self-Regulation and Democracy* (Cambridge University Press, 2002)

Patton, Michael Q., *Qualitative Evaluation and Research Methods* (Sage Publications, 3rd ed., 2001)

Paul L. Davies, *Gower's Principles of Modern Company Law* (Sweet & Maxwell Ltd, 6th ed., 1997)

Paul Barnes, *Stock Market Efficiency, Insider Dealing and Market Abuse* (Farnham: Gower. 2009)

Poser, Norman S., *International Securities Regulation* (Boston, Little, Brown and Company, 1991)

Posner, Richard A., *Economic Analysis of Law* (Aspen Publishers, 4th ed., 1992)

Posner, Richard A. and Scott, Kenneth E., *Economics of Corporation Law and Securities Regulation* (Aspen Publishers, 1980)

Redmond, Paul, *Companies and Securities Law: Commentary and Materials* (Sydney, Lawbook Co., 4th ed., 2005)

Rider, Barry A. K., *Insider Trading* (Jordan & Sons Ltd, 1983)

Rider, Barry A. K. and Ashe, Michael QC, *Guide to Financial Services Regulation* (CCH Group Ltd, 3rd ed., 1997)

Rider, Barry A. K. and Ffrench, Leigh, *The Regulation of Insider Trading* (Oceana Publications, 1979)

Sarantakos, S., *Social Research* (Palgrave Macmillan, 3rd ed., 2005)

Stamp, Mark and Welsh, Carson (eds), *International Insider Trading* (Sweet & Maxwell Ltd, 1996)

Stephen M. Bainbridge, *Regulating Insider Trading in the Post-Fiduciary Duty Era: Equal Access or Property Rights?* in Stephen M. Bainbridge (ed.), Research Handbook on Insider Trading 80-98 (2013).

Sun, Yilin and He, Xuejie, *An Analysis of the Result of the Merger and Acquisition of Listed Companies* (2001)

Tokley, I. A. and Ravn, Tina, *Company and Securities Law in China* (Thomson Professional Pub Cn, 1998)

Tomasic, Roman, *Casino Capitalism? Insider Trading in Australia* (National Gallery of Australia, 1991)

Tomasic, Roman, et al., *Corporations Law in Australia* (The Federation Press, 2nd ed., 2002)

Wang, William K.S. and Steinberg, Marc I., *Insider Trading* (Aspen Publishers, 1996 & supp. 2002)

(四)文集

Corporations and Markets Advisory Committee (Australia), 'Insider Trading Discussion Paper (June 2001)'

Corporations and Markets Advisory Committee (Australia), 'Insider Trading Proposals Paper' (September 2002)'

(五)立法文件

Additional Consumer Protection in Corporate Takeovers and Increasing the Securities Act Exceptions for Small Businessmen: Hearings on S. 336 & S. 3431 Before the Subcommon Sec. of the Senate Common Banking and Currency, 91st Congress (1970) (US)

Australian Securities and Investments Commission, 2002/03 Annual Report, available at http://www. asic. gov. au/asic/asic. nsf/byheadline/Annualreports? opendocument (last visited on 20 March 2005)

Corporations and Markets Advisory Committee (Australia), 'Insider Trading Report (November 2003)'

Department of Foreign Affairs and Trade (Australia), 'Australia–China Free Trade Agreement Joint Feasibility Study' (2003) available on http://www. dfat.gov. au/geo/china/fta/china_fta_study_brochure.pdf (last visited on 30 March 2005)

Illegal Insider Trading: How Widespread Is the Problem and Is There Adequate Criminal Enforcement: Hearing Before the S. Comm. on the Judiciary, 109th Cong. 12 (2006) (US)

eport of the House Committee on Energy and Commerce on the Insider Trading and Securities Fraud Enforcement Act of 1988, H.R. Rep. No. 100–

910, 100th Cong., 2d Sess. 27 (9 September 1988, US)

Stock Exchange Regulation: Hearings on H.R. 7852 and H.R. 8720 Before the House Common Interstate and Foreign Commerce, 73d Cong. 115 (1934) (US)

Financial Services Authority (UK), Updated Industry Regulator Guidelines: Guidelines for the Control and Releases of Price Sensitive Information by Industry Regulators 1, available at the official website of the FSA: http://www.fsa.gov.uk (last visited on 21 October 2004)

The website of Australian Securities and Investments Commission: www.asic.gov.au

The website of Australian Stock Exchange: www.asx.com.au

The website of London Stock Exchange: www.londonstockexchange.com

The website of China Securities Regulatory Commission: www.csrc.gov.cn

The website of Shanghai Stock Exchange: www.sse.com.cn

The website of Shenzhen Stock Exchange: www.szse.cn

The website of US Securities and Exchange Commission: www.sec.gov

The website of UK Financial Services Authority: www.fsa.gov.uk

The website of New York Stock Exchange: www.nyse.com

二、中文文献

（一）论文

白建军:《证监会60个处罚决定的实证评析》,载《法学》1999年第11期。

包景轩:《论我国证券监管与自律体制及其完善》,载《法商研究》1999年第3期。

蔡奕:《我国证券市场内幕交易的法学实证分析——来自31起内幕交易成案的统计分析》,载《证券市场导报》2011年第7期。

陈洁,《"利用自身信息交易"作为内幕交易抗辩规则的建构——兼论我国内幕交易安全港规则的基本框架》,载《现代法学》2021年第5期。

陈洁:《内幕交易事实认定中自由裁量权的适用及其规制——以内幕交易"知悉"要件的推定为视角》,载《清华法学》2018年第6期。

崔敏:《关于司法改革的若干思考》,载《诉讼法论丛》1998年第2期。

冯果:《内幕交易与私权救济》,载《法学研究》2000 年第 2 期。

彭冰:《内幕交易行政处罚案例初步研究》,载《证券法苑》2010 年第 2 期。

傅穹、曹理,《内幕交易规制的立法体系进路:域外比较与中国选择》,载《环球法律评论》2011 年第 5 期。

黄辉,《独立董事的法律义务与责任追究:国际经验与中国方案》,载《中外法学》2023 年第 1 期。

黄辉、李海龙,《强化监管背景下的中国证券市场禁入制度研究:基于实证与比较的视角》,载《比较法研究》2018 年第 1 期。

黄辉:《大型金融和市场机构中的中国墙制度——英美法系的经验与教训》,载《清华法学》2007 年第 1 期。

黄辉:《中国股东派生诉讼制度:实证研究及完善建议》,载《人大法律评论》2014 年第 1 期。

黄辉:《我国证券内幕交易的执法强度及其影响因素:实证研究与完善建议》,载《法学评论》2023 年第 6 期。

贾权、陈章武:《中国股市有效性的实证分析》,载《金融研究》2003 年第 7 期。

姜朋:《内幕人短线交易收益归入制度简论》,载《法制与社会发展》2001 年第 3 期。

李心丹等:《中国个体证券投资者交易行为的实证研究》,载《经济研究》2002 年第 11 期。

刘芍佳等:《终极产权论、股权结构及公司绩效》,载《经济研究》2003 年第 4 期。

刘淑莲、胡燕鸿:《中国上市公司现金分红实证分析》,载《会计研究》2003 年第 4 期。

吕成龙、范良聪:《"触不可及"还是"近在咫尺"?——证监会内幕交易执法的风格与逻辑》,载《证券法苑》2019 年第 1 期。

吕成龙:《谁在偷偷地看牌?——中国证监会内幕交易执法的窘境与规范检讨》,载《清华法学》2017 年第 4 期。

吕成龙:《证监会地方执法的绩效实证与机制改革》,载《行政法学研究》2021 年第 4 期。

吕成龙:《中国证监会内幕交易处罚的裁量之治》,载《法学评论》2021 年第 5 期。

彭冰:《内幕交易行政处罚案例初步研究》,载《证券法苑》2010年第2期。

彭志等:《中国资本市场20年内幕交易行为案例综述》,载《财经研究》2017年第12期。

施东晖、傅浩:《证券市场内幕交易监管:基于法和金融的研究》,载《上证研究》2002年第3期。

宋逢明、江婕:《中国股票市场波动性特性的实证研究》,载《金融研究》2003年第4期。

王春峰等:《中国股市的内幕交易及监管——国际经验与中国的对策》,载《国际金融研究》2003年第3期。

王珺:《双重博弈中的激励与行为——对转轨时期国有企业经理激励不足的一种新解释》,载《经济研究》2001年第8期。

王利明:《我国证券法中民事责任制度的完善》,载《法学研究》2001年第4期。

魏刚:《我国上市公司股利分配的实证研究》,载《经济研究》1998年第6期。

文江、海生:《震惊国内的"琼民源"重组事件》,载《国际融资》2003年第8期。

吴文锋等:《B股向境内居民开放对A、B股市场分割的影响》,载《经济研究》2002年第12期。

夏俊:《信息不对称:股票市场内幕交易规制优化实施》,载《中国管理科学》2001年第2期。

游士兵、吴圣涛:《中国证券违法犯罪的实证研究》,载《证券市场导报》2001年第6期。

张舫、李响:《对证监会执法强度的实证分析》,载《现代法学》2016年第1期。

章融、金雪军:《证券市场中投资者短期行为分析》,载《数量经济技术经济研究》2003年第1期。

曾洋:《证券内幕交易的"利用要件"》,载《环球法律评论》2013年第6期。

曾洋:《证券内幕交易主体识别的理论基础及逻辑展开》,载《中国法学》2014年第2期。

周春生、杨云红:《中国股市的理性泡沫》,载《经济研究》2002年第

7期。

周汉民:《良心不是最可靠的——国企经营者价值透视》,载《改革先声(新视点)》1999年第6期。

周建波、孙菊生:《经营者股权激励的治理效应研究——来自中国上市公司的经验证据》,载《经济研究》2003年第5期。

周勤业等:《上市公司信息披露与投资者信息获取的成本效益问卷调查分析》,载《会计研究》2003年第5期。

周友苏等:《四川省违反公司证券法律法规的犯罪情况及对策思考》,载《现代法学》1995年第2期。

朱谦:《短线交易的几个法律问题研究——兼评〈中华人民共和国证券法〉第42条》,载《法商研究》2000年第5期。

(二)新闻报纸

谷元:《利用内幕消息炒股,深深房前董事长被判九年》,载《证券日报》2003年6月30日。

黄俊峰:《沪深股市爆出首例要约收购》,载《中国证券报》2003年4月9日。

李启华:《举报人直闯证监会 称"鲁抗医药"业绩造假》,载《财经时报》2003年2月15日。

梅声扬:《股民质疑:谁走漏了B股开放消息》,载《中国青年报》2001年2月21日。

《人民日报》特约评论员:《坚定信心 规范发展》,载《人民日报》1999年6月15日。

《人民日报》特约评论员:《正确认识当前股票市场》,载《人民日报》1996年12月16日。

孙健芳:《南方证券有了新掌门人 阚治东、贺云浮出水面》,载《北京晨报》2002年6月27日。

王璐:《*ST长控原重组方被判诈骗罪》,《上海证券报》2003年10月28日。

徐军:《股票市场的"底层"逻辑》,载《企业家信息》2021年第12期。

尤旭东:《股票期权的难圆之梦》,载《国际金融报》2003年4月28日。

于颖:《首位竞争上岗的国有上市公司董事长涉嫌内幕交易》,载《证券市场周刊》2003年第6期。

张炜:《市盈率偏高是事实》,载《中国经济时报》2001年2月13日。

《梁定邦直言股市:收购兼并才是真正退出机制》,载新浪财经,https://finance.sina.com.cn/g/37121.html。

《维护市场正常秩序 保护投资者合法权益———一批违规银行、证券公司、上市公司及其负责人受到严肃处理》,载《人民日报》1997年6月13日。

(三)著作

白建军:《法律实证研究方法》(第二版),北京大学出版社2014年版

白建军:《证券欺诈及对策》,中国法制出版社1996年版。

北京天则经济研究所编:《中国制度变迁的案例研究:第一集》,上海人民出版社1996年版。

程合红等:《国有股权研究》,中国政法大学出版社2000年版。

胡光志:《内幕交易及其法律控制研究》,法律出版社2002年版。

李国光、贾纬编著:《证券市场虚假陈述民事赔偿制度》,法律出版社2003年版。

李志林:《解读中国股市:兼与吴敬琏等商榷》,上海三联书店2002年版。

刘波主编:《中国证券市场实证分析》,学林出版社1997年版。

上海市档案馆编著:《旧中国的股份制(一八六八年——一九四九年)》,中国档案出版社1996年版。

孙艺林、何学杰:《上市公司资产重组绩效分析》,中华工商联合出版社2001年版。

谭世贵主编:《中国司法改革研究》,法律出版社2000年版。

吴弘主编:《证券市场发展的法律调控》,法律出版社2001年版。

邢会强:《证券欺诈规制的实证研究》,中国法制出版社2016年版。

杨亮:《内幕交易论》,北京大学出版社2001年版。

叶林编著:《中国证券法》,中国审计出版社1999年版。

袁东:《中国证券市场论:兼论中国资本社会化的实践》,东方出版社1997年版。

张开平:《英美公司董事法律制度研究》,法律出版社1998年版。

郑顺炎:《证券内幕交易规制的本土化研究》,北京大学出版社2002年版。

郑顺炎:《证券市场不当行为的法律实证》,中国政法大学出版社

2000年版。

郑振龙等:《中国证券发展简史》,经济科学出版社2000年版。

中国共产党中央纪律检查委员会研究室:《党反腐败工作和纪检案例信息数据库》,中国检察出版社1996年版,第1389页。

中国证券监督管理委员会编:《中国证券期货统计年鉴(2003)》,百家出版社2003年版。

朱斯煌:《民国经济史》,河南人民出版社2016年版。

[美]约翰·C.科菲:《看门人机制:市场中介与公司治理》,黄辉、王长河等译,北京大学出版社2011年版。

(四)文集

黄辉:《股东派生诉讼制度研究》,载王保树主编:《商事法论集》(第7卷),法律出版社2002年版。

案 例

一、境外案例

Aaron v. SEC, 446 U.S. 680 (1980)

Abelson v. Strong, 644 F. Supp. 524 (D. Mass. 1986)

Affiliated Ute Citizens of Utah v. United States, 406 U.S. 128 (1972)

Aldus Sec. Litig., In re, [1992-1993 Transfer Binder] Fed. Sec. L. Rep. (CCH) para. 97,376 (W.D. Wash. 1993)

Alfus v. Pyramid Technology Corp., 745 F. Supp. 1511 (N.D. Cal. 1990)

Ampolex Ltd v. Perpetual Trustee Company (Canberra) Ltd, 20 ACSR 649 (1996)

AST Research Securities Litigation, In re, 887 F. Supp. 231 (C.D. Cal. 1995)

Astor Chauffeured Limousine Co. v. Rumfield Inv. Corp., 910 F.2d 1540 (7th Cir. 1990)

Backman v. Polaroid Corp., 540 F. Supp. 667 (D. Mass. 1982)

Bailey v. Vaughan, 359 N.E. 2d 599 (W. Va. 1987)

Basic Inc. v. Levinson, 485 U.S. 224 (1988)

Baumel v. Rosen, 412 F.2d 571 (4th Cir. 1969)

Blackie v. Barrack, 524 F.2d 891 (9th Cir. 1975)

Blue Chip Stamp v. Manor Drug Store, 421 U.S. 723 (1975)

Blyth & Co., 43 S.E.C. 1037 (1969)

Bonime v. Doyle, 416 F. Supp. 1372 (S.D.N.Y. 1976)

Buban v. O'Brien, No. C94-0331 FMS, 1994 U.S. Dist. LEXIS 8643 (N.D. Cal. 1994)

Cady, Roberts & Co., In re, 40 S.E.C. 907 (1961)

Carpenter v. United States, 484 U.S. 19 (1987)

Carpenter v. United States, 791 F.2d 1024 (2d Cir. 1986)

Chiarella v. United States, 445 U.S. 222 (1980)

Colby v. Hologic, Inc., 817 F. Supp. 204 (D. Mass. 1993)

Coleco Indus., Inc. v. Berman, 567 F.2d 569 (3d Cir. 1977) (per curiam), cert. denied, 439 U.S. 830 (1978)

Commercial Union Assurance Co. v. Milken, 17 F.3d 608 (2d Cir. 1994), cert. denied, 115 S. Ct. 198 (1994)

Cox v. Collins, 7 F.3d 394 (4th Cir. 1993)

Crafter v. Singh, 2 ACSR 1 (1990)

Cypress Semiconductor Sec. Litig., In re, 836 F. Supp. 711 (N.D. Ca. 1994)

De Haas v. Empire Petroleum Co., 435 F.2d 1223 (10th Cir. 1970)

Diamond v. Oreamuno, 248 N.E.2d 910 (N.Y. 1969)

Dirks v. SEC, 463 U.S. 646 (1983)

Dupuy v. Dupuy, 551 F.2d 1005 (5th Cir. 1977), cert. denied, 434 U.S. 911 (1977)

Elkind v. Liggett & Myers, Inc., 635 F.2d 156 (2d Cir. 1980)

Ernst & Ernst v. Hochfelder, 425 U.S. 185 (1976)

Esplin v. Hirschi, 402 F.2d 94 (10th Cir. 1968), cert. denied, 394 U.S. 928 (1969)

Estate Counseling Serv., Inc. v. Merrill Lynch, Pierce, Fenner & Smith, Inc., 303 F.2d 527 (10th Cir. 1962)

Exicom Limited v. Futuris Limited, 18 ACSR 404 (1995)

Feldman v. Motorola, Inc., [1993–1994 Transfer Binder] Fed. Sec. L. Rep. (CCH) para. 98,133 (N.D. Ill. 1994)

Filloramo v. Johnston, Lemon & Co., 697 F.Supp. 517 (D.D.C. 1988)

Folger Adam Co. v. PMI Indus., Inc., 938 F.2d 1529 (2d Cir.), cert. denied, 502 U.S. 983 (1991)

Freeman v. Decio, 584 F.2d 186 (7th Cir. 1978)

Fridrich v. Bradford, 542 F.2d 307 (6th Cir. 1976)

Garnatz v. Stifel, Nicolaus & Co., 559 F.2d 1357 (8th Cir. 1977)

Glick v. Campagna, 613 F.2d 31 (3d Cir. 1979)

Globus v. Law Research Serv., Inc., 418 F.2d 1276 (2d Cir. 1969)

Gottlieb v. Sandia Am. Corp., 304 F. Supp. 980 (E.D. Pa. 1969)

Gould v. American-Hawaiian S.S. Co., 535 F.2d 761 (3d Cir. 1976)

Hackbart v. Holmes, 675 F.2d 1114 (10th Cir. 1982)

Harnett v. Ryan Homes, Inc., 360 F. Supp. 878 (W.D. Pa. 1973), aff'd, 496 F.2d 832 (3d Cir. 1974)

Harris v. American Investment Co., 523 F.2d 220 (8th Cir. 1975), cert. denied 423 U.S. 1054 (1976)

Hecht v. Harris, Upham & Co., 283 F. Supp. 417 (N.D. Cal. 1968), modified, 430 F.2d 1202 (9th Cir. 1970)

Herman & MacLean v. Huddleston, 459 U.S. 375 (1983)

Hickman v. Groesbeck, 389 F. Supp. 769 (D. Utah 1974)

Hollinger v. Titan Captial Corp., 914 F.2d 1564(9th Cir. 1990) (en banc), cert. denied, 499 U.S. 976 (1991)

HKSAR v Du Jun [2012] HKEC 1280.

Hooker v. Midland Steel Co., 74 N.E. 445 (Ill. 1905)

Hotchkiss v. Fischer, 16 P.2d 531 (Kan. 1932)

Hoxworth v. Blinder Robinson & Co., 903 F.2d 186 (3d Cir. 1990)

Huddleston v. Herman & MacLean, 640 F.2d 534 (5th Cir. 1981)

Investors Management Co., In re, 44 S.E.C. 633 (1971)

Jackson v. Oppenheim, 411 F. Supp. 659 (S.D.N.Y. 1974), aff'd in part on other rounds, 533 F.2d 826 (2d Cir. 1976)

Janigan v. Taylor, 344 F.2d 781 (1st Cir. 1965), cert. denied, 382 U.S. 879 (1965)

Jordan v. Duff and Phelps, Inc., 815 F.2d 429 (7th Cir. 1987)

Kardon v. National Gypsum Co., 69 F. Supp. 512 (E.D. Pa. 1946)

Katz v. Oak Indus., 508 A.2d 873 (Del. Ch. 1986)

Kreindler v. Sambo's Restaurant, Inc., [1981-1982 Transfer Binder] Fed. Sec. L. Rep. (CCH) Para. 98,312 (S.D.N.Y. 1981)

Laventhall v. General Dynamics Corp., 704 F.2d 407(8th Cir.), cert. denied, 464 U.S. 846 (1983)

Leslie Fay Cos., Inc. Sec. Litig., In re, 871 F.Supp. 693 (S.D.N.Y. 1995)

Levine v. Seilon, Inc., 439 F.2d 328 (2d Cir. 1971)

Madigan, Inc. v. Goodman, 498 F.2d 233 (7th Cir. 1974)

Mansbach v. Prescott, Ball & Turben, 598 F.2d 1017 (6th Cir. 1979)

Marhart, Inc. v. Calmat Co., No. 11820, 1992 WL 212587 (Del. Ch. 1992)

McCormick v. Fund Am. Cos., 26 F.3d 869 (9th Cir. 1994)

McMahan & Co. v. Wherehouse Entertainment Inc., 65 F.3d 1044 (2d Cir. 1995)

Metropolitan Life Ins. Co. v. RJR Nabisco, Inc., 716 F. Supp. 1504 (S.D.N.Y. 1989)

Meyers v. Moody, 693 F.2d 1196 (5th Cir. 1982)

Mitchell v. Texas Gulf Sulphur Co., 446 F.2d 90 (10th Cir. 1971), cert. denied, 404 U.S. 1004 (1971)

Moskowitz v. Lopp, 128 F.R.D. 624 (E.D. Pa. 1989)

Moss v. Morgan Stanley Inc., 719 F.2d 5 (2d Cir. 1983)

Myzel v. Fields, 386 F.2d 718 (8th Cir. 1967), cert. denied, 390 U.S. 951 (1968)

Nelson v. Serwold, 576 F.2d 1332 (9th Cir. 1978), cert. denied, 439 U.S. 970 (1978)

Neubroner v. Milken, 6 F.3d 666 (9th Cir. 1993)

Nye v. Blyth, Eastman, Dillon & Co., 588 F.2d 1189 (8th Cir. 1978)

O'Connor & Assocs. v. Dean Witter Reynolds. Inc., 559 F. Supp. 800 (S.D.N.Y. 1983)

O'Hagan, In re, 450 N.W.2d 571 (Minn. 1990)

Oliver v. Oliver, 45 S.E. 232 (Ga. 1903)

Osofsky v. Zipf, 645 F.2d 107 (2d Cir. 1981)

Polin v. Conductron Corp., 552 F.2d 797 (8th Cir. 1977)

R v. Firns, 38 ACSR 223 (New South Wales Court of Criminal Appeal 2001)

R v. Firns, New South Wales District Court (1999)

R v. Hannes, [2000] NSWCCA 503

R v. Kruse, New South Wales District Court (1999)

R v. Rivkin, 45 ACSR 366 (2003)

Randall v. Loftsgaarden, 478 U.S. 647 (1986)

Raymond L. Dirks, In the Matter of, 21 SEC Docket 1401 (1981)

Richardson v. MacArthur, 451 F.2d 35 (10th Cir. 1971)

Rochez Bros., Inc. v. Rhoades, 491 F.2d 402 (3d Cir. 1973)

Rodriguez v. Montalvo, 649 F. Supp. 1169 (D.P.R. 1986)

Rolf v. Blyth, Eastman Dillion & Co., 570 F.2d 38 (2d Cir. 1978)

Rothberg v. Rosenbloom, 771 F.2d 818 (3d Cir. 1985)

Salman v. United States, 137 S.Ct. 420 (2016)

Sanders v. Thrall Car Mfg. Co., 582 F. Supp. 945 (S.D.N.Y. 1983)

Santa Fe Industries, Inc. v. Green, 430 U.S. 462 (1977)

Schein v. Chasen, 313 So.2d 739 (Fla. 1975)

SEC v. Falbo, 14 F. Supp.2d 508 (S.D.N.Y. 1998)

SEC v. Adler, 137 F.3d 1325 (11th Cir. 1998)

SEC v. Cherif, 933 F.2d 403 (7th Cir. 1991)

SEC v. Clark, 915 F.2d 439 (9th Cir. 1990)

SEC v. Finamerica Corp., Sec. Reg. & L. Rep. (BNA) No. 594 (D.D.C. 1981)

SEC v. Fox, 855 F.2d 247 (5th Cir. 1988)

SEC v. Lenfest, 949 F. Supp. 341 (E.D. Pa. 1996)

SEC v. MacDonald, 699 F.2d 47 (1st Cir. 1983)

SEC v. Mario, 51 F.3d 623 (7th Cir. 1995)

SEC v. Materia, 745 F.2d 197 (2d Cir. 1984)

SEC v. Mayhew, 121 F.3d 44 (2d Cir. 1998)

SEC v. Monarch Fund, 608 F.2d 938 (2d Cir. 1979)

SEC v. Musella, 678 F. Supp. 1060 (S.D.N.Y. 1988)

SEC v. O'Hagan, 901 F. Supp. 1461 (D. Minn. 1995)

SEC v. Rana Research, 8 F.3d 1358 (9th Cir. 1993)

SEC v. Sargent, 229 F.3d 68 (1st Cir. 2000)

SEC v. Stevens, 48 SEC Docket 739 (1991)

SEC v. Switzer, 590 F. Supp. 756 (W.D. Okla. 1984)

SEC v. Texas Gulf Sulphur Co., 401 F.2d 833 (2d Cir. 1968)

SEC v. The First Boston Corp., Fed. Sec. L. Rep. (CCH) para 92,712 (S.D.N.Y. 1986)

SEC v. Unifund SAL, 910 F.2d 1028 (2d Cir. 1990)

SFC v Young Bik Fung and others, HCMP 2575/2010 (15 January 2016), para 88.

Shapiro v. Merrill, Lynch, Pierce, Fenner & Smith, Inc., [1975-1976 Transfer Binder] Fed. Sec. L. Rep. (CCH) 95,377 (S.D.N.Y. 1975)

Shapiro v. Merrill, Lynch, Pierce, Fenner & Smith, Inc., 495 F.2d 228 (2d Cir. 1974)

Sharp v. Coopers & Lybrand, 649 F.2d 175 (3d Cir. 1981)

Slade v. Shearson, Hammill & Co., 517 F.2d 398 (2d Cir. 1974)

Speed v. Transamerica Corp., 99 F. Supp. 808 (D. Del. 1951)

State Teachers Retirement Bd. v. Fluor Corp., 566 F. Supp. 945 (S.D.N.Y. 1983)

State Teachers Retirement Bd .v. Fluor Corp., 589 F. Supp. 1268 (S.D.N.Y. 1984)

State v. O'Hagan, 474 N.W.2d 613 (Minn. Ct. App. 1991)

Sterling Drug, Inc., In re, [1978 Transfer Binder] Fed. Sec. L. Rep. (CCH) 81,570 (1978)

Stevens v. Abbott, Proctor & Paine, 288 F. Supp. 836 (E.D. Va. 1968)

Stratus Computer, Inc. Sec. Litig., In re, No. 89-2075-Z, 1992 U.S. Dist. LEXIS 22481 (D. Mass. 1992)

Stromfeld v. Great Atl. & Pac. Tea Co., 496 F. Supp. 1084 (S.D.N.Y. 1980)

Strong v. Repide, 213 U.S. 419 (1909)

Sundstrand Corp. v. Sunchem. Corp., 553 F.2d 1033 (7th Cir.) cert. denied, 434 U.S. 875 (1977)

Thomas v. Duralite, 524 F.2d 577 (3d Cir. 1975)

TRM, Inc. v. United States, 52 F.3d 941 (11th Cir. 1995)

TSC Industries, Inc. v. Northway, 426 U.S. 438 (1976)

United States v. Bryan, 58 F.3d 933 (4th Cir. 1995)

United States v. Chestman, 503 U.S. 1004 (1992)

United States v. Chestman, 947 F. 2d 557 (2d Cir. 1991)

United States v. Chiarella, 588 F.2d 1358 (2d Cir. 1978)

United States v. Gamache, 156 F.3d 1 (1st Cir. 1998)

United States v. Libera, 989 F.2d 596 (2d Cir. 1993)

United States v. Newman, 664 F.2d 12 (2d Cir. 1981)

United States v. Newman, 773 F.3d 438 (2d Cir. 2014), *reh'g denied,*

Nos. 13-1837, 13-1917 (2d Cir. Apr. 3, 2015)

United States v. O'Hagan, 521 U.S. 642 (1997)

United States v. O'Hagan, 92 F.3d 612 (8th Cir. 1996)

United States v. O'Hagan,, 117 S. Ct. 2199 (1997) (No. 96-842)

United States v. Reed, 601 F. Supp. 685 (S.D.N.Y.), rev'd on other grounds, 773 F.2d 477 (2d Cir. 1985)

United States v. Smith, 155 F.3d 1051 (9th Cir. 1998)

United States v. Teicher, 987 F.2d 112 (2d Cir. 1993)

United States v. Willis, 737 F. Supp. 269 (S.D.N.Y. 1990)

Van Dyke v. Coburn Enters., 873 F.2d 1094 (8th Cir. 1989)

VeriFone Sec. Litig., In re, 784 F. Supp. 1471 (N.D. Cal. 1992)

Ward La France Truck Corp., In re, 13 S.E.C. 373 (1943)

Warner Communications Sec. Litig., In re, 618 F. Supp. 735 (S.D.N.Y. 1985)

Wellman v. Dickinson, 475 F. Supp. 783 (S.D.N.Y. 1979)

Wilson v. Comtech Telecomm. Corp., 648 F.2d 88 (2d Cir. 1981)

Woods v. Barnett Bank, 765 F.2d 1004 (11th Cir. 1985)

Worlds of Wonder Sec. Litig., In re, 35 F.3d 1407 (9th Cir. 1994)

二、中国案例

襄樊上证案,参见《中国证券监督管理委员会关于对中国农业银行襄樊市信托投资公司上海证券业务部违反证券法规行为的处罚决定》(1994年1月)。

宝安上海、宝安华阳与深圳宝灵案,参见《中国证券监督管理委员会关于对深圳宝安(集团)上海公司、宝安华阳保健用品公司、深圳龙岗宝灵电子灯饰公司违反证券法规行为的处罚决定》(1993年10月)。

张家界旅游公司案,参见《中国证券监督管理委员会关于对张家界旅游开发股份有限公司、湖南证券交易中心违反证券法规行为的处罚决定》(1997年3月)。

南方证券与北大车行案,参见《中国证券监督管理委员会关于南方证券有限公司、北大车行股份有限公司等机构和个人违反证券法规行为的处罚决定》(1999年10月)。

轻骑集团案,参见《中国证券监督管理委员会关于中国轻骑集团有限公司等机构和个人违反证券法规行为的处罚决定》(1999年9月)。

戴礼辉案,参见《中国证券监督管理委员会关于戴礼辉违反证券法规行为的处罚决定》(1999年5月)。

王川案,参见《中国证券监督管理委员会关于王川违反证券法规行为的处罚决定》(1998年10月)。

俞梦文案,参见《中国证券监督管理委员会关于俞梦文违反证券法规行为的处罚决定》(1999年6月)。

高法山案,参见《中国证券监督管理委员会关于高法山违反证券法规行为的处罚决定》(2000年2月)。

深深房案,参见谷元:《利用内幕消息炒股,深深房前董事长被判九年》,载《证券日报》2003年6月30日。

长江控股案,参见王璐:《*ST长控原重组方被判诈骗罪》,载《上海证券报》2003年10月28日。

关维国案,参见中国共产党中央纪律检查委员会研究室:《党反腐败工作和纪检案例信息数据库》,中国检察出版社1996年版,第1389页。

琼民源案,参见《中国证券监督管理委员会关于海南民源现代农业发展股份有限公司违反证券法规行为的处罚决定》(1998年4月)

陈宁丰诉陈建良内幕交易责任纠纷案,参见周芬棉:《全国首例内幕交易民事赔偿案以准予原告撤诉终结,它显示民事索赔能有效遏制证券违法行为》,载《法制日报》2008年10月10日。

陈祖灵诉潘海深证券内幕交易赔偿纠纷案,参见北京市第一中级人民法院(2009)一中民初字第8217号民事判决书。

李岩与黄光裕、杜鹃证内幕交易责任纠纷案,参见北京市第二中级人民法院(2011)二中民初字第20524号民事判决书。

张晓捷诉光大证券股份有限公司证券内幕交易责任纠纷案,参见上海市第二中级人民法院(2014)沪二中民六(商)初字第8号民事判决书。

叶环保、顾健内幕交易案,参见广东省深圳市罗湖区人民法院(2003)深罗法刑初字第115号刑事判决书。

肖时庆受贿、内幕交易案,参见河南省郑州市中级人民法院(2011)郑刑一初字第14号刑事判决书。

李洪涐内幕交易案,参见《中国证监会行政处罚决定书(李洪涐)》,〔2014〕77号。

刘宝春、陈巧玲内幕交易案,参见江苏省南通市中级人民法院

(2010)通中刑二初字第 5 号刑事判决书。

李启红等十人内幕交易、泄露内幕信息案,参见广东省广州市中级人民法院(2011)刑二初字第 67 号刑事判决书。

辽源得亨、辽河纺织、由春玲、赵利内幕交易案,参见《中国证监会行政处罚决定书(辽源得亨、辽河纺织、由春玲、赵利)》,〔2010〕22 号。

上海祖龙景观开发有限公司等内幕交易案,参见福建省高级人民法院(2010)闽刑终字第 398 号刑事判决书。

光大证券股份有限公司、徐浩明等内幕交易案,参见《中国证监会行政处罚决定书(光大证券股份有限公司、徐浩明、杨赤忠等 5 名责任人)》,〔2013〕59 号。

国美电器有限公司、北京鹏润房地产开发有限责任公司单位行贿,黄光裕非法经营、内幕交易案,参见北京市第二中级人民法院(2010)二中刑初字第 689 号刑事判决书。

顾振其和穆彩球内幕交易案,参见《中国证监会行政处罚决定书(顾振其、穆彩球)》,〔2013〕1 号。

张明续内幕交易案,参见《中国证监会行政处罚决定书(张明续)》,〔2014〕63 号。

重要法律术语中英对照表

序号	中文表述	英文表述
1	澳大利亚法律委员会	Law Council of Australia
2	澳大利亚公司与证券咨询委员会	Australian Corporations and Markets Advisory Committee
3	澳大利亚证券交易所	National Stock Exchange of Australia
4	澳大利亚证券与投资委员会	Australian Securities and Investment Commission (ASIC)
5	被抢先的交易者	preempted traders
6	被诱导的交易者	induced traders
7	补进法	the cover measure
8	操纵	manipulate
9	撤销交易或撤销性赔偿金法	the measure of rescission or rescissory damages
10	惩罚性罚款	punitive pecuniary sanctions
11	惩罚性损害赔偿	punitive damages
12	持有抑或利用	possession vs. use
13	雏形股东	incipient shareholder
14	传统的内幕人员	traditional insiders
15	吹哨人	whistleblower
16	存托凭证	depository receipt
17	盗用理论	misappropriation theory
18	等待期	waiting period
19	短线交易	short-swing
20	法律科技	Legal Tech

（续表）

序号	中文表述	英文表述
21	非关联人员	non-connected person
22	个人联结标准	"person connection" test
23	《公平披露规则》	Regulation Fair Disclosure
24	公司信息	corporate information
25	公司资产理论	corporate asset theory
26	股票增值权	stock appreciation rights
27	故意	scienter
28	关联	in connection with
29	关联人员	connected person
30	过失	negligence
31	合理的确定性	reasonable certainty
32	合同相对性	privity
33	价格决定型交易者	price function traders
34	价格敏感标准	the price-affective standard
35	间接故意	recklessness
36	间接证据	circumstantial evidence
37	监管科技	Reg Tech
38	监禁刑	custodial sentences
39	净损差额赔偿法	the out-of-pocket measure
40	纠正性/恢复性罚款	corrective/restorative pecuniary sanctions
41	可观察事项	readily observable matter
42	可能性与影响力标准	probability/magnitude test
43	控制人	control person
44	累计超额收益率	Cumulative abnormal return（CAR）
45	联邦储备委员会（美联储）	Federal Reserve Board
46	《联邦证券法典》	Federal Securities Code

（续表）

序号	中文表述	英文表述
47	马赛克理论	the mosaic theory
48	"没有利用"抗辩	a general non-use defence
49	美国法学研究所	American Law Institute
50	美国证券交易委员会	United States Securities and Exchange Commission (SEC)
51	明知持有标准	knowing possession test
52	内幕交易古典理论	classical insider trading theory
53	《内幕交易及证券欺诈执行法》	the Insider Trading and Securities Fraud Enforcement Act (ITSFEA)
54	《内幕交易制裁法》	the Insider Trading Sanctions Act
55	赔偿间接损失法	the measure of consequential damages
56	赔偿期待利益法	the benefit-of-bargain measure
57	披露或戒绝规则	the "disclose or abstain" rule
58	平均市场价格	average market price
59	欺骗	deceive
60	欺诈	defraud
61	欺诈信息来源方的盗用理论	the "fraud on the source" theory
62	强力推定规则	strong reference rule
63	抢帽子交易	scalping
64	善于解读消息的交易者	decoding traders
65	时间决定型交易者	time function traders
66	实际损失	actual damages
67	市场禁入	banning orders
68	市场信息	market information
69	事件研究法	event study
70	受损害方	aggrieved persons
71	私人秩序	private ordering

（续表）

序号	中文表述	英文表述
72	提前交易	front running
73	同期交易者	contemporaneous traders
74	同一类型交易者	same-type traders
75	投资者的盗用理论	the "fraud on investors" theory
76	投资者敏感标准	the mind-affective standard
77	吐出非法利润法	the windfall-profits measure
78	推定或临时的内幕人员	constructive or temporary insiders
79	未公开信息	non-public information
80	相对交易者	privity traders
81	新加坡金融管理局	Monetary Authority of Singapore
82	"信任和信心"关系	relationship of trust and confidence
83	信息对等理论	parity of information theory
84	信息机会平等理论	equality of access theory
85	信息联结理论	the "information connection" only approach
86	信息领受人或二级知情人	tippee
87	信息未披露阶段交易者	non-disclosure-period traders
88	信息泄露人或一级知情人	tipper
89	信义关系	fiduciary relationship
90	修正的持用标准	modified possession standard
91	修正的净损差额赔偿法	the modified out-of-pocket measure
92	修正的利用标准	modified use standard
93	虚拟股票	phantom stock
94	严格的持有标准	strict possession standard
95	严格的利用标准	strict use standard
96	要约收购	tender offer
97	应当知道	ought to have reasonably known

（续表）

序号	中文表述	英文表述
98	有效市场假说理论	efficient market hypothesis
99	与欺诈无关的个人努力	fraud-unconnected personal efforts
100	正当程序	due process
101	《证券民事诉讼改革法案》	the Private Securities Litigation Reform Act
102	证券守恒定律	Law of Conservation of Securities
103	直接故意	actual intent
104	直接知情人	primary insider
105	中国墙	Chinese Wall
106	重大信息	material information

2005年《证券法》和 2019年《证券法》条文序号对照表

2005年《证券法》条文	2019年《证券法》条文	表述是否修改	正文出现页码
第184条第2款	第174条第2款	未修改	20
第75条	第52条	表述有改动	36、111、187、188、189、190、191、194
第232条	第220条	表述有改动	40
第85条	第62条	未修改	41
第101条第1款	\	该款已删除	42
第77条	第55条	表述有改动	43
第139条	第131条	表述有改动	42
第67条	第80条	表述有改动	57、111、187、188、196
第136条	第128条	表述有改动	60、175
第180条	第170条	表述有改动	68
第76条第3款	第53条第3款	表述有改动	70、237
第202条	第191条	表述有改动	16、70、176、237
第231条	第219条	未修改	70、176
第73条	第50条	未修改	16、111、170、171、181、204、208、215、340
第74条	第51条	表述有改动	16、112、171、172、178、179、180、181、208、209、234、339

（续表）

2005年《证券法》条文	2019年《证券法》条文	表述是否修改	正文出现页码
第76条	第53条	表述有改动	16、70、113、172、173、175、176、181、215、237
第115条	第112条	表述有改动	172
第30条	第28条	未修改	176
第47条	第44条	表述有改动	171、176、178
第76条第2款	第53条第2款	表述有改动	175、176
第86条第1款	第63条第1款	表述有改动	41、177
第47条第2、3款	第44条第3、4款	表述有改动	178
第75条第1款	第52条第1款	表述有改动	187、189
第75条第2款	第80条第2款及第81条第2款	表述有改动	187、188
第70条	第86条	表述有改动	196
第2条第1款	第2条第1款	表述有改动	234

后 记

十年前我从香港中文大学学成回杭,怀着忐忑的心情给恩师黄辉老师写了一封邮件,冒昧地提出自己想尝试翻译他的专著 International Securities Markets: Insider Trading Law in China,并在内地出版。该书是老师的代表作,也是国际上第一本对于证券市场内幕交易进行国别研究、重点关注中国问题的英文法学著作。我的初衷很简单,就是希望将这本优秀的学术著作分享给内地理论界和实务界的同人。由于老师门下有众多优秀学生,彼时的我并不自信。出乎意料的是,他当晚就回信:"我同意你翻译,并希望你能选择并坚持走学术道路。"老师对我近乎无条件的信任,让我对学术事业更加向往。

带着这份信任,我回到杭州。因各种际遇,我没有继续读博深造,而是从事了律师工作,但我从未放弃学术理想。我记得非常清楚,入职浙江金道律师事务所的第一天,我走到工位上,从书包里拿出并放在桌上的第一样东西,就是该书原著。我利用工作中的点滴时间进行研习、翻译。但没过多久,我就越来越忙碌,既要学习工作所需的知识和技能,又要应对职场中各种繁琐事务。为了不耽误本书的翻译和出版事宜,曾在老师门下担任访问学者的李海龙老师受邀一起参与本项目。

2017年夏天,我和李海龙老师已经完成了专著的翻译初稿。正巧,我接受香港法律教育基金会的邀请,赴港参加系列司法交流活动。其间,我携带着这份做了三年的"作业"来探望老师。彼时的我已在攻读法学博士学位,虽然学业压力很大,但每次想到老师的期许——希望我能选择并坚持走学术道路,我便充满动力。天道酬勤,我于2022年10月顺利入职浙江理工大学,正式开启学术生涯,实现了老师当年对我的希冀。

2023年3月,在我入校工作不到半年之时,老师提出要加快本书的出版进度。老师在我从教之初做此安排,既是对我莫大的鼓励,也是给我最好的入职礼物! 而且,在老师的长期思考和精心策划下,本书的定位从译著变成专著。这样的改变使本书的体系更完整、内容更全面,这是我们乐于见到的效果。于是,在接下来的一年多时间里,认真修改、仔细校对、精心打磨书稿成为我们的一项重要工作。即使我在 2023 年 5 月中旬感染新冠肺炎和 2024 年元旦感染乙流之时依然不曾懈怠,在家孜孜不倦地改稿。

有缘的是,从 2023 年 8 月至今不到一年时间里,从前只短暂来过一次杭州的老师竟然来杭六次!我们每隔一段时间就能够见面沟通,使本书后期制作的质效得以极大的提高。近一年里,我有机会在杭州的多所高校内聆听了老师的多场高质量讲座。不仅如此,我更有机会陪同老师去多地游览,其间讨论学术,畅聊人生,不亦乐乎。前几日,我带上我的研究生陪老师去浙江省衢州市开化县漫游根宫佛国,三代学人同游,其乐融融,甚是难忘。我们在来回途中一边观赏美景,一边探讨了本书的封面设计等细节问题。

十年前,我从未想到自己最终能以教师身份与老师合作一部如此有学术价值和纪念意义的作品。2024 年 6 月本书出版之际,我从教已逾一年半,并度过了整整十年的律师执业岁月。我深刻体会到何谓"十年磨一剑",十年的岁月见证了这部作品的诞生,十年的岁月见证了我的多栖成长与发展。老师曾为我写过一段寄语:"知是行之始,行是知之成,知行需合一……"老师一直关注、指导我,这是他对我"知"的认可;而他对我的信任,则让我有底气去"行";同时,他更寄希望于我"知行合一"。由此,我心里的一些想法愈发坚定,包括认可自己走过的这段不算长也不算短的法律实践之路,领悟法律实务工作对于学术研究的价值,坚持往返于理论与实践之间的科研方法论,不断探寻知行合一之道。

岁月承载的经历,是人生弥足珍贵的财富。我与黄辉老师十多年的交往,即属其中。① 每每回味,便觉得学问是纯粹的,做人也如此。亦唯有此,方能永恒。

"大哉乾乎,刚健中正,纯粹精也。"

赵青航
2024 年 6 月 6 日于浙江理工大学

---

① 硕士毕业后,我曾写过两篇与黄辉老师有关的散文。第一篇是《纯粹的,便永恒——与黄辉教授交往中难忘的片断》,载《浙江工人日报》2015 年 6 月 20 日;第二篇是《知行需合一》,载《浙江工人日报》2017 年 8 月 19 日。